Sams o'd din Mohammad Hafez

Diwan des Hafez

Übersetzt von Vincenz Ritter von Rosenzweig-Schwannau

Sams o'd din Mohammad Hafez: Diwan des Hafez

Übersetzt von Vincenz Ritter von Rosenzweig-Schwannau.

Der Diwan des Hafez (1326–1390) ist die bedeutendste persische Dichtung. Die fast 600 Gedichte wurden erst nach Hafez Tod zu einem Werk zusammengestellt. Der vorliegende Text folgt der metrischen Übersetzung von Vincenz Ritter v. Rosenzweig-Schwannau.

Vollständige Neuausgabe
Herausgegeben von Karl-Maria Guth
Berlin 2016, 2. Auflage

Der Text dieser Ausgabe folgt:
Diwan des großen lyrischen Dichters Hafis. 3 Bände, übers. v. Vincenz Ritter v. Rosenzweig- Schwannau, Wien: Verlag der K. K. Hof- und Staatsdruckerei, 1858.

Die Paginierung obiger Ausgaben wird hier als Marginalie zeilengenau mitgeführt.

Umschlaggestaltung von Thomas Schultz-Overhage

Gesetzt aus der Minion Pro, 11 pt

Die Sammlung Hofenberg erscheint im
Verlag der Contumax GmbH & Co. KG, Berlin
Herstellung: BoD – Books on Demand, Norderstedt

Die Ausgaben der Sammlung Hofenberg basieren auf zuverlässigen Textgrundlagen. Die Seitenkonkordanz zu anerkannten Studienausgaben machen Hofenbergtexte auch in wissenschaftlichem Zusammenhang zitierfähig.

ISBN 978-3-8430-2547-8

Bibliografische Information der Deutschen Nationalbibliothek

Die Deutsche Nationalbibliothek verzeichnet diese Publikation in der Deutschen Nationalbibliografie; detaillierte bibliografische Daten sind im Internet über www.dnb.de abrufbar.

Inhalt

[Motto]	4
Erster Band	5
Der Buchstabe Elif	5
Der Buchstabe Be	20
Der Buchstabe Te	24
Der Buchstabe Tha	113
Der Buchstabe Dschim	114
Der Buchstabe Ha	115
Der Buchstabe Châ	117
Der Buchstabe Dâl	118
Zweiter Band	289
Der Buchstabe Re	289
Der Buchstabe Se	306
Der Buchstabe Sin	317
Der Buchstabe Schin	322
Der Buchstabe Ssad	343
Der Buchstabe Sad	345
Der Buchstabe Thi	346
Der Buchstabe Si	347
Der Buchstabe Ain	348
Der Buchstabe Ghain	352
Der Buchstabe Fe	353
Der Buchstabe Kaf	354
Der Buchstabe Kief	357
Der Buchstabe Lam	360
Der Buchstabe Mim	370
Der Buchstabe Nun	451
Der Buchstabe Waw	474
Der Buchstabe He	486
Dritter Band	503
Der Buchstabe Je	503
Bruchstücke von Ghaselen, denen der Endreim fehlt	586
Vierzeilige Gedichte (Rubaijat)	606
Zweizeilig gereimte Gedichte (Mesnewiat)	621
Das Buch des Schenken (Sakiname)	624
Das Buch des Sängers (Mughanniname)	632
Zweckgedichte (Kassaid)	636
Fünfzeilige Strophen (Muchammes)	640

Nur dem Sprosser ist verständlich
Was das Buch der Rose spricht:
Mancher liest in einem Blatte
Und versteht den Inhalt nicht.

Hafis I. S. 169. 47. Ghasel aus dem
Buchstaben Te, Vers 2.

Erster Band

Der Buchstabe Elif

1.

Auf, o Schenke, lass den Becher kreisen
Und dann reiche mir ihn freundlich dar,
Weil die Lieb', die anfangs leicht geschienen,
Schwierigkeiten ohne Zahl gebar.
Hoffnung, dass der Ostwind endlich löse,
Was an Duft in jenen Locken ruht,
Machte, dass ob ihren krausen Ringen
Jedes Herz beträufelt ward mit Blut.
Färbe dir den Teppich bunt mit Weine,
Wenn der Wirth, der alte, es dich heisst,
Denn die Wege und den Lauf der Posten
Kennt der Wand'rer, der so viel gereist.
Geb' ich in des Seelenfreundes Hause
Jemals wohl mich dem Genusse hin,
Wenn die Glocke alle Augenblicke
Klagend mahnet: »Lasst uns weiter zieh'n!«
Finster ist die Nacht und bange Schrecken
Birgt der Welle und des Wirbels Schoos:
Die da leichtgeschürzt am Ufer weilen,
Wie begriffen sie mein hartes Loos?
Nur der Eigenwille gab am Ende
All' mein Handeln üblem Rufe Preis:
Bleibt wohl ein Geheimniss noch verborgen,
Das zum Mährchen wird in jedem Kreis?
Wenn, *Hafis*, du dich nach Ruhe sehnest,
So vergiss nicht, was die Lehre spricht:
»Hast du einmal wen du liebst gefunden,
Leiste auf die ganze Welt Verzicht!«

2.

Du, von dessen holder Wange
Licht der Mond der Schönheit borgt
Und aus dessen Kinnes *Brunnen*
Anmuth sich mit *Glanz* versorgt!
Wann, o Herr, wird es sich fügen,
– Was mein stetes Streben war, –
Dass ich mein Gemüth *versammle*,
Während sich *zerstreut* dein Haar?
Dich zu schauen, schwang die Seele
Auf den Rand der Lippe sich:
Soll *zurück*, soll *vor* sie schreiten?
Was befiehlt dein Wille? Sprich!
Hoch den Saum vom Staub und Blute,
Gehst vorüber du an mir!
Denn es liegen viele Todte,
Die du hingeopfert, hier.
Freunde! Lasst den Liebling wissen,
Dass er wüst gemacht mein Herz,
Denn es fühlt ja *Eure* Seele
Mit der *meinen* gleichen Schmerz!
Wo dein Aug' gestrahlt, that Jeder
Auf Enthaltsamkeit Verzicht:
Drum vor deinen *trunk'nen* Augen
Prahle man mit *Tugend* nicht!
Scheint es doch, mein Glück erwache
Endlich aus dem langen Schlaf,
Da der Schimmer deines hellen
Angesicht's sein Auge traf.
Sende mir ein Rosensträusschen
Deiner Wange durch den Ost,
Dass ich deines Gartenstaubes
Düfte athme, mir zum Trost!
Schenken, Ihr von Dschem's Gelage,
Lebet glücklich immerdar,
Wenn in Eurem Kreis gleich nimmer
Weingefüllt mein Becher war!

Horch, *Hafis* thut eine Bitte;
Sprich ein Amen denn getrost:
»Deine zuckersüsse Lippe
Sei in Zukunft meine Kost!«
Ostwind, sag' in meinem Namen
Jesd's Bewohnern: »Ueberall
Soll das Haupt der Undankbaren
Werden Eures Schlägels Ball!
Bin ich fern gleich von der Nähe,
Meine Wünsche sind nicht fern,
Und ich diene Eurem König
Und mein Wort, es preist Euch gern.«
Fürst, beschirmt von hohem Sterne,
Ich beschwöre dich, erlaub',
Dass dem Himmel gleich ich küsse
Deines Prunkgezeltes Staub!

3.

Schenke, gib durch's Licht des Weines
Meinem Glase hellen Glanz!
Sänger, singe! Meinem Wunsche
Fügt sich ja die Erde ganz.
Im Pocal sah ich des Freundes
Holden Wangenwiderschein:
O Unkundiger der Wonne,
Die da liegt in meinem Wein!
Liebesspielen schlanker Schönen
Lässt man nur so lange Raum,
Als sich nicht, wie Pinien schaukelnd,
Reget mein Zipressenbaum.
Dessen Herz durch Liebe lebet,
Wird den Todten nie gesellt:
Meine ew'ge Dauer stehet
Desshalb in dem Buch der Welt.
Kömmt der jüngste Tag, befürcht' ich,
Werd' im Preis nicht höher sein
Das erlaubte Brod des Scheïches,

Als mein unerlaubter Wein.
Holder Wind, ziehst du vorüber
An der Freunde Rosenflur,
O so bring' von mir dem Liebling
Meine besten Grüsse nur;
Frage Ihn, warum er meiner
So mit Vorsatz nicht gedenkt?
Kömmt doch wohl von selbst die Stunde.
Die mich in's Vergessen senkt.
Meines holden Lieblings Auge
Hat den Rausch für schön erkannt:
Darum gab man auch dem Rausche
Meine Zügel in die Hand.
Lass, *Hafis*, das Körnchen fallen,
Das dir an dem Auge hängt
Und vielleicht in meinem Netze
Des Genusses Vogel fängt.
Jenes grüne Meer des Himmels
Und sein Schiff, der neue Mond,
In Käwām's, des Pilgers, Gnaden
Sind zu tauchen sie gewohnt.

4.

Komm, o *Ssofi*, denn der Spiegel
Des Pocales ist nun *rein*;
Sieh doch, welche *Lust* entströmet
Dem rubinenfarb'nen Wein.
Den Änkā kann Niemand fangen:
Ziehe drum die Netze ein, –
Denn an diesem Orte füllet
Sich das Netz mit Wind allein.
Strebe nur nach baaren Freuden,
Denn des Glück's beraubt verliess
Adam einst das Haus des Heiles,
Das erhab'ne Paradies.
Leere bei dem Fest des Lebens
Einen Becher oder zwei

Und begehre nicht zu gierig,
Dass die Lust beständig sei.
Herz, die Jugend schwand, und keine
Lebensrose pflücktest du:
Wende nun dich, greiser Scheitel,
Gutem Ruf und Namen zu.
Frage um geheime Dinge
Nur der trunk'nen Zecher Schaar:
Dem erhab'nen Frömmler mangelt
Diese Kunde ganz und gar.
Auf die Schwelle deines Thores
Hab' ich Diener manches Recht:
Herr, erkenne es und habe
Doch Erbarmen mit dem Knecht!
Nur des Weinpocales Jünger
Ist *Hafis*; geh', Morgenwind,
Und dem Scheïche des Pocales
Bring' des Dieners Gruss geschwind!

5.

Auf, o Schenke, gib mir den Pocal,
Streue Staub auf's Haupt der Erdenqual!
Setz' das Glas mir auf die Hand; – mit Lust
Reiss' das blaue Kleid ich von der Brust.
Klugen scheint das gegen Ehr' und Pflicht,
Doch ich will ja Ruhm und Ehre nicht.
Gib mir *Wein*! Wie manches Thorenhaupt
Hat der *Wind* des Stolzes schon bestaubt!
Meines heissen Busens Seufzerrauch
Sengte diese kalten Rohen auch.
Keiner, seh' ich, will mein Herz versteh'n,
Möge hoch er oder niedrig steh'n;
Nur bei jenem Holden find' ich Ruh',
Der die Ruhe mir geraubt im Nu.
Niemand blicket auf den Baum der Flur,
Sah er jenen Silberbaum erst nur.

Sei geduldig Tag und Nacht, *Hafis*,
Du erreichst des Wunsches Ziel gewiss.

6.

Aus der Hand droht mir das Herz zu schlüpfen:
Herzensmänner, helft mir Gott zu Lieb',
Denn sonst wird, o Jammer, ruchbar werden,
Was noch immer ein Geheimniss blieb!
Auf die Sandbank ist mein Schiff gestossen:
Günst'ger Wind, beginne denn zu weh'n,
Denn vielleicht wird mir die Freude werden,
Jenen wohlbekannten Freund zu seh'n.
Nur zehn Tage währt die Gunst des Himmels,
Ist ein Mährchen, eine eitle List:
Freund, um Freunden Gutes zu erweisen,
Nütze sorglich die so kurze Frist!
Gestern Nachts, umringt von Wein und Rosen,
Sang der Sprosser gar so schön und wahr:
»Bringe schnell den Morgenwein und halte
Dich bereit, o trunk'ne Zecherschaar!«
Alexander's wunderbarer Spiegel
Ist das Glas, gefüllt mit Wein, und traun!
Was in Dara's Reiche sich begeben,
Kannst du klar und deutlich in ihm schau'n.
Edler Mann! Erkund'ge dich, zum Danke,
Dass des Himmels Segen dich beglückt,
Einmal nur in deinem ganzen Leben
Nach dem Armen, den der Mangel drückt!
Was die Ruhe beider Welten gründet,
Wird durch diese beiden Worte klar:
»Gütig sei mit Freunden dein Benehmen,
Doch die Feinde täusche immerdar!«
Nach dem Dorf des guten Rufes ging ich,
Doch man wies von dannen mich zurück;
Sollte dieser Umstand dir missfallen,
Nun wohlan, so änd're das Geschick!
Jenen bitt'ren Saft, den einst der Ssofi

Aller Laster Mutter hat genannt,
Hab' ich stets für lieblicher und süsser
Als der Jungfrau holden Kuss erkannt.
In den Tagen der Bedrängniss strebe
Du nach Lebenslust und Trunkenheit.
Denn durch diese Alchimie des Lebens
Wird der Bettler zum Kărūn geweiht.
Sollst nicht störrig sein, denn sonst verbrennet
Dich im Eifer, einer Kerze gleich,
Der Geliebte, dessen Hand den Kiesel,
Gleich dem Wachse, schmiegsam macht und weich.
Neues Leben spenden uns die Schönen,
Wenn da *persisch* spricht ihr holder Mund;
Schenke, mache diese frohe Botschaft
Allen alten frommen *Priestern* kund!
Nein, *Hafis* zog nicht mit freiem Willen
Diese Kutte an, befleckt mit Wein;
D'rum, o Scheïch mit unbeflecktem Saume,
Lass mir deine Nachsicht angedeih'n!

7.

Mit der Jugend Reizen pranget
Abermals der Gartenhain,
Und von Rosen frohe Kunde
Trifft bei'm süssen Sprosser ein.
Trägt dich zu der Wiese Kindern,
Morgenwind, dein leichter Fuss,
Bring' dem Königskraut, der Rose
Und Zipresse meinen Gruss!
Schmeichelt sich des Weinwirth's Knabe
Gar so freundlich bei mir ein,
Fege ich mit meinen Wimpern
Ihm das Thor der Schenke rein.
Du, der einen Ambra-*Schlägel*
Trägt auf seinem *Mond*gesicht,
Mache zum *geschlag'nen* Manne
Mich, dem so schon *schwindelt*, nicht!

Ich befürchte, jenes Völklein,
Das der Hefentrinker lacht,
Ist es, das zu wüsten Zwecken
Gar den Glauben dienen macht.
Sei ein Freund der Männer Gottes,
Denn die Arche Noë's hegt
Einen Staub, der auf die Sündfluth
Nicht den Werth des Tropfens legt.
Du, dess letzte Schlummerstätte
Aus zwei Handvoll Staub besteht!
Wesshalb bauest du Paläste,
Bis zum Himmelsrand erhöht?
Fliehe aus des Himmels Hause
Und begehr' von ihm kein Brod:
Dieser Unhold schlägt am Ende
Alle seine Gäste todt.
O mein Mond aus Kanán's Fluren!
Dir gebührt Egyptens Thron;
Deinen Kerker zu verlassen
Nahte wohl die Stunde schon.
Welchen *schwarzen* Vorsatz nähre
Deine *Locke*, weiss ich nicht,
Da dein Moschushaar sich wieder
So verwirret und verflicht.
Trinke Wein, *Hafis*, und schwelge
Und geniess' der Lust! – allein
Lass nicht And'ren gleich den Koran
Des Betruges Fallstrick sein!

8.

Nähme der Schiraser Türke
Hold mein Herz in seine Hand,
Schenkt' ich seinem Indermaale
Būchărā und Sāmărkānd.
Gib den Weinrest her, o Schenke!
Wirst im Paradies nicht schau'n
Rōknăbād und seine Ufer

Und Mofsella's Rosenau'n.
Weh, die schelmisch-süssen Lulis,
Die der Stadt den Zwist gebracht,
Machen Jagd auf Herzensfrieden,
Wie auf's Mahl der Türke macht!
Auf mein unvollkomm'nes Lieben
Thut der schöne Freund Verzicht:
Glanz und Maal und Flaum und Farbe
Braucht ein schönes Antlitz nicht.
Sprich vom Sänger nur und Weine,
Doch dem Loos lass seinen Lauf:
Denn durch Weisheit löst und löste
Keiner noch dies Räthsel auf.
Ich ersah aus Joseph's Schönheit,
Die den Tag zu mehren schien,
Liebe mache einst Suleïchen
Aus der Keuschheit Vorhang flieh'n.
Böse war, was du mir sagtest,
Gott verzeih's, *gut* war's gethan:
Zuckersüsser Onixlippe
Steht ein *bitt'res* Wort wohl an.
Horch' auf meinen Rath, o Seele!
Mehr noch als die Seele werth
Ist dem wohlerzog'nen Jüngling,
Was der weise Greis ihn lehrt.
Lieder sangst du, bohrtest Perlen:
Komm, *Hafis*, und gib sie kund,
Dass auf dein Gedicht der Himmel
Streue der Plejaden Bund!

9.

Ostwind! Jenem schlanken Rehe
Sage du mit Gunst und Huld:
»Durch die Berge und die Wüsten
Irre ich durch deine Schuld.«
Zuckerhändler, dessen Leben
Lange währe! Warum, ach,

Frägt er nie dem Papageie,
Der da Zucker kauet, nach?
Wenn du bei dem Freunde sitzest,
Einen Becher in der Hand,
So gedenke der Geliebten,
Die da irren durch das Land!
Stolz, auf Schönheit hat vermuthlich
Es, o Rose, dir verwehrt,
Nach des Sprossers Thun zu fragen.
Den der Liebe Gram verzehrt.
Durch die Macht der schönen Sitte
Fängt man auch den weisen Mann,
Während der verschmitzte Vogel
Jedem Netz und Garn entrann.
Wesshalb wird man nie die Farbe
Der Vertraulichkeit gewahr
An der schlanken, schwarzbeaugten,
Mondgesicht'gen Liebchenschaar?
Mehr als eines einz'gen Fehlers
Zeih' ich deine Reize nicht:
Dass es nämlich einem Schönen
Stets an Lieb' und Treu' gebricht.
Dankbar für der Freunde Umgang
Und des guten Glück's Gewinn.
Wolle du der Fremden denken,
Die durch Feld und Wüste zieh'n!
Ist's zu wundern, wenn am Himmel,
Durch *Hafisens* Wort erregt,
Der Söhrē Gesang zum Tanze
Den Messias selbst bewegt?

10.

Gestern war's, als aus dem Tempel
Unser Greis in's Wirthshaus trat;
Ordensbrüder! was beschliessen
Wir, nach einer solchen That?
Und wie wenden zu der Ka'ba

Wir uns hin, der Jünger Schaar,
Wenn zum Weinhaus sich der Meister
Hält gewendet immerdar?
Nun so lasst denn gleichen Schrittes
Uns auch in die Schenke geh'n,
Denn so muss es, durch des Schicksals
Ewigen Beschluss, gescheh'n.
Wüsste Weisheit, wie sich selig
Fühlt das Herz in Seinem Haar,
Des Verstandes würden Weise,
Meiner Kette wegen, baar.
Kaum dass sich die Ruh' im Netze
Meines Herzensvogels fing,
Als du deine Locken löstests
Und die Beute mir entging.
Einen *Koransvers* der *Anmuth*
Macht' dein *Huld*gesicht mir klar:
Desshalb trifft nur *Huld* und *Anmuth*
Man in meinem *Commentar*.
Ist des Nachts nicht einzuwirken
Auf dein Felsenherz im Stand'
Meiner Seufzer Feuerregen
Und des Busens nächt'ger Brand?
Als der Wind dein *Haar* berührte,
Schien die Welt mir *schwarz* zu sein;
Keinen and'ren Vortheil brachte
Deines Haares *Lust* mir ein.
Meiner Seufzer Pfeil durchdringet
– Schweig', *Hafis* – des Himmels Schloss:
Sei der eig'nen Seele gnädig
Und vermeide mein Geschoss!

11.

Bringt den Höflingen des Sultans
Niemand dies Gesuch von mir:
»Dankbar, dass du *König* heissest,
Treib' den *Bettler* nicht von dir!«

Vor dem Diw, dem Nebenbuhler,
Flüchte ich zu meinem Herrn:
Dies Gestirn der ersten Grösse
Hilft vielleicht dem kleinen Stern.
Eine Welt bringst du in Flammen
Durch der Wangen helle Gluth:
Kann es dir wohl Vortheil bringen,
Dass du sanft nicht bist und gut?
Welchen *Aufruhr* weck'st, o Seele,
Du in der Verliebten Reich,
Zeigend deine Mondeswange
Und den *Wuchs*, Zipressen gleich!
Ganze Nächte hoff' ich immer,
Dass, wenn früh der Ost erwacht,
Er dem Freund mit Kunden schmeichle,
Die von Freunden er gebracht.
Ist es deine schwarze Wimper,
Die mein blut'ges Urtheil spricht,
So bedenke, dass sie trüge,
Holdes Bild, und irre nicht!
Durch den Trug des Zauberauges
Schwimmt mein armes Herz im Blut;
O mein Theurer, sieh wie grausam
Es geübt des Mordens Wuth!
Gott zu Lieb' gib dem Verliebten,
Der schon früh zum Himmel fleht,
Einen Labetrunk, und wirken
Wird auf dich das Frühgebet.
Wenn das arme Herz *Hafisens*
Durch die Trennung bluten muss,
Was, o Freund, wird seiner harren,
Kömmt es einmal zum Genuss?

31

12.

Wo sind die tugendhaften Werke,
Und ach, wo ist mein wüster Sinn?
Sieh, welch ein Unterschied des Weges!
Wo fängt er an, wo läuft er hin?
Was hat die Trunkenheit zu schaffen
Mit Gottesfurcht und Tugendlohn?
Wo ist die Hörung einer Predigt,
Und wo der Zither froher Ton?
Mein Herz fühlt Abscheu vor der Zelle
Und vor der Kutte falschem Schein:
Wo sind der Maghen Klosterräume,
Und wo ist reiner, klarer Wein?
Vorbei sind des Genusses Tage:
Doch die Erinn'rung währe fort!
Wo kam es hin, das holde Kosen?
Wo kam es hin, des Vorwurfs Wort?
Was frommt dem Herzen eines Feindes
Des Freundes schönes Angesicht?
Wo ist die ausgelöschte Kerze,
Und wo der Sonne helles Licht?
Da mir der Staub von deiner Schwelle
Als Salbe für das Aug' erschien,
So sprich, wohin von dieser Stätte
Ich mich begeben soll? wohin?
Sieh nicht auf Seines Kinnes Apfel:
Es droht ein Brunnen auf der Bahn;
Wohin, wohin mit dieser Eile
Trittst du, o Herz, die Reise an?
Geduld und Ruh', o Freund, erwarte
Du von *Hafisen* nimmermehr:
Was ist Geduld und was ist Ruhe,
Ach, und der Schlaf, wo wäre er?

13.

Ich, ich zog dahin, du weisst es,
Und mein Herz, das Gram verschlingt.
Wo mich wohl des Schicksals Tücke
Unterhalt zu suchen zwingt?
Deiner Locke ähnlich, fasset
Meine Wimper reich in Gold
Jenes Boten Fuss, der Grüsse
Mir von dir entbietet hold.
Betend kam ich; heb' auch betend
Du die Hand empor und sprich:
»Möge Treue dich begleiten,
Und des Himmels Segen mich!«
Zückte eine Welt auch Schwerter
Auf mein Haupt, – bei deinem Haupt! –
Nimmer würde deine Liebe
Aus dem Haupte mir geraubt.
Irrend treibt nach allen Seiten
Mich der Himmel, wie du weisst,
Weil er meinen Umgang neidet.
Der die Seele kräftig speist.
Übte alles Volk der Erde
Unbill wider dich und mich,
Rächte unser Herr und Richter
Uns an Allen sicherlich.
Wohlbehalten kehrt mein Liebling
Heim zu mir von ferner Bahn:
O des wonnevollen Tages,
Seh' ich *grüssend* ihn mir nah'n!
Dem, der sagt, dass weite Reisen
Nie *Hafis* noch unternahm,
Sage, dass die weite Reise
Nie ihm aus dem Sinne kam.

35

14.

Gnade ist es, birgst vor Bettlern
Dein Gesicht du nicht,
Dass nach Herzenslust mein Auge
Schaue dein Gesicht.
Gleich Hărūt heisst mich die Liebe
Weinen stets und fleh'n:
Hätte doch mein Auge nimmer
Dein Gesicht geseh'n!
Fiel Hărūt in deines Kinnes
Brunnen je hinab,
Wenn er dem Mărūt nicht Kunde
Deiner Schönheit gab?
Holde Peri! auf der Wiese
Hebt sich Rosenduft,
Während der berauschte Sprosser
»Sah'st Mărūt du?« ruft.
Fern von dir hat, o mein Götze,
Qualen zu besteh'n
Mein *Hafis*; o lass ihn gnädig
Dein Gesicht doch seh'n!

15.

Seit dein Liebreiz die Verliebten
Lud zu des Genusses Mahl,
Gab dein Maal und deine Locke
Herz und Seele Preis der Qual.
Was verliebte Seelen leiden
Fern von dir, hat in *dem* Maass
Niemand auf der Welt erfahren,
Als die Durst'gen Kērbĕlā's.
Theure Seele! Kennt mein *Türke*
Nichts als Rausch und Trunkenheit.
Musst auch du vor allem Ander'n
Thun *Verzicht* auf Mässigkeit.
Weil die Zeit der Lust und Freude

Und des Wein's jetzt wiederkehrt,
So betrachte sie als Beute,
Sie, die nur fünf Tage währt.
Wenn des Königs *Fuss* zu küssen
Dir *gelänge*, o *Hafis*,
Ist in allen beiden Welten
Rubin und Ehre dir gewiss.

Der Buchstabe Be

1.

Ich sprach: »O Sultan du der Schönen.
Erbarme dieses Fremdlings dich!«
Er sprach: »Wenn er dem Herzen folget,
Verirrt der arme Fremdling sich.«
Ich sprach zu Ihm: »Verzieh' ein wenig!«
Er sprach: »Entschuldigt lass mich sein,
Denn es erträgt das *Kind des Hauses*
Vom *Fremdling* nicht so viele Pein.«
Was grämt's den Zärtling, der da schlummert
Auf königlichem Hermelin,
Legt Stein' und Dornen sich der Fremdling
Als Polster und als Kissen hin?
Du, der so viel *bekannte* Seelen
An seiner Locken Kette hält!
Dein Moschusmaal auf rother Wange,
Ein *Fremdling* ist's, der sehr gefällt.
Fremd scheint die Ämsenschaar des Flaumes,
Die deine Wange rings umschliesst,
Wenn gleich in China's Bilderhause
Ein Moschusstrich kein Fremdling ist.
Auf deines Mondgesichtes Farbe
Erscheint des Weines Widerschein
Als Fremdling, wie die Ergwansblüthe
Auf Rosenblättern würde sein.
Ich sprach: »*Du*, dessen *nächt'ge* Locke

Der *Abend* eines Fremdlings scheint!
Du magst dich vor dem *Morgen* hüten,
Wenn dieser Fremdling klagt und weint!«
Er sprach: »*Hafis*! Selbst die *Bekannten*
Steh'n da verwundert über mich:
D'rum ist's begreiflich, *setzt der Fremdling*,
Krank und von Gram ermattet, sich.«

2.

Der Morgen graut; die Wolke
Hüllt sich in Schleier ein:
Den Morgenwein, ihr Freunde!
Auf, bringt den Morgenwein!
Seht, wie auf Tulpenwangen
Der Thau hell niedersinkt:
D'rum bringt mir Wein, o Freunde,
Wein, den man immer trinkt!
Die Luft des Paradieses
Weht von der Wiese Rain:
D'rum trinket unablässig
Vom allerreinsten Wein!
Ein Thron ist's aus Smaragden,
Auf dem die Rose sitzt:
D'rum bringe Wein, der feurig
Gleich dem Rubine blitzt!
Man schloss das Thor der Schenke
Zum zweiten Male zu:
O öffne du es wieder,
Der Pforten Öffner du!
Wohl ist es zu verwundern,
Dass in so froher Zeit
Das Weinhaus man verschlossen
Mit solcher Schnelligkeit.
Dein Mund, roth wie Rubine,
Ist sich des Rechts bewusst,
Das wohl das Salz nur hätte
Auf eine wunde Brust.

Hafis, sei unbekümmert!
Es schlägt das Liebchen »Glück«
Am Ende doch den Schleier
Vom Angesicht zurück.

3.

Des Glückes Morgen graut; wo ist
Das Glas, der Sonne zu vergleichen?
Geleg'ner war die Zeit wohl nie:
D'rum wolle mir das Weinglas reichen!
Das Haus ist still, der Schenke hold,
Der Sänger scherzt mit süssem Munde;
Es ist der Lust, der Jugend Zeit,
Und Becher kreisen in der Runde.
Damit die Sinne sich erfreu'n
Und nie der Freude Zierden fehlen.
Soll sich der goldene Pocal
Mit flüssigem Rubin vermählen!
Das Liebchen klatscht, der Sänger auch.
Die Trunk'nen heben ihre Füsse,
Und Weinverehrern raubt den Schlaf
Des Schenken Liebesblick, der süsse.
Ganz einsam ist's und sicher hier,
Ein Ort, wo Seelen Lust geniessen;
Es werden Jedem, der hier weilt,
Sich hundert Siegesthor' erschliessen.
Die flinke Künstlerin Natur,
Beherzigend des Weines Güte,
Verbirgt das Rosenwasser schön
In jedes Rosenblatt's Gemüthe.
Seit jener *Mond als Käufer* sich
Hafisens Perlen nahm zu eigen,
Vernimmt Sŏhrē zu jeder Zeit
Des Saitenspieles lauten Reigen.

4.

Aus dem Garten deiner Liebe schöpfet
Selbst Rïswān's Gefild des Ruhmes Fluth;
Von den Gluthen deiner Trennung borget
Selbst die Hölle ihre heisse Gluth.
Zuflucht sucht bei deiner schönen Wange
Und bei deiner schlanken Hochgestalt
Selbst das Paradies und selbst der *Thuba*;
Wohl denn ihnen! Schöner Aufenthalt!
Wie mein Aug', so sieht durch ganze Nächte
Auch der Strom der Paradiesesflur
Immerdar im Schlaf das Traumgebilde
Deiner trunkenen Narcisse nur.
Jeder *Abschnitt* in des *Frühlings Buche*
Ist ja deiner Schönheit *Commentar*,
Und ein jedes *Thor* des Paradieses
Bringt ein schönes Lobgedicht dir dar.
Dieses Herz verbrannte, und die Seele,
Nicht erhielt sie das gewünschte Gut;
Denn erhielt sie's, so vergöss' sie nimmer
Ein mit Wasser untermengtes Blut.
Deine *Lippe* und dein *Mund* geniessen
*Salzes*rechte mannigfacher Art
Auf das Herz, das leidende, das wunde,
Und den Busen, der zum *Braten* ward.
Wähne nicht, es sei'n zu deinen Zeiten
Nur Verliebte trunken und verstört:
Hast du nichts von jener Frömmler Lage,
Die da wüst geworden sind, gehört?
Jetzt zur Zeit der Herrschaft deiner Lippe
Wird es mir bis zur Gewissheit klar,
Dass, was den Rubin zu Tag gefördert,
Nur das Weltlicht einer Sonne war.
Lüfte doch die Hülle, die dich decket!
Hüllt noch lang' dich dieser Schleier ein?
Brachte denn dir jemals diese *Hülle*
Andren Vortheil als nur *Scham* allein?

Als die Rose dein Gesicht erblickte,
Glühte sie, da Neid sie überkam;
Als sie sich an deinem Dufte labte,
Schmolz zu Rosenwasser sie aus Scham.
Liebe nur zu deinem Angesichte
Taucht *Hafisen* in des Unglücks Meer;
Sieh, es gilt ja eines Menschen Rettung:
Komm und hilf, denn sonst versinket er.
Fruchtlos ziehe nimmer dieses Leben
– Gib's nicht zu, *Hafis* – an dir vorbei:
Mühe dich und trachte aufzufinden,
Was der Zweck des theuren Lebens sei.

Der Buchstabe Te

1.

Bei des Meisters Seele schwör' ich's
Und beim alten Recht und Bunde:
Wünsche für dein Glück gesellen
Sich zu mir in früh'ster Stunde;
Meine Thräne, gegen welche
Noë's Fluth im Nachtheil bliebe,
Wäscht von meines Busens Brette
Nie das Bild mir deiner Liebe.
Handle denn mit mir und kaufe
Dieses Herz, zerstückt von Schmerzen:
Selbst *zerstückt*, erreicht's an Werthe
Hunderttausend *ganze* Herzen.
Schilt mich nicht, bin ich betrunken,
Denn der Lenker süsser Triebe
Wies mich schon am ersten Tage
An des Weingenusses Liebe.
Suche *Wahrheit*! Deinem Inner'n
Wird die Sonne dann entsteigen:
Weil der erste Morgen *lüget*,
Sind ihm schwarze Wangen eigen.

Herz, verzweifle nicht: des Freundes
Huld ist ohne Maass und Ende;
Nun du mit der Liebe prahltest,
Opfre denn dein Haupt behende!
Du nur hiessest mich auf *Bergen*
Irren und im Wüstensande,
Und noch lockerst du erbarmend
Nicht des Kettengürtels Bande.
Tadelt den Ässāf die Ämse,
Kann man ihr nur Beifall zollen:
Denn, das Siegel Dschem's verlierend,
Hat er es nicht suchen wollen.
Traure nicht, *Hafis*, noch fordre
Dass die Schönen treu dir seien:
Ist es wohl die Schuld des Gartens,
Will dies Kräutchen nicht gedeihen?

2.

Meines Auges Halle will ich
Dir zum Neste weih'n:
Lass' in ihr dich gnädig nieder.
Denn das Haus ist dein.
Deines Maals und Flaumes *Anmuth*
Stahl der Weisen Herz:
Unter'm Korn und Netze birgst du
Wunderbaren *Scherz*.
Werde glücklich durch die Rose,
Morgen-Nachtigall!
Denn die ganze Wiese füllet
Dein verliebter Schall.
Weise meines Herzens Heilung
Deiner Lippe zu:
Den Rubin, der fröhlich machet,
Birgst im Schatze du.
Ist's als *Körper* dir zu nahen
Auch unmöglich mir,
Liegt als Thürstaub meine *Seele*

Bündig doch vor dir.
Meines Herzens Baarschaft leg' ich
Jedem Schelm nicht vor:
Nur *dein* Siegel und *dein* Zeichen
Wahrt des Schatzes Thor.
Süsser Reiter! Welcher holden
Puppe bist du gleich!
Selbst des Himmels Pferd gehorchet
Deiner Peitsche Streich.
Strauchelt schon des Himmels Gaukler,
Was soll *ich* erst thun
Bei den Listen, die dir Schlauem
In der Tasche ruh'n?
Selbst der Himmel eilt zum Tanze,
Wenn dein Lied erklang:
Denn *Hafisens* süsse Verse
Tönet dein Gesang.

3.

Es ist das Herz der Vorhang
An Seiner Liebe Thor;
Das Aug' hält seinen Reizen
Den treu'sten Spiegel vor.
Mir, der um beide Welten
Das stolze Haupt nicht neigt,
Hat Seiner Gnaden Bürde
Den Nacken tief gebeugt.
Du huldigest dem *Thuba*,
Des Freundes *Wuchse ich*:
Des Menschen Denkart richtet
Nach seinem Hochsinn sich.
Wer bin ich, um zu treten
In diesen heil'gen Ort?
Der Ostwind weilt als Pförtner
Voll heil'ger Scheu nur dort.
Ist auch mein Saum besudelt,
Was schadet's? Immerhin!

Ist eine Welt doch Zeuge
Von *Seinem* keuschen Sinn.
Mĕdschnūn verliess den Schauplatz;
Nun ist die Reih' an mir:
Die Reihe eines Jeden
Währt nur fünf Tage hier.
Der Liebe Reich, die Schätze,
Die frohe Lust gewährt,
Und was ich sonst besitze,
Sein Glück hat mir's bescheert.
Wenn wir uns auch geopfert
Ich und mein Herz; gleichviel!
Ist *Er* nur erst gerettet,
Erreichten wir das Ziel.
Der Schauplatz meines Auges,
Soll stets sein Bild nur sein!
Es ist ja dieser Winkel
Sein stilles Kämmerlein.
Die jugendliche Rose,
Der Schmuck der grünen Flur,
Gemahnt durch Duft und Farbe
An *Seine* Nähe nur.
Sieh' nicht auf äuss're *Armuth*;
Ist doch *Hafisens* Brust
Durch das Gefühl der Liebe,
Ein wahrer *Schatz* der Lust.

4.

Meines Willens Haupt liegt immer
Auf des hohen Freundes Schwelle:
Was mein Haupt auch möge treffen,
Seinen Willen hat's zur Quelle.
Nichts dem Freunde Gleiches sah ich,
Hielt auch, des Vergleiches wegen,
Ich die Spiegel: »Mond und Sonne«,
Dieses Freundes Wang' entgegen.
Kann der Ostwind wohl erklären,

Was mein Herz so sehr beenge,
Dass, wie bei der Knospe Blättern,
Falte sich an Falte dränge?
Nicht nur *ich* bin's, der hienieden
Krüge leert in vollem Zuge:
Manches Haupt in dieser Werkstatt
Ist auch Thon zu einem Kruge.
Hast du deine Ambralocken
Etwa mit dem Kamm gelüftet,
Weil die Winde Bisam hauchen,
Und die Erde Ambra düftet?
Jedes *Rosenblatt* der Wiese
Will ich vor dein *Antlitz* streuen,
Will des Bach's *Zipressen* alle
Deinem schlanken *Wuchse* weihen.
Keine Menschenzunge schildert,
Was Er weckt für Sehnsuchtsklagen:
Kann da mit beschnitt'ner Zunge
Noch das Rohr zu schwätzen wagen?
Mir in's Herz kam deine *Wange*:
Meinen Wunsch werd' ich erreichen,
Denn ein *schöner* Stand der Dinge
Folgt auf ein *schönes* Zeichen.
Nein, *Hafisens* Herz durchglühet
Nicht erst jetzt die Gluth der Minne:
Maale, gleich des Feldes Tulpen,
Trägt er schon vom Urbeginne.

5.

Jenem schwärzlichen Geliebten,
Voll von aller Erdenlust,
Glüht das weingefärbte Auge,
Lacht die Lipp' und jauchzt die Brust;
Alle zuckerlipp'gen Schönen
Sind Monarchen zwar; doch er
Ist der Salomon der Zeiten,
Denn er ist des Siegels Herr;

Auf der *weizen*farben Wange
Zeigt sein Moschusmaal uns klar,
Wie es kam, dass einst ein *Körnchen*
Der Versucher Adam's war.
Reisen will mein Herzensräuber;
Helft mir, Freunde, Gott zu Lieb'!
Denn wie heilt mein Herz, das wunde,
Da das Pflaster bei ihm blieb?
Schönheit schmückt ihn, hohe Tugend,
Und sein Saum ist makelrein:
Alle Reinen beider Welten
Müssen ihm gewogen sein.
Wer begreift die Widersprüche,
Dass mich jenes Felsenherz,
Das da Isa's Hauch besitzet,
Doch geweiht dem Todesschmerz?
Gläubig ist *Hafis*, d'rum halte
Ihn in Ehren immerdar;
Es geleitet ihn der Segen
Der geehrten Geisterschaar.

6.

Hoffnung heg' ich auf des Freundes
Nachsichtvolle Huld;
Sündig bin ich, doch ich hoffe,
Er vergibt die Schuld.
Ja, ich weiss es, er verzeihet
Meinem Frevelmuth.
Nicht nur schön wie Peris ist er,
Nein, auch engelgut.
Und ich weinte so, dass Jeder,
Der des Auges Nass
Fliessen sah, verwundert fragte:
»Welcher Strom ist das?«
Meinen Kopf warf ich als *Spielball*
Hin in deinen *Gau*:
Aber Gau und Spielball kannte

Wohl kein Mensch genau.
Wortlos ziehet deine Locke
Herzen mit sich fort:
Gegen diese holde Locke
Wagt man ja kein Wort.
Seit dein Lockenduft mich labte
Schwand ein Leben; doch
Im Geruchsinn meines Herzens
Weilt der Wohlduft noch.
Nichts ist jener Mund, und nimmer
Seh' ich seine Spur;
Und ein *Haar* ist jene Lende;
Wüsst' ich, *welches* nur?
Wunderbar, dass meinem Auge
Nie dein Bild entschwand,
Das mit Thränen abzuwaschen
Ich doch nie entstand.
O *Hafis*, dein wirrer Zustand
Ist ein *böser* zwar:
Gut doch ist Verwirrung, mahnet
An des Freundes Haar.

7.

Die Nacht der Kraft, von der die Frommen sprechen,
Ist sicher *diese* Nacht;
O Herr, was ist es für ein Stern gewesen,
Der dieses Glück gebracht?
Auf dass die Hand Unwürdiger stets bleibe
Von deiner Locke fern,
Schickt jedes Herz aus einem Lockenringe
Ein Stossgebet zum Herrn.
Todt lieg' ich in dem Brunnen deines Kinnes,
Denn überall umfing.
Wohl Hunderttausende von Seelen-Nacken
Das Doppelkinn als Ring.
Der Mond hält meinem königlichen Reiter
Den Spiegel vor's Gesicht;

Es ist der Hufstaub seines Schlachtenrosses
Der Sonnenkrone Licht;
Sieh, hell erglänzt sein Wangenschweiss; die Sonne,
Die sich so heiss bewegt,
Fühlt täglich sich, aus Lust nach diesem Schweisse,
Von Fiebergluth erregt.
Ich leiste nimmer auf des Freund's Rubine
Und auf das Glas Verzicht,
Ich halte dies – entschuldigt mich, Ihr Frommen! –
Für meine Glaubenspflicht.
Dort wo den Rücken man des Ostwind's sattelt
Bei jenem Lagertross,
Wie kann ich dort mit Salomon mich messen?
Die Ämse ist mein Ross.
Es träuft ihm aus dem Schnabel der Beredtheit
Stets Lebenswasser nur
Dem Raben meines Rohrs; er ist, beim Himmel!
Von herrlicher Natur.
Er, der mit des verstohl'nen Blickes Pfeile
Das Herz mir bluten macht,
Er spendet auch *Hafisen* Seelennahrung
Wenn er verstohlen lacht.

8.

Fordre von mir Trunk'nem nimmer
*Bundes*treu' und frommen Sinn,
Da ich seit dem Schöpfungstage
Schon berühmt als *Zecher* bin.
Als ich in dem Quell der Liebe
Rein zu waschen mich gestrebt,
Betete ich Sterbgebete
Über alles was da lebt.
Gib mir Wein, dass ich dir künde,
Was dem Loos ich abgelauscht,
Dir vertraue, *wen* ich liebe,
Wessen Wohlduft mich berauscht.
Selbst des Berges Kräfte weichen

Einer Ämse Kräften hier;
Weinverehrer, nicht verzweifle
Du an des Erbarmens Thür!
Nur der trunkenen Narcisse
– Treffe sie kein böser Blick! –
Wurde unter'm Türkisdome
Ein erfreuliches Geschick.
Deinem Mund weih' ich die Seele:
Liess doch auf des Blickes Flur
Keine schön're Knospe prangen
Jener Schmücker der Natur.
Deine Liebe hat *Hafisen*
Salomonen gleich gestellt,
Da von deiner Gunst er leider
Wind nur in den Händen hält.

9.

Der Frömmler, der nur Äuss'rem fröhnet,
Begreifet meine Lage nicht,
Und nimmer werd' ich ihm verargen,
Was in Bezug auf mich er spricht.
Was auf dem Ordenspfad dem Wand'rer
Entgegen kömmt, das frommt ihm nur:
O Herz, auf dem geraden Pfade
Verliert man nie des Weges Spur.
Wie wird sich wohl das *Spiel* gestalten?
Ich rücke mit dem *Bauer* an:
Das *Schachbrett*, das dem Zecher dienet,
Ist keines *König's* Tummelbahn.
Was soll dies hohe Dach bedeuten,
So glatt und voll von Bildern doch?
Kein Weiser auf dem Erdenrunde
Erklärte dieses Räthsel noch.
O Herr, welch' eine Seelenruhe
Und weise Kraft ward mir bescheert!
Ich leide an geheimen Wunden,
Und jedes Ach ist mir verwehrt.

Es scheint, als ob mein Divanshälter
Nicht wüsste, was man *rechnen* nennt:
Die Formel: »*Auf die Rechnung Gottes*«
Fehlt ja auf diesem Document.
Ein Jeder, der da will, erscheine
Und spreche, wie für gut er's fand,
Denn Wächtertrotz und Pförtnerhochmuth
Sind ganz von diesem Hof verbannt.
Es trägt mein Wuchs, der ungestalte,
Der formenlose, alle Schuld:
Zu kurz sind sonst für keinen Menschen
Die Ehrenkleider deiner Huld.
Den Weg hin nach der Schenke Pforte
Geh'n Männer Einer Farbe nur,
Denn, wer sich selbst verkauft, den führet
Zu Weinverkäufern keine Spur.
Ich diene einem greisen Wirthe,
Dem es an Gnade nie gebricht;
Allein des Scheïch's und Frömmlers Gnade,
Bald *ist* sie und bald ist sie *nicht*.
Verschmäht' *Hafis* den Sitz der Ehren,
Hat er's aus Hochsinn nur gethan:
Ficht ja den zechenden Verliebten
Kein Geld und keine Würde an.

10.

Jener Bote, der mit Briefen
Von des Freundes Land gekommen
Und – als Amulet – des Freundes
Moschuszüge mitgenommen,
Gibt von des Geliebten Reizen
Mir die lieblichsten Berichte,
Und erzählt vom Ruhm des Freundes
Mir die lieblichste Geschichte.
Für die freudenvolle Kunde
Gab ich ihm das Herz, das Leben,
Schämend mich der schlechten Münze,

Die ich für den Freund gegeben.
Dank sei Gott, dass durch die Hilfe,
Die das günst'ge Loos gespendet,
Die Geschäfte meines Freundes
Ganz nach Wunsche sich gewendet!
Kann der Mond und kann der Himmel
Wohl nach eig'nem Willen kreisen?
Nein, nur nach des Freundes Willen
Wandeln sie in den Geleisen.
Wenn des Aufruhr's wilden Stürmen
Beide Welten auch erlägen,
Meines Auges Fackel strahlte
Sehnsuchtsvoll dem Freund entgegen.
Perlen-Kohol mir zu bringen,
Morgenluft! komm' ich zu bitten,
Doch er sei vom theuren Staube,
Den des Freundes Fuss durchschritten.
An der Schwelle des Geliebten
Lieg' ich flehend um Erbarmen;
Wer geniesst des süssen Schlummers,
Ruhend in des Freundes Armen?
Wenn der *Feind* auch von *Hafisen*
Drohend spricht, was kann's ihn grämen?
Darf ich doch – Gott sei gepriesen! –
Nimmer mich des *Freundes* schämen.

11.

Willkommen, Bote der Verliebten,
Gib von dem Freunde mir Bericht,
Und freudig leist' ich auf die Seele
Bei'm Namen meines Freund's Verzicht!
Es raset meines Herzens Psittich,
Gleich Sprossern in des Käfigs Haft:
Des Freundes Mandel und sein Zucker
Ist seine stete Leidenschaft.
Sein Haar ist einem Netze ähnlich,
Sein Maal gleicht einem Korn; und ich,

Ein Körnchen aufzupicken hoffend,
Stürzt' in das Netz des Freundes mich.
Bis zu des jüngsten Tages Morgen
Verbleibt versenkt in Trunkenheit,
Wer aus des Freundes Glas, mir ähnlich,
Genippt von aller Ewigkeit.
Von der Erklärung meiner Sehnsucht
Sprech' ich nicht das geringste Wort:
Dem Freunde würd' es Kopfweh machen,
Bestürmt' ich so ihn immer fort.
Ich neige stets mich zum *Vereine*,
Doch *Er* verfolgt der *Trennung* Spur:
Dem eig'nen Wunsch will ich entsagen,
Erfüllt des Freundes Wunsch sich nur.
Als Schminke reib' ich mir in's *Auge*
– Wenn's anders meinen *Händen* glückt –
Den Wegstaub, dem des Freundes *Füsse*
Des Adels Würde aufgedrückt.
Hafis, verbrenn' im Schmerz, und trage,
Was als unheilbar schon erscheint:
Denn Heilung gibt's nicht für die Schmerzen,
Die ruhelosen, um den Freund.

12.

Morgenwind! Wenn du vorüber
Wandelst an dem Land des Freundes,
O so bringe Ambradüfte
Von dem Lockenband des Freundes!
Ja, bei seiner Seele schwör' ich's:
Meine opf're ich zum Danke
Wenn du freundlich eine Nachricht
Bringest von der Hand des Freundes.
Ist dir aber nicht gestattet,
Einem solchen Herrn zu nahen,
O dann bring' als Augenschminke
Staub von Thür und Wand des Freundes!
Nie durft' ich, der Bettler, hoffen,

Mich mit ihm vereint zu schauen,
Ausser wenn vor mir im Schlafe
Hold das Traumbild stand des Freundes.
Einem Fichtenapfel gleichet
Dies mein Herz, und bebt gleich Weiden,
Weil ich sehnend mich zum hohen
Fichtenwuchs gewandt des Freundes.
Wenn der Freund um mich Verliebten
Selbst den kleinsten Preis nicht böte,
Wär' mir doch, selbst nicht um Welten,
Feil ein Härchenrand des Freundes.
Frommt's ihm wohl, wenn aus des Grames
Banden sich sein Herz befreiet?
Bleibt ja doch *Hafis* als Sclave
Und als Knecht bekannt des Freundes.

13.

Komm, denn sieh, die Burg der Hoffnung
Fusset auf gar schwachem Grunde;
Bringe *Wein*! den Bau des Lebens
Wirft ein *Wind*stoss um zur Stunde.
Jenes Mannes hohem Sinne
Hab' als Sclav' ich mich verdungen,
Der von jeglicher Verbindung
Dieser Welt sich losgerungen.
Sag' ich dir's, dass, als ich gestern
Mich im Weinhaus arg betrunken,
Mir vom Geisterland ein Engel
Frohe Kunde zugewunken?
»Falke kühnen Blickes – sprach er –
Der auf dem Sïdrē du thronest!
Nicht dein Nest ist dieser Winkel,
Den du leidend jetzt bewohnest.
Von des Himmels hoher Zinne
Hörst du laute Töne schallen:
Was – ich kann es nicht begreifen –
Machte in dies Netz dich fallen?«

Einen Rath will ich dir geben;
Merk' ihn dir, um ihn zu üben,
Denn dies Wort des alten Meisters
Ist mir stets im Sinn geblieben:
»Hoffe nicht, dass ihr Versprechen
Dir die Welt, die falsche, halte:
Eine Braut von tausend Freiern
Ist sie, diese schnöde Alte.«
Lass die Welt dich nicht betrüben,
Und gedenke meiner Worte!
Freundlich sprach zu mir ein Wand'rer,
Der durchpilgert viele Orte:
»Füg' dich in gescheh'ne Dinge
Heit'rer Stirn und unverdrossen,
Denn des freien Willens Pforte
Blieb so mir wie dir verschlossen.«
Treu' und Glaube fehlt der Rose,
Die da lacht durch kurze Tage;
Seufze nur, verliebter Sprosser,
Denn wohl ist hier Grund zur Klage!
Der du matte Verse schmiedest!
Was beneidest du *Hafisen*?
Zu gefallen und zu dichten
Ward von Gott er angewiesen.

14.

Seit deines Lockenhaares Spitze
Dem Ostwind in die Hände fiel,
Zerfiel aus Kummer in zwei Hälften
Das Herz, und litt, ach, gar so viel!
Ein Büchlein, das von Schwarzkunst handelt,
Ist dein bezaubernd' Aug' fürwahr;
Doch schlich – dies ist nicht zu bestreiten –
Ein Fehler sich in's Exemplar.
Was ist das Maal, das glänzend schwarze,
Das in der Locke Häkchen blitzt?
Dem Tintenpunct ist's zu vergleichen,

Der in dem Ring des Dschimes sitzt;
Und deine moschusreiche Locke
In jener Wange Rosenbeet
Was ist sie wohl? Ein Pfau, ein stolzer,
Der sich im Paradies ergeht.
Mein Herz, o trauter Freund der Seele,
Von Lust nach deinem Duft besiegt,
Ward zum gemeinen Strassenstaube,
Der zu des Westwind's Füssen liegt.
Es hebt sich dieser Leib von Erde,
Dem Staube gleich, wohl nimmermehr
Empor von deines Dorfes Rande,
Denn ach, sein Fall war allzuschwer!
Dein Schatten wirkt auf meine Hülle,
O wunderthät'ger Isa, ein,
Wie auf die modernden Gebeine
Des Lebensgeistes Widerschein.
Ich sah den Mann, der nur die Kába
Sich sonst zum Aufenthalt erkor,
Weil deiner Lippe er gedachte,
Jetzt weilen an der Schenke Thor.
Hafisen, der sein Herz verloren,
Verknüpft mit deiner Liebe Leid
Ein Bündniss das, o theure Seele,
Besteht seit dem Beginn der Zeit.

15.

Die Rose am Busen, das Glas in der Hand,
Ein Liebchen, das willig erfreut!
Der mächtigste Sultan im herrlichsten Land
Ist wahrlich mein Sclave nur heut!
Verschont die Versammlung mit Lichtern, verschont!
Uns strahlt ja in heutiger Nacht
Die Wange des Freundes als leuchtender Mond
In schimmernder Völle und Pracht.
Stets waren die Freuden des Weines erlaubt
Nach uns'rem Gesetze; allein

Sind, Rosenzipresse, wir *deiner* beraubt.
So *müssen* verboten sie sein.
Durchwürz' nicht in uns'rer Gesellschaft die Luft!
Der Seele Geruchsinn erfüllt
In jedem Moment ja der lieblichste Duft,
Der süss aus der Locke dir quillt.
Mein Ohr neigt dem Worte der Flöte sich hin,
Und horcht, wie die Harfe verklingt;
Mein Auge blickt immer nach deinem Rubin.
Und schaut, wie den Becher man schwingt.
Vom Kandel und Zucker sprich fürder mir nicht,
So schmackhaft sie immer auch sein:
Mein sehnlichster Wunsch und mein liebstes Gericht,
Dein Mund ist's, dein süsser, allein.
Seit Kummer um dich – jener köstliche *Schatz* –
Im *öden* Gemüthe mir ruht,
Sind *Winkel* der Schenken der einzige Platz,
Der wohnlich mir scheinet und gut.
Du sprichst von der Schande? Sie freut mich, mein Ruhm
Erwächst ja aus Schande allein.
Du frägst nach dem Ruhme? Ich hass' ihn. Warum?
Mein Ruhm bringt ja Schande mir ein.
Als taumelnden Zecher bekenne ich mich;
Kühn send' ich die Blicke umher:
Doch Jener, der nimmer so wäre wie ich,
Wo fände im Städtchen sich der?
O saget dem Vogte des Städtchens doch nicht,
Wie schimpflich mein Treiben mag sein:
Er leistet, mir ähnlich, ja auch nicht Verzicht
Auf immer zu trinkenden Wein.
Vom Wein und vom Liebchen getrennt, o *Hafis*,
Verschwinde dir nimmer ein Tag:
Nun duften Jasmine und Rosen so süss,
Auch nahte des Festes Gelag.

16.

Pinjen und Zipressen brauchet
Nimmer meines Gartens Raum:
Denn, wem wiche wohl an Höhe
Meines Buchses zarter Baum?
Sage mir, du holder Knabe,
Welchen Glauben nennst du dein?
Denn mein Blut scheint dir erlaubter
Als die Muttermilch zu sein.
Siehst von fern du düst're Bilder,
O dann hurtig Wein begehrt!
Den Erfolg erprobt' ich selber,
Und das Mittel ist bewährt.
Zieh' ich von des Wirthes Schwelle
Jemals wohl das Haupt zurück?
Wohnt in diesem Haus und Hofe
Immer doch nur Sieg und Glück.
Nichts als nur gebroch'ne Herzen
Kauft man ein auf meiner Bahn;
Auf dem Markt des Selbstverkaufens
Langt auf ander'm Weg man an.
Gestern liess Genuss Er hoffen.
Und im Kopfe spukt' ihm Wein:
Doch was spukt Ihm *heut* im Kopfe.
Und was wird Sein Ausspruch sein?
Stets dasselbe ist das Mährchen
»Liebesgram«; doch sonderbar,
Dass bei Keinem, der's erzählte.
Es ein wiederholtes war.
Kehre wieder, denn das Auge
Hofft auf dich in Trennungsnoth,
Wie das Ohr des Fastenhälters
Auf die Worte: »Gross ist Gott!«
Schilt nicht auf Schirās und Rokna,
Noch auf jenen Abendwind,
Sie, die Wasser auf der Wange
Aller sieben Länder sind.

Welch ein Abstand! Chiser's Wasser
Fliesset in des Dunkels Schoos,
Und der Urquell *meines* Wassers
Sind die Worte: »Gott ist gross!«
Von dem Ruhm zufried'ner Armuth
Zieh' ich nimmer mich zurück;
Sprich zum Kaiser: »Für die Nahrung
Sorgt ein gütiges Geschick.«
Welch ein frisches Kandelbäumchen
Ist dein Schreibrohr, o *Hafis*!
Ist doch Honig selbst und Zucker
Nicht wie seine Früchte süss.

17.

Eine Flur ist, ewig grünend,
Was Derwischen-Zelle heisst:
Ehrensummen sind die Dienste,
Die Derwischen man erweist;
Und der Schatz in öden Gründen
Mit dem Wundertalisman
Wird gehoben, blickt erbarmend
Der Derwische Aug' ihn an.
Das, wovor die hehre Sonne
Ihres Stolzes Krone neigt,
Ist die Grösse, die sich herrlich
Im Derwischen – Prunke zeigt.
Auf das Himmelsschloss, gehütet
Von Riswan, kann hin man seh'n
Von der freudenvollen Wiese,
Wo Derwische sich ergeh'n.
Was in Gold die schwarzen Herzen
Durch sein Strahlenlicht verkehrt,
Alchimie ist's, die im Umgang
Mit Derwischen sich bewährt.
Und von einem Pol zum andern
Wüthet stets des Unrechts Krieg,
Doch vom Urbeginn zum Ende

Bleibt Derwischen stets der Sieg;
Und die Macht, die nie des Sturzes
Bange Sorge hat ereilt,
Eine Macht ist's – hör' es freudig –
Die nur bei Derwischen weilt.
Die Chosrewe sind die Kibla
Jeder Bitte, jeder Noth:
Steh'n sie doch als treue Diener
Den Derwischen zu Gebot.
Lass den eitlen Hochmuth fahren,
Du, der Erdengüter fand,
Denn dein *Haupt* und *Gold* beschützet
Doch nur der Derwische Hand.
Doch Kărūn's versunk'nen Schätzen
Hatte zürnend Gott geflucht:
Und warum? du hast's gelesen:
Aus Derwischen-Eifersucht.
Jenes Antlitz theurer Wünsche,
Worum selbst Monarchen fleh'n,
Ist nur im Gestaltenspiegel
Der Derwische zu erspäh'n.
Was der Blick Ässāf's befohlen,
Dem gehorch' ich Sclave leicht,
Weil er *äusserlich* Gebietern,
Innerlich Derwischen gleicht.
Wünschest du, *Hafis*, zu treffen
Auf des Lebenswassers Spur?
Es entquillt dem Staub der Thüren
An Derwischen-Zellen nur.
Sei, *Hafis*, hier fein bescheiden,
Denn, was Länderherrschaft heisst,
Stammt allein nur von den Diensten,
Die Derwischen man erweist.

18.

Es kam mein Freund in's Maghen-Kloster
– In seiner Hand war ein Pocal –
Von Wein berauscht, so wie die Zecher
Von seiner trunk'nen Augen Strahl;
Am Hufe seines Rosses glänzte
Ein neuer Mond im hellsten Schein,
Und selbst die hohe Pinje schrumpfte
Vor seinem schlanken Wuchse ein.
Was sag' ich denn, ich sei bei Sinnen,
Wenn ich's im Grunde doch nicht bin?
Wie sag' ich denn, ich schau' ihn nimmer?
Blickt doch mein Auge nur auf ihn.
Der Freunde Herzenslicht *verlöschte*,
Erhob er sich vom Sitz; doch jetzt
Erhebt ein Schrei sich der Verliebten,
Wenn er sich wieder *niedersetzt*.
Der Bisam hauchet süsse Düfte,
Denn er berührte ja sein Lockenhaar;
Die Brauenschminke wird zum Schützen,
Denn sie umzog sein Brauenpaar.
O kehre heim! dann kehret wieder
Das Leben, das *Hafisen* schwand,
Wenn gleich der Pfeil nicht wiederkehret,
Der einem Bogen ward entsandt.

19.

Nicht umsonst ist jener Schlummer
Deines schlauen Augenpaar's;
Nicht umsonst ist jener Schimmer
Deines wirren Lockenhaar's.
Noch floss Milch von deiner Lippe,
Und schon sagte ich wie heut:
»Nicht umsonst ist dieser Zucker
Um dein Salzgefäss gestreut.«
Eine Quelle ew'gen Lebens

Ist dein Mund; doch ist bekannt,
Deines Kinnes Brunnen liege
Nicht umsonst an ihrem Rand.
Freue dich des längsten Lebens!
Weiss ich doch für meinen Theil,
Nicht umsonst sei an den Bogen
Angelegt dein Wimpernpfeil.
Bist in Gram und Leid verfallen
Und in herben Trennungsschmerz:
Nicht umsonst ist deine Klage
Und dein Wehgeschrei, o Herz!
Gestern weht' am Rosenhaine
Seines Dorfes Luft vorbei:
Nicht umsonst reisst du, o Rose,
Dir den Kragen nun entzwei.
Birgt das Herz auch vor den Leuten,
Was die Lieb' es leiden liess,
Nicht umsonst doch ist dies Weinen
Deines Auges, o *Hafis*!

20.

Geh' und sorge um dich selber,
Prediger! was sprichst du? sprich!
Zwar mein Herz hat sich verwirret,
Aber was beirrt das dich?
Des Geliebten zarte *Mitte*
Schuf aus *Nichts* des Schöpfers Hand,
Als ein Räthsel, das zu lösen
Kein Geschöpf sich unterstand.
Bettler Deines Dorfes tragen
Die acht Himmel in der Brust;
Sclaven deiner Bande leben
Frei von beider Welten Lust.
Zwar mich gab der Rausch der Liebe
Der Verwüstung Preis; allein
Meines Lebens Bau erstehet
Nur durch dies Verwüstetsein.

Herz, bejamm're nicht die Härte
Deines Freundes, denn der Freund
Hat dir *dieses* nur beschieden,
Was denn auch gerecht erscheint:
Bis sein Mund mir meinen Gaumen
Nicht berührt, gleich einem Rohr,
Ist der Rath der ganzen Erde
Eitel Wind nur meinem Ohr.
Geh', *Hafis*, lies keine Mährchen,
Keine Zauberformeln mehr:
Diese Mährchen, diese Formeln
Kenn' ich leider allzusehr.

21.

Es ist die Lippe meines Freundes
Ein feuchter, blutiger Rubin,
Und freudig gebe ich die Seele,
Bloss um ihn zu erblicken hin.
Vor jenem schwarzen Auge schäme
Und vor den langen Wimpern sich,
Wer schaute, wie er Herzen raubet
Und es gewagt, zu schmähen mich.
O Führer der Kameele, schaffe
Nicht mein Gepäck zum Thor hinaus!
Am Königswege liegt ein Dörfchen,
Und dort steht meines Liebsten Haus.
Ich bin des eig'nen Schicksals Sclave,
Denn jetzt, wo Noth an Treue ist,
Ist's jenes trunk'nen Luli's Liebe
Die mich zu kaufen sich entschliesst.
Die würz'ge Scheibe einer Rose,
So wie ihr Kelch, der Ambra streut,
Enthalten Theilchen nur des Duftes,
Den mein Gewürzverkäufer beut.
O Gärtner, treibe gleich dem Weste
Nicht aus dem Gartenthore mich!
Denn deinen Rosenhain bewäss're

Mit Thränen, gleich Granaten, ich.
Nur Kandelsaft und Rosenwasser,
Die meines Freundes Lipp' enthält,
Ward mir von seinem Aug' verschrieben,
Das sich mein Herz zum Arzt bestellt.
In lieblicher Ghaselen – Dichtung
Genoss *Hafis* den Unterricht
Des Freund's, der süsse Reden führet,
Und wunderselt'ne Dinge spricht.

22.

Lang schon ist's, dass Leidenschaft für Götzen
Mir als Glaube wohnt in stiller Brust;
Doch dem sorgenvollen Herzen schaffet
Diese Sorge Freude nur und Lust.
Will man deines Mund's Rubin erblicken,
Braucht's ein Aug', das Seelen schauen kann;
Aber hebt mein weltbeschauend' Auge
Sich zu dieser Stufe wohl hinan?
Sei mir Freund: denn aller Schmuck des Himmels,
Alle Zier der irdischen Natur
Liegt im Monde deines Angesichtes
Und der Plejas meiner Thränen nur!
Seit die Liebe, die ich dir geschworen,
Mich gelehrt der Dichtkunst edles Wort,
Leben Lob und Beifall, mir gespendet,
In des Volkes Zunge immer fort.
Lass, o Gott, des Glückes mich geniessen,
Das allein die Dürftigkeit verleiht:
Denn nur diese Gabe ist die Quelle
Meiner Macht und meiner Herrlichkeit!
Sag' dem Pred'ger, der den Stadtvogt kennt:
»Wolle doch so dünkelhaft nicht sein!
Denn das Haus, worin der Sultan wohnt,
Ist ja doch mein armes Herz allein.«
Wessen Schauplatz, Herr, ist diese Kába,
Die der Zielpunkt aller Wünsche ist?

Ist für mich doch Rose und Narcisse
Jeder Dorn, der ihrer Bahn entspriesst;
Doch dein Bild, wer hat es unterrichtet
In der Kunst zu schiffen durch ein Meer?
Meine Thräne, die der Plejas gleichet
Und als Leitstern wandelt vor mir her.
Sprich, *Hafis*, von jenem Prunke nimmer,
Den das Loos beschieden dem Pĕrwīs;
Seine Lippe trinkt ja nur die Hefe,
Die Chŏsrēw, mein Süsser, übrig liess.

23.

Ich bin es, dem der Schenke Winkel
Ein Haus des Gottesdienstes scheint,
Und der im Gruss des alten Wirthes
Ein Frühgebet zu hören meint
Lass' ich auch nimmermehr erklingen
Der Morgenharfe süssen Ton,
Das Lied, das ich des Morgens singe,
Entschuldigt mich genugsam schon.
Mich kümmern Kaiser nicht und Bettler,
Und dankbar preis' ich Gott dafür;
Mein Kaiser aber ist, wer bettelt
Im Staub an meines Freundes Thür.
Im Gotteshaus und in der Schenke
Bezweck' ich nur Verein mit dir:
Dies ist mein einziger Gedanke,
Und Gott bezeugt dies selber mir.
Dein Bettler will ich lieber heissen,
Als Herrscher über Völker sein,
Denn all' mein Ruhm und meine Ehre
Ist deine Härte nur allein.
Seit mein Gesicht an diese Schwelle
Ich hinzulegen mich gewohnt,
Steht mein Palast bei weitem höher,
Als jener, wo die Sonne thront.
Nur wenn mir einst das Schwert des Todes

Mein Zelt zerstört, sonst aber nicht,
Verlasse ich des Glückes Pforte,
Wo mich Gewohnheit hält und Pflicht.
Hafis! Zwar liegt die Sünde nimmer
In uns'rer freien Wahl; allein
Du magst den Pfad der Tugend wandeln,
Die Sünde lass *mein* eigen sein!

24.

Erblühet ist die rothe Rose,
Der Sprosser scheint berauscht zu sein;
Die Ihr den Wein verehrt, o Ssofis!
Man lädt zur Trunkenheit Euch ein.
Der Reue Bau, von dem's geschienen,
Dass er so fest wie Marmor sei,
O sieh, ihn schlug auf selt'ne Weise
Ein gläserner Pocal entzwei!
Nun bringe mir den Saft der Rebe,
Denn gleich ist an des Hochmuth's Thron
Des Pfortenwächters, des Monarchen,
Des Nüchternen und Trunk'nen Lohn.
Verlassen müssen endlich Alle
Dies Gasthaus mit dem Doppelthor,
Mag niedrig sein des Lebens Halle,
Und mag sie ragen hoch empor.
Die Freude ist ein Ziel, das nimmer
Sich ohne Leid erreichen lässt:
Ja, an den Spruch des *Unglück's* knüpfte
Den ew'gen Herrschaftsbund man fest.
Nicht kümm're dich um Tod und Leben,
Und wahre dir den heiter'n Sinn:
Denn das Vollendetste hienieden
Rafft endlich doch der Tod dahin.
Die Pracht Ässäf's, der Gaul des Windes,
Der Vögelsprache Wissenschaft,
Der Wind hat sie verweht; sie haben
Dem Eigner Nutzen nicht geschafft.

Entfern' dich nicht zu rasch vom Pfade.
Und spiegle an dem Pfeile dich:
Ein Weilchen schwirrt er in den Lüften,
Und setzt dann auf die Erde sich.
Hafis, die Zunge deines Rohres,
Wie gibt *dafür* den Dank sie kund,
Dass man die Worte ihrer Lieder
Geschäftig trägt von Mund zu Mund?

25.

Mit zerwühltem Haar, vom Schweisse triefend,
Freundlich lächelnd und vom Wein entbrannt,
Mit zerriss'nem Hemd, Ghaselen singend
Und die volle Flasche in der Hand;
Mit Narcissen, die nach Streit sich sehnen,
Und mit Lippen, reich an Zaubermacht,
Kam und setzte gestern an mein Lager
Er sich hin, in stiller Mitternacht;
Und er bog sein Haupt zu meinem Ohre,
Und dann sprach er mit betrübtem Ton:
»Du mein alter, zärtlicher Verehrer!
Übermannte dich der Schlummer schon?«
Reicht man nun, und *zwar* bei nächt'ger Weile,
Einem Weisen einen solchen Wein,
Wird er zum Verräther an der Liebe,
Wollt' er nicht ein Weinverehrer sein.
Frömmler, geh' und spotte Jener nimmer,
Die als Hefetrinker sich bewährt:
Ward uns ja am Tag' des Herrschaftsbundes
Diese einz'ge Gabe nur beschert!
Und was Er uns in das Glas gegossen
Sogen wir mit gier'gen Zügen ein,
War's nun edler Wein des Paradieses
Oder war's berauschter Säufer Wein.
Des gefüllten Weinpocales Lächeln
Und der Schönen holdverschlung'nes Haar

Hat so manche Reue schon gebrochen,
Die *Hafisens* Reue ähnlich war.

26.

Seine Locke knüpfte tausend Herzen
Aa ein einz'ges ihrer Härchen an,
Und versperrte Tausenden von *Mittlern*
Von *vier* Seiten die gesuchte Bahn.
Dass in Hoffnung eines Duftes Alle
Ihm die Seele opfern für und für,
Hat den Moschusnabel Er erschlossen,
Und verriegelt jedes Wunsches Thür.
Liebeswahnsinn hat mich überfallen,
Weil, dem Neumond gleich, mein holdes Bild
Seine Braue zeigend, freundlich koste,
Doch sein Antlitz stets verborgen hielt.
Durch so manche *Listen* hat der Schenke
Mir den Becher voll mit Wein gemacht:
Sieh doch nur die lieblichen *Gebilde*,
Die er auf dem Kürbis angebracht!
Welch' Geheimniss hat, o Herr, die Flasche
Ausgeplaudert mit geschwätz'gem Mund,
Dass das Blut des Kruges beim Gegurgel
Nun zur Strafe stockt in ihrem Schlund?
Und was ist es für ein *Lied* gewesen,
Das des Sängers holdem Mund entfloss,
Und verzückten Männern, bei dem Reigen,
Selbst das *Thor* des Hai und Hu verschloss?
Der Gescheite, der die Gaukelspiele
Dieses Rad's nie aus dem Aug' verlor,
Zog zurück sich von dem Marktgetümmel,
Und verschloss sich selbst der Rede Thor.
Wer, *Hafis*, nicht Liebe hat empfunden,
Und doch immer vom Genusse träumt,
Hat des Herzens Kába *zwar* umpilgert,
Doch zuvor der Waschung Pflicht versäumt.

27.

Als Gott geformet deine Augenbrauen
Zur Wonne jeder Brust,
Band er an deine holden Liebesblicke
Auch meine eig'ne Lust.
Es gab das Schicksal mich und die Zipresse
Dem Strassenstaube Preis,
Seit es den Stoff gewebt zu deinem Kleide,
Wie die Narcisse weiss.
Der Abendwind, nach Rosen duftend, löste
Der Knospe so wie mir
Wohl hundert Knoten, als mein Herz er knüpfte
An Leidenschaft zu dir.
Wenn auch des Schicksal's Rad in deinen Banden
Zufrieden sein mich lässt,
Doch ach, was frommt's? es band des Fadens Ende
An *deinen* Willen fest.
Mach' doch mein Herz, dem Moschusnabel ähnlich,
Nicht gar so knotenvoll:
Denn einen Bund mit deiner *Locke* schloss es,
Die Knoten *lösen* soll.
Du warst dereinst, o Westwind des Vereines,
Ein zweites Leben mir!
Es hat mein Herz gehofft auf deine Treue,
Sieh, und ward irr an dir!
Ich sprach: »Du bist so hart, dass ich für immer
Die Stadt verlassen muss.«
Und lächelnd sprach Er: »Nun, *Hafis*, so gehe
Mit fest gebund'nem Fuss!«

28.

Ein Weggefährte, der bei diesen Zeiten
Vom Treubruch wäre rein,
Kann, nebst der Flasche, voll von laut'rem Weine,
Das Liederbuch nur sein.
Entkleidet wandle, denn der Pass des Heiles

Ist gar so eng und schmal;
Das Glas ergreife, denn das theure Leben
Kehrt nicht zum zweiten Mal.
Nicht *ich* nur bin es, den auf dieser Erde
Unthätigkeit betrübt;
Auch die Gelehrten trauern, dass ihr Wissen
Sich nicht in Thaten übt.
Das Auge des Verstand's, auf diesem Pfade,
Wo Zwist nur herrscht und Streit,
Sieht in der Welt und ihrem eitlen Treiben
Nur Unbeständigkeit.
Gar viele Hoffnung nährte ich im Herzen,
Dir liebend einst zu nah'n:
Allein der Tod, der Hoffnung Wegelag'rer,
Droht auf der Lebensbahn.
Ergreif' die *Locke* eines *Mondgesichtes*,
Und sage nimmermehr,
Es stamme *Glück* und *Unglück* von der *Venus*
Und vom *Saturn* nur her.
Nie trifft man ihn, wie auch die Zeit sich wende,
Im Stand der Nüchternheit,
So dass es scheinet, mein *Hafis* sei trunken
Vom Wein der Ewigkeit.

29.

Schwebt mir dein Bild vor Augen,
Was kümmert mich der Wein?
Das Weinfass sei verspündet:
Stürzt' ja der Keller ein.
Fort, selbst mit Eden's Weine,
Da mir, getrennt vom Freund,
Das süsseste Getränke
Ein Marterquell nur scheint!
Weh', es entfloh der Holde!
Im Aug', mit Nass gefüllt,
Blieb, hingemalt auf Wasser,
Nur seines Flaumes Bild.

Erwache, du mein Auge!
Wer ist denn sicher, ach,
Vor diesem Schwall des Stromes,
In diesem Schlafgemach?
Enthüllt geht die Geliebte
An mir vorbei; allein
Sie sieht die Nebenbuhler,
Und hüllt sich wieder ein.
Die Rose, dich erblickend,
Bedeckt mit zartem Schweiss,
Taucht sich in Rosenwasser;
Denn Neid macht ihr gar heiss.
Aus meines Hirnes Winkel
Ist guter Rath verpönt,
Da nur von Harf' und Laute
Dies Kämmerlein ertönt.
Was ist doch deine Strasse
Für eine grosse Bahn!
Ein Bläschen ist dagegen
Des Himmels Ocean.
Schon grünen Berg' und Thäler:
Komm' an des *Wassers Rain*!
Ist doch die ganze Erde
Nur eitler *Wasserschein*.
Du hältst im Herzenssaale
Wohl hundert Lichter wach,
Und doch bist du, o Wunder!
Verschleiert hundertfach.
Es tanzt, von dir geschieden,
O du, mein Herzenslicht!
Das Herz am Rand des Feuers,
Wie selbst ein Braten nicht.
Nun ja, *Hafis* erwählte
Wein, Lieb' und Augenspiel:
Verfolgt ja doch die Jugend
Ein wunderbares Ziel.

30.

Nun auf der flachen Hand die Rose
Den Becher klaren Weines schwingt,
Und laut, mit hunderttausend Zungen,
Der Sprosser ihre Reize singt,
Nun ford're du das Buch der Lieder,
Und schlag' des Feldes Strasse ein;
Ist's keine Zeit doch für die Schule
Und für gelehrte Zänkerei'n.
Entsag' dem Umgang mit den Menschen
Und am Änkā nur spiegle dich:
Denn Ruf und Name, frommer Klausner,
Erstreckt vom Kaf bis zum Kafe sich.
Der Schulregent war gestern trunken,
Und hat den Richterspruch gefällt:
Wein sei verboten zwar, doch besser
Als ungerechtes Stiftungsgeld.
Dir ziemt es nimmer, zu entscheiden,
Ob trüb sei oder klar der Wein:
Denn was der Schenke uns credenzte,
Entquoll ja seiner Huld allein.
Es sind die Männer, die da streiten
Mit mir um gleichen Ehrensold,
Dem Flechter gleich, der seine Matten
Für ein Gewebe hielt aus Gold.
Hafis, verstumme und bewahre
Dein Lied, wie Gold, weil in der Stadt
Falschmünzer wohnen, deren Jeder
Gar eine Wechselstube hat.

31.

Wenn du freundlich mich berufest,
Üb'st du grosse Huld an mir;
Wenn du zornig mich entlässest,
Grollt mein Herz doch nimmer dir.
Dich in meinem Buch zu schildern,

Liegt gar fern die Möglichkeit:
Liegt doch von der Schild'rungsgrenze
Deine Schild'rung allzu weit.
Schauen kann das Aug' der Liebe
Meines Lieblings Angesicht:
Denn vom Kafe bis zum Kafe
Reicht der schönen Bilder Licht.
Von des holden Wangen-Koran
Lies ein einz'ges Verslein nur:
Schwinden macht's, als Exegese,
Jeder dunkeln Stelle Spur.
Störrig wie Zipressen bist du,
Marmorherz'ger Freund, mit mir,
Und erlaubst so vielen Augen
Ringsherum zu ruh'n auf dir.
Du, der Himmelskost geniesset,
Und dem Keiner gleich sich schätzt,
Fühl'st gewiss in's Fegefeuer
Dich durch dies mein Wort versetzt.
Wenn der Gegner wähnt, im Liede
Habe er *Hafis* erreicht,
Ist er jener Schwalbe ähnlich,
Die sich dem Hümā vergleicht.

32.

Wer die Einsamkeit erkoren,
Braucht der noch herum zu schau'n?
Wer des Freundes Dorf bewohnet,
Braucht der Felder oder Au'n?
Seele, bei dem hohen Gotte,
Dessen du bedürftig bist,
Frag' am Ende doch ein wenig
Was denn *mir* Bedürfniss ist?
Zwar ich lebe stets in Nöthen,
Doch es bettelt nicht der Mund;
Thut es Noth, dass man dem Edlen
Seine Wünsche thue kund?

Was bedarf es erst der Gründe,
Sinnest du auf meinen Tod?
Dein ist alles was ich habe,
Thut da noch das Plündern Noth?
Jenem Glas, das Welten zeiget,
Gleicht des Freundes lichtes Herz:
Thut es Noth, ihm erst zu künden
Eig'ne Noth und eig'nen Schmerz?
Jene Zeit, wo mich des Schiffers
Vorwurf drückte, sie entschwand:
Braucht man wohl in's Meer zu tauchen,
Wenn man schon die Perle fand?
Freundes Lippe, die beseelet,
Kennt ja ihre Pflichten, doch
Gegen dich, verliebter Bettler,
Braucht es da des Drängens noch?
Schönheits*kaiser*! Es verbrannte
Liebe mich; ich schwor's zu Gott!
Darum frage doch am Ende,
Was dem Bettler thue Noth.
Gegner, wandle deine Wege!
Nichts zu thun hab' ich mit dir;
Meine Freunde sind zugegen,
Braucht es wohl der Feinde hier?
Siegle, o *Hafis*, die Rede!
Tugend tritt von selbst an's Licht
Und des Streitens und des Rechtens
Mit dem Gegner braucht es nicht.

33.

Wonne beut des Gartens weiter Schoos,
Und gar *schön* ist freundliches Gekose.
Schön sei immerdar das Loos der Rose,
Schön ja ist durch sie der Trinker Loos.
Der Geruchsinn meiner Seele ward
Schön erquickt durch stäte Morgenlüfte;
Ja, fürwahr, das Hauchen süsser Düfte

Der Verliebten ist gar *schön* und zart.
Noch verhüllt der Schleier sie, und schon
Ist die Rose im Begriff zu scheiden.
Klage, holder Sprosser, deine Leiden!
Schön ja klingt der wunden Herzen Ton.
Heil dem Vogel, der da singt bei Nacht!
Denn gar *schön* dünkt's, auf dem Pfad der Liebe
Einen Freund, wenn man die Sehnsuchtstriebe
Klagend äussert und die Nacht durchwacht.
Von der freien Lilje Zunge schlägt
Mir dies Wort an's Ohr mit leisem Schalle:
»Hier in dieser alten Klosterhalle
Lebt nur *schön*, wer leichte Lasten trägt.«
Stäte Lust hat's noch in keiner Brust
Auf dem Markte dieser Welt gegeben;
Aber *schön* ist eines Zechers Leben,
Und der Kühne nur geniesst der Lust.
O *Hafis*! Entsagung dieser Welt
Ist die Strasse zu des Herzens Frieden:
Wähne nicht, es lebe *schön* hienieden,
Wer die Welt in mächt'gen Händen hält.

34.

Herr! aus *wessen* Köschke schimmert
Dieser Herzensfackel Schein?
Sie entflammte meine Seele:
Wessen Liebchen mag sie sein?
Es zerstört mir jetzt den Glauben
Und das Herz vom Grunde aus,
Denke ich, *wer* sie umarmet,
Und mit ihr bewohnt Ein Haus?
Der Rubinwein *ihrer* Lippe,
(Sei er nie der *meinen* fern!)
Wen beseelt er, und mit *wessen*
Glas verbündet er sich gern?
Jeder sucht sie zu *bezaubern*,
Doch noch wurde nicht bekannt,

Wer es sei, zu dessen *Mährchen*
Sie ihr zartes Herz gewandt?
Jener Fürst mit Mondeswangen
Und der Venusstirn, o Herr,
Wessen kostbareinz'ge Perle,
Wessen Edelstein ist er?
Glück strahlt jenes *Licht* auf Jeden,
Der in seiner Nähe weilt:
Aber fragt um Gotteswillen,
Wer dazu ihm *Macht* ertheilt?
»*Weh Hafisens* Narrenherzen
– Sprach ich – lässt du es allein!«
Und verstohlen lachend sprach er:
»*Wessen* Narr mag der wohl sein?«

35.

Zwar ist's nicht schicklich, vor dem Freund
Sein Wissen auszukramen:
D'rum schweigt die Zunge; doch der Mund
Ist voll arab'scher Namen.
Die Peri birgt sich, und der Diw
Lässt Liebesblicke schweifen;
Es kann der staunende Verstand
Dies Wunder nicht begreifen.
Wenn das Geschick für Nied're sorgt,
So frage nicht: wesswegen?
Ist doch im Mangel eines Grund's
Der Grund davon gelegen.
Wer Rosen pflückt auf dieser Flur,
Wird auch den Dorn empfinden,
Wie sich im Lichte Mŭstăfā's
Bŭlĕhēb's Funken finden.
Kein halbes Körnchen gebe ich
Für alle Stiftgebäude:
Die Bank ist mein Palast, der Krug
Mein Sommerhaus der Freude.
Der Rebentochter Schönheit hat

Mein Aug' mit Licht erfüllet,
Sie, die sich, wie das Aug', in Glas
Und zarte Häutchen hüllet;
Sie ist's, die Freudengeberin,
Die jetzt den Schmerz dir heilet,
Sie, die in China's Weingefäss
Und Haleb's Flasche weilet.
Ich hatte tausendfach Verstand
Und Sittlichkeit, o Lehrer!
Nun lad' ich ein zum Gegentheil.
Als trunk'ner Weinverehrer.
Bring' *Wein*, weil ich, *Hafisen* gleich,
Ihn *stets* um Stärkung bitte,
Durch Thränen in der Morgenzeit
Und in der Nächte Mitte.

36.

Gibt's Schön'res als des Umgang's Wonne
Zur Frühlingszeit im Gartenhain?
Doch sage, wo verweilt der Schenke?
Was mag der Grund des Zauderns sein?
Die frohe Zeit, die sich dir bietet,
Als gute Beute sieh sie an,
Weil doch kein Sterblicher hienieden
Der Dinge End' ergründen kann.
Das Leben hängt an Einem Haare,
D'rum mache Klugheit dir zur Pflicht;
Bis du dein eig'ner Freund geblieben,
Dann kümm're dich das Schicksal nicht.
Der wahre Sinn vom Lebenswasser
Und von Irēm's gepries'nem Hain,
Liegt nur im Ufer eines Baches
Und nur im angenehmen Wein.
Der Mässige und der Berauschte
Gehören einem Stamme an;
Zu welchem soll mein Herz sich wenden?
Was wähle ich für eine Bahn?

Es kennt nicht, was der Vorhang berge,
Wer unter'm Himmelszelte lebt:
Schweig', Gegner! Willst mit *dem du* streiten,
Der diesen Vorhang senkt und hebt?
Im Falle Nachsicht nicht bestände
Mit eines Dieners Sünd' und Schuld,
Was wäre dann der Sinn der Worte:
»Verzeihung und barmherz'ge Huld?«
Den Quell Kjĕwsēr wünscht sich der Frömmler,
Hafis, ein Glas gefüllt mit Wein:
Was wohl inmitten beider Wünsche
Der Wunsch des Schöpfers möchte sein?

37.

Mein *Mond* verliess die *Stadt* in dieser *Woche*:
Mir scheint's ein *Jahr* zu sein;
Du aber kennst die Pein der Trennung nimmer,
Die harte Trennungspein.
Der Augenstern sah auf des Freundes Wange,
Erhellt vom Anmuthsstrahl,
Nur seinen eig'nen Widerschein, und meinte,
Es sei ein Moschusmaal;
Noch träufelt Muttermilch von seiner Lippe,
Die süss wie Zucker schmeckt,
Wenn jede Wimper schon, beim holden Blicke,
Mit grausem Morde schreckt.
O du, auf den die Stadt mit Fingern zeiget,
Weil du so edel bist!
Ach, dass du doch so sonderbarer Weise
Der Fremdlinge vergisst!
Nicht mehr bezweifl' ich nun, was man erzählet
Zu des Carfunkels Preis:
Ist doch dein Mund für jene zarte Sage
Der lieblichste Beweis.
Man gab die frohe Kunde mir, du würdest
An mir vorüberzieh'n;
O änd're doch den guten Vorsatz nimmer:

Er weist auf Segen hin.
Wie trägt den Berg des Kummers deiner Trennung
Durch irgend eine List
Hafis, der Kranke, dessen Leib vor Klagen
Dünn wie ein Schilfrohr ist?

38.

Wenn auch der Wein das Herz erfreut,
Und Winde Rosen streuen,
So trink' doch nicht bei'm Harfenklang:
Der Vogt liess' dich's bereuen.
Kömmt eine Flasche und ein Freund
Zu Händen dir, dann wage
Wein zu geniessen mit Verstand:
Denn böse sind die Tage.
In den geflickten Ärmel lass
Den Becher heimlich gleiten:
Blutrünstig wie der Flasche Aug'
Erweisen sich die Zeiten.
Die Thräne wäscht die Flecken Wein's
Mir aus der Kutte Falten;
Ist doch die Jahrszeit wieder da
Zum Fasten und Enthalten.
Als blutgetränktes Sieb erscheint
Der Himmel dort, der hohe,
Und seine Spreu, die Häupter sind's,
Die Kronen der Chosroë.
Erwarte reine Lebenslust
Nicht von des Himmels Truge:
Mit Hefe ist der klare Wein
Vermengt in diesem Kruge.
Ĭrāk und Fars erkennt in dir,
Hafis, die Dichterweihe;
Komm, denn für Bagdad und Tĕbrĭs
Kam nun die Zeit und Reihe.

39.

Klage, Sprosser! schenkst du anders
Deine Freundschaft mir;
Klage ziemt uns, denn ein Pärchen
Liebender sind wir.
Wo ein Duft aus Freundeslocken
Wehet durch den Hain,
Kann da von tatar'schem Moschus
Noch die Rede sein?
Bringe Wein, auf dass wir färben
Der Verstellung Kleid!
Stolz berauscht uns, und man rühmet
Uns're Nüchternheit.
Deiner Locke Bild zu denken
Fällt dem Blöden schwer:
Denn es wandelt ja in Ketten
Nur der Schelm einher.
Eine tief verborg'ne Anmuth
Weckt der Liebe Traum,
Nicht ein Mund, roth wie Rubine,
Nicht ein grüner Flaum.
Schönheit liegt wohl nicht im Auge,
Nicht im Maal und Haar,
Nein, in tausend zarten Dingen,
Die die Huld gebar.
Nicht die Hälfte eines Körnchens
Gibt der Kālĕndēr
Für das Atlaskleid des Mannes,
Ist er tugendleer.
Bis zu deiner Schwelle dringet
Man nur mühsam vor:
Ja, zum Himmel ird'scher Grösse
Klimmt man schwer empor.
Morgens sah ich mich im Schlummer
Hochbeglückt durch Ihn;
Schöner Schlummer, jedem Wachen
Bist du vorzuzieh'n!

Was ich durch den Freund gelitten,
Ging zu End'; allein
Der Beginn der Kälte – fürcht' ich –
Wird dies Ende sein.
Quäl' Ihn nicht durch stäte Klagen,
O *Hafis*, und ende sie:
Ew'ge Freiheit hat errungen,
Wer die Menschen quälte nie.

40.

Schilt die Zecher nicht, o Frömmler,
Der du schuldlos bist und rein!
Schreibt man doch die Sünden And'rer
Nimmer in dein Schuldbuch ein.
Mag ich gut sein oder böse,
Wandle ruhig deinen Pfad!
Denn am Ende erntet Jeder
Nur die Frucht der eig'nen Saat.
Raube mir die Hoffnung nimmer
Auf die ew'ge Gnade! Ei,
Weisst du denn, wer hinter'm Vorhang
Reizend oder hässlich sei?
Nach dem Freunde sehnt sich Jeder,
Leb' er nüchtern, trink' er Wein;
Liebe haust an jeder Stätte,
Mag's Moschee, mag's Kirche sein.
Bin ich doch der Einz'ge nimmer,
Der der Tugend Haus verliess:
Fahren liess ja auch mein Vater
Einst das ew'ge Paradies;
Und mein Haupt ruht voll Ergebung
Auf des Schenkenthores Stein:
Fasst's der Gegner nicht, so schlage
Ihm ein Stein den Schädel ein!
Schön zwar ist des Himmels Garten,
Doch geniess' – ich rath' es dir –
Auch des Weidenbaumes Schatten

Und des Rain's der Felder hier.
Stütze dich auf Werke nimmer!
Weisst du was am ew'gen Tag
Gottes Rohr zu deinem Namen
Hingeschrieben haben mag?
Nimmst, *Hafis*, am Todestage
Du ein Glas in deine Hand,
Trägt man aus dem Dorf der Schenke
Stracks dich hin nach Eden's Land.
Folg'st du immer diesem Brauche,
Lob' ich diesen guten Brauch;
Folg'st du dieser Sitte immer,
Lob' ich diese Sitte auch.

41.

Nun der Westwind aus dem Garten
Wehet wie aus Himmelshöh'n,
Labt mich Wein, der Freudenschenker,
Und ein Freund wie Huris schön.
Wesshalb dünke sich der Bettler
Heute nicht ein Fürst zu sein?
Sein Gezelt heisst Wolkenschatten,
Und sein Prunksaal – Saatenrain.
Es erzählt die grüne Wiese
Mährchen von des Frühlings Fest;
Thöricht ist, wer Hoffnung kaufet
Und Gewisses fahren lässt.
Lass' den Wein das Herz erbauen,
Denn zu Ziegeln will die Welt
Meinen Moderstaub benützen,
Sie, die ganz in Trümmer fällt.
Ford're Treue nicht vom Feinde,
Weil's nie Licht verbreiten kann:
Zündest du die Zellenkerze
An der Kirchenfackel an.
Tadle mich, den Trunk'nen, nimmer,
Steh' ich auch im schwarzen Buch!

Kennt man was uns ward geschrieben
Auf die Stirn' als Schicksalsspruch?
Nicht entferne deine Tritte
Von der Leiche des *Hafis*:
Ist er gleich getaucht in Sünden,
Kömmt er doch in's Paradies.

42.

Geh', Frömmler, rufe mich doch nimmer
Zur Paradieses – Seligkeit.
Denn nicht zum Paradiesbewohner
Erschuf mich Gott in Ewigkeit.
Kein Körnchen von der Lebensgarbe
Trägt Jener heim aus seinem Feld,
Wer Gott zu Lieb' kein Körnchen sä'te
Im Gaue dieser schnöden Welt.
Dich freut der Rosenkranz, der Betort,
Der Frömmigkeit und Sitte Bahn;
Mich lacht das Weinhaus und die Glocke,
Das Kloster und die Kirche an.
Lass, *reiner Ssofi*, Wein mich trinken!
Hat doch vom Urbeginne schon
Der weise Gott mit laut'rem Weine
Durchknetet meines Körpers Thon.
Der heisst ein *reiner Ssofi* nimmer
Und hat kein Recht auf's Paradies.
Der nicht, gleich mir, für Wein in Schenken
Als Unterpfand die Kutte liess,
Es bleiben Paradieses-Wonnen
Und Huri's-Lippen unbekannt
Dem Manne, der den Saum des Freundes
Entschlüpfen liess der schwachen Hand.
Hafis, wenn deines Gottes Gnade
Sich nur erst hilfreich dir erwies.
So fürchte dich nicht vor der Hölle,
Noch hoffe auf das Paradies.

43.

Wo, Ostwind, ist der Ruheplatz,
Den sich der Freund erwählt,
Wo ist der Wohnort jenes Mond's,
Der Liebende entseelt?
Schwarz ist die Nacht; das sel'ge Thal'
Zeigt sich dem Blicke dort;
Wo ist das Feuer Sinaï's,
Wo der verheiss'ne Ort?
Die Spuren der *Zerstörung* trägt
Wer auf der Welt erschien:
Wo weilt der Nüchterne? O fragt
In *Schenken* nur um ihn!
Wer gut auf Zeichen sich versteht,
Ist ein willkomm'ner Mann:
Viel Zartes gibt's: wo ist der Freund
Dem man's vertrauen kann?
Wohl jedem meiner Härchen gibst
Du tausendfach zu thun:
Ich und der *müssig* Tadelnde,
Wo sind wir Beide nun?
Die Weisheit ras't; man lasse sie
Die Moschuskette schau'n;
Im stillen *Winkel* weilt das Herz:
Wo sind des Holden Brau'n?
Bereit sind Sänger, Rosen, Wein;
Doch fehlt der Freund; drum scheint
Die Freude nicht bereit zu sein:
Wo aber ist der Freund?
Des Scheïches Zellen-Einsamkeit
Presst mir nur Unmuth aus:
Wo ist der Freund, das Christenkind,
Und wo des Rausches Haus?
Hafis, der Herbstwind des Geschick's
Vorstimme ja dich nicht!
Wo blüht – dies überlege dir –
Die Rose die nicht sticht?

44.

Jenen Knoten, schlau geschlungen
Um den Bogen deiner Brau'n,
Schlangst du nur, um mich, den schwachen
Klagenden im Blut zu schau'n.
Trunken und vom Schweisse triefend
Kamst du auf der Wiese an,
Und da warf dein Wangen*wasser*
Feuer auf den Ergawan.
Weil nur *Einmal* voll von Dünkel
Die Narcisse umgeblickt,
Hat dein Augenspiel die Erde
Hundertfach in Streit verstrickt.
Der Jasmin, beschämt darüber,
Dass man *dir* ihn gleich gestellt,
Hat nun, durch die Hand des Ostes,
Staub sich in den Mund geschnellt.
Als ich trunken gestern Abends
Kam vorbei am Wiesengrund,
Weckte mir die Knospe Zweifel
In Bezug auf deinen Mund.
Seine Ringellocke kräuselnd
Stand das Veilchen auf der Flur,
Und der Morgenwind erzählte
Doch von *deinem* Haare nur.
Eingezogen lebend, wusst' ich
Nichts vom Sänger und vom Wein;
Doch die Lust nach Schenkenknaben
Warf in Beide mich hinein.
Mit dem Wasser rothen Weines
Wasch' ich jetzt mein Ordenskleid:
Wer vermöchte abzuwerfen
Das Geschick der Ewigkeit?
Noch vor Bildung beider Welten
Gab sich Freundschaftsfarbe kund,
Und die Zeit legt' nicht erst heute
Zu der Liebe Bau den Grund.

Mich zerstörte deiner Wange
Holder Flaum. Erhab'ner Gott!
Wessen Pinsel ist's gewesen,
Der dies schöne Bild uns bot?
Liegt nicht etwa für *Hafisen*
Glück in der Zerstörung Schooss,
Da für Wein nur und für Schenken
Ihn bestimmt das ew'ge Loos?
Ganz in meine theuren Wünsche
Fügt von nun an sich die Welt,
Da dem Herrn der Welt zum Knechte
Mich der Zeiten Lauf bestellt.

45.

Hat die Strasse hin zur Schenke
Klar erkannt ein Wandersmann,
Pocht er nicht an and're Thüren,
Denn für Unrecht säh' er's an.
Hat ja doch, wer erst die Strasse
Zu der Schenke Schwelle fand,
Das Geheimniss jeden Klosters
Durch des Weines Gunst erkannt.
Jenem nur verleiht die Krone
Der Berauschtheit das Geschick,
Der da weiss in dieser Mütze
Liege alles Erdenglück.
Wolle mehr nicht von mir fordern
Als der Narren Frömmelei,
Denn mein Ordens-Scheïch erkannte,
Dass Verstand nur Sünde sei.
Wer das Räthsel beider Welten
In dem Flaum des Schenken las,
Deutet aus dem Bild' des Staubes
Dschem's geheimnissvolles Glas.
Gnade von des Schenken *Auge*
Hat mein Herz wohl nie begehrt:
Weiss es doch, wie jenes Türken

Schwarzes Herz mit ihm verfährt.
Mein *Gestirn*, das böse, machte
Früh mich weinen, also zwar
Dass es selbst Nähīd bemerkte
Und der *Mond* es ward gewahr.
Sel'ger Blick, der in des Schenken
Antlitz und im Becherrand
Einen Mond von *vierzehn* Tagen
Und von *Einer* Nacht erkannt!
Jener Fürst, der die neun Kuppeln
– Das erhab'ne Himmelszelt –
Für ein Muster nur des Bogens
Seines Reichspalastes hält.
Mit *Hafis* und mit dem Becher,
Den er leert im stillen Kreis,
Haben Richter nichts zu schaffen,
Da darum der Kaiser weiss.

46.

Gram um den Seelenfreund verbrannte
Die Brust mir durch des Herzens Brand,
Ein Feuer gab's in diesem Hause,
Das selbst mein Winterhaus verbrannt;
Es schmolz mein *Körper*, denn der Holde
Entfernte grausam sich von hier;
Die Sonnengluth der Freundeswange
Verbrannte selbst die *Seele* mir.
Wer auf der Wange einer Peri
Der Locken *Kette* hat erblickt,
Verbrannte sich das Herz aus Mitleid
Für mich, den *Wahnsinn* hält umstrickt.
Sieh' wie ich glühe: es verbrannte
Durch's Feuer meiner Thränen hier
Das Herz der *Kerze* gestern Abends,
Dem *Falter* gleich, aus Lieb' zu mir.
Was Wunder, wenn für mich entglühen
Bekannte, theilend meinen Schmerz!

Verbrannte, als ich mir entschwunden,
Doch selbst der *Unbekannten* Herz.
Die Kutte, die die Frömmler tragen,
Entführte mir der Schenke *Fluth*;
Das Haus, das der Verstand bewohnet,
Verbrannte mir der Kneipe Gluth.
Mein Herz zerbrach, gleich einem Glase,
Weil es zur Reue sich gewandt,
Und ohne Wein und ohne Schenke
Ist meine Brust, wie Wein, verbrannt.
Schweig' vom Vergang'nen, kehre wieder!
Es hat ja seine Kutte heut
Der Mann des Auges ausgezogen
Und sie verbrannt voll Dankbarkeit.
Hafis, entsage eitlen Mährchen
Und trinke Wein, da ich die Nacht,
Indess die Kerze ganz verbrannte,
Mit Mährchen wachend zugebracht.

47.

Weinesstrahl verräth dem Weisen
Der geheimsten Dinge Sinn;
Jedes Menschen Gemme deutet
Dieser köstliche Rubin.
Nur dem Sprosser ist verständlich
Was das Buch der Rose spricht:
Mancher liest in einem Blatte
Und versteht den Inhalt nicht.
Dem erfahr'nen Herzen bot ich
Jene Welt und diese hier;
Da erkannt' es, *Alles* schwinde,
Nur die Liebe nicht zu dir.
Jeden Stein und jede Rose
Macht zu Onix und Rubin,
Wer den Werth jemen'scher Lüfte
Hat erkannt mit frommem Sinn.
Was der Pöbel von mir sage,

Diese Sorge, sie verschwand:
Solche heimliche Genüsse
Sind ja auch dem Vogt bekannt.
Der du aus der Weisheit Buche
Lernen willst was Liebe heisst!
Ich befürchte, du begreifest
Nimmer ihren wahren Geist.
Bringe Wein! Wer prahlt mit Rosen
In dem Garten dieser Welt,
Wenn er weiss, dass sie verheerend
Bald der Herbstwind überfällt?
Mir die Ruhe zu gewähren
Schien dem Freund nicht an der Zeit.
Und doch kennt er meines Herzens
Sehnsuchtsvolle Zärtlichkeit.
Riss aus dem Gemüth *Hafisen's*
Los sich diese Perlenschnur,
Dankt er es Äfsäf's des Zweiten
Segenreicher Bildung nur.

48.

Deine Huld ist's, die, vereint mit Schönheit,
Eine ganze Welt bezwungen hält;
Und, in Wahrheit, nur *vereint* ist's möglich
Zu bezwingen eine ganze Welt.
Das Geheimniss stiller Zellenmänner
Hat die Kerze zu verbreiten Lust:
Aber ihre Zunge wird ergriffen
– Gott sei Dank – vom Brande ihrer Brust.
Duft und Farbe des geliebten Freundes
Gäbe prahlend gern die Rose kund:
Doch der Ost, von Eifersucht befallen,
Hielt zurück den Odem in dem Mund.
Von dem Feuer, das in meinem Busen
Tief verborgen seine Nahrung fand,
Ist die Sonne nur ein kleiner Funke,
Der sich aufschwang zu des Himmels Rand.

Ruhig, einem *Zirkel* zu vergleichen,
Weilte ich am *Rande*, frei von Gram,
Als der Zeitkreis endlich mich erfasste
Und als *Pünctchen* in die Mitte nahm.
Damals erst verbrannten meine Garben
Durch die Lust nach Bechern voll von Wein,
Als darin ein Feuer sich entzündet
Durch des Schenken Wangenwiderschein.
In das Dorf der Wirthe will ich eilen,
Aus dem *Ärmel* schüttelnd ohne Rast
Alles was von Uebeln dieser Erde
Einst den *Saum* der letzten Zeit erfasst!
Trinke Wein! denn Jeder der das Ende
Allen ird'schen Treibens hat erkannt,
Nahm, *erleichternd* sich des Grames Bürde,
Einen *schweren* Becher in die Hand.
Mit dem Blut der zarten Anemone
Steht geschrieben auf der Rose Blatt:
»Nach dem Wein, der ergwanfarben, greifet
Wer hienieden ausgegohren hat.«
Gib mir Wein in einem gold'nen Becher,
Denn der Morgenzecher Morgenwein
Nimmt erobernd, wie ein mächt'ger Kaiser,
Eine Welt mit gold'nem Schwerte ein.
Weil, *Hafis*, aus deinem holden Liede
Nur der Anmuth laut'res Wasser träuft,
Kann der Neider nichts zu tadeln finden,
Wenn er sonst auch nach dem Feinsten greift.

49.

Komm', o Schenke, denn den Schleier
Hob der Freund vom Angesicht,
Und die Kerze, frommer Klausner,
Leuchtet nun mit hell'rem Licht.
Jener ausgelöschten Kerze
Antlitz glänzt nun abermal,
Dieser abgelebte Alte

Strahlt in neuer Jugend Strahl.
Der Geliebte that so zärtlich,
Dass die Gottesfurcht entwich;
Und der Freund erschien so gnädig,
Dass den Feind die Angst beschlich.
Halte ein mit dieser Rede,
Herzbethörend, süss und fein:
Dein Pistazenmund – so scheint es –
Taucht sein Wort in Zucker ein.
Wunden hatte mir geschlagen
Eine Last von schwerem Gram,
Als ein Arzt mit 'Îsa's Hauche,
Gottgesandt, sie von mir nahm.
Wer, besiegend Mond und Sonne,
Schönheit bietet zum Verkauf,
Gibt, wenn du herangekommen,
Seinen Handel wieder auf.
In des Himmels sieben Kuppeln
Tönt dies Mährchen fort und fort;
Aber sich', dem blöden Sinne
Scheint es nur ein eitles Wort.
Sprich, *Hafis*, von welchem Manne
Dies Gebet gelernt du hast?
Denn dein Lied, als Schutzgehänge
Trägt's der Freund, in Gold gefasst.

50.

Ein Rosen*blatt* von schöner Farbe
Hielt einst ein Sprosser in dem Mund
Und gab, in *Wonne* ganz versunken,
Die lieblichsten der Klagen kund.
Ich sprach zu ihm: »Was soll die Klage?
Du lebst ja mitten im Genuss!«
Er sprach: »Der Schalksinn der Geliebten
Macht, dass ich also klagen muss.«
Wenn sich der Freund nicht zu uns setzte,
Ist's nicht zu tadeln; denn fürwahr,

Er ist ein glückbetheilter Kaiser
Und schämte sich der Bettlerschaar.
Von uns'rem zarten Fleh'n und Bitten
Ringt sich des Freundes Schönheit los:
Beglückt ist jener Mann zu nennen,
Der zarter Wesen Huld genoss.
Auf! Lasst die Seele hin uns streuen
Zu jenes hohen Malers Preis,
Der diese Wunderbilder alle
Gebannt in seines Zirkels Kreis.
Bist du des Liebespfades Jünger,
Und schilt man dich, was liegt daran?
Denn seine Kutte liess zum Pfande
Im Weinhaus auch Scheïch Ssănāān.
Dem süssen Kălĕndēre Frieden,
Der fest an seiner Satzung hing,
Und der den Rosenkranz gebetet
An eines Christengürtels Ring.
Hier, unterm *Köschke* jener Huri
Sind beide Augen des *Hafis*
Mit jenen Strömen zu vergleichen,
Die fliessen unter'm Paradies.

177

51.

Du sah'st wie grausam und wie hart
Sich gegen mich der Freund benahm:
Er riss der Treue Band entzwei,
Und nimmer grämte ihn mein Gram.
Herr, zürn' ihm nicht, und hätt' er auch
Mein Herz, das Taubenherzen gleich,
Getödtet, und auf heil'ges Wild
Geführt den unerlaubten Streich!
Es ist an dieser Grausamkeit
Wohl nur mein eig'nes Unglück Schuld:
Denn nie und nimmer war's der Freund,
Der's fehlen liess an Gnad' und Huld;
Und doch ist Jeder, der von ihm

Nicht irgend eine Schmach erfuhr,
– Er wende sich wo immer hin –
Von Jedermann verachtet nur.
Bring', Schenke, mir den Weinpocal
Und zu dem Vogt gewendet, sprich:
»Gesteh' es mir, selbst Dschem besass
Kein Glas das *diesem* sich verglich.«
Wer nicht zu Seinem heil'gen Thor
Gelangte auf der Pilgerbahn,
Der mühte durch die Wüste sich
Und kam im Heiligthum nicht an.
Trag' der Beredtheit Ball davon,
Hafis; denn wer dein Gegner war,
Entbehrte jeglichen Talent's
Und war auch jedes Wissens bar.

52.

Ohne deiner Wangen Sonne
Blieb mein Tag beraubt des Licht's
Und mir blieb vom ganzen Leben
Nur die längste Nacht, sonst nichts.
Als ich Lebewohl dir sagte,
Weinte Ich, ach, gar so sehr,
Und, entfernt von deiner Wange,
Blieb mein Aug' vom Lichte leer.
Schnell vorbei an meinem Auge
Zog dein Traumbild und es sprach:
»*Schade, ach*, dass dieser Winkel
Unbebauet blieb und brach!«
Stets den Tod von meinem Haupte
Scheuchte der Verein mit dir;
Doch durch deine Trennung blieb er
Nimmermehr entfernt von mir.
Nahe rückt jetzt schon die Stunde,
Wo der Nebenbuhler spricht:
»*Fern* von dir blieb der getrennte
Arme Mann am Leben nicht.«

Wenn der Freund zu mir sich *mühet*,
Ist's von nun an fruchtlos nur,
Denn mir blieb im *wunden* Leibe
Nicht die kleinste Lebensspur.
Wenn, getrennt von dir, mein Auge
Ohne Wasser blieb, wohlan!
Mag es Herzensblut vergiessen,
Blieb ihm doch nichts And'res dann.
Die Geduld nur heilt die Leiden,
Die mir deine Trennung schafft;
Doch wie kann Geduld man üben,
Blieb' dazu uns keine Kraft?
Gram *nur* kennt *Hafis* und Thränen,
Wird zum Lachen nie bewegt:
Blieb doch keine Lust zu Festen
Dem, der Trauerkleider trägt.

53.

Ob der Thränen, die ich weine,
Schwimmt mein Augenmann im Blut;
Sieh' nur, was die *Männer* leiden,
Die dich suchen, theures Gut!
Wenn auf's Wohl der *rothen Lippe*
Und des Aug's, *erhitzt von Wein*,
Ich das Glas des Grames leere,
Scheint der *Wein* mir *Blut* zu sein.
Wenn im Osten meines Dorfes
Eine Sonne, du erscheinst,
Wird mein Stern gar herrlich strahlen,
Strahlt er anders noch dereinst.
Von *Schirin's* so *süsser* Lippe
Hat uns einst Fĕrhād erzählt
Und *Mĕdschnūn* hat *Leïla's* Locke
Sich zum Aufenthalt erwählt.
Sei mir hold, denn hold erhebet
Sich dein Wuchs, Zipressen gleich;
Sprich ein Wort, denn zart gewogen

Redest du und anmuthreich.
Schenke, durch des Bechers Kreisen
Bringe Ruhe mir in's Herz;
Denn des Himmels Kreisen schaffet
Dem Gemüthe nichts als Schmerz.
Seit der *Knabe*, mir so theuer,
Sich entrissen meiner Hand,
Ist des Oxus wildem *Strome*
Ähnlich meines Saumes Rand.
Kann mein *Inn'res* Lust empfinden,
Wenn stets Kummer es befällt?
Ist dies doch ganz *vorzugsweise*
Ausser meiner *Wahl* gestellt.
Weil *Hafis* sich selbst verloren.
Sehnt er nach dem Freund sich nun,
Wie sich ein Verarmter sehnet
Nach den Schätzen des Kărūn.

54.

Der Mann in meinem Auge blicket
Nur *dir* in's holde Angesicht,
So wie mein Herz, in wüster Irre,
Nur *dein* gedenkt und von *dir* spricht.
Ein Pilgerkleid trägt meine Thräne
Und kreist um deinen heil'gen Schrein,
Ist gleich vom Blut des wunden Herzens
Es keinen Augenblick ganz rein.
Streut der Verarmte, der dich liebet
Sein Herzgeld hin, leicht an Gewicht,
So schilt ihn nicht, denn bare Münze,
Wie sie cursirt, besitzt er nicht.
An jene *höchste* der Zipressen
Reicht jedes Mannes Hand zuletzt,
Der an die Lust dich zu besitzen
Nicht ein nur *nied'res* Streben setzt.
Von 'Îsa, der zum Leben wecket,
Sprech' ich vor dir kein Wörtchen mehr,

Weil im Beseelen deine Lippe
Ja weit erfahr'ner ist als er.
Da sich im Feuer deiner Liebe
Kein Ach mir aus dem Busen stahl,
Wie kannst du sagen, ich ertrüge
Nicht mit Geduld des Herzens Maal?
Im Käfich, wie ein scheuer Vogel,
Vollbringe seinen Lebenslauf
Der Sänger auf dem Sidrabaume,
Fliegt, dein begehrend, er nicht auf.
Am *ersten* Tag' schon, wo ich schaute
Dein Lockenhaar, musst' ich gesteh'n,
Von der Verwirrung dieser Kette
Sei wohl kein *Ende* abzuseh'n.
Die Lust nach deinen Banden fühlet
Wohl nicht *Hafisens* Herz allein:
Wem mag die Lust nach deinen Banden
Nicht im Gemüthe heimisch sein?

55.

Der Liebe Bahn ist eine Bahn,
Die keine Grenze kennt,
Und wo man Seelenopfer nur
Als Rettungsmittel nennt.
Wein, drohst du, wehre dem Verstand?
Du schreckst mich nicht; bring' Wein!
In *uns'res* Landes Wirthschaft mengt
Sich jener Vogt nicht ein.
Wenn du dein Herz der Liebe weih'st,
So lebst du frei von Qual:
Ein gutes Ding bedarf nicht erst
Des Rathes und der Wahl.
Frag', Seele, nur dein eig'nes Aug',
Wer mich dem Tode weih't?
Die Schuld der Sterne ist es nicht,
Noch des Geschickes Neid.
Ein reines Aug' nur kann erschau'n

Hell wie des Neumond's Licht
Das Mondlein dort; es spiegelt sich
In jedem Auge nicht.
Benütz' den Pfad der Trunkenheit;
Denn dieser Talisman
Ist, wie der Weg zu einem Schatz,
Nicht offen Jedermann.
Hafisens Thräne wirkt auf dich
Auf keine Weise ein:
Ich staune über jenes Herz,
Das hart ist wie ein Stein.

56.

Des *Festes* Eintritt sei gesegnet dir, o Schenke;
Doch des *gegeb'nen Wort's* erinn're du dich auch!
Grüss' mir der Rebe Kind und sprich zu ihm: »Erscheine!
Denn es entband vom Gram dich meines Strebens Hauch.
Dass du das Herz gehabt – dies setzt mich in Erstaunen –
Das Herz so lange Zeit den Freunden zu entzieh'n.
Gottlob, der Herbstwind that nicht Schaden deinem Garten,
Wo Buchs und Rose blüh'n, Zipressen und Jasmin.
Fern sei der böse Blick! Vor jenem Sturm bewahrte
Dich dein gerühmter Stern, dein angebornes Glück.
Mit deiner Ankunft kömmt der Frohsinn in die Kreise:
Will dir ein Herz nicht wohl, so treff' es Missgeschick!«
Hafis, lass aus der Hand dies Noëschiff nicht gleiten,
Sonst schwemmt dein Haus dir weg die Sündfluth böser Zeiten.

57.

Ich hört' ein schönes Wort, von Kan'âns Greis gesprochen:
»Nicht auszusprechen ist, was Trennungsschmerz vermag«
Die Schrecken des Gerichts, vom Prediger geschildert,
Sind nur ein schwaches Bild von einem Scheidetag.
Wer gibt ein Zeichen mir vom *abgereis'ten* Freunde?
Der *Bote* Ost sprach wirr und war nicht zu versteh'n.
Vertreibet alten Gram mit altem Rebensafte,

Um, wie der Bauer sagt, Euch Lust in's Herz zu sä'n!
Weh', dass dem Feindesfreund, dem liebelosen Monde,
Den trauten Kreis zu flieh'n so leicht geworden sei!
Ergeben trag' ich nun den Dank des Nebenbuhlers;
Mein Herz, gewohnt an Leid, entsagt der Arzenei.
»Vertraue nicht dem Wind, wenn er auch günstig bliese;«
Als Gleichniss sprach dies einst der Wind zu Salomon.
Gibt dir der Himmel Frist, so bleib' auf rechtem Pfade;
Glaubst du, das alte Weib entsag' dem Truge schon?
Frag' nicht: Warum und wie? Ein trauter Knecht ist jener,
Der sich des Herrschers Wort mit ganzer Seele fügt.
Wer sagte, dass *Hafis* dein nimmermehr gedenke?
Ich hab' es nicht gesagt, und wer es sagt, der lügt.

58.

Der Sprosser sprach des Morgens einst
Zur neu entsprossten Rose:
»Sei nicht so spröd', denn Viele blüh'n
Gleich dir im Gartenschoosse.«
Die Rose lächelte: »Mich hat
Die Wahrheit nie betrübet;
Doch kein Verliebter spricht so hart
Mit Jener, die er liebet.«
Der Liebe Duft steigt ewig nicht
Dem Manne zu Gehirne,
Der nicht am Staub der Schenkenthür
Gerieben sich die Stirne.
Willst du aus jenem Gemmenglas
Rubinenwein geniessen,
Musst an den Dolch der Wimper du
Erst manche Perle spiessen.
Als gestern auf der Flur Ĭrēm's
Bei sanfter Lüfte Säuseln
Der Hyacinthe Haar begann
Der Morgenwind zu kräuseln,
Da sprach ich: »Thronsitz Dschem's! Wo ist
Dein Glas, das Welten zeiget?«

»Weh, – sprach sie – dass das *wache* Glück
Zum *Schlummer* sich geneiget!«
Nein, keine Zunge spricht es aus
Das grosse Wort der Liebe;
O Schenke, bringe Wein und sprich
Nichts mehr von diesem Triebe!
Hafisens Thräne warf Geduld
Und Einsicht in die Fluthen:
Wie anders? Bergen konnt' er nicht
Des Liebesgrames Gluthen.

59.

Fort sind Glaub' und Herz, und grollend
Stand der Holde auf zu mir,
Also sprechend: »Bleib' nicht sitzen,
Denn das Heil stand auf von dir!«
Doch wer sass bei diesem Feste
Und genoss der kurzen Lust,
Der nicht endlich aufgestanden
Mit der Reue in der Brust?
Weil die Kerze lachen wollte
Hold, wie jene Wange lacht,
Stand zur Straf' vor deinen Buhlern
Aufrecht sie die ganze Nacht.
Aus der Rose und Zipresse
Armen stand der Lenzwind auf,
Jenen Wuchs und jene Wange
Suchend im beschwingten Lauf.
Trunken schrittest du vorüber;
Engel sah'n dich: da entstand
Wie am Auferstehungstage
Ein Tumult am Himmelsrand.
Ganz beschämt vor deinem Gange
Machte die Zipresse Halt
Und mit anmuthsvollem Wuchse
Stand sie da, die Hochgestalt.
Wirf, *Hafis*, zur Seelenrettung

Weg von dir dies Mönchsgewand,
Weil aus einer Gleissnerkutte
Immer Feuer nur entstand.

60.

Noch erblickte Niemand deine Züge,
Und doch hast schon tausend Buhler du;
Nur noch Knospe bist du, und schon fliegen
Liebentbrannt dir hundert Sprosser zu.
Wenn ich in dein theures Dorf gekommen,
Ist da nichts *Befremdliches* fürwahr,
Denn von *Fremden* lebt in diesem Lande,
Wie ich selbst, gar eine grosse Schaar.
Zwar *entfernt* von dir muss ich stets weilen,
(Weile Niemand je *entfernt* von dir!)
Doch die Hoffnung, dir mich zu vereinen,
Lebt nicht minder *nahe* stets bei mir.
Liebe in den Klöstern unterscheidet
Sich von Liebe in den Schenken nicht:
Denn in jedem Orte wo er weilet
Strahlet ja des Freundes Wangenlicht.
Wo die frommen Werke einer Zelle
Ihren Glanz verbreiten fort und fort,
Schallt die Glocke von des Mönches Kloster
Und des Kreuzes Name tönet dort.
Wo ist je ein Liebender gewesen,
Dem der Freund den Blick nicht zugewandt?
Denn für alle Leiden ist, o Meister,
Auch der Arzt, der heilende, zur Hand.
Alle Klagen, die *Hafis* erhoben,
Sind am Ende doch nicht ohne Grund:
Eine gar befremdliche Geschichte,
Einen selt'nen Vorfall mach' ich kund.

61.

Weil sich in deiner Locken Ring
Mein armes Herz von selber fing,
So tödt' es mit der Wimper Schwert,
Denn dieser Strafe ist es werth.
Wenn deine Hand mir zugesteht
Das, was mein heisser Wunsch erfleht,
So sei damit schnell bei der Hand:
Recht ist hier Gutes angewandt.
Bei deiner Seele schwör ich's hier,
O du mein süsser Götze, dir:
Des Nachts bin ich – der Kerze Bild –
Mich selbst zu opfern dir gewillt.
An Liebe, Sprosser, dachtest du;
Da rief ich dir als Warnung zu:
»Thu's nicht: die Rose jener Flur
Hat ihren eig'nen Willen nur.«
Dem Moschus aus Tschĭgīl und Tschin
Ist Rosenduft wohl kein Gewinn:
Des eig'nen Kleides Falte beut
Den Wohlduft ihm, den er verstreut.
Betritt des Mannes Wohnung nicht,
Dem es an Menschlichkeit gebricht:
Den Winkel wahrer Seelenruh'
Triffst nur im eig'nen Hause du.
Hafis verbrannte; doch gefiel
In Liebe und im Seelenspiel
Ihm auszuharren wie zuvor,
Dem Bunde treu, den er beschwor.

62.

Ich möchte gern mein Herz vor dir entfalten
Und von dem deinen Kunde gern erhalten.
O eitler Wunsch! Was alle Welt erfahren,
Vor Nebenbuhlern möcht' ich's gern bewahren.
Die *Nacht der Kraft*, geweiht so frommen Dingen,

Möcht' gern bei dir ich, bis es tagt, verbringen.
Ach, diese Perle, zart und auserkoren,
In finst'rer Nacht möcht' ich sie gern durchbohren.
Erhöre, Ost, in dieser Nacht mein Flehen!
Gern möcht' ich Morgens mich erblühen sehen.
Mit meinen Wimpern, bloss der Ehre wegen,
Möcht' ich dir gern den Staub vom Wege fegen.
Hafisen gleich, und trotz der Gegner Menge
Möcht' gern ich singen frohe Zechgesänge.

63.

Ost, du Wiedehopf! Ich sende
Dich nach Saba's fernem Land,
Doch bedenke erst *von wannen*
Und *wohin* ich dich gesandt.
Schade, sitzt ein solcher Vogel
In dem Staub des Grames fest:
Darum send' ich dich von hinnen
Nach der Treue hohem Nest.
Keine Nähe, keine Ferne
Kennt der Pfad der Liebe. Mir
Bist du d'rum stets klar erschienen,
Und ich sende Grüsse dir.
Karawanen guter Wünsche
Sende ich so früh als spät
Im Geleite dir des Windes,
Der aus Ost und Norden weht.
Du, der meinem Blick entschwunden,
Stets im Herzen weilest mir!
Wünsche zoll' ich dir und sende
In die Ferne Grüsse dir.
Dass des Grames Heer nicht plünd're
Deines Herzens reiches Land,
Send' ich dir die eig'ne Seele
Als der Nahrung Unterpfand.
Dass die Sänger dir verkünden,
Wie mich Sehnsucht zu dir zieht,

Send' ich Worte und Ghasele,
Holde Töne dir und Lied.
Schenke, komm! denn frohe Kunde
Gab ein Himmelsbote mir:
»Trage mit Geduld dein Leiden:
Arzeneien send' ich dir.«
In dem eig'nen Angesichte
Staune Gottes Wunder an;
Send' ich doch dir einen Spiegel,
Wo man Gott erblicken kann.
Unser Kreis, *Hafis*, ertönet
Nur von deiner Trefflichkeit;
Darum eile, denn ich sende
Dir ein Pferd und Ehrenkleid.

64.

O Entschwund'ner meinem Blicke!
Dich empfehl' ich Gottes Hut;
Du verbranntest meine Seele,
Doch ich bin dir herzlich gut.
Bis den Saum des Leichentuches
Ich nicht ziehe in das Grab,
Zieh' ich nicht von deinem Saume
– Glaub' es mir – die Hände ab.
Zeig' den Altar mir der Brauen,
Dass zur Zeit des Morgenstrahls
Betend ich die Hand erhebe,
Schlingend sie um deinen Hals.
Müsst' ich zu Hărūt auch wandern
Fern nach Babel's Brunnen hin,
Hundert Zauberkünste übt' ich,
Und du müsstest mit mir zieh'n.
Wolle huldvoll mir gestatten,
Dass ich in des Herzens Brand
Rastlos dir zu Füssen streue
Perlen aus des Auges Rand.
Hundert Bäche meines Auges

Leitend in des Schoosses Beet,
Hofft' ich auf der Liebe Samen,
Den in's Herz ich dir gesä't.
Immer wein' ich, und die Thräne,
Hoch zum Strome schon geschwellt,
Sei der Liebe zarter Same,
Dir gesä't in's Herzensfeld.
Hat sie doch, mein Blut vergiessend,
Mich vom Trennungsgram befreit
Deine dolchgespitzte Wimper,
Und d'rum sei ihr Dank geweiht!
Dir vor Augen will ich sterben,
Ungetreuer Arzt! allein
Frag' doch, wie's mir Kranken gehe?
Denn in Sehnsucht harr' ich dein.
Liebchen, Wein und Schwelgereien
Ziemen, o *Hafis*, dir nicht,
Und ich lasse ganz dich sinken,
Thust du nicht darauf Verzicht.

65.

Wolle, Herr, den Freund mir wieder
Wohlbehalten senden;
Mache, dass er mich befreie
Aus des Vorwurf's Händen!
Bringet vom gereisten Freunde
Mir die Strassenerde,
Dass mein weltenschauend' Auge
Ihr zum Wohnort werde!
Weh, mir machen von sechs Seiten
Für den Ausweg bange
Antlitz, Maal und Ringellocken,
Flaum, Gestalt und Wange!
Heut', wo ich noch dir gehöre,
Lass Erbarmen walten:
Morgen nützt der Reue Thräne
Nichts dem Staub', dem kalten.

Der du willst von Liebe schwätzen
Überklug und weise!
Nichts hab' ich mit dir zu schaffen;
Glück auf deine Reise!
Armer! Über's Schwert der Freunde
Frommt's dir nicht zu klagen:
Blutgeld nehmen sie von Jenen,
Die sie todt geschlagen.
Schleud're Feuer auf die Kutte,
Weil des Schenken Brauen
Des Imâms Altareswinkel
Kühn in Stücke hauen.
Dich der Grausamkeit zu zeihen
Mag mich Gott bewahren:
Huld und Güte heisst der *Holden*
Grausames Verfahren.
Spricht *Hafis* von deinen Haaren,
Ist's nicht kurz; ich wette:
Bis zum Auferstehungstage
Reichet diese Kette.

66.

Jener Freund, dem Herzen schmeichelnd,
Weckt bald Dank in mir, bald Klage;
Kennest du den Geist der Liebe,
So vernimm was ich dir sage.
Jeder Dienst, den ich geleistet,
Hat des Lohns und Danks entbehret:
Diene Keiner einem Manne,
Der, o Herr, nicht Huld bewähret!
Niemand will die durst'gen Zecher
Mit ein wenig Wasser laben:
Scheint es doch, dass alle Frommen
Dieses Land verlassen haben.
Lass, o Herz, dich in den Schlingen
Seines Lockenhaars nicht fangen:
Schuldlos abgehau'ne Köpfe

Siehst du dort in Menge hangen.
Mit der Wimper trinkt Sein Auge
All' mein Blut; und dich kann's freuen?
Ungerecht ist es, o Seele,
Blutvergiessern Schutz zu leihen.
Dieser schwarzen Nacht verdank' ich's,
Dass ich meinen Weg verloren;
Tritt denn vor aus deinem Winkel,
Du, zum Leitstern mir erkoren!
Stets vermehrte sich mein Schrecken,
Wo ich auch mich hingewendet:
Hüte dich vor dieser Wüste,
Diesem Weg', der nimmer endet!
Dieses Weges Ende können
Nimmer fassen unsre Sinne:
Hunderttausend Posten zählt er
Nur allein im Anbeginne.
Du, o Sonne aller Schönen!
Siedend braust's mir im Gemüthe:
Gib mir nur ein kurzes Stündchen
Schutz im Schatten deiner Güte!
Fiel dir auch mein Ruhm zum Opfer,
Nie von dir werd' ich mich wenden:
Schöner ist's, wenn Freunde quälen,
Als wenn Feinde Ehren spenden.
Liebe lässt, wenn du sie rufest,
Nicht auf ihre Hilfe warten,
Kennst du, wie *Hafis*, den Koran
In den vierzehn Lesearten.

67.

Stets berauschen mich die Düfte
Deines krausen Lockenhaars;
Stets verwüstet mich die Schlauheit
Deines Zauberaugenpaars.
Könnt', o Herr, nach solchem Dulden
Einmal nur des Nachts ich schau'n

Meines Auges Kerze brennen
Auf dem Altar deiner Brau'n!
Meines Auges schwarze *Scheibe*
Wird von mir so hochgeehrt,
Weil der Seele sie ein Abbild
Deines *Indermaals* gewährt.
Willst du dieses ganze Weltall
Schmücken mit der reichsten Zier,
Sag' dem Ost, er heb' ein wenig
Vom Gesicht den Schleier dir!
Wünsch'st du das Gesetz des Todes
Aufzuheben ganz und gar,
Schüttle dich, und tausend Seelen
Fallen dir aus jedem Haar.
Zwei verwirrte Thoren sind wir,
Ich und jene Morgenluft:
Mich berauscht dein Schelmenauge,
Sie berauscht dein Lockenduft.
O des hohen Sinn's *Hafisens*!
Hier so wie in jener Welt
Ist's der Staub nur deines Dorfes,
Der ihm in das Auge fällt.

68.

Offen steht die Thür der Schenke:
Dank sei Gott dafür!
Denn mein Antlitz wendet flehend
Sich zu ihrer Thür.
Gährend brausen alle Krüge,
Denn berauscht sind sie,
Und der Wein darin ist Wahrheit,
Nicht Allegorie.
Alles trägt bei ihm des Rausches
Und des Stolzes Spur,
Und bei mir ist alles Schwäche
Und Ergebung nur.
Was noch Keinem je vertraute,

Noch vertraut mein Mund,
Weiss der Freund, denn das Geheimste
Mach' ich stets ihm kund.
Des Geliebten Haare schildern
Durch ein *kurzes* Wort
Kann man nicht: denn dieses Mährchen
Spinnt gar *lang* sich fort.
Dem *Mĕdschnūn* ist *Leïla's* Locke
Eine theure Last
Und *Măhmūd* hält an *Ajāsens*
Zarter Sohle Rast.
Aller Welt schloss ich mein Auge,
Wie der *Falke* thut,
Seit auf deiner schönen Wange
Es *erschlossen* ruht.
Vor der *Kibla* deiner Brauen
Weilet im Gebet,
Wer die *Kába* deines Dorfes
Zu besuchen geht.
Freunde! Wer von euch *Hafisens*
Herzensbrand nicht kennt,
Möge nur die Kerze fragen,
Die da schmilzt und brennt.

69.

Was des Lebens Werkstatt liefert,
Ist als Nichts nur zu betrachten;
Bringe Wein! denn was die Erde
Bietet, ist für Nichts zu achten.
Des Geliebten edlen Umgang
Suchen Herzen, suchen Seelen:
Denn sonst wäre ja die Seele
Und das Herz für Nichts zu zählen.
Glück ist *das* nur, was an's Ufer
Ohne Herzensblut wir bringen:
Nichts sind selbst die Himmelsgärten,
Muss man mühsam sie erringen.

Lass den *Sidra* und den *Thuba*
Ob des Schattens dich verachten:
Nichts ja ist er, o Zipresse,
Wirst du ihn erst gut betrachten.
Nur fünf flücht'ge Tage wurden
Dir auf dieser Post gegeben:
Nütze sie zur kurzen Ruhe,
Denn ein Nichts sind Zeit und Leben!
An dem Seestrand des Verderbens,
Schenke! harren wir der Stunde;
D'rum geniesse! Nichts ist Alles,
Wie von Lippe hin zum Munde.
Niemals an's Entblättern denkend,
Blicke heiter wie die Rose,
Denn ein Nichts ist ird'sche Grösse,
Trägt Vergänglichkeit im Schoosse.
Frömmler, sei nicht allzu sicher
Vor des Eifers Spiel und denke,
Dass ein Nichts die Strasse scheide
Von der Zelle zu der Schenke.
Viel hab' ich, der gramverbrannte
Abgehärmte Mann ertragen,
Und, in Wahrheit, nichts erheischet
Dies vernehmlich erst zu sagen.
Zwar es hat *Hafisens* Name
Einen guten Klang bekommen;
Aber nichts kann bei den Zechern
Gutes oder Böses frommen.

70.

Welche Gnade, dass nun plötzlich
Deines Rohres sanfter Regen
Alle Rechte meiner Dienste
Deiner Huld will unterlegen!
Mit des Schreibrohr's zarter Spitze
Schriebst du Grüsse, die mich ehren;
Möge die Fabrik der Zeiten

Deines Schriftzug's nie entbehren!
Nimmer sag' ich, dass du meiner
Nur gedachtest aus Versehen,
Denn – nach des Verstand's Berechnung –
Kann dein Schreibrohr kein's begehen.
O veracht' mich nicht, zum Danke
Dass der Himmel wohl dir wollte,
Und das ew'ge Glück dir immer
Liebe nur und Ehren zollte.
Komm! Mit deiner Locken Spitze
Lass mich nun ein Bündniss schliessen:
Geht dann auch mein Kopf verloren,
Liegt er doch zu deinen Füssen.
Welche Lage mir geworden,
Wird dein Herz erst dann verstehen,
Wenn auf deiner Opfer Grabe
Blutgefärbte Tulpen stehen.
Nur von deinem Lockenhaare
Spricht der Ost mit allen Rosen:
Doch wann liess der Nebenbuhler
In dein Heiligthum den Losen?
Wolle mit ein Bischen Hefe
Mir den Durst der Seele stillen,
Da für dich in Dschem's Pocale
Chiser's süsse Fluthen quillen.
Immer nur an deiner Pforte
Weilt mein Herz; o halt's in Ehren!
Liess ja doch die Gnade Gottes
Jeden Kummers dich entbehren.
Hinterhalte gibt's; ich warne;
Eile nicht gar so verwegen:
Von des Nichtseins Königsstrasse
Fliegt dir sonst der Staub entgegen.
'Îsagleicher Wind des Morgens,
Froh soll dir die Zeit entschweben!
Denn *Hafisens* wunde Seele
Rief dein Hauch zu neuem Leben.

71.

Liebchen, du aus heil'gen Fluren,
Sprich, wer löst dein Schleierband,
Und wer reicht dir Korn und Wasser,
Vogel, du aus Eden's Land?
Meinem Aug' entfloh der Schlummer,
Weil mich der Gedanke quält,
Wessen Arm du dir zum Lager
Und zum Schlummerplatz erwählt?
Mir, dem herzenswunden Manne,
Gingst du schnell weg aus dem Arm':
Doch wo fand'st du eine Stätte
Um zu schlummern liebewarm?
Mein Gejammer, mein Geklage,
Nimmer reicht es an dein Ohr:
Schönes Bild, wie hoch du stehest,
Geht daraus ganz klar hervor.
Um den Armen fragst du nimmer,
Und darum besorg' ich sehr,
Fromme Werke und Verzeihung
Kümmern dich wohl nimmermehr.
Du o Schloss, der Herzen Schimmer,
Bist das Haus, wo Freundschaft wohnt:
Vor dem Unglück des Verfalles
Halte dich der Herr verschont!
Wasserlos ist diese Wüste:
Lass es deine Sorge sein,
Dass dich kein Gespenst der Wüste
Täusche je durch Wasserschein.
Meines Herzens Ziel *verfehlte*
Deine Wimper, pfeilbewehrt;
Doch was hast du jetzt ersonnen,
Das als *treffend* sich bewährt?
Wie, o Herz, wirst du nun wandeln
Auf des Greisenalters Bahn,
Da die schöne Zeit der Jugend
Dir entschwand in eitlem Wahn?

Auf verliebte Herzen stürmte
Jenes trunk'ne Auge ein:
Nur zu klar zeigt dies Benehmen,
Ein Berauschter sei dein Wein.
Nein, *Hafis* ist nicht ein Sklave,
Der da seinem Herrn entwich;
Übe Huld und kehre wieder,
Denn dein Zorn verwüstet mich.

72.

Jener Peri gleiche Türke,
Gestern Nacht verliess er mich:
Was an mir hat ihm missfallen,
Dass er nach Chätä entwich?
Seit ich jenes Aug' nicht schaue,
Dem das Weltall offen stand,
Hat kein Sterblicher begriffen,
Was aus meinem Auge schwand.
Dichter stieg der Rauch nicht gestern
Aus der Kerze Herzensgluth,
Als er nun durch inn'res Feuer
Über meinem Haupte ruht.
Fern von Seiner Wange fliesset
Stets aus meines Auges Quell
Eine Sündfluth aller Übel,
Und ein Strom von Thränen hell.
Schwerer Gram der Trennung machte,
Dass ich hin zu Boden sank,
Und im Schmerze blieb ich liegen:
Fehlte doch der Heilungstrank.
»Durch Gebete bring'st du wieder
– Sprach das Herz – zur Liebe Ihn.«
Und nun bring' ich im Gebete
Meine Lebenstage hin.
Ziemt mir wohl der Pilgermantel?
Meine Kibla ist nicht dort.
Wesshalb müh' ich mich? die *Freude*

Eilte aus dem *Dorfe* fort.
Als der Arzt mich gestern schaute,
Sprach er in des Mitleid's Ton:
»Weh! dein Übel überschreitet
Das *Gesetz* der *Heilung* schon.«
Eile, Freund, um nachzuforschen
Dem Befinden des *Hafis*,
Eh' man dir die Nachricht bringet,
Dass er diese Welt verliess.

73.

Ausser deiner Schwelle bin ich
Jeden Zufluchtsort's beraubt,
Habe ausser diesem Thore
Keine Stelle für mein Haupt.
Meinen Schild werf' ich zu Boden,
Zieht der Feind sein rasches Schwert:
Bin ja mit dem Schwert der Klage
Und des Seufzers nur bewehrt.
Wesshalb soll vom Dorf der Schenke
Wenden ich mein Angesicht?
Gibt es doch für mich hienieden
Eine bess're Strasse nicht.
Wird die Garbe meines Lebens
Von des Schicksals Brand verzehrt.
Nun, wohlan! in *meinem* Auge
Hat sie keines Halmes Werth.
Sklave des so kühnen Auges
Jenes Schlanken nenn' ich mich,
Der, berauscht vom Hochmuthsweine,
Nie auf And're blickt als sich.
Allenthalben droht am Wege
Eine *Schlinge* mir Gefahr,
Und die einz'ge Zufluchtsstätte
Bietet mir Sein *Lockenhaar*.
Reite mit gehalt'nem Zügel,
Kaiser du im Schönheitsland!

Denn wo wäre nicht ein Kläger
Aufgestellt am Strassenrand?
Thue Keinem was zu Leide,
Handle sonst wie's dir beliebt,
Weil's nach unserem Gesetze
Keine and're Sünde gibt.
Seinen Fittich hält der Unbild'
Adler um die Stadt gespannt,
Und es liegt kein Klausner*bogen*
Und kein Seufzer*pfeil* zur Hand.
Gib den Herzens*schatz Hafisens*
Nicht dem *Haar* und *Maale* Preis,
Weil denn doch nicht jeder *Schwarze*
Solch' ein Gut zu hüten weiss.

74.

Schaffe Wein herbei, o Schenke!
Denn der Fastenmond entwich;
Gib das Glas mir, denn die Jahrszeit
Für den guten Ruf verstrich.
Eine theure Zeit enteilte:
Komm, ersetzen wir die Qual
Eines Lebens, das entschwunden
Ohne Flasche und Pocal.
Kann man denn, wie Aloë, immer
Brennen in der Reue Brand?
Bringe Wein! da mir das Leben
Nur in *roher* Lust entschwand.
Mach' so sinnlos mich und trunken,
Dass ich nimmer schaue klar,
Wer das Bilderfeld betreten,
Wer daraus geschieden war.
Dass die Hefe deines Glases
Mich beglücke, hoffe ich:
Desshalb bet' ich Früh und Abends
Auf der Schenkenbank für dich.
Des erstorb'nen Herzens Seele

Lebte auf, jedoch erst dann,
Als ihr deines Hauches Düfte
Drangen in's Geruchsorgan.
Voll von Hochmuth war der Frömmler,
Unheilvoll war seine Bahn:
Doch der Zecher kam in Demuth
In dem Haus des Heiles an.
Alles bare Geld des Herzens
Gab ich hin und kaufte Wein:
Unecht war's; aus diesem Grunde
Schlug's verbot'ne Wege ein.
Gib *Hafisen* keine Lehren;
Fand doch nie den wahren Pfad
Ein Verirrter, dessen Gaumen
Süssen Wein verkostet hat.

75.

Seit der Gram um Ihn mein Herz bewohnet,
Ist Sein Haar nicht schwärzer als mein Sinn;
Seine *Feuer*lipp' ist Leben*swasser*,
Feuer sprüht sein *Wasser* auf mich hin.
Eifrig sucht der Huma meines Strebens
Lebenslang schon jenes Hohen Spur;
Seine Hochgestalt ist's, die ich liebe:
Denn Verliebte suchen Hohes nur.
In dem Schatten Seiner Huld nur lebend.
Ward ich dessen nun beraubt. Warum?
Ambradüfte haucht der Morgen heute:
Treibt mein Freund sich auf dem Feld herum?
Meines Augenmeeres Thränen fassen
Eine Welt in Perlen hell und reich.
Hoch, Zipresse, stieg der Ruf *Hafisens*,
Der Beschreibung deines Wuchses gleich.

76.

Schön, mein Fürst, kömmst du einhergeschritten:
Sterben will ich d'rum zu Füssen dir;
Schön beweg'st du dich, mein holder Türke:
Sterben will vor deinem Wuchs ich hier.
»Wann – so sprachst du – willst du vor mir sterben?«
Was bedeutet diese grosse Hast?
Schön beschliessest du, und sterben will ich
Gern vor dem was du beschlossen hast.
Trunken bin ich, bin getrennt und liebe;
Doch der Schenkengötze zögert lang;
Dass vor seiner Hochgestalt ich sterbe,
Komm' er her mit anmuthvollem Gang.
Er, durch dessen Trennung ich erleide
Lebenslanger Krankheit Missgeschick,
Seh' nur Einmal her auf mich, und sterben
Will ich dann vor seinem Schelmenblick.
»Die Rubine meiner Lippen – sprachst du –
Schmerzen bald und heilen bald das Herz.«
Lass mich denn zuweilen vor der Heilung
Und zuweilen sterben vor dem Schmerz.
Schön beweg'st du dich; dich zu erschauen
Sei dem bösen Blicke nie erlaubt!
Aber dir zu Füssen will ich sterben,
Den Gedanken nähr' ich stets im Haupt.
In der stillen Kammer deiner Liebe
Findet für *Hafis* kein Plätzchen sich:
Lass denn du, der *jeden* Ort verschönert,
Sterben mich an *jedem* Ort für dich!

77.

Schon lang ist's, dass der Sehnsucht Brand
Die Seele mir verzehrt
Durch Wünsche, die mein ödes Herz
Zu jeder Stunde nährt.
Der Mann in meinem Auge ist

Getaucht in Herzensblut,
Weil Seiner Wange Sonnenquell
In meinem Busen ruht.
Ein Lebenswasser ist das Nass
Aus jenem Zuckermund,
Ein Abglanz jenes hellen Mond's
Der Sonnenscheibe Rund.
Seit ich den Vers vernahm: »*Ich blies*
Von meinem Geist ihm ein«,
Erkannte ich, *Sein* sei ich ganz
Und Er, Er sei ganz mein.
Geheimnisse der Liebe fasst
Nicht jedes Herz; fürwahr,
Die sinnigen und hohen sind
Nur *meiner* Seele klar.
Schweig', Prediger, und deute mir
Den Glauben länger nicht:
Mein Glaub' in beiden Welten ist,
Nur was mein Liebling spricht.
Erkenne bis zum *letzten* Tag'
Es dankbar an, *Hafis*,
Dass Freund und Gast vom *ersten* an
Dir jener Götze hiess.

78.

Deiner Wange Bild begleitet
Freundlich mich in jedes Land;
Deines Haares Düfte bilden
Meiner wachen Seele Band.
Gegen jeden Widersacher,
Der da nichts von Liebe weiss,
Ist die Schönheit deiner Züge
Wohl der sprechendste Beweis.
Sieh, der Apfel deines Kinnes
Warnet, also sprechend, dich:
»Tausende, wie Joseph, stürzten
Schon in meinen Brunnen sich.«

Wenn zu deinem *langen* Haare
Meine Hand den Weg nicht fand,
Ist's die Schuld des *wirren* Looses
Und der *Kürze* meiner Hand.
Zu dem Pförtner, der das Inn're
Des Palast's bewachet, sprich:
»In den Thürstaub meines Thronsaal's
Setzet stets ein Armer sich;
Tief verhüllt vor meinem Blicke
Ist dem Scheine nach er zwar,
Doch dem Blicke des Gemüthes
Stellt er sich erfreulich dar.
Klopft *Hafis* einst, um zu betteln,
An ein Thor, so schliess' ihm auf;
Denn mein *Mond* weckt sein Verlangen
Schon durch vieler Jahre Lauf.«

79.

Vorüber ist's, wenn einen Fehler
Begangen hat dein *Moschushaar*;
Vorüber ist's, wenn auch dein Inder
Hart gegen mich gewesen war.
Mag immerhin der Blitz der Liebe
Versengen eines Armen Saat!
Vorüber ist's, wenn einem Bettler
Ein mächt'ger König Unrecht that.
Mag immerhin des Holden Blicken
Ein liebend' Herz erliegen schier:
Vorüber ist, was Statt gefunden
Einst zwischen meinem Freund und mir.
Die Worteklauber fördern immer
Nur Tadel an das Licht; allein
Vorüber ist, was zwischen Freunden
Nicht recht und schicklich mochte sein.
Nichts Kränkendes für die Gemüther
Gibt's auf dem Pfade. Bringe Wein!
Vorüber ist nun deine Trauer,

Nicht deine Freude nur allein.
Der Liebe Launen muss man tragen,
D'rum harre muthig aus, o Herz!
Vorüber ist nun jeder Kummer,
Verschwunden jeder Unbill Schmerz.
Der Pred'ger tadle nicht *Hafisen*,
Weil aus dem Kloster er entwich;
Vorüber ist's, wenn er entwichen:
Nicht fesseln lässt der Freie sich.

80.

Ging je ein Mann beglückten Blickes
Die Seligkeit zu suchen aus,
So ging er in der Schenke Winkel
Und in des freien Willens Haus.
Der Wand'rer löste mit dem Glase,
Das einen halben Menn enthält,
Die tiefverhüllten Räthsel alle
Bezüglich auf die Sinnenwelt.
O komm und horche meinem Wissen,
Denn jedes Wort aus meinem Mund
Gibt, durch des heil'gen Geistes Gnade,
Was er mich Weises lehrte, kund.
Von meinem Schicksalsstern begehre
Nichts And'res je als Trunkenheit,
Denn mein Geburtsstern schon bestimmte
Mich nur zu *solcher* Thätigkeit.
Als Morgens du hieher gekommen,
Schien deine Laune mir getrübt:
Hast du vielleicht beim Abendweine
Zu vielfach deine Pflicht geübt?
Ein Wunder, scheint es, wolle wirken
Der Arzt, der 'Îsa's Hauch besitzt,
Weil mir, dem gar so schwer Erkrankten,
Kein ärztlicher Besuch mehr nützt.
O tausend Dank, dass gestern Abends
Hafis der Schenke *Schatz* verliess

Und in dem Winkel sich des Klosters
Der Pflicht und Andacht niederliess!

81.

Fort ist Er, und vom Rubine
Seiner Lippe nippt' ich nicht;
Fort ist Er, und satt nicht schaut' ich
Mich an Seinem Mondgesicht.
Scheint es doch, mein Umgang habe
Ihn versetzt in grosse Pein;
Fort ist Er, den Bündel schnürend,
Und ich holt' Ihn nimmer ein!
Fātīhās und Stossgebete
Waren's, die ich häufig sprach;
Fort ist Er; die Sure: *Treue*
Hauchte ich umsonst Ihm nach!
Schmeichelnd sprach Er: »Nimmer werd' ich
Aus des Willens Dorfe geh'n.«
Fort ist Er, Sein Schmeicheln täuschte,
Und du hast's nun selbst geseh'n.
»Wer mich will besitzen – sprach Er –
Trenne von sich selber sich.«
Fort ist Er, und weil ich hoffte,
Trennt' ich von mir selber mich.
Auf der Huld und Anmuth Wiese
Schritt Er stolz einher; allein
Fort ist Er, und nie betrat ich
Seiner Vollgunst Rosenhain.
Wie *Hafis* hab' ich gejammert
Und die ganze Nacht geklagt;
Fort ist Er und weh, ich habe
Nicht Ihm Lebewohl gesagt!

82.

Weh! Mich liess der Freund an Kummer
Und an Weh gebannt und floh;
Setzte mich, dem Rauche ähnlich,
Auf den Feuerbrand und floh;
Reichte mir, dem Liebetrunk'nen,
Nicht ein einz'ges Gläschen dar,
Gab mir aber Gift zu kosten
Mit der Trennung Hand und floh.
Als ich seine Beute wurde,
Liess er mich im Meer des Gram's
Wund und krank; und seinen Zelter
Spornte er gewandt und floh.
Als ich sprach: »Vielleicht gelingt es
Ihn mit List zu fesseln mir,«
Fuhr er auf; mein Glückesrenner
Schreckte sich und rannt' und floh.
Weil mein Blut den Raum im Herzen
Allzu enge fand, geschah's,
Dass es rosig aus den Augen
Durch das Feld sich wand und floh.
Weil der Knechtschaft Wonne nimmer
Diesem Sklaven ward zu Theil,
Sandt' er Grüsse ab und küsste
Jener Schwelle Rand und floh.
Schleier deckten noch die Rose,
Als der Morgenvogel schon,
In *Hafisens* Garten eilend,
Stoff zu Klagen fand und floh.

83.

Keiner lebt, der nicht als Opfer
Jener Doppellocke fiel,
Denn, wer traf nicht Unglücksnetze
Auf dem Wege nach dem Ziel?
Spiegelt sich in deiner *Wange*

Nicht der Gottheit Strahlenglanz?
Ja in Wahrheit; und hierüber
Schwindet jeder *Zweifel* ganz.
Nicht dein Antlitz mehr zu schauen
Macht der Frömmler mir zur Pflicht:
Schämt er sich denn vor dem Schöpfer
Und vor deinem Antlitz nicht?
Weine, Morgenkerze, weine
Über mich und über dich!
Denn geheime Gluth verzehret
Wohl nicht minder dich als mich.
Gott den Herrn ruf' ich zum Zeugen,
– Und sein Zeugniss gilt fürwahr –
Dass mehr Blut als ich schon Thränen
Nie vergoss der Zeugen Schaar.
So zu kosen wie dein *Auge*
Wünschte die *Narzisse* sehr:
Doch das arme Aug', von Liebe
Und von Schimmer ist es leer!
Schmücke doch, um Gotteswillen,
Nicht dein Haar mit solcher Pracht,
Sonst bekomm' ich hundert Streite
Mit dem Ostwind jede Nacht!
Gestern ging Er. »Götze«, – sprach ich –
»Wort zu halten sei dir Pflicht!«
Und Er sprach: »Du irr'st, o Lehrer!
Diese Zeit kennt Treue nicht.«
Da dein Aug' selbst frommen Klausnern
Ihre armen Herzen raubt,
Halte ich dir nachzufolgen
Nimmermehr für unerlaubt.
Komm zurück, o Herzensfackel,
Komm, denn ohne dein Gesicht
Gibt es bei dem Zechgelage
Keine Freude und kein Licht!
Wenn der Wirth mein Meister wurde,
Ändert das die Sache? Nein;
Schliesst doch jedes *Haupt* des Menschen

Ein *Geheimniss* Gottes ein.
Zu der Sonne aufzurufen:
»Sieh' doch, *mir* entquillt das Licht!«
Schickt sich – wie Verständ'ge wissen –
Für Sŭhā, das Sternchen, nicht.
Für den Fremdling Sorge tragen
Gilt für eine edle That;
Dies Gesetz scheint mir, o Seele,
Nicht bekannt in deiner Stadt.
Wer da liebt, der wird getroffen
Von des Tadels Wurfgeschoss:
Schützt doch auch kein Schild den Helden,
Wirft mit Pfeilen ihn das Loos.
In des Frömmlers stiller Zelle,
In des Ssofi Klause gar
Ist der Winkel deiner Brauen
Der allein'ge Bet-Altar.
Der du deine Hand getauchet
In *Hafisens* Herzensblut,
Denk'st wohl nicht, der Koran Gottes
Räche einst den Übermuth.

84.

Durch den Schimmer deiner Wange
Wird ein jeder Blick erhellt,
Durch den Staub an deiner Pforte
Jedes Aug' von Dank beseelt.
Wer dir in das Antlitz blicket,
Fühlet Liebe: und fürwahr,
Es bewegt in jedem *Haupte*
Sich die *Lust* nach deinem Haar.
Wundert's dich, wenn meine Thräne
Sich aus Gram geröthet hat?
Jeder, der Verrath geübet,
Schämt sich der begang'nen That.
Meines Auges *Wasser* schuldet
Dank dem Staube deiner Thür:

Hundertfachen Dank auch zollet
Jeder Thürstaub ihm dafür.
Dass sich nimmer dir ein Stäubchen
Setze auf des Kleides Saum,
Hat der Strom aus meinem Auge
Überfluthet jeden Raum.
Wer ein Zärtling ist, der trete
Keine Liebesreise an:
Jede Gattung von Gefahren
Trifft man stets auf jener Bahn.
Dass vom *Abend* deiner Locke
Er nicht schwätze überall,
Bin ich mit dem Ost zu hadern
Jeden *Morgen* in dem Fall.
Schlimm zwar ist's, wenn ein Geheimniss
Durch des Vorhang's Hülle bricht;
Dennoch kömmt im Kreis der Zecher
Jeder Vorfall an das Licht.
Mein Geburtsstern nur, der böse,
Kränkt mich, weil sonst Jedermann,
Vom Geschicke mehr begünstigt,
Deinem Dorfe nahen kann.
Weil vor deiner süssen Lippe
Er sich schämt, o Honigquell!
Taucht nun jedes Stückchen Zucker
Sich in Schweiss und Wasser schnell.
Nicht nur mir, dem Herzberaubten,
Blutet stets durch dich das Herz;
Füllt mit Blut doch alle Herzen
Deiner Liebe Gram und Schmerz.
In der Wüste deiner Liebe
Schrumpft der Leu zum Fuchse ein;
Weh der Strasse, wo Gefahren
Stets sich an Gefahren reih'n!
Dass ich lebe, zeigt ein Name,
Ach, und zeigt ein Zeichen nur!
Bleibt ja sonst von meinem Leben
Nicht die allerkleinste Spur.

Missvergnügt machst du *Hafisen*:
Ausser dieser Kleinigkeit
Wohnt in dir vom Haupt zum Fusse
Jede Art von Trefflichkeit.

85.

Wonne lässt der Blick des Wirthes
Und Genuss erwarten;
Wundervoll sind Luft und Wasser
In der Schenke Garten.
Billig war's, dass edle Häupter
Ihm zu Füssen lagen:
Unverschämte Kühnheit wär' es,
Mehr davon zu sagen.
Wer vom Himmelshaus und Eden
Spricht in reichen Bildern,
Will dadurch der Rebentochter
Haus nur klarer schildern.
Mein Gemüth, das *würzig duftet*,
Wünscht nur Weinrubine;
Doch der *Geizhals* wünscht des Silbers
Und des Goldes Mine.
Gott schrieb Jedem auf die Stirne
Was er mag erreichen:
Kába, Tempel, Höll' und Himmel
Sind die äusser'n Zeichen.
Lass die Mährchen! Schatz und Schlange
Weilen stets beisammen,
Des Propheten Glücke drohte
Bŭlĕhĕb mit Flammen.
Wahre Grösse gleicht der Perle
Ungetrübtem Schimmer;
Mühe dich! denn wahre Grösse
Liegt im Stammbaum nimmer.
Ewig strebt das Herz *Hafisens*
Durch des Schöpfers Gnade

Tag und Nacht mit regem Fleisse
Nach demselben Pfade.

86.

Ein Fallstrick für den falschen Glauben,
Wie für den wahren, ist dein Haar
Und stellt sich als ein zartes Pröbchen
Aus Gottes Künstlerwerkstatt dar.
Die Schönheit selbst staunt deine Reize
Gleich einem Wunder an; allein
Was man von deinem Blick erzählet,
Sind gar erst off'ne Zauberei'n.
Die Wunder, die einst 'Îsa wirkte,
Entkräftet deiner Lippen Paar,
Und einem *starken Seile* gleichet,
Was man erzählt von deinem Haar.
Gezollt sei jenem schwarzen Auge
Des *Beifalls* hundertfacher Zoll.
Denn Zauberei *erschafft's* und lehret,
Wie man Verliebte morden soll.
Es ist der Liebe Sternenkunde
Die wunderbarste Wissenschaft,
Da sie zum siebenten der Himmel
Die siebente der Erden schafft.
O sage nicht, die Seele rettend
Stieg der Verläumder in das Grab:
Er legt erst den *geehrten Schreibern*
Die Rechnung seiner Thaten ab.
Wie kann ich wohl die Seele retten
Vor Seines Auges Schelmerei?
Ich weiss ja, dass mit einem *Bogen*
Er lauernd im *Verstecke* sei.
Hafis, vor Seiner Lockenschlinge
Sei immerdar auf deiner Hut!
Er hat dir schon das Herz geraubet
Und strebt nun nach des Glaubens Gut.
Es trank *Hafis* von jenem *Weine*,

Der aus dem Glas der Liebe winkt:
Und hier nur ist der Grund zu finden,
Warum er *immer* zecht und trinkt.

87.

Die Faste schwand, dem Feste weichend.
In Aufruhr ist das Herz versetzt;
In Schenken hat der Wein gegohren,
Und Wein verlangen soll man jetzt.
Die Zeit für die so schweren Seelen
Der Tugendprahler ist dahin,
Indem die Zeit der Lust und Wonne
Für alle Zechenden erschien.
Was trifft wohl Jenen für ein Tadel,
Der, so wie ich, getrunken Wein?
Nicht Schande kann es und nicht Sünde
Für die verliebten Zecher sein.
Ein Trunkenbold, in dessen Herzen
Sich nimmer Falsch und Trug geregt,
Ist besser als ein Tugendprahler,
Der Falsch und Trug im Herzen trägt.
Ich bin kein gleissnerischer Zecher
Und bin kein Freund der Heuchelei,
Und Gott, der das Geheimste kennt,
Ist Zeuge, dass dies Wahrheit sei:
Ich thu', was Gott zu thun befohlen,
Und handle gegen Niemand schlecht,
Und was man mir als unrecht schildert,
Das schild're nimmer ich als recht.
Was thut's, wenn ich und du zusammen
Ein Gläschen leeren oder mehr?
Stammt ja der Wein vom Blut der Reben,
Und nicht von deinem Blute her.
Dies halte ich für keinen Fehler,
Der Ander'n Nachtheil bringen kann:
Und wär's ein Fehler auch zu nennen;
Wo lebt der fehlerfreie Mann?

Lass das Warum und Wie, und trinke,
Hafis, durch eine kurze Zeit!
Bei Gottes Weisheit sind die Worte:
Wie und Warum – Unmöglichkeit.

88.

Es stimmt zur Trauer mich die Welt
Und was in ihr mag sein;
Das Inn're meines Herzens fasst
Nur meinen Freund allein.
Wenn aus der Liebe Rosenflur
Ein Duft mich angeweht,
So springt mein Herz wie Knospen auf,
Von Wonne aufgebläht.
Wollt' ich, der Narr, ein Rather dir
Auf Liebespfaden sein,
Das Mährchen wär's vom närr'schen Mann,
Vom Kruge und vom Stein.
Zum Frömmler sprich: »O spare mir
Den Tadel, denn fürwahr
Der Augenbrauen Wölbung nur
Erscheint mir als Altar.«
Die Kába und des Weines Haus,
Sie gleichen sich gar sehr,
Denn, wo du hin in beiden blick'st,
Allüberall ist Er.
Um Kălĕndĕr zu sein, genügt
Bart, Haar und Braue nicht:
Der Kălĕndĕr berechnet stets
Gar haarklein seine Pflicht.
Entsagen einem Härchen, fällt
Dem Kălĕndĕr nicht schwer:
Wer, wie *Hafis*, dem *Haupt* entsagt,
Nur *der* ist Kălĕndĕr.

89.

Wird vor der Gestalt des Freundes
Die Zipresse je erwähnt?
Hat die Schlanke doch vom Freunde
Ihre Hochgestalt entlehnt.
Nimmer will ich Sein gedenken
Unter der Zipresse Bild;
Hoch zwar ist sie, die Zipresse,
Doch von Selbstsucht auch erfüllt.
Dennoch steht Er, als Zipresse,
Stets an meines Auges Rand:
Hat doch stets am Stromesufer
Die Zipresse ihren Stand.
Seines Haares, Flaum's und Maales
Dachte oft die Morgenluft
Im Gespräche mit dem Moschus;
D'rum verhaucht er süssen Duft.
Über seinem hellen Monde
Schwebt ein Schriftzug, hoch und frei:
Wer enträthselt, ob's ein Neumond,
Oder eine Braue sei?
Tausend Seelen opfr' ich Jenem,
Dessen Haupt beim Liebesspiel
Gleich dem *Balle* in das Häkchen
Seines Locken *schlägels* fiel.
Soll Sein Mund den Wunsch des Herzens
Dir erfüllen, folge nicht,
Gleich *Hafisen*, Seinem Auge,
Das auf Streit nur ist erpicht.

90.

Du fassest, Freund – da liegt der Fehler –
Nicht richtig auf das was man spricht,
Hörst du verständ'ge Männer sprechen,
So zeihe sie des Irrthums nicht.
Mein Haupt, es beugt sich nicht, und gälte

Es diese und die and're Welt;
Gelobt sei Gott für all' die Listen,
Die mein verschmitztes Haupt enthält!
Wer schlich – ich kann es nicht begreifen –
Sich in mein krankes Herz hinein?
Denn, während ich mich stumm verhalte,
Hör' ich es lärmen d'rin und schrei'n.
Mein Herz trat aus des *Vorhang's* Hülle:
Wo weilest du, o Sänger, nun?
Auf, klage! denn nur diese *Weise*
Bringt reine Stimmung in mein Thun.
Noch hat's der Welt und ihrem Treiben
Mich zu erfreuen nie geglückt:
Dein Antlitz nur hat für mein Auge
Mit solchen Reizen sie geschmückt.
Ein Traumbild liess mich Nachts nicht schlafen
Und schwebte stets mir vor dem Sinn;
Berauscht bin ich von hundert Nächten: –
Wo führt der Weg zur Schenke hin?
Da mit dem Blute meines Herzens
Besudelt ward der Zelle Wand,
So ist – wollt Ihr mit Wein mich waschen –
Das volle Recht in Eurer Hand.
Man hält mich in dem Maghen-Kloster
Schon aus dem Grunde lieb und werth,
Weil eine Gluth, die nie verlöschet,
Beständig mir am Herzen zehrt.
Auf welchem Instrumente spielte
Vergang'ne Nacht der Sänger wohl?
Schon schwand mein Leben, und noch immer
Ist mein Gehirn von Klängen voll.
Man rief den Aufruf deiner Liebe
Vergang'ne Nacht mir in das Herz:
Mein Busenfeld erfüllt noch immer
Der Wiederhall im Sehnsuchtsschmerz.
Seit jener Zeit, als zu *Hafisen*
Des Freundes holde Stimme drang.

Ist seines Herzens Berg in Sehnsucht
Noch immer voll vom süssen Klang.

Der Buchstabe Tha

Weh, dass ohne Rettung
Mich der Schmerz verzehrt!
Weh, dass ohne Ende
Meine Trennung währt!
Glaube, Herz und Seele
Nahm sie hin als Zoll,
Weh, die Schaar der Schönen,
Grauser Unbill voll!
Seelen will sie haben,
Reicht sie Küsse dar;
Weh, der Herzensräuber
Mitleidlose Schaar!
Diese Ketzerseelen
Tranken all' mein Blut;
Weh, o Glaubensbrüder!
Dämpft denn nichts die Wuth?
Tag des Wiedersehens,
Sei der Armen Hort!
Weh, die Nacht der Trennung
Dehnt sich endlos fort!
Immerdar ersinnet
Einen ander'n Schmerz
Weh, der Zechgeselle
Ohne Seel' und Herz!
Wie *Hafis* entselbstet,
Hab' ich Tag und Nacht,
Weh, in Brand und Thränen
Leidend zugebracht!

Der Buchstabe Dschim

Alle Schönen zu besteuern
Kömmt mit vollem Recht dir zu,
Denn auf ihren Häuptern allen
Strahlest, eine Krone, du!
Turkistan geräth in Flammen
Durch dein trunk'nes Augenpaar:
Steuern zollen Hind und *China*
Deinem *krausen* Lockenhaar.
Heller als des Tages Wange
Glänzt dein weisses Angesicht,
Und so schwarz wie deine Locke
Ist der Nächte längste nicht.
Kann in Wahrheit je gesunden
Ich von dieser Krankheit Schmerz.
Wenn nicht *du* mir Arzeneien
Freundlich reichest für mein Herz?
Deinem engen Munde danket
Chiser's Quelle den Bestand,
Und Ägyptens harter Zucker
Weichet deiner Lippe Rand.
Wesshalb brichst du, theure Seele,
Mit dem Herzen, felsenhart,
Dieses Herz, das gleich dem Glase
Leicht gebrechlich ist und zart?
Wie doch schlangest du ein Härchen
Um die Lende, zart und fein,
Und enthülltest deine Glieder,
Glänzend weiss wie Elfenbein?
Deines Mundes Flaum ist Chiser,
Und sein Quell dein Lippenpaar,
Und dein Wuchs gleicht der Zipresse,
Und die Lende einem Haar.
Einen König, der dir gleiche
Wünscht *Hafis* sich für und für;

Läg' er doch, als niederer Sclave,
Stets im Staube deiner Thür!

Der Buchstabe Ha

1.

Wenn Verliebte zu ermorden
Dir dein Glaube nicht verwehrt,
Will ich stets für Recht erklären
Was du selbst für Recht erklärt.
Deiner Locken Schwärze kündet
Den Erschaffer finst'rer Nacht,
Und den Schöpfer lichter Tage
Deiner Wangen weisse Pracht.
Jener Quell, der aus dem Auge
In den Schooss hinab mir fliesst,
Ist so mächtig gross, dass schwimmend
Ihn kein Schiffer je durchmisst.
Deiner Lippe Lebens*wasser*
Bietet *Nahrung* für den *Geist*,
Sie, die für den Erdenkörper
Sich als *Kraft* des *Wein's* erweist.
Deiner Locke Hand entwischte
Niemand unversehrt und heil!
Alle traf dein Brauenbogen
Oder deines Auges Pfeil.
Andacht, Gottesfurcht und Reue
Ford're nicht von mir als Pflicht;
Beim verliebten, tollen Zecher
Sucht man ja die Tugend nicht.
Dein Rubinenmund verwehrte
Hundert Listen Einen Kuss,
Und durch hunderttausend Bitten
Kam mein Herz nicht zum Genuss.
Doch was soll das Glas, das immer
Wir zum Wohle leeren dir?

Nicht allein den Wein im Becher,
Auch die Becher trinken wir.
Das Gebet für deine Seele
Sei so lang' *Hafisens* Fleh'n.
Als der Abend und der Morgen
Innig in Verbindung steh'n.

2.

Schau den Neumond des Moharrems,
Jetzt begehr' ein Gläschen Wein,
Denn nun tritt der Mond der Ruhe
Und das Jahr des Friedens ein.
Um der nieder'n Welt Gelüste
Streitet wohl der Bettler nicht:
Gib den Ball des Glück's dem Kaiser,
Du mein theures Augenlicht!
Halte hoch die Zeit in Ehren,
Die Genuss dir bieten mag,
Denn der *Kraftnacht* ist sie ähnlich
Und des *Sieges* hellem Tag.
Bringe Wein! denn es entbehre
Frohe Tage Jener nicht,
Der ein Gläschen Morgenweines
Aufgestellt als Morgenlicht.
Welche Art von Andacht passte
Wohl für mich, den trunk'nen Mann,
Der ich Früh- und Abendrufe
Nimmer unterscheiden kann?
Sorglos bist du um dein Treiben,
Herz, und ich besorge sehr,
Weil den Schlüssel du verloren,
Öffne man kein Thor dir mehr.
Füge, auf Genüsse hoffend,
Wie *Hafis*, den Tag zur Nacht,
Weil dir durch den Alleröffner
Dann des Glückes Rose lacht.
Schah Schĕdschā' sitzt auf dem Throne,

Weisheit herrscht und Recht besteht:
Strebe d'rum, dass Herz und Seele
Ruhe finden früh und spät.

Der Buchstabe Châ

Nach Fĕrruch's beglückter Wange
Sehnt mein Herz sich immerdar:
Darum ist es stets verworren
Wie Fĕrruch's gelocktes Haar.
Nur dem Inder seiner Locke,
Und sonst Keinem ist's geglückt,
Dass er von Fĕrruch's Gesichte
Früchte koste, hochentzückt.
Wie begünstigt doch vom Glücke
Jener Schwarze immer ist
Der, Fĕrruch zur Seite wandelnd,
Knie an Knie sich an ihn schliesst!
Einem Weidenblatte ähnlich
Zittert der Zipressenbaum,
Wenn Fĕrruch mit stolzem Wuchse
Ihm erscheint im Gartenraum.
Reiche mir, o holder Schenke,
Ergwanfarb'nen Rebensaft,
An Fĕrruch's Narzisse mahnend
Und an ihre Zauberkraft.
Ganz gekrümmt, gleich einem Bogen,
Ist mein hoher Wuchs zu schau'n;
Weil er um Fĕrruch sich grämet,
Gleicht er seinen Augenbrau'n.
Selbst tatar'sche Moschuswinde
Müssen sich zu wehen scheu'n,
Wenn Fĕrruch's durchwürzte Locken
Ambradüfte um sich streu'n.
Hin nach irgend einer Seite
Neiget sich des Menschen Sinn:
Und so neigt sich denn der *meine*

Immer zu Fĕrrŭch nur hin;
Und als Sclave fröhn' ich willig
Jenem hochgesinnten Mann,
Der ihm dient als Knecht und Inder,
So wie es *Hafis* gethan.

Der Buchstabe Dâl

1.

Du sah'st, o Herz, was Gram der Liebe
Nun abermals für Folgen hat,
Und wie der Holde mir enteilte,
Und was dem treuen Freund er that.
Ach, welch' ein Spiel war's, das bethörend
Die Zauberin Narzisse trieb!
Ach, wie benahm sich die Berauschte
Mit jenem, der stets nüchtern blieb?
Durch Freundes Kaltsinn nahm die Thräne
Des *Abendrothes* Farbe an;
Sieh, was mein Stern, der *liebelose*,
Bei diesem Anlass mir gethan!
Aus Leïla's Wohnung schoss am Morgen
Ein Blitz hervor mit wildem Glanz,
Und weh, Mĕdschnŭn, dem Herzenskranken,
Verbrannte er die Garben ganz!
Gib, Schenke, mir des Weines Becher!
Was des verborg'nen Zeichner's Hand
Vollbracht durch seines Zirkels Wendung,
Das wurde Keinem noch bekannt.
Was Jener, der so reich bemalte
Des azurblauen Himmels Rund,
Vollbrachte hinter'm Räthselschleier,
Das ward noch keinem Menschen kund.
Die Liebe fachte in *Hafisen*
Den Feuerbrand des Grames an;

O seht doch nur, was einem Freunde
Ein alter Freund hat angethan!

2.

Es sprach am frühen Morgen
Der Sprosser zu dem Oste:
»Wie quält mich das Verlangen
Nach einer Rose Wangen!
Ob jener Wangen Farbe
Strömt mir das Blut zum Herzen;
Ob dieser Rosen Sitze
Sticht mich des Dornes Spitze.«
Dem Hochsinn jenes Zarten
Will ich zum Sclaven werden,
Der ohne Gleissnereien
Sich mag der Tugend weihen.
Die Morgenlüfte mögen
Sich Jenem hold erweisen,
Der Arzeneien brachte
Dem, der die Nacht durchwachte!
Ich will mich über *Fremde*
Nicht fernerhin beklagen,
Denn ein *Bekannter* übte
Stets das was mich betrübte.
Heischt' ich vom Sultan Gaben,
Beging ich einen Fehler;
Wünscht' ich vom Holden Treue,
So quält er mich auf's Neue.
An jeder Stelle klaget
Der liebentbrannte Sprosser:
Der Ostwind nützt die Musse
Zum seligen Genusse:
Denn er entschleiert Rosen
Und Hyacinthenlocken,
Und nimmt die Knotenbande
Der Knospe vom Gewande.
Bring' die erwünschte Kunde

In's Dorf der Weinverkäufer:
»Der falschen Tugend Schimmer
Entsagt *Hafis* auf immer.«
Nur *Bŭlwĕfā*, des Staates
Und Glaubens Zierde, war es.
Der unter allen Grossen
Mich *treulos* nicht verstossen.

3.

Ein Sprosser zog einst eine Rose
Mit seinem Herzensblute gross;
Da stürmt des Neides Wind verheerend
Mit hundert Dornen auf ihn los.
Ein Psittich lebte einst zufrieden
Und sehnte sich nach Zucker nur;
Da löscht der Waldstrom des Verderbens
Vom Hoffnungsbild ihm jede Spur.
Des Auges Glanz, die Frucht des Herzens
War Er, und nie vergess' ich mehr,
Wie Er so *leicht* von mir geschieden
Und mir das Herz gemacht so *schwer*.
O hebe, Karawanenführer,
Mir die gefall'ne Ladung auf,
Denn nur in Hoffnung deiner Güte
Verfolgt' ich dieser Sänfte Lauf.
Verachte nicht den *Staub* der Wange
Und nicht des Auges hellen *Thau*:
Schuf doch der türkisfarb'ne Himmel
Aus diesem *Lehm* den Freudenbau.
Ach, wegen jenes Neiderauges
Des Mond's, den wir am Himmel schau'n,
Muss in des Grabes Hause wohnen
Mein Mond mit bogengleichen Brau'n!
Hafis, du hast zu spät rockiret;
Nun schwand die Möglichkeit sogar.
Was thu' ich nun? Das Spiel der Tage
Ist Schuld, dass ich nicht achtsam war.

4.

Komm! schon stürzt des Himmels Türke
Auf der Faste Speisen
Und des Festes Neumond deutet
Auf des Bechers Kreisen.
Fast' und Wallfahrt sind Verdienste,
Die nur Jenen frommen,
Die den Staub der Liebesschenke
Zu besuchen kommen;
War's doch in der Schenke Winkel
Mir bestimmt zu wohnen.
Jenen, der dies Haus erbaute,
Möge Gott belohnen!
Schön ist das Gebet des Mannes
Dem, von Schmerz durchdrungen,
Nur das Herzblut und die Thräne
Dient zu Reinigungen.
Für des Freundes Anblick halte
Dich dem Aug' verpflichtet,
Weil das *Auge* nur mit *Einsicht*
Alle Dinge schlichtet.
Was der Weinrubin wohl koste?
Des Verstandes Gemme.
Komm, denn dieser Handel bringet
Niemand in die Klemme.
Weh, dass heut des Scheïches Augen,
Die so lüstern blinken,
Stolz auf Jene niederschauten,
Die da Hefe trinken!
Am Altar der krummen Brauen
Betet unverdrossen
Wer sich mit dem Blut gewaschen,
Das sein Herz vergossen.
Sollte heut nach dem Ĭmāme
Die Gemeinde fragen,
Wein nur reinige den Ssofi,
Möget dann Ihr sagen.

Lass *Hafis* und nicht den Prediger
Dir von Liebe schwätzen,
Sollt' auch dieser noch so künstlich
Seine Worte setzen.

5.

Mit hellem Wasser Weines
Wusch sich ein Kluger rein,
Als früh er zum Besuche
Trat in das Weinhaus ein.
Sobald der gold'ne Becher
Der Sonne schwindend sinkt,
Erscheint des Festes Neumond,
Der zum Gelage winkt.
Mein Herz kauft gern Verwirrung
Von Seinem Ringelhaar:
Was dieser Handel nützte
Ward nimmermehr ihm klar.
Zu langer Andacht machte
Sich der Īmām bereit:
Im Blut der Rebentochter
Wusch er sein Priesterkleid.
Komm in das Haus des Weines
Und sieh, wie man mich ehrt,
Wenn Frömmler auch verachtend
Den Blick nach mir gekehrt.
Um treue Liebe frage
Hafisens Seele nur,
Trägt gleich sein Herzenshäuschen
Durch dich der Plünd'rung Spur.

6.

Nach des Freundes Dorfe will ich
Eilen, gleich den Lüften,
Will mit seinem Moschusdufte
Mir den Geist durchdüften.

Was das Wissen und der Glaube
Mir an *Ruhm* verleihen,
Will ich gern dem Strassen *staube*
Jenes Bildes weihen.
Ohne Wein und Liebe eilet
Fruchtlos hin mein Leben;
Doch von heut' an will der Trägheit
Ich den Abschied geben.
Dieses Herz, wie Rosen blutig,
– Auf denn, Morgenlüfte! –
Will ich opfern für des Freundes
Süsse Lockendüfte;
Klar wie jene Morgenfackel
Zeigt es mir die Liebe,
Meine Tage will ich fürder
Widmen diesem Triebe.
In Erinn'rung an dein *Auge*
Will ich mich *zerstören*,
Will den Bau des alten Bundes
Zu befesten schwören.
Trug und Falsch, *Hafis*, erfreuen
Nimmermehr die Seelen,
Und ich will den Pfad des Zechens
Und der Liebe wählen.

7.

Jetzt, wo auf der Flur die Rose
Aus dem Nichts in's Sein getreten
Und die Veilchen ihr zu Füssen
Mit gesenktem Haupte beten,
Sollst du Morgenwein geniessen
Bei der Def und Harfe Klange
Und das Kinn des Schenken küssen
Bei der Flöt' und Laute Sange.
Darfst ja Liebe, Wein und Harfe
Nicht, wenn Rosen blüh'n, entbehren,
Die, den Lebenstagen ähnlich,

Eine kurze Woche währen.
Durch das Sternenhaus der Blumen
Glänzt, dem Himmel zu vergleichen,
Diese Erde unter'm Schutze
Glücklicher und froher Zeichen.
Lass den Glauben Zoroaster's
Auf den Fluren neu erblühen,
Neu, entbrannt von Nimrod's Feuer,
Ringsherum die Tulpen glühen.
Trinke Wein, gereicht vom Zarten,
Der wie 'Îsa's Hauch beseelet;
Doch die Mährchen lass bei Seite,
Von Thĕmūd und 'Âd erzählet.
Durch die Lilien und die Rosen
Ward die Welt zum ew'gen Garten;
Doch was frommt's? Kann man doch nimmer
Ewiges in ihr erwarten.
Wenn, wie Salomon, die Rose
Auf des Windes Gaul sich schwinget,
Naht der Vogel früh am Morgen,
Der, wie David, Psalme singet.
Einen Becher, der vom Weine
Überströmt, sollst du dann leeren,
Um Māhmūd, des Glaubens Säule,
Salomon's Ässāf zu ehren;
Such', *Hafis*, in seinen Tagen
Ew'ge Lust dir zu bereiten,
Und sein milder Schatten währe
Durch die Dauer ew'ger Zeiten!
Bringe *Wein*! Denn stete Hilfe
Will *Hafis* von *dem* begehren,
Der erbarmend sie gewährte
Und sie fürder wird gewähren.

8.

Der Ssofi spannet seine Netze
Und öffnet eines Bechers Haupt,
Indem er vor dem Himmelsgaukler
Den Bau der Ränke sich erlaubt;
Dagegen schlägt ihm an der Mütze
Des Himmels Spiel ein Ei entzwei,
Weil er mit einem Eingeweihten
Getrieben freche Gaukelei.
Komm, Schenke, nun der schöne Liebling,
Der aller Ssofis Herz gewann,
Sich abermals im Glanze zeigte
Und schelmisches Gekos begann.
Aus welchem Land kommt dieser Sänger,
Der nach Irāk gewollt, und jetzt,
Um durch Hĕdschās zurückzukehren,
Sich in Bewegung hat gesetzt?
Komm, Herz und lass zu Gott uns flüchten
Vor jedem Dinge, das gethan
Der schlaue Mann mit *langen* Händen,
Der *kurze* Ärmel trägt daran.
Betrüge nie! Wer in der Liebe
Nicht ehrlich spielt, dem schliesst im Nu
Vor seines Herzens Angesichte
Des Sinnes Thür die Liebe zu.
Wenn morgen die Gestalt der *Wahrheit*
Den Blicken wird erschienen sein,
Wird sich der Wand'rer schämen müssen,
Der nur gehandelt nach dem *Schein*.
O Repphuhn mit dem schönen Gange,
Wohin verlangt es dich zu geh'n?
Misstraue immerdar der Katze,
Die betend scheint zu Gott zu fleh'n!
Hafis, verdamme keinen Zecher!
Schuf Gott mich ja vor Ewigkeit
Erhaben über falsche Tugend
Und gleissnerische Frömmigkeit.

9.

Das Herz begehrte Jahre lang
Von mir Dschem's Wunderglas:
Es forderte vom fremden Mann
Das was es selbst besass;
Die Perle, die sich immer noch
In ird'scher Muschel fand,
Sucht' es bei Männern, welche sich
Verirrt am Meeresstrand.
Zum alten Wirth trug gestern Nachts
Ich meine Zweifel hin,
Zu ihm, der stets mit scharfem Blick
Gelöst der Räthsel Sinn.
Ich traf ihn lächelnd und vergnügt,
In Händen den Pocal,
Und hundert Dinge schaute er
In jenes Spiegels Strahl.
Ich sprach: »Dies Glas, das Welten zeigt,
Wann gab's der Schöpfer dir?«
Er sprach: »Am Tag, als diesen Dom
Geformt er aus Saphir.«
Er sprach: »Den Freund, durch den erhöht
Das Haupt des Galgens ward,
Beschuldigt man, dass immer er
Geheimes offenbart.«
In jeder Lage weilet Gott
Beim Herzberaubten gern:
Doch dieser schauet nimmer ihn
Und wähnet Gott gar fern.
Dasselbe Gaukelspiel, das hier
Getrieben der Verstand,
Es trieb's Sāmīr, der Gaukler, auch
Vor Moses Stab und Hand.
Wenn wieder mit der Hilfe Gunst
Der heil'ge Geist genaht,
So thut ein And'rer ebenfalls
Was einst Messias that.

Ich sprach zu Ihm: »Wozu wohl dient
Der Götzen *Ketten*haar?«
Er sprach: »*Hafis* beklagt sich ja,
Er *rase* immerdar.«

10.

Der Rebe Tochter that, o Freunde,
Auf die Verborgenheit Verzicht;
Sie selber war beim Vogt gewesen,
That also Unerlaubtes nicht.
Sie trat hervor aus ihrer Hülle,
– Wisch't ihr die Tropfen Schweisses ab! –
Damit sie den Genossen künde,
Warum sie sich denn weg begab.
Der Augenblick ist nun gekommen,
An sich zu fesseln ganz und gar
Ein Mädchen, das sich so berauschet
Und einst so keusch gewesen war.
Und wieder liess der Liebe Sänger
– Verkünd' es, Herz, mit Freudigkeit! –
Die Weise, die berauscht, erklingen
Und heilte so die Trunkenheit.
Was *Wunder*, wenn Sein sanfter Odem
Des Herzens Rose mir *erschliesst*?
Sur's Rosenblatte dankt der Sprosser
Die hohe Lust, die er geniesst.
Nicht siebenfaches Wasser tilget,
Nicht hundertfachen Feuers Macht
Die Flecken, die das Nass der Traube
In eines Ssofi Kleid gebracht.
Lass nie die Demuth aus den Händen,
Hafis, denn deiner Neider Schaar
Verlor im eitlen Hochmuthsdünkel
Geld, Ehre, Herz und Glauben gar.

11.

Dschem's geheimnissvollen Becher
Kann dein Blick erst dann erreichen,
Wenn du Schenkenstaub als Salbe
Dir in's Auge konntest streichen.
Nimmer mögest du hienieden
Ohne Wein und Sänger bleiben:
Kannst du doch durch ihre Töne
Dir des Herzens Gram vertreiben.
Deiner Wünsche holde Rose
Wird erst dann den Schleier heben,
Wenn du dich, wie Morgenlüfte,
Konntest ihrem Dienst ergeben.
Nach der Liebe schönem Ziele
Magst du rüstig vorwärts schreiten,
Kannst du doch durch diese Reise
Vielen Nutzen dir bereiten.
Komm, denn den Genuss der Ruhe
Und die Ordnung in den Dingen
Kannst durch einsichtsvoller Männer
Segenspende du erringen.
Des geliebten Freundes Schönheit
Deckt kein Vorhang und kein Schleier:
Lass nur erst den Staub sich setzen,
Schauen kannst du ihn dann freier.
Der du nie aus dem Palaste
Deines Ich's herausgegangen!
Kannst du in das Dorf der Wahrheit
Jemals hoffen zu gelangen?
Bettelei an Schenkenthüren
Ist ein wahrer Stein der Weisen;
Staub kannst du in Gold verwandeln,
Machst du solche Bettlerreisen.
Herz, wenn du das Licht der Reinheit
Sorgsam stets in dir getragen,
Kannst du, ähnlich einer Kerze,
Lächelnd deinem Haupt' entsagen;

Doch, so lang' des Liebling's Lippe
Und das Glas die Lust gewähren,
Kannst ein and'res Werk zu üben
Nimmer du die Hoffnung nähren.
Hast du diesem Königsrathe,
O *Hafis*, dein Ohr geliehen,
Kannst du auf des Tugendordens
Königsstrasse weiter ziehen.

12.

Künftighin macht meine Hand sich nimmer
Von dem Saume der Zipresse los,
Die durch ihres stolzen Baues Kräfte
Mich gerissen aus der Erde Schooss.
Nicht bedarf's des Sängers und des Weines,
Nur befreie von dem Schleier dich,
Dann bewegt das Feuer deiner Wange,
Gleich dem Rautenkorn, zum Tanze mich.
Nein, kein Antlitz wird zum treuen Spiegel
Von des Glückes holdem Angesicht,
Ward es an dem Hufe jenes Zelters
Abgeglättet und gerieben nicht.
Ruchbar machte ich des Gram's Geheimniss;
Mag es mir wie immer nun ergeh'n!
Denn nicht länger kann ich mich gedulden;
Währt's noch lang? Was soll mit mir geschehn?
Meine Hirschkuh, die nach Moschus duftet,
Tödte grausam nicht, o Jägersmann;
Schäme dich vor jenem schwarzen Auge,
Binde sie an keine Schlinge an!
Ich, ein Stäubchen, das von diesem Thore
Aufzufliegen nimmer ist im Stand,
Wie vermag ich einen Kuss zu drücken
Dort auf jenes hohen Schlosses Rand?
Wenn er erst *Hafisens* Lieder höret,
Die als zart und lieblich Jeder kennt,
Wird sich selbst Kĕmāl nicht unterfangen,

Dichtend aufzutreten in Chodschend.
Nimm dein Herz aus jener *Moschuslocke*,
Nimm, *Hafis*, es nimmermehr zurück:
Denn, wenn *Bande* einen Tollen fesseln,
Ist es ja für jeden Fall ein Glück.
Nur allein zu deinem *Lockenhaare*
Lenkt *Hafisen* seines Herzens Trieb.
Weh dem Herzen, das in hundert *Banden*
Jedem *Rathe* stets verschlossen blieb!

13.

Jener Doppellocke Ringen
Kann die Hand sich nimmer nah'n;
Wie der Ost und deine Treue
Keine Stütze bieten kann.
Was es hiesse, sich bemühen,
Zeig' ich, wenn ich dich begehr';
Doch man kann – dies bleibt entschieden –
Das Geschick nicht ändern mehr.
Da ich um den Saum des Freundes
Hundertmal mein Blut vergoss,
Kann ich trotz des Feindes Ränken
Nimmermehr ihn geben los.
Sein Gesicht dem Himmelsmonde
Ähnlich finden kann man nicht,
Kann dem Freund kein Ding vergleichen,
Dem's an Kopf und Fuss gebricht.
Hält sich meine Hochzipresse
Zu dem Reigentanz bereit,
Kann's die Seele nicht vermeiden,
Aufzuschlitzen sich das Kleid.
Doch, was sag' ich? Bist gar reizbar
Und gar zärtlich von Natur,
Und man kann zu dir nicht beten,
Wär's auch noch so leise nur.
Nur ein reiner Blick kann schauen
Eines Seelenfreund's Gesicht:

Nur mit Reinheit kann man blicken
In den Spiegel, anders nicht.
Eifersucht – denn Alles liebt dich –
Hat dem Tod mich nah' gebracht;
Doch man kann mit Gottes Volke
Wohl nicht hadern Tag und Nacht.
Meine Einsicht hat der Liebe
Schwierigkeiten nicht erkannt:
Lösen kann dies Räthsel nimmer
Dieser irrende Verstand.
Es erkennt das Herz *Hafisens*
Deine Brau' nur als Altar
Und zu dir nur – sagt mein Glaube –
Kann man beten immerdar.

14.

Er raubte grausam mir das Herz
Und barg mir Sein Gesicht;
Beim Himmel, solche Spiele treibt
Man mit den Menschen nicht!
Mir drohte Einsamkeit den Tod
Bei frühem Morgenstrahl;
Da rettete Sein Traumbild mich
Durch Gnaden ohne Zahl.
Ist's meinem Herzen, Tulpen gleich,
Zu bluten nicht erlaubt,
Da seines Aug's Narzisse mir
So schwer gemacht das Haupt?
Hast du ein Mittel, holder Ost,
So ist's nun hohe Zeit,
Denn nach dem Leben strebte mir
Der Sehnsucht herbes Leid.
Er hat mich in den Flammentod,
Der Kerze gleich, gejagt,
So dass die Flasche mich beweint,
Das Barbiton beklagt.
Wie sag' ich's, dass beim Schmerze, der

Die Seele mir durchglüht,
Der Arzt dies schwache Seelchen mir
Zu rauben sich bemüht?
Ob ich's in meiner Theuren Kreis
Wohl je erzählen kann,
Dass mein Geliebter *dies* gesagt,
Und *Jenes* hat gethan?
Kein Feind verübte an *Hafis*
Wohl eine solche That,
Wie mit des Auges Pfeil der Freund,
Der Brauenbogen hat.

15.

Sein gedenk' ich, der da nimmer
Auf der Reise mein gedacht
Und mein traurend' Herz nicht fröhlich
Durch ein Abschiedswort gemacht.
Jener Sohn des jungen Glückes,
Der nur schrieb was gut und recht,
Wesshalb hat er nicht die Freiheit
Mir geschenkt, dem alten Knecht?
Nur mit blutvermengtem Wasser
Wasch' ich das Papierkleid mir,
Denn es führte mich der Himmel
Nimmer hin zum Rechtspanier.
Hoffend, einer seiner *Töne*
Breche sich zu dir die Bahn,
Klagt mein Herz in diesem Berge
Lauter, als Fĕrhād gethan.
Dir gebührt's des Ostes Boten
Zu ertheilen Unterricht,
Denn ein flinkeres Bewegen
Haben selbst die Winde nicht.
Sprosser bauen – seit dein Schatten
Von der grünen Wiese wich –
In des Buchses Lockenringen
Nimmer ihre Nester sich.

Keinem malt der Allmacht Pinsel
Seine Wünsche an die Wand,
Der die Gottheit deiner Reize
Nicht zuvor erst anerkannt.
Sänger, wechselnd deine Töne,
Stimm' irāk'sche *Weisen* an,
Denn der Freund, mein nicht gedenkend,
Eilte fort auf *dieser Bahn.*
Irākī's Ghaselen sind es.
Singt *Hafis* uns ein Gedicht:
Dieser Ton, der Herzen senget,
Wem entlockt er Klagen nicht?

16.

Der Holde ging, indess Verliebten
Er nichts davon zu wissen that,
Und nicht des Weggefährten dachte,
Noch auch des Freundes in der Stadt.
Entweder hat der Freundschaft Pfade
Mein missliches Geschick verfehlt,
Wie? oder war Er es gewesen,
Der nicht den wahren Pfad gewählt?
Indess ich dastand wie die Kerze,
Und Ihm die Seele weihte hier,
Kam einem Morgenlüftchen ähnlich
Er nimmermehr vorbei an mir.
Ich sprach: »Das Herz stimm' ich zur Liebe
Durch meine Thränen Ihm vielleicht.«
Doch nie noch hat ein Tropfen Regens
Den harten Kieselstein erweicht.
Zwar sind des armen Herzensflügel
Gebrochen durch des Grames Kraft:
Doch aus dem Haupte trieb dies nimmer
Der Liebe rohe' Leidenschaft.
Wer in das Antlitz dir geblicket.
Der küsste auf das Auge mich:
Denn es benahm nicht ohne *Einsicht*

Bei jeder That mein *Auge* sich.
Es machte mit beschnitt'ner Zunge
Hafisens zartes Schreiberohr
Nicht früher ruchbar dein Geheimniss,
Als bis es selbst sein Haupt verlor.

17.

Auf Seinen Weg legt' ich die Wange,
Doch nicht vorüber wandelt' Er;
Ich hoffte hundertfache Gnaden,
Doch Er, nicht *Einmal* sah Er her.
O Herr, beschütze jenen Jüngling,
Der muthig alle Herzen raubt
Und der sich vor dem Seufzerpfeile
Der stillen Klausner sicher glaubt!
Es machten meiner Thränen Ströme
Das Herz Ihm nicht vom Grolle rein,
Denn Spuren liess der Regentropfen
Noch niemals auf dem Kieselstein.
Ich wünschte sehnlich Ihm zu Füssen
Zu sterben, wie ein Kerzenlicht:
Doch Er, dem Morgenwinde ähnlich,
Schritt ja an mir vorüber nicht.
Wo wär', o Seele, wohl zu finden
Der felsenherz'ge, eitle Thor,
Der einer Wunde deines Pfeiles
Sich selbst als Schild nicht hielte vor?
Dem Fisch und Vogel hatte gestern
Mein Klageton den Schlaf geraubt:
Doch sieh, Er mit dem Schelmenauge
Erhob vom Schlafe nicht das Haupt.
Hafis, die Zartheit deines Liedes
Ist von so angenehmer Art,
Dass Jedermann, der es vernommen,
Es im Gedächtniss gern bewahrt.

18.

Die Prediger, die auf der Kanzel
Und am Altar so prunkend steh'n,
Verfahren auf ganz and're Weise,
Wenn sie in's stille Stübchen geh'n.
Es staunt mein Herz ob dieser Redner
Mit dem so blöden Angesicht;
Denn, was sie auf der Kanzel lehren,
Das üben sie im Leben nicht.
Ein Zweifel stösst mir auf; d'rum frage
Den Weisesten im Kreise nun:
Warum denn Jene Busse fordern,
Die selber niemals Busse thun?
Sie glauben an den Tag wohl nimmer,
Der uns versammelt zum Gericht,
Sonst wären sie so falsch und tückisch
In Dingen ihres Richters nicht.
O Herr, zurück auf Esel setze
Du jener Neubeglückten Schaar!
Ein Maulthier ist's, ein Türkensklave,
Was ihren stolzen Trotz gebar.
Am Thor der Liebesschenke preise
Den Herrn, o Engel, im Gebet!
Denn dort wird jener Thon geknetet,
Aus dem der Menschensohn besteht.
Wenn Seine Schönheit sonder Grenzen
Den Tod auch den Verliebten gibt,
Ersteht sogleich aus Geisterlanden
Ein and'rer Haufe, der Ihn liebt.
Ein Knecht des alten Wirthes bin ich. –
Die sich bei ihm der Armuth freu'n,
Sind reich genug, auf's Haupt der Schätze
Mit edlem Stolze Staub zu streu'n.
Spring' rasch herbei, o Klosterbettler!
Denn in der *Maghen* frommen Haus
Theilt man ein Wasser, das die Herzen
Zu hoher Kraft befähigt, aus.

Von Götzen leere deine Wohnung:
Der Seelenfreund nur wohne d'rin!
Denn diese Gierigen, sie richten
Wo anders Herz und Seele hin.
Des Morgens tönte ein Gemurmel
Vom Himmelsthron. Die Weisheit sprach:
»Es ist der Engel Chor; sie beten
Hafisens holde Lieder nach.«

19.

Versteh'st du, was die Harfe
Und was die Laute spricht?
»Trinkt Wein, doch im Verborg'nen,
Sonst spart man Strafen nicht;
Der Lieb' und den Verliebten
Raubt dann man Ehr' und Preis,
Wälzt Schande auf den Jüngling
Und Vorwurf auf den Greis.«
Sie sagen: »Sprecht und höret
Nichts von der Liebe Macht.«
Gar schwierig ist die Sache,
Die sie da vorgebracht.
Bethört von hundert Listen
Verweil' ich *vor* dem Thor;
Allein was schlägt für Dinge
Man *hinter*'m Vorhang vor?
Dem greisen Wirth verkümmern
Die Zeit sie wieder nun;
Sieh nur, was diese Wand'rer
Da mit dem Greise thun!
Wohl *hundertfache* Ehre
Kauft oft ein *halber* Blick:
Vor solchem Handel treten
Die Schönen nur zurück.
Der Eine plagt und mühet
Sich um des Freund's Genuss;
Es überlässt der And're

Sich des Geschickes Schluss.
Kurz, du vertraue nimmer
Auf den Bestand der Welt:
Denn eine Werkstatt ist sie,
Wo Wechsel nur gefällt.
Nur eine falsche Münze,
Sonst gar nichts bietet sie,
Indess die Thoren meinen,
Sie trieben Alchymie.
Trink' Wein! Denn Scheïch und Mufti,
Und Stadtvogt und *Hafis*,
Bei'm Licht beseh'n, verstellen
Sich sämmtlich ganz gewiss.

20.

Möchten Jene, die durch Blicke
Wandeln Staub in Gold,
Nur den Winkel ihres Auges
Richten auf mich hold!
Ärzten, die mich hassen, berg' ich
Meiner Krankheit Stand;
Heilt mich doch die Apotheke
Aus dem Geisterland.
Nicht im Zechen, noch im Frömmeln
Liegt des Wohlseins Keim:
Besser ist's, man stellt sein Handeln
Gottes Huld anheim.
Der Geliebte hebt den Schleier
Von der Wange nicht:
Wie geschieht es, dass ein Jeder
Anders von ihm spricht?
Hinter'm Vorhang nimmt zur Stunde
Bosheit ihren Lauf:
Doch, wie wird man sich geberden,
Geht der Vorhang auf?
Seufzt der Stein bei diesem Liede,
O, so staune nicht,

Weil gar rührend, wer ein Herz hat,
Von dem Herzen spricht.
Sei kein Thor; weil dort, wo Liebe
Zu versteigern ist,
Mit Bekannten nur der Kluge
Einen Handel schliesst.
Trinke Wein, denn hundert Sünden.
Die kein Fremder schaut,
Taugen mehr, als eine Andacht,
Nur auf Trug gebaut.
In das Hemd, das süsse Düfte
Joseph's hergebracht,
Hat der Neid der Brüder – fürcht' ich –
Einen Riss gemacht.
Komm vorbei am Dorf der Schenke,
Dass der Gäste Schaar
Ihre Zeit für dich zu beten
Nütze immerdar.
Unbemerkt von Neidern, rufe
Mich zu dir hinein:
Edle thun viel Gutes heimlich,
Gott zu Lieb' allein.
Dauernder Genuss wird nimmer
Dir, *Hafis*, zu Theil:
Nicht bekümmert die Monarchen
Eines Bettlers Heil.

21.

Benimmt die Schaar der Schönen sich
So freundlich, dann gewiss
Macht in der Frömmler Glauben sie
In Bälde einen Riss.
Wo immer mein Narzissenzweig
In voller Blüthe steht,
Da machen Rosige ihr Aug'
Ihm zum Narzissenbeet.
Kaum dass mein Freund den Reigensang

Beginnt, so schlagen schon
Die Engel ihm den Tact dazu
Herab vom Himmelsthron.
Des Glückes hehre Sonne zeigt
Sich dir in lichter Pracht,
Wenn man des Herzens Spiegel dir
Hell wie den Morgen macht.
Gebieten können Liebende
Nicht über's eig'ne Haupt,
Und nur was du befehlen magst,
Gilt ihnen für erlaubt.
Der *Mann* in meinem Auge ist
Umgeben rings von Blut:
Behandelt man die *Menschen* wohl
Mit solchem Übermuth?
O Jüngling wie Zipressen schlank,
Schlag' rasch den *Ball* empor!
Sonst macht man deinen hohen Wuchs
Zum *Schlägel* noch zuvor.
So klein vor meinem Auge ist
Ein einz'ger Tropfen nicht.
Als jene Sündfluth, die so oft
Des Volkes Mund bespricht.
Wo feiert man dein Wangen *fest*,
Dass der Verliebten Schaar
In Treue ihre Seele dir
Als *Opfer* bringe dar?
Herz, traure nicht, weil, wer vertraut
Mit dem Geheimniss ist,
Im Schmelzgefäss der Trennungspein
Der höchsten Lust geniesst.
Hafis, verwende nicht dein Haupt
Vom Ach der Mitternacht.
Weil man des Herzens Spiegel dir
Hell wie den Morgen macht.

22.

Ich sprach: »Dein Mund und deine Lippe,
Wann thun sie wohl was ich begehrt?«
Er sprach: »Vom Herzen wird von ihnen
Was du nur heischen magst gewährt.«
Ich sprach: »Es fordert deine Lippe
Ägyptens reichen Zoll zum Lohn.«
Er sprach: »Ein Handel, so wie dieser,
Wird Keinen mit Verlust bedroh'n.«
Ich sprach: »Wer hat den Weg gefunden
Zu jenem *Puncte*, deinem Mund?«
Er sprach: »Nur dem, der *Feines* kennet,
Gibt man dies zarte Mährchen kund.«
Ich sprach: »O sei kein Götzendiener
Und lebe nur mit Gott allein!«
Er sprach: »Im Gaue wahrer Liebe
Soll dies und jenes Sitte sein.«
Ich sprach: »Die Lust an einer Schenke,
Sie ist es die das Herzleid stillt.«
Er sprach: »Glückselig ist zu nennen
Wer je ein Herz mit Trost erfüllt.«
Ich sprach: »Es passt im Glauben nimmer
Das Weinglas zu dem Mönchsgewand.«
Er sprach: »Doch nach des Wirthes Glauben
Nimmt man sie Beide wohl zur Hand.«
Ich sprach: »Was frommt dem alten Mann
Der süssen Schönen Mundrubin?«
Er sprach: »Durch Küsse, süss wie Zucker,
Macht er zu einem Jüngling ihn.«
Ich sprach: »Die Zelle zu betreten,
Wann fühlt sich wohl der Herr geneigt?«
Er sprach: »Wenn sich vereint am Himmel
Der Mond und Jupiter gezeigt.«
Ich sprach: »Für deine Wohlfahrt beten
Ist stets *Hafisens* frommer Brauch.«
Er sprach: »Ein Gleiches thun die Engel
In allen sieben Himmeln auch.«

23.

Sklave deines trunk'nen Auges
Ist der Kronenträger Schaar;
Deiner Lippe Wein berauschet
Alle Nüchternen sogar.
Komm am Veilchenbeet vorüber
Gleich dem Morgenwind und schau',
Wie dein Haar durch Übergriffe
Es gehüllt in's Trauerblau.
Dich verrieth der Wind des Morgens,
Mich des Auges Wasserfluth:
Und doch wahren sonst Verliebte
Ihr Geheimniss treu und gut.
Nicht nur ich allein besinge
Jener Wange Rosenzier:
Nahen doch von allen Seiten
Tausende von Sprossern dir.
Unter deinen Doppellocken
Wandelst du und wirst gewahr
So zur Rechten als zur Linken
Eine ruhberaubte Schaar.
Unser sind die Paradiese:
Fort mit dir, du frommer Mann!
Da allein wer sündig lebte,
Gottes Huld verdienen kann.
In die Schenke geh' und färbe
Erg'wan *roth* dein Angesicht;
Doch, wo *schwarze* Sünder weilen,
In das Bethaus gehe nicht.
Reiche mir die Hand, o Chiser,
Du Gesegneter, denn ich
Bin zu Fuss, und die Gefährten
Tummeln stolz auf Rossen sich.
Mag aus jener Schimmerlocke
Nimmer sich *Hafis* befrei'n:
Die in deinen Schlingen weilen,
Frei sind ja nur sie allein.

An dem Wangenbild *Hafisens*
Lässt gar deutlich sich erseh'n,
Dass zum Erdenstaub geworden
Die am Thor des Freundes steh'n.

24.

Setzen sich jasminenduft'ge Schöne
Hin zu uns, wird sich der Gramstaub *setzen*;
Peris rauben uns die Herzensruhe,
Wenn zum Streite sie die Waffe wetzen;
Fest und kräftig schnüren sie die Herzen
Mit der Unbild Sattelgurt zusammen
Und verstreuen die Ambralocken schüttelnd
Alle Seelen, die auf ihnen schwammen.
Wenn sie erst ein Weilchen bei uns sassen,
Steh'n sie alsbald auf von ihren Sitzen,
Ach, und pflanzen, wenn sie aufgestanden,
Sehnsuchtszweige in des Busens Ritzen.
Lachen sie, entlocken meinem Auge
Sie granatenfarbige Rubine
Und errathen, wenn auf mich sie blicken,
Meine Räthsel schnell aus meiner Miene.
Finden sie die stillen Klausner weinend.
Wissen sie die Thränen sich zu deuten
Und dann wenden, wenn sie erst sie kennen,
Sie sich *liebend* zu den *frommen Leuten*.
Wer da leicht die Schmerzen wähnt zu heilen,
Die die Liebe immerdar begleiten.
Ist nicht fähig Jene zu begreifen,
Die allein die Arzenei bereiten.
Den Mānssūren ähnlich, sind nur Jene
Ganz beglückt, die an dem Galgen hangen;
Wollten aber ihren Schmerz sie heilen,
Würden nimmer sie zum Zweck gelangen.
Die in Sehnsucht fleh'n zu *jenem* Hohen,
Werden nicht mit Härte aufgenommen;

Doch *Hafis*, an diesen Thron gerufen,
Muss von dannen zieh'n wie er gekommen.

25.

Reiner Wein und holde Schenken
Sind als Netze anzuseh'n,
Da die Klügsten dieser Erde
Ihren Schlingen nicht entgeh'n.
Zwar verliebt bin ich und trunken
Und mein Buch ist schwarz; allein
Tausend Dank, dass meine Freunde
In der Stadt so schuldlos sei'n.
Mache, trittst du in die Schenke,
Anstand zur Bedingniss dir,
Denn Vertraute hoher Kaiser
Wohnen an dem Thore hier.
Kein Děrwīsch, kein wahrer Pilger
Geht mit Härte in's Gericht;
Bringe Wein, denn diese Wand'rer
Sind des Pfades Männer nicht.
Sorge, dass sich nicht zertrümm're
Deiner Anmuth Wandelstern,
Denn dann fliehen und entlaufen
Knechte dir und Diener gern.
Blicke auf der Liebe Bettler
Mit Verachtung nicht und Hohn:
Kaiser sind sie ohne Gürtel
Und Monarchen ohne Thron.
Merke dir was ich dir sage:
Wenn des Hochmuth's Winde weh'n,
Will um tausend Demuthgarben
Man kein halbes Korn ersteh'n.
Allen *gleichgefärbten* Trinkern
Treu zu dienen ist mir Pflicht;
Nur der Schaar im *blauen* Kleide
Mit dem *schwarzen* Herzen nicht.
Hoch erhaben ist die Liebe:

Auf, *Hafis*, ermanne dich!
Denn es halten die Verliebten
Jeden Feigen fern von sich.

26.

Was doch solchen Rausch mir brachte?
Ich begreif' es nimmermehr.
Wer versieht das Amt des Schenken,
Und wo bracht' den Wein er her?
Dieser liederkund'ge Sänger,
Welche Weise stimmt er an?
Denn bekannte Worte bracht' er
Zwischen Liedern auf die Bahn.
Scheint der Ostwind doch der Bote
König Salomon's zu sein,
Der da freudenvolle Kunde
Bracht' aus Saba's Rosenhain.
Nimm auch du zur Hand den Becher,
Lenkend nach dem Feld den Schritt,
Denn der Vogel holder Töne
Brachte schöne Klänge mit.
Hochwillkommen ist die Rose,
Hochwillkommen der Nĕsrīn;
Freude spendend kam das Veilchen,
Wonne brachte der Jasmin.
Klage, Herz, nicht gleich der Knospe,
Dass kein Ausweg sei für dich;
Hauche, die die Knoten lösen,
Brachte ja der Ost mit sich.
Meine Herzensschwäche heilet
Nur des Schenken Schmeichelei;
Auf! Es ist der Arzt gekommen
Und er brachte Arzenei.
Bin des alten Wirthes Jünger;
Zürne, Scheich, mir nicht zu sehr:
Denn, was du mir nur versprochen,
Brachte in Erfüllung er.

Jenes Kriegertürken Habsucht
Schmeichelt meinem süssen Wahn,
Denn auf mich halbnackten Armen
Bracht' er einen Angriff an.
Dem *Hafis* als Knecht zu dienen
Ist der Himmel gern bereit,
Denn, zu *deiner* Pforte flüchtend,
Bracht' er sich in Sicherheit.

27.

Nichts von deiner Lage schriebst du,
Während mancher Tag schon schwand;
Wär' ein Trauter hier, ich hätte
Manche Nachricht schon gesandt.
Nein, an meinem hohen Ziele
Lange nimmermehr ich an,
Tritt nicht deine Huld entgegen
Manchen Schritt mir auf der Bahn.
Kam das Weinfass in die Krüge
Und erschloss die Rose sich,
Dann geniess' der Lust und labe
An so manchem Glase dich!
Kandel ist, vermengt mit Rosen,
Für mein Herz nicht Arzenei:
Menge lieber manche Küsse
Manchem zarten Vorwurf bei!
Eile, Frömmler, dich zu retten
Aus der Zechgesellen Kreis:
Denn der Umgang mancher Bösen
Gibt dich der Verwüstung Preis.
Von des Weines Schande sprachst du,
Sprich nun auch von seinem Ruhm
Und verbanne nicht die Weisheit,
Bät' auch mancher Nied're d'rum.
O Ihr Bettler an der Schenke!
Gott ja habt zum Freunde Ihr:
Darum sollt Ihr nicht auf *Gnade*

Hoffen bei so manchem *Thier*.
Wie so schön der Greis der Schenke
Zu dem Hefetrinker spricht:
»Sprich von dem *verbrannten* Herzen
Mit so manchen *Rohen* nicht!«
Lust nach deiner Sonnenwange
Hat *Hafisen* ganz verbrannt;
Blick', o Glücklicher, auf Manchen,
Der nur Unglück hat gekannt!

28.

Des Kummers werth nicht Einen Augenblick
Ist Alles was die Welt enthält an Glück.
Verkaufe du mein Mönchsgewand für Wein,
Denn Besseres kann nimmer werth es sein.
Gefesselt an des Freundes Heimathland
Fühlt sich der Mensch wie an ein Kettenband;
Was könnt' mir sonst an *Fars* gelegen sein,
Das ganz und gar nicht werth ist solcher Pein.
Bei keinem Weinverkäufer nähme man
Nur für ein einz'ges Glas den Teppich an.
Ein schöner Tugendteppich in der That,
Der nicht den Werth nur *Eines* Bechers hat!
Der Nebenbuhler warf mir Manches vor
Und sprach: »Entferne dich von diesem Thor!«
Was traf mein Haupt denn für ein harter Schlag,
Dass es des Thürstaub's nimmer werth sein mag?
Wasch' diese Kutte der Engherzigkeit,
Denn auf dem Markte der *Einförmigkeit*
Sind Lappen – mögen noch so *bunt* sie sein –
Doch nimmer werth das was der *rothe* Wein.
Die Seefahrt schien gar leicht im Anbeginn,
Als noch die Hoffnung lockte auf Gewinn;
Doch nein, für den, der solchen Sturm erfährt,
Sind hundert Perlen zu gering an Werth.
Die Herrscherkrone, furchtbar anzuschau'n
Und vollgefüllt mit Seelenangst und Grau'n,

Ist eine Mütze zwar, die Lust gebiert,
Doch nimmer werth, dass man das Haupt verliert.
Am Besten ist's, du zeigst dein Angesicht
Den Männern, die nach dir sich sehnen, nicht:
Der Welterob'rung Lust ist nimmermehr
Der Sorge werth für so ein grosses Heer.
Streb', wie *Hafis*, nach der Genügsamkeit,
Nicht achtend was die nied're Welt verleiht:
Ein Körnchen *Huld* von Niedrigen beschert
Ist nicht zweihundert *Metzen* Goldes werth.

29.

Mein Herz schlägt nur der Liebe Bahn
Zu mondgesicht'gen Schönen ein;
In jeder Hinsicht rath' ich ihm,
Doch will es nicht berathen sein.
Du Mahner, sag' mir Gott zu Lieb'
Ein Wörtchen von des Schenken Flaum!
Ein schön'res Bild als dieses hat
In meiner Phantasie nicht Raum.
Die Flasche schlepp' ich heimlich fort,
Die für ein Buch ein Jeder hält;
Ein Wunder ist's, wenn auf das Buch
Das Feuer dieses Trug's nicht fällt.
Dies lappenreiche Mönchsgewand
Verbrenne ich an jenem Tag,
An dem's um einen Becher Wein's
Der alte Wirth nicht nehmen mag.
Der Mann, der Zechern Rath ertheilt,
Und das bekämpft was Gott befahl,
Der hat – ich seh's – ein enges Herz,
Und Platz darin hat kein Pocal.
Die *Reinen* haben ihre *Lust*
Nur desshalb am Rubinenwein,
Weil sich ja nur der *Wahrheit* Bild
Eingräbt in diesen Edelstein.
Stets unter Thränen lache ich,

Denn, wie in diesem Kreis das Licht,
Ist meine Zunge feurig zwar,
Doch weiter greifen kann sie nicht.
Ein Haupt, ein Aug' so wunderschön
Sollt' meinem Aug' unnahbar sein?
Geh'; diese Predigt ohne Sinn
Geht wahrlich nicht in's Haupt mir ein.
Es handelt sich um meine Noth
Und um des Lieblings Hochmuth nur:
Was nützt die Zauberei, o Herz,
Lässt sie im Holden keine Spur?
O wie so schlau fingst du mein Herz!
Dein trunk'nes Aug', ich lob' es mir:
Denn wilde Vögel fängt fürwahr
Auf bess're Art kein Jäger hier.
Erbarm' dich, Reicher, Gott zu Lieb'!
Denn deines Gaues armer Mann
Kennt keines ander'n Hauses Thor
Und wandelt keine and're Bahn.
Es kamen mir vom alten Wirth
Gar tapf're Wunder zu Gesicht:
Der Religion der Gleissnerei
Ergibt er um ein Glas sich nicht.
Gleich Alexandern, nehm' ich kühn
Einst diesen Spiegel in die Hand,
Erfassen möge oder nicht
Mich dieser helle Feuerbrand.
Ich wund're mich, wie der Monarch,
Bei diesem Lied, so zart als süss,
Hafisen ganz vom Haupt zum Fuss
In Gold zu fassen unterliess.

30.

Es hat mein Götze rings um Rosen
Ein hyacinth'nes Schattenzelt;
Sein Wangenlenz hat Blutbefehle
Für Ergawane ausgestellt;

Sein Flaum deckt, wie mit zarten *Stäubchen*
Der Wangen *Sonne*; d'rum, o Herr,
Verleihe ihm ein ew'ges Leben,
Besitzt doch ew'ge Schönheit er.
Wie kann man Seinem Aug' entrinnen?
Wohin mein Blick auch immer fällt.
Seh' ich wie er, *versteckt* im Winkel,
Die Pfeile auf dem *Bogen* hält.
O Vogt, verschaff' mir Gott zu Liebe
Von ihm das Recht das mir gebührt:
Denn Wein genoss Er mit den Ander'n,
Indess bei mir Er Kopfweh spürt.
Ich sprach, als ich verliebt geworden:
»Bald ist des Wunsches *Perle* mein.«
Ich wusste nicht, dass gar so blutig
Die Wellen dieses *Meeres* sei'n.
Befrei' mich von der Furcht der Trennung,
Wenn je die Hoffnung du genährt,
Dass gegen Bösgesinnter Blicke
Gott seinen Beistand dir gewährt.
Entziehe deines holden Wuchses
Zipresse meinem *Auge* nicht;
Verpflanze sie an diese *Quelle*,
Der es an Wasser nie gebricht.
Wenn du mich binden willst, so hasche
Nur schnell um Gotteswillen mich!
Weilt die Gefahr doch beim Verzuge,
Und selbst der Treiber schadet sich.
Wenn dir die Rose lacht, o Sprosser,
So fliehe ihrer Netze List!
Denn nicht zu trauen ist der Rose,
Und wenn sie noch so reizend ist.
Giess Hefe auf den Staub und schaue
Was sie den Mächtigen beschied!
Gar Manches hat sie zu berichten
Von Këichösrëw und von Dschëmschīd.
Macht er das Haarnetz, zart es schüttelnd,
Vom Staub verliebter Herzen rein,

Spricht er zum Ostwind, dem Verräther:
»Bewahre mein Geheimniss fein!«
Was fiel denn vor auf dieser Strasse,
Dass jeder Fürst im Sinnesland,
So wie ich seh', den Scheitel legte
Auf dieses Thrones Schwellenrand?
Entschuldig' ich mein Loos, da Jener,
Der wild in Aufruhr bringt die Stadt,
Durch Bitterkeit *Hafisen* tödtet
Und Zucker doch im Munde hat?

31.

Ein Herz, das Tiefverborg'nes zeigt
Und Herr von Dschem's Pocale ist,
Grämt nimmer sich um einen Ring,
Den es verliert für kurze Frist.
Dem Flaum und Maal der *Bettler* gib
Des Herzens reichen *Schatz* nicht Preis:
Gib einem *Königgleichen* ihn,
Der seinen Werth zu schätzen weiss.
Nicht jeder Baum mag widersteh'n,
Wenn rauh der Herbst ihn überfällt;
Doch lob' ich die Zipresse mir,
Die auf so festem Fuss sich hält.
Mein Herz, auf seine Freiheit stolz,
Hat, ahnend deiner Locken Duft,
Nun hundert Dinge abzuthun
Mit der geschäft'gen Morgenluft.
Die Zeit ist da, in der berauscht
Narzissen gleich und lusterregt
Wer nur sechs Drachmen noch besitzt,
Dem Becher sie zu Füssen legt.
Wer gibt mir was mein Herz begehrt?
Hab' ich doch keinen Herzensfreund,
Der mit des Blickes Zärtlichkeit
Die Gaben edler Huld vereint!
Gleich *Rosen*, halte jetzt dein Gold

Nicht karg zurück und kaufe Wein:
Es würde sonst der Allverstand
Dich hundertfacher Schande zeih'n.
Von dem Geheimniss jener Welt
Hat Niemand Kunde; schweige d'rum:
Denn welchen Eingeweihten führt
Ein Weg in dieses Heiligthum?
Zeigt von *Hafisens* Mönchsgewand
Sich irgend eines Nutzens Spur?
Wir sehnen nach dem Ew'gen uns,
Er aber sich nach Götzen nur.

32.

Wer zarte Rücksicht wahrt für die Getreuen,
Den wahret Gott: kein Unglück darf er scheuen.
Willst du, dass der Geliebte treu verfahre,
So wahr' den Faden, dass auch er ihn wahre.
Dem Freunde nur geb' ich vom Freunde Kunde:
Bekanntes wahrt man aus bekanntem Munde.
Er sprach, als ich ihn bat mein Herz zu wahren:
»Was kann ein Knecht? *Gott* wahre vor Gefahren!«
Haupt, Gold und Herz will ich dem Theuren geben,
Der Lieb' und Treue wird zu wahren streben.
Erblick'st du, Ost, mein Herz in jenem Haare,
So sag' ihm hold, dass es das Plätzchen wahre.
Herz! Lebe so, dass, wenn dein *Fuss* geglitten,
Dich Engel wahren mit der *Hand* der Bitten.
O tapf're Krieger! Wahrt des Herrn Befehle,
Der stets Euch wahrt, gleich seiner theuren Seele.
Wo ist dein Wegstaub? Sollt's *Hafis* erfahren,
Will zu des Ost's Erinn'rung er ihn wahren.

33.

Nicht genügt, um schön zu heissen,
Lockenschmuck und feine Lende:
Diene Jenem nur als Sklave,
Der damit auch Huld verbände.
Wahr ist's, dass der Huris Kosen
Und der Peris lieblich scheine:
Aber Schönheit hat und Anmuth
Doch nur Jener, den ich meine.
Rose, die du freundlich lächelst,
Komm an meines Auges Quelle,
Das, in Hoffnung dich zu schauen,
Überfliesst von mancher Welle.
Deine krumme Braue windet,
Kunstgewandt im Pfeilentsenden,
Jedem, der den Bogen führet,
Sieggewohnt ihn aus den Händen.
Sieh, mein Wort wirkt auf die Herzen,
Seit du hold es angenommen:
Ja, es kann das Wort der Liebe
Nie um seine Wirkung kommen.
Auf der Liebe Bahn wird Keiner
Eingeweiht in sich'res Wissen:
Nach der Einsicht Maass wird Jeder
Einem Wahn gehorchen müssen.
Prahle nicht mit Wunderthaten,
Weilt bei dir ein Trinkgeselle:
Ihre Zeit hat jede Rede,
Jeder Spruch hat seine Stelle.
Nimmer singt ein kluger Vogel
Auf der Wiese frohe Lieder:
Denn dem holden Lenze folget
Auf dem Fuss die Herbstzeit wieder.
Kann ein Sterblicher hienieden
Dir der Schönheit Ball entwenden?
Selbst dem Sonnenreiter fiele
Hier der Zügel aus den Händen.

Lass den Gegner nicht mit Räthseln
Dem *Hafis* zu Leibe rücken:
Auch *mein* Rohr hat eine Zunge
Und versteht sich auszudrücken.

34.

Des Herzens Blut fliesst aus dem Auge
Beständig mir auf das Gesicht;
Doch du, was aus dem Auge fliesset
Auf mein Gesicht, das siehst du nicht.
Es wohnt mir eine *Lust* verborgen
Im tiefsten Inneren der Brust;
Und wird mein Herz dem *Wind* zum Raube,
Geschieht es nur durch jene *Lust*.
Hin in den Strassenstaub des Freundes
Legt' ich mein eig'nes Angesicht;
Ging' Einer schwimmend nun darüber,
So hätte er so Unrecht nicht;
Ein Strom ist meines Auges Wasser,
Und stiesse ihm wer immer auf,
– Und hätt' er selbst ein Herz von Kiesel –
Er riss' es fort in seinem Lauf.
Mit meines Auges Wasser leb' ich
Bei Tag und Nacht in Streit und Zwist,
Weil es an Seinem theuren Gaue
Vorbei zu fliessen sich vermisst.
Es reisst des Ostens helle Sonne
Sich das Gewand entzwei aus Neid,
So oft mein *Mond*, der *Liebe* nähret,
Sich naht im aufgeschlitzten Kleid.
Hafis tritt in den Gau der Schenke
Mit einem Herzen, treubewährt,
Wie *Ssofis*, die in Zellen wohnen,
Wenn aus *Ssăfā* sie heimgekehrt.

35.

Leg' ich die Hand Ihm an das *Haar*,
Geräth Er gleich in *Brand*;
Begehr' ich, dass Er freundlich sei,
Ist Er zu schmäh'n im Stand.
Dem Neumond ähnlich, tritt Er hin
Auf des Beschauers Bahn:
Die Brauenwinkel zeigt Er nur
Und ach, verhüllt sich dann.
Nachts, wenn wir trinken, macht Er mich
Durch's Wachen wüst; allein
Trag' ich Ihm Nachts ein Mährchen vor,
So schläft Er ruhig ein.
Voll Wirren und voll Truges ist,
O Herz, der Liebe Pfad:
Zu Boden fällt, wer diese Bahn
Mit zu viel Hast betrat.
Beginnt in eines Bläschens Haupt
Des Hochmuth's Wind zu weh'n,
Wird seine Herrschermütze bald
In Weinlust untergeh'n.
Herz, alterst du, dann prahle nicht
Mit Liebenswürdigkeit:
Denn diese Art zu handeln passt
Nur für die Jugendzeit.
Des schwarzen Haares schwarzes Buch,
Schliesst es sich unverhofft,
Vertreibt das Weisse nimmer man,
Versucht man's noch so oft.
Dem Betteln an des Liebling's Thor
Entsage um kein Reich:
Man tritt vom Schatten dieses Thor's
In's Licht der Sonne gleich.
Des Treubruch's schuldig hieltst du mich,
Doch ich besorge sehr,
Der Vorwurf trifft am jüngsten Tag
Gerade *dich* gar schwer.

Ein Hemmniss auf dem Liebespfad
Bist du, *Hafis*; d'rum: Auf!
Beglückt wer ohne Hemmniss stets
Folgt dieses Pfades Lauf!

36.

Rechtgläubige! Ich hatte
Dereinst ein treues Herz
Und ihm allein vertraute
Ich jeden herben Schmerz:
Ein Herz war's voll Erbarmen
Und ein erfahr'ner Freund,
Der Keinem, der da fühlte,
Je seinen Schutz verneint.
In jedem Unglück war es
Für mich verwirrten Mann
Ein kundiger Gefährte,
Ein tüchtiger Gespann;
Und riss in einen Wirbel
Das Auge mich hinab,
War's nur *sein* Rath, der Hoffnung
Mir auf das Ufer gab.
Im Gau des Seelenfreundes
Hab' ich's zuerst vermisst:
O Herr, wie so gefährlich
Doch dieser Wohnort ist!
Indem ich es verfolgte,
Verstreut' ich Perlen; doch
Mit ihm mich zu vereinen
Gelang mir nimmer noch.
Verdienste haben immer
Den Mangel im Geleit:
Doch arm, wie ich, war nimmer
Ein Bettler weit und breit;
Und dieser trunk'ne Wirre
Fleht Euer Mitleid an;
Er war ja einst ein weiser

Und ein vollkomm'ner Mann.
Seit ich, belehrt durch Liebe,
Das Wort zu führen weiss,
Ward, was ich sprach, zur Würze
In jedem trauten Kreis.
Bring' von *Hafisens* Weisheit
Kein weit'res Wörtchen vor:
Er war – ich sah es selber –
Nichts als ein arger Thor.

37.

Nimmt mein Freund den Becher in die Hände,
Sinkt der Werth der Götzen gar behende;
Wie ein Fisch fiel ich in's Meer und bange,
Dass der Freund mich an dem Hamen fange;
Wer da sah, wie wild sein Auge schweife,
Sprach zum Vogt: »Den Trunkenbold ergreife!«
Weinend *fiel* an seinem *Fuss* ich nieder:
Er *erhebt* wohl mit der *Hand* mich wieder.
Glücklich ist wer, wie *Hafis* der Zecher,
Greifet nach des ew'gen Weines Becher!

38.

Was Wunder, wenn die *Lust*, die im Begehren
Ein *Blitzstrahl* ist, die *Garbe* muss verbrennen?
Kein Freudenblatt grünt auf des Lebens Zweige
Dem Vogel, der nur Kummer lernte kennen.
Dort in der Werkstatt, wo die Liebe schaffet,
Ist auch das Ketzerthum nicht zu entbehren:
Denn wäre hier kein Būlĕhĕb zu finden,
Wen hätte dann die Flamme zu verzehren?
Bei Jenen, die der Seele Gut verkaufen,
Ward Wissenschaft und Anstand nicht zur Sitte:
Hier kann der Adel keinen Spielraum finden,
Und dort berechnet man nicht erst die Schritte.
In einem Kreise, wo der Ball der *Sonne*

Nicht höher wird als ein *Atom* geachtet,
Läuft es der Pflicht der Schicklichkeit zuwider,
Wenn man sich thöricht selbst als gross betrachtet.
Geniesse Wein! Denn wenn das ew'ge Leben
Zu finden wäre irgendwo hienieden,
So wär' die Möglichkeit es zu gewähren
Nur einem Weine aus Bīhīscht beschieden.
Hafis, dich Armen lohnt erst dann die Liebe,
Wenn einst ein Morgen ohne Abend bliebe.

39.

Giesst auf *diese* Art der Schenke
Hellen Wein in den Pocal,
Macht er zu beständ'gen Trinkern
Die Gelehrten allzumal;
Legt er so das Korn des Maales
Unter seiner Locken Ring,
Schaut er manchen Weisheitsvogel,
Der in diesem Netz sich fing.
O des glücklichen Berauschten,
Der nicht weiss beim Weingenuss,
Ob er Mütze oder Schädel
Schleudert an des Zechfreund's Fuss!
Rohe Gier nur kennt der Frömmler;
Alles läugnet er; allein
Gar gekocht wird bald er werden,
Blickt er auf den *rohen* Wein.
Strebe du bei Tag nach Tugend,
Weil bei Tag des Weines Trank
Mit des Dunkels Rost beleget
Herzen wie ein Spiegel blank.
Der *Moment* um Wein zu trinken,
Der da glänzt in *Morgen*pracht,
Ist, wenn ihren *Abend*schleier
Wirft um's Himmelszelt die *Nacht*.
Sei auf deiner Hut und trinke
Nimmer mit dem Stadtvogt Wein:

Denn er trinkt den Wein und schleudert
Auf das Glas dir einen Stein.
Aus der *Sonnen*mütze hebe
Du das Haupt empor, *Hafis*,
Wenn das Glück auf jenen *Voll*mond
Deine Loose fallen liess.

40.

Freue dich, o Herz, denn wieder
Kehrt' der *Ostwind* auf die Auen,
Und Hŭdhŭd bracht' frohe Kunde
Wieder heim aus *Saba*'s Gauen.
Singe wieder, Morgenvogel,
So wie David fromme Lieder!
Denn ein Salomon – die Rose –
Kehrte aus den Lüften wieder.
Süssen Weinduft hat die Tulpe
In dem Morgenhauch gefunden:
Wieder kehrt' sie, denn sie hoffet
Heilung für des Herzens Wunden.
Der der Lilie Sprache kennet,
Wo verweilt er, der Gelehrte?
Frage ihn, aus welchem Grunde
Sie entfloh und wiederkehrte?
Jener Karawane folgte
Meines Auges stete Thräne,
Bis zum Herzensohre wieder
Kehrten frohe Glockentöne.
Menschlichkeit lag im Geschicke,
Das mir Gottes Huld bescherte,
Da der marmorherz'ge Götze
Gott zu Liebe wiederkehrte.
Zwar es brach *Hafis* die Treue.
Pochend an der Unbild Pforten:
Doch der Gute kehrte wieder
An mein Thor mit Friedensworten.

41.

Schön ist eine Rose nimmer
Ohne Freundeswangen;
Schön ist nimmer auch der Frühling,
Wenn nicht Becher klangen;
Schön ist keine grüne Wiese,
Keine Luft in Hainen,
Wenn nicht Liebchen dort mit Wangen,
Tulpen gleich, erscheinen;
Schön sind rosengleiche Leiber,
Lippen, zuckersüsse,
Doch nur wenn sie das Umarmen
Dulden und die Küsse;
Schön sind tanzende Zipressen,
Und verzückte Rosen,
Doch nur wenn auf ihnen Sprosser
Tausendstimmig kosen;
Schön ist nimmer ein Gemälde
Vom Verstand gemalet,
Nur das Bild des Seelenfreundes
Ist's, was herrlich strahlet;
Schön zwar ist die Flur, die Rose
Und der Saft der Reben:
Aber schön sind sie wohl nimmer,
Weilt kein Freund daneben.
Da, *Hafis*, der Seele Münze
Keinen Werth errungen,
Ist's nicht schön sie zu benützen,
Gilt es Huldigungen.

42.

Des verreisten Freund's erwähnte
Gestern Nachts des Windes Weh'n;
Ich auch weih' mein Herz dem *Winde*:
Mag was immer nun *gescheh'n*!
Schon so weit ist es gekommen,

Dass mit mir gefühlvoll klagt
Jeder helle Blitz am Abend,
Jeder Wind, wenn's wieder tagt.
In den Ringen deiner Locken
Sprach mein Herz, das blöde, nie:
»Mögest du doch nie vergessen,
Deine Heimath seien sie!«
Was der Rath der Theuren gelte,
Sah ich heute deutlich ein.
Lass, o Herr, die Seele dessen,
Der mir rieth, befriedigt sein!
Blut'gen Herzens dacht' ich deiner,
Band der Wind auf grünem Moos
Sanft die Schleifen vom Gewande
Einer Rosenknospe los.
Deine schiefe Königsmütze
Kam mir immer in den Sinn,
Trug der Wind den Schmutz der Kronen
Auf Narzissenhäupter hin.
Als bereits mein schwacher Körper
Meiner Hand entglitten war,
Gab der Wind mir neues Leben
Morgens durch dein duftend Haar.
O *Hafis*! Was du gewünschet
Bringt dein Edelmuth dir ein:
Mögen sich dem edlen Menschen
Fürder alle Seelen weih'n!

43.

Fürst! Im Häkchen deines Schlägels
Weile stets der Himmelsball
Und der Spielplatz deiner Thaten
Sei das weite Weltenall!
Es erfüllte alle Länder
Und eroberte die Welt
Deiner Milde Ruf, der immer
Dir zum Wächter sei bestellt!

Zärtlich schlingt die Siegesgattin
Dir die Locke um's Panier:
Der Erob'rung Auge blicke
Ewig liebentbrannt nach dir!
Du, den 'Uthărīd als mächtig
In erhabenen Worten preist!
Dem Bewahrer deines Siegels
Fröhne selbst der Weltengeist!
Der Zipresse deines Wuchses
Zürnt der hohe Thubabaum:
Selbst das Paradies beneide
Deines Schlosses weiten Raum!
Nicht nur lebende Geschöpfe,
Nicht Gewächs nur und Gestein,
Alles was die Erde fasset
Soll dir unterthänig sein!
Und dich pries mit treuem Sinne
Der verwundete *Hafis*;
Deine Huld, so allumfassend,
Heile *den* nun der dich pries!

44.

Schenke! Von Zipressen, Rosen
Und von Tulpen plaudert man:
Dreimal ausgeleerte Becher
Schliessen sich der Rede an!
Trinke, denn die Braut der Wiese
Steht am Schönheitsziele nun
Und die Kunst der Kräuslerinnen
Hat für heute nichts zu thun;
Wie doch jeder *Inder*-Psittich
Gar so gern den Zucker pickt,
Der erzeugt aus *Perser*-Kandel
Nach Bengalen wird verschickt!
Sieh das Lied, es überschreitet
Zeit und Raum, eh' du's gedacht:
Einen Weg von einem Jahre

Macht dies Kindlein Einer Nacht.
Sieh den Zauber jenes *Auges*,
Das selbst Fromme täuschen muss!
Denn der *Schwarzkunst* Karawane
Folgt ihm immer auf dem Fuss.
Er stolziert durchnässt vom Schweisse,
Und Jasmine auf der Au
Schämen sich vor Seiner Wange,
Und ihr Schweiss erscheint als Thau.
Lass die Welt dich nicht verlocken!
Dieses alte Mütterlein
Setzt sich voll von Ränken nieder
Und erhebt sich schlau und fein.
Sei nicht wie Sāmĭr gewesen,
Der, als er das Gold geseh'n,
Thöricht sich von Moses wandte,
Um dem Kalbe nachzugeh'n.
Sanfte Frühlingswinde wehen
Aus des König's Rosenhain,
Und in den Pocal der Tulpe
Träuft des Thaues heller Wein.
Lass, *Hafis*, aus reger Sehnsucht
Nach Sŭltān Ghäjāsĕddīn
Deine Zunge nicht verstummen:
Klage nur bringt dir Gewinn.

45.

Immer nähr' ich das Verlangen
– Wenn es meiner Hand gelingt –
Hand an eine That zu legen,
Die den Gram zu Ende bringt.
Der Gesellschaftskreis der Gegner
Kann für's Herz kein Schauplatz sein:
Eh' der Diw hinausgegangen,
Kommt der Engel nicht herein.
Umgang mit dem Richtervolke
Gleicht der längsten Winternacht:

Bitte du um Licht die Sonne,
Weil sie dann vielleicht erwacht.
Wirst du an der Thür der Männer,
Denen es an Huld gebricht,
Länger noch erwartend sitzen?
Kömmt ja doch der Hausherr nicht.
Lass das Betteln ja nicht fahren!
Schätze heb'st du dann gewiss
Durch die Blicke eines Wand'rers,
Der sich deinem Blicke wies.
Seine Waare hat der Treue
Wie der Falsche ausgestellt:
Welcher ist's, der Beifall findet
Und dem Blicke wohlgefällt?
Flehe um ein langes Leben,
Sprosser, der von Liebe glüht!
Denn bald grünt der Garten wieder
Und der Rosenzweig erblüht.
Staune nicht, benimmt gar thöricht
Sich *Hafis* in diesem Haus:
Wer in's Weinhaus ist gegangen,
Kömmt besinnungslos heraus.

46.

Jedem Blicke eine Sonne
Strahle deiner Reize Licht!
Schöner noch als selbst die Schönheit
Sei dein schönes Angesicht!
Eines Falken Glanzgefieder,
Einem Huma gleicht dein Haar:
Alle Königsherzen schirme
Dieser Flügel immerdar!
Wer von deinen Locken nimmer
Freudig sich gefesselt fühlt,
Sei, wie deine eig'nen Locken,
Stets verworren und durchwühlt!
Und das Herz, das für dein Antlitz

Nicht entbrennt in Liebesgluth,
Sei getaucht für alle Zeiten
In des eig'nen Busens Blut!
Wenn, o Götze, deine Wimper
Ihren Pfeil vom Bogen schnellt,
Sei's mein wundes Herz, das freudig
Ihm den Schild entgegenhält!
Und wenn einen Kuss verschenket,
Süss wie Zucker, dein Rubin,
Sei der Gaumen meiner Seele
Voll von Zucker stets durch ihn!
Jeden Augenblick erweckest
Frische Liebe du in mir:
D'rum verleihe jede Stunde
Eine and're Schönheit dir!
Innig sehnt *Hafisens* Seele
Sich nach deinem Angesicht:
O entziehe doch die Blicke
Sehnsuchtsvollen Männern nicht!

47.

Möge deine holde Schönheit
Sich vermehren immerdar
Und die Tulpe deiner Wangen
Blühen durch das ganze Jahr!
Der Gedanke deiner Liebe,
Den mein Haupt beständig nährt,
Mehre sich mit jedem Tage,
Den das Loos mir noch beschert!
Die Gestalten aller Schönen
Auf der Erde weit und breit
Mögen deinem Wuchs sich neigen,
Stets zu dienen dir bereit!
Möge jede der Zipressen,
Die wir auf der Wiese seh'n,
Dem Ĕlīfe deines Wuchses
Als ein Nun zur Seite steh'n!

Jedes Aug', das, dich erblickend,
Der Verwirrung sich erwehrt,
Werde durch der Thränen Perlen
In ein Meer von Blut verkehrt!
Deinem Auge – um für immer
Alle Herzen anzuzieh'n –
Sei des Wissens reichste Gabe
In der Zauberkunst verlieh'n!
Jedes Herz – wo es auch schlage –
Das der Gram um dich erfasst,
Möge der Geduld entsagen
Und der Ruhe und der Rast!
Theuer wie die eig'ne Seele
Ist *Hafisen* dein Rubin:
D'rum berühre nie die Lippe
Eines nied'ren Wichtes ihn!

48.

Dein Leib bedürfe nie der Ärzte Protzigkeit;
Dein zarter Körper sei von jedem Schmerz befreit!
Auf deinem Heile fusst das Heil der ganzen Welt:
Kein Zufall lasse dich dem Leide blossgestellt!
Es ruhen *Bild* und *Sinn* auf deinem Wohl allein:
Nie soll dein *Äuss'res* welk, nie krank dein *Inn'res* sein!
Stürzt plündernd sich der Herbst auf diesen Wiesenplan,
So falle nimmermehr er die Zipresse an!
Und zeigt in vollem Glanz sich deiner Schönheit Licht,
So fehle zum Gespött die Kraft dem Bösewicht!
Wer auf dein Mondsgesicht mit scheelem Auge schaut,
Der prassle in der Gluth des Gram's wie Rautenkraut!
Hafisen's Zuckerwort sei deine Arzenei,
Dass Rosenwasser dir und Kand entbehrlich sei!

49.

Ein Jeder, der das Glas in Händen hält,
Ist so wie *Dschem* ein steter Herr der Welt.
Was *Chiser* fand, des Lebenswassers Spur,
Im Weinhaus such's, hat's doch der Becher nur.
Der Seele Fäden stelle unbedingt
Dem Glas anheim, das sie in Ordnung bringt.
Mir ist der Wein, die Tugend *Frömmlern* werth:
Für was sich wohl der holde Freund erklärt?
Befriedigung auf diesem Erdenrund,
O Schenke, gibt sonst Niemand als dein *Mund*.
Bei deinem munter'n Auge nur allein
Borgt die Narzisse ihres Rausches Schein.
Für deine *Locke* und dein *Antlitz* fleht
Mein Herz im *Abend*- und im *Früh*gebet.
Für wunde Busen hält zu jeder Zeit
Dein Mundrubin ein heilend' Salz bereit.
In deines Kinnes Brunnen zählst gewiss
Zweihundert Sclaven du *treu* wie *Hafis*.

50.

Wem immerdar vor Augen
Der *Flaum* des Freundes schwebt,
Des Blitzes höchste Zwecke
Hat *sicher* er erstrebt;
Auf seines Machtbrief's Züge
Legt' fromm den Kopf ich hin
Dem Rohre gleich: er nehme
Nun mit dem Schwerte ihn.
Zu lieben dich ist Jenem,
Der *Kerze* gleich, *erlaubt*,
Dem unter deinem Schwerte
Stets wächst ein neues Haupt.
Zum Kusse deines *Fusses*
Gelangt nur dessen *Hand*,
Der an dies Thor den Scheitel

Gelegt als Schwellenrand.
Des Neiders Pfeile hatten
Nach meiner Brust gezielt:
Doch gegen *deine* Pfeile
Fehlt jeder Brust der Schild.
Mir graut vor *trock'ner* Tugend!
D'rum bringe reinen *Wein*:
Denn mein Gehirn befeuchtet
Stets Weingeruch allein.
Mag auch kein Wein dir fommen:
Ist's nicht genug vielleicht,
Dass er den Wahn der Einsicht
Ein Weilchen dir verscheucht?
Wer nie zum Andachtsthore
Den Fuss hinausgesetzt,
Die Schenke zu besuchen
Fühlt er geneigt sich jetzt.
Hafis, gebroch'nen Herzens,
Theilt einer Tulpe Loos
Und trägt das Maal des Busens
Einst in der Erde Schooss.

51.

Er, dessen Hyacinthe
Den Zibeth füllt mit Neid,
Ist mit den Herzberaubten
Nun abermal in Streit;
An seinen Opfern eilet
Vorbei er, gleich dem Wind;
Wie sonst? Er ist das Leben
Und flieht darum geschwind.
Ist meines Freundes Lippe
Des Lebensquelles Rand,
So ist es klar, dass *Chiser*
Nur Wasserdünste fand.
Sein *Mond*, der sonnengleiche,
Vom Lockenhaar bedeckt,

Ist wirklich eine *Sonne*,
Die hinter Wolken steckt.
Aus jedem Augenwinkel
Entströmen Thränen mir,
Auf dass bewässert grüne
Stets die Zipresse dir.
Dein Schelmenblick vergiesset
Mit Unrecht zwar mein Blut;
Doch lass' ihn nur gewähren:
Denn was er sinnt ist gut.
Dein weinberauschtes Auge
Bedroht durch's Herz die Brust:
Es ist ein trunk'ner Türke
Und hat nach Braten Lust.
Nicht wag' ich Seelenkranker
Die Frage, wie's dir geht?
Dem Kranken Heil, der *Antwort*
Vom Freunde sich erfleht.
Das kranke Herz *Hafisens*
Wann blickt es freundlich an
Dein weinberauschtes Auge,
Das nur verwüsten kann?

52.

Von Ässāf erschien ein Bote
Mit der Kunde gestern Nacht,
Dass nun Salomon, der König,
Winke zum Genuss gemacht.
Mache durch des Auges *Wasser*
Meines Körpers *Staub* zu *Thon*:
Denn für's wüste Haus des Herzens
Kam die Zeit des Aufbau's schon.
Du o weinbefleckte Kutte
Hülle meine Schande ein!
Kam ein Freund doch zum Besuche
Mit dem Saume blank und rein.
Was man von des Freundes Schönheit

Nimmer Endendes erzählt,
Ist der tausend Silben Eine,
Die der Ausdruck sich erwählt.
Aller Schönen Rang und Stufe
Theilt man uns noch heute mit,
Wenn erst jener Mond des Kreises
Zu dem Ehrenplatze schritt.
Eine Leiter zu der Sonne
Ist die Krone Dschem's; und doch
Sieh wie kühn bis auf zum Throne
Die gemeine Ämse kroch.
Herz, vor Seinem Schelmenauge
Nimm den Glauben wohl in Acht!
Jener Zaub'rer mit dem Bogen
Ist auf Plünd'rung nur bedacht.
Könige sind Oceane:
Nütze die Gelegenheit
Du, der Schaden hat gelitten:
Kam doch des Gewinnes Zeit.
Du, *Hafis*, bedeckt mit Flecken;
Flehe zu des Königs Huld:
Dieses Element der Grossmuth
Reinigt ja von aller Schuld.

53.

Es hat der Ost, ein froher Bote,
Die Kunde gestern mir gebracht,
Der Tag der Leiden und des Grames
Sei bald zu Ende hier gebracht.
Ich habe die zerriss'nen Kleider
Den Frühwein-Sängern zugedacht
Zum Lohne für die frohe Kunde,
Die mir der Morgenwind gebracht.
Komm, komm, o Paradieses-Huri!
Rīswān, der dort am Thore wacht,
Hat bloss aus Liebe zu den Herzen
Herab dich auf die Welt gebracht.

Ich will mich nach Schīrās begeben,
Nun mir die Huld des Freundes lacht;
O des so schönen Weggefährten,
Den mir mein gutes Glück gebracht!
Mein Herz hat zu dem Zelt des Mondes
Gelangen manches Ach gemacht,
Als jenes Mondgesicht im Zelte
Es in Erinn'rung sich gebracht.
Versöhne mich! Denn diese Mütze,
Aus weicher Decke nur gemacht,
Hat schon so manche harte Schläge
Der Königskrone beigebracht.
Es schwang *Hafis* empor zum Himmel
Des *Sieges* Fahne und der Macht,
Als an des hohen *Königs* Throne
In Sicherheit er sich gebracht.

54.

Wer deinem Angesicht die Farbe
Der Rose gab und des Něsrīn,
Der kann auch mir, dem armen Manne,
Geduld verleih'n und festen Sinn;
Und wer das Haar die Art und Weise
Der Übergriffe hat gelehrt,
Der kann auch mir Betrübtem geben
Das, was ich nur mit Recht begehrt.
Ich schnitt die Hoffnung von Fěrhāden
An eben jenem Tage ab,
An dem des tollen Herzens Zügel
Dem Mund Schīrīn's er übergab.
Nicht schwand der Schatz mir des Genügens,
Wenn auch des Goldes Schatz mir schwand:
Wer *diesen* den Monarchen schenkte,
Gab *jenen* in der Bettler Hand.
Die Welt, nur äusserlich betrachtet,
Ist eine schöne Braut: allein
Als Mitgift setzt das eig'ne Leben,

Wer sich mit ihr verbindet, ein.
Es freut fortan des Flusses Lippe
Und der Zipresse Saum mich nur,
Besonders jetzt, wo Morgenlüfte
Den März verkünden auf der Flur.
Mit Blut füllt sich das Herz *Hafisens*
In des Geschickes Trauerhand:
Weh', rufe ich, o *Glaubensstütze*!
Nun deine Wange mir entschwand.

55.

Komm' ich hinter Ihm geschritten,
Lässt Er Ränken freien Lauf;
Setzt sich aber mein Verlangen,
Steht zu Streit und Zank Er *auf*.
Wenn ein Weilchen auf der Strasse
Ich mit *sehnsuchtsvollem* Sinn
Gleich dem *Staube* Ihn verfolge,
Flieht Er gleich dem *Wind* dahin.
Heisch' ich nur ein halbes Küsschen,
Streut Er hundertfache List
Aus der Büchse Seines Mundes,
Der von Zucker überfliesst.
Berg und Thal der Liebeswüste
Sind erfüllt mit Missgeschick:
Wo verweilt der Löwenkühne
Mit dem unerschrock'nen Blick?
Jener Trug, der deine Augen,
– Wie ich sehe – nie verlässt,
Hat mit vielem Wangenwasser
Schon den Strassenstaub durchnässt.
Frag' ich Ihn, aus welchem Grunde
Er mit Andern freundlich thut?
Treibt Er's so, dass meine Thräne
Sich vermengt mit laut'rem Blut.
Wünsche dir Geduld und Leben,
Denn des Himmels Gauklerlist

Wird dir tausend Streiche spielen,
Ärger noch als dieser ist.
Auf die Schwelle der Ergebung
Lege du dein Haupt, *Hafis*!
Streitest du mit dem Geschicke,
Streitet es mit dir gewiss.

56.

Die Seele ohne Freund der Seele
Hat Lust nicht an der Welt:
Wem dieser fehlt, von dem ist's sicher,
Dass ihm auch jene fehlt.
Bei Niemand ward von jenem Holden
Ein Zeichen ich gewahr;
Bin *ich* so blöde, oder wäre
Er aller Zeichen bar?
Auf der Station zufried'nen Lebens
Thut nimmer man Verzicht:
Halt' an, o Karawanenführer!
Der Weg hat Grenzen nicht;
Wie hundert Feuermeere glühet
Hier jeder Tropfen Thau's:
O Jammer! Dies verworr'ne Räthsel
Bringt kein Verstand heraus.
Nicht viele Freude schafft das Leben,
Wenn's uns am Freund gebricht:
Gebricht's am Freund uns, schafft das Leben
Uns viele Freude nicht.
Des Zechens Art und Weise lerne,
O Herz, vom Vogte du:
Berauscht ist er; allein ihm muthet
Kein Sterblicher es zu.
Enthülle keinem Nebenbuhler
Dein Herz; – selbst Kerzen nicht:
Weil's jenen Schelmen, den *geköpften*,
Am *Zungenband* gebricht.
Der, den als Meister du erkennest,

– Wenn du es recht besieh'st –
Besitzt zwar, was man Kunst mag nennen,
Doch keinen Vers, der fliesst.
Die Harfe mit *gekrümmtem Rücken*
Lädt zum Genuss dich ein:
Der Rath, den *Greise* dir ertheilen,
Wird dir nicht schädlich sein.
Dass einst das Schicksal durch die Winde
Den Schatz Kărūn's geholt,
Das, Freunde, sagt der Rosenknospe:
Sie birgt dann nicht ihr Gold.
Kein Mensch hat einen Knecht hienieden,
Der mit *Hafis* sich misst:
Kein Mensch hienieden einen König,
Der dir vergleichbar ist.

57.

Eine Lichtgestalt wie deine
Ward dem Monde nicht beschert
Und vor dir hat eine Rose
Keines Halmes nied'ren Werth.
Deiner Augenbrauen Winkel
Wählt' ich mir zum Seelenhaus:
Einen schöner'n Winkel suchet
Selbst ein Kaiser sich nicht aus.
Wird wohl je auf deine Wange
Wirken meines Herzens Rauch?
Wie du weisst, erträgt ein Spiegel
Nimmer eines Seufzers Hauch.
Deines *Haares* Übergriffe
Treffen wohl nicht mich allein:
Denn, wem brannte dieser *Schwarze*
Maale in die Brust nicht ein?
Jenes Auge schwarzen Herzens
– Und ein solches hast ja du –
Wirft – ich sah es – den Bekannten
Keinen Blick des Trostes zu.

Du, o Schenkenjünger, reiche
Mir ein vollgefülltes Glas,
Auf das Wohlsein eines Scheïches,
Der ein Kloster nie besass.
Trinke Blut und dulde schweigend,
Kann's doch jenes zarte Herz
Nicht ertragen, dass ein Armer
Klage in zu lautem Schmerz.
Sieh die Frechheit der Narzisse,
Die vor dir zu blühen wagt:
Ihrem aufgeriss'nen Auge
Ist die Sittsamkeit versagt.
Mit dem Blut des Herzens wasche
Sich den *Ärmel* Jedermann,
Der den Weg zu dieser *Schwelle*
Nimmermehr betreten kann.
Wenn *Hafis* dich angebetet,
Geh' mit ihm nicht in's Gericht:
Wer zum Ketzer wird aus Liebe,
O mein Götze, sündigt nicht.

58.

Schon liegt mein Buch durch viele Jahre
Verpfändet bei dem rothen Wein,
Und mein Gebet und meine Lehre
Sind's, die der Schenke Glanz verleih'n.
Betrachte nur des Wirthes Güte:
Denn, was wir Trunkene gethan,
Das sieht das Auge seiner Gnade
Für eine schöne Handlung an.
Wascht mir die Bücher meiner Weisheit,
Wascht mir sie insgesammt mit Wein!
Denn, dass der Himmel weisen Herzen
Beständig grolle, seh' ich ein.
Das Herz, gleich einem Zirkel, hatte
Nach jeder Seite sich gedreh't,
Indess es nun in jenem Kreise

Verwirrt auf festem Fusse steht.
So rührend sang der holde Sänger,
Vom Schmerz der Liebe übermannt,
Dass selbst den Weisesten der Erde
Blut klebte auf der Wimpern Rand.
Froh blühte ich, weil – wie auf Rosen,
Die eines Baches Lippe küsst –
Der schlankesten Zipresse Schatten
Auch auf *mein* Haupt gefallen ist.
»O Herz, von Götzen ford're *Anmuth*,
Wenn du ein Schönheitskenner bist!«
So sprach, wer in des Blitzes Kunde
Ein vielerfahr'ner Seher ist.
Mein *rosenfarb'ner* Greis erlaubte
Von der in *Blau* gehüllten Schaar
Nie Ungebührliches zu sprechen,
Wenn Manches auch zu sagen war;
Nein, mit gefälschter Herzensmünze
Zahlt nimmermehr *Hafis* ihn aus:
Es kennt ja die geheimen Fehler,
Wer mit uns lebt in Einem Haus.

59.

In uns'rem Kreis ward gestern *Abends*
Erzählt von deiner *Locken* Pracht;
Man sprach von deines *Haares* Kette
Bis tief hinein in's Herz der *Nacht*.
Das Herz, das blutet, weil zum Ziele
Dein Wimpern*pfeil* es sich erkor,
Sehnt sich nach deiner Brauen *Bogen*
Mit gleicher Gluth wie je zuvor.
Vergelt' es Gott dem Morgenwinde,
Der Kunde mir gebracht von dir,
Denn ein Bewohner deines Gaues
Traf nie zusammen noch mit mir.
Das Unheil, das die Liebe stiftet,
War auf der Erde unbekannt,

Bis durch den Zauber deines Blickes
Der Aufruhr in der Welt entstand.
Ich, der Verwirrte, war noch immer
Entgangen jeglicher Gefahr;
Da ward zum Netz mir auf dem Wege
Dein inderfarb'nes Lockenhaar.
O löse deines Kleides Bande!
Dann löst in Lust sich auch mein Herz:
Denn nur von deiner Seite wurde
Mir Lösung stets von jedem Schmerz.
Bei deiner Treue sei beschworen!
Geh' an das Grabmal des *Hafis*,
Der deine Züge wünscht zu schauen,
Auch wenn er schon die Welt verliess.

60.

Erinn're dich an jene Zeiten,
Wo noch dein Dorf mein Wohnort war,
Wo noch der Staub an deiner Pforte
Das Aug' mir machte hell und klar!
Wie Lilien wahr und wahr wie Rosen
– Weil reinen Umgang ich gepflegt –
Bewegte sich mir auf der Zunge,
Was sich im Herzen dir bewegt.
Wenn Sinniges das Herz vernommen
Vom alten Manne: dem Verstand,
So commentirte stets die Liebe
Das, was es allzu schwierig fand.
Beschlossen war's in meinem Herzen:
Nicht leben wollt' ich ohne Freund;
Was thu' ich nun, da mein Bemühen
Und das des Herzens fruchtlos scheint?
Als ich, der Freunde denkend, gestern
Zur Schenke ging mit frohem Muth,
Da fiel ein Weinkrug mir in's Auge,
Den Fuss in Thon, das Herz in Blut:
Ich suchte eifrigst zu erforschen

Des Trennungsschmerzes wahren Grund;
Doch hier gab des Verstandes Mufti
Nur seinen Unverstand mir kund.
Du hast ganz Recht: das Türkissiegel
Des Bul-Ishāk erglänzte hell,
Allein die Tage seines Glückes
Entschwanden leider allzu schnell.
O über diese Qual und Härte
In dieser netzumstrickten Welt!
O über jene Huld und Gnade,
Die seinem Kreise nie gefehlt!
Sah'st du, *Hafis*, das stolze Repphuhn,
Wie es mit lautem Schall gelacht
Und an des Schicksalsfalken Kralle
Der Sorgen ledig nie gedacht?

61.

So lang als Spur und Name
Vom Weinhaus lebt und Wein,
So lang wird auch mein Schädel
Des Wirthes Wegstaub sein.
Kömmst du zu meinem Grabe,
So fleh' um Gnade dort:
Denn für die Zecher alle
Wird es zum Wallfahrtsort.
Mir hängt seit ew'gen Zeiten
Des Wirthes Ring im Ohr;
Ich bin wie ich gewesen:
Es bleibt ganz wie zuvor.
Dein Aug' und mein's, o Frömmler,
Erfüllt von Selbstvertrau'n,
Durchschaut dies Räthsel nimmer,
Und wird es nie durchschau'n.
Heut trat mein trunk'ner Türke
Voll Mordlust aus dem Haus:
Aus wessen Auge fliesset
Nun wieder Blut heraus?

Der Ort, den deine Sohle
Bezeichnet, wird hinfort
Für jeglichen Verliebten
Ein wahrer Andachtsort.
Die Nacht, in der aus Sehnsucht
Mein Aug' zu Grabe geht,
Bleibt's wach, bis dass der Morgen
Des jüngsten Tag's ersteht.
Doch wenn *Hafis* beim Glücke
So wenig Hilfe fand,
Kömmt der Geliebten Locke
Gar bald in And'rer Hand.

62.

Die frohe Kunde kam, es bleibe
Nicht jeder Tag dem Gram geweiht:
Und weil es jetzt nicht so geblieben,
So bleibt's nicht so in aller Zeit;
Und bin ich in des Freundes Auge,
Dem Staube gleich, gering an Werth,
So bleibt doch auch der Nebenbuhler
Nicht immer sonderlich geehrt;
Und bringt der Pförtner mit dem Schwerte
Die Leute sammt und sonders um,
So bleibt in Zukunft kein Bewohner
In des Hārēmes Heiligthum.
Geniesse froh als einer Beute
Des *Falters* Liebe, du o *Licht*!
Denn fängt der Morgen an zu grauen,
So bleibt dir Glanz und Schimmer nicht.
Es brachte mir die frohe Kunde
Ein Engel aus der Geisterwelt:
Kein Sterblicher auf Erden bleibe
Für immer herbem Leid gesellt.
Ist nicht die Klage über Böses,
Wie Dank für Gutes fruchtlos nur?
Bleibt auf dem Blatte dieses Lebens

Von keiner Schrift doch eine Spur.
Man sang im frohen Kreis *Dschemschidens*
– So klingt darüber der Bericht –:
»Den weingefüllten Becher bringe!
Bleibt *Dschem* doch selbst hienieden nicht.«
O reicher Mann! Behandle immer
Des Bettlers Herz mit mildem Sinn,
Da keines Silbers Schatz dir bleibet
Und keines Goldes Magazin.
In den smaragd'nen Dom des Himmels
Grub man mit gold'nen Lettern ein:
»Es bleibt von allen ird'schen Dingen
Des Edlen gute That allein.«
Genuss verheissend, gab des Morgens
Die frohe Kunde mir sein Blick,
Es bleibe Niemand für beständig
Gefesselt an das Missgeschick.
Leist' auf des Seelenfreundes Liebe,
Hafis, in keinem Fall Verzicht:
Der Härte Bild, der Unbill Zeichen,
Sie bleiben ja beständig nicht.

63.

Der Eingeweihte eines Herzens
Blieb in des Freundes Heiligthum;
Doch wem des Herzens Kunde fehlte,
Blieb nur des Läugners schnöder Ruhm.
Trat je mein Herz aus seiner Hülle,
So rechn' es mir als Schimpf nicht an:
Gott sei gepriesen, dass es nimmer
Verhüllet blieb durch eitlen Wahn.
Ein Mönchskleid hatt' ich; hundert Fehler
Verbarg es sorglich jedem Blick;
Beim Wein und Sänger ward's verpfändet:
Der Gürtel aber blieb zurück.
Die Ssofis lösten ihre Kutten
Bald wieder von der Rede aus;

Das Mönchskleid nur, das ich getragen,
Blieb liegen in des Rausches Haus.
Das allerschönste Angedenken,
Das auf dem ganzen Erdenball,
Dem kreisenden, zu Theil geworden,
Blieb des verliebten Wortes Schall.
Die Kuttenträger zogen trunken
Vorbei; vorbei ist, was geschehn;
Mein Treiben nur blieb aufgezeichnet
Am Eingang jedes Marktes steh'n.
Mein Herz allein nur ausgenommen,
Das liebt von und in Ewigkeit,
Hört' ich noch nie von Jemand sprechen,
Der thätig blieb in aller Zeit.
Wenn ich Rubinenwein erhalten
Von dem Krystalle jener Hand,
Blieb er als Sehnsuchtswasser hangen
Am perlenvollen Augenrand.
So mächtig staunten China's Götzen,
Dich gar so wunderschön zu seh'n,
Dass überall davon die Kunde
Auf Wänden blieb und Thüren steh'n.
Aus Sehnsucht, deinem Aug' zu gleichen,
Erkrankte die Narzisse gar;
Sie konnte nicht so schmachtend blicken:
Drum blieb sie krank für immerdar.
Einst auf dem Schauplatz Seines Haares
Begab das Herz *Hafisens* sich:
Doch, im Begriffe heim zu kehren,
Blieb es gefesselt ewiglich.

64.

Einst warst du *mehr* als jetzt besorgt
Um der Verliebten Schaar,
Und deiner Liebe Spiel mit uns
War weltbekannt sogar.
Erinn're jener Nächte dich,

Wo mancher süsse Mund
Von stillverborg'ner Liebe sprach
Und der Verliebten Bund.
Der Mondgesichter Schönheit stahl
Mir Glauben zwar und Herz;
Allein der Huld und Tugend nur
Galt meiner Liebe Schmerz.
Des Lieblings Schatten fiel mit Recht
Auf den Geliebten hier;
Denn ich bedurfte sein, und er,
Er sehnte sich nach mir.
Noch eh' dies grüne Dach sich hob,
– Ein Bogen von Azur –
Blickt' auf die Bogenbrauen ich
Des Seelenfreundes nur.
Vom allerersten Morgenroth
Bis zu der letzten Nacht
Nahm meine Lieb' und Freundschaft stets
Bund und Vertrag in Acht.
Vergib, wenn in der heil'gen Nacht
Vom Morgenwein ich trank:
Denn trunken kam der Freund, auch stand
Ein Becher in dem Schrank.
Riss mir der Rosenkranz entzwei,
O so entschuld'ge mich!
Des silberfüss'gen Schenken Arm
Hielt ja in Händen ich.
Ein Bettler lehrt' am Königsthor
Ein Sprüchlein mich gar fein:
»An jedem Tisch, an dem ich sass,
Ernährt' mich Gott allein.«
Hafisens Lied zu Adam's Zeit
In Chuld's Gefilden hat
Das Rosen- und Jasminenbuch
Geschmückt als Titelblatt.

65.

Fiel in des Glases reinen Spiegel
Dein zarter Wangenwiderschein,
Verfiel in *rohe* Gier der Weise,
Weil freundlich ihm gelacht der *Wein*.
Dein schönes Angesicht erglänzte
Im Spiegel nur ein einz'ges Mal,
Und im Gedankenspiegel zeigten
Sich bunte Bilder ohne Zahl.
Wie sollte nicht, gleich einem Zirkel,
Sich rastlos drehen ohne Ziel,
Wer in die Kreise der Bewegung
Verhängnissvoller Tage fiel?
Vorbei ist's, Meister; in der Zelle
Erblickt dein Aug' mich nimmer nun:
Ich habe nur mit Schenkenwangen
Und Becherlippen noch zu thun.
Selbst unter'm Schwerte Seines Grames
Muss tanzend man zum Tode geh'n:
Denn, wer durch Seine Hand gefallen,
Hat sich ein schönes End' erseh'n.
Ging ich vom Bethaus in die Schenke,
Ist's nicht aus eig'ner Wahl gescheh'n:
Ich ward ja im Beginn der Zeiten
Zu solchem Zweck schon auserseh'n.
Die Eifersucht schnitt allen Edlen
Die Zungen ab; wie also kam
Bis in den Mund gemeiner Leute
Mein so geheimer Liebesgram?
Mir Herzverbranntem hat beständig
Er eine neue Huld gewährt;
O blicke doch auf diesen Bettler:
Wie sehr war er der Gnaden werth!
Zur Rettung aus des Kinnes Brunnen
Hielt an dein Haar mein Herz sich an:
Ach, aus dem Bronn ist es gekommen,
Jedoch in Netze fiel es dann!

Die Ssofis insgesammt sind Zecher
Und treiben freches Augenspiel:
Drum auch *Hafis*, der Herzverbrannte,
Durch sie in bösen Ruf verfiel.

66.

Nicht immer ist der Ssofis Münze
Von allem Beisatz rein;
O wie verdient so manche Kutte
Des Feuers Raub zu sein!
Mein Ssofi, den die Morgenandacht
Berauschte, gleich dem Wein,
Wird, siehst du ihn zur Abendstunde,
Gar heiss im Kopfe sein.
Gut wär' es, träfe allenthalben
Man einen Prüfstein an,
Dass schwarz das Antlitz dessen würde,
Der eine Lüg' ersann.
Den zartgepflegten Weichling führet
Zum Freunde nicht sein Schritt:
Der Zecher nur versteht zu lieben,
Der viel erfuhr und litt.
Du trankst den Gram der nied'ren Erde,
O trinke lieber Wein!
Wie Schade, wenn das Herz des Weisen
Ein trübes sollte sein!
Malt so ein Bild der Flaum des Schenken
Hin auf des Wassers Fluth,
O dann bemalen viele Wangen
Mit Wasser sich und Blut.
Bei'm Wirthe lässt *Hafis* den Teppich
So wie das Mönchsgewand,
Reicht jener mondesgleiche Schenke
Ihm Wein mit eig'ner Hand.

67.

Schon entfloh mein Geist, und nimmer
Gibst du noch was ich begehrt;
Weh', dass meines Glückes Schlummer
Ohne Unterbrechung währt!
In das Aug' ward mir vom Oste
Erde Seines Gau's geschnellt,
Wesshalb selbst das Leben*swasser*
Keinen Blick von mir erhält.
Bis ich deinen Leib, den schlanken,
Nicht gedrückt an meine Brust,
Trägt das Bäumchen meiner Wünsche
Nimmermehr die Frucht der Lust.
Zum beständ'gen Aufenthalte
Wählt' mein Herz dein reiches Haar:
Nachricht von dem armen Fremdling
Fehlet aber ganz und gar.
Nur das Antlitz meines Freundes,
Das den Herzen Schmuck verleiht,
Doch durchaus kein and'res Mittel
Fördert die Zufriedenheit.
Von der Treue Bogen schnellte
Tausend Segenspfeile ich;
Doch, was frommt es mir? Nicht Einer
Freuet einer Wirkung sich.
Sich, *Hafis*, des Haupt's entäussern
Ist der Treue kleinste Pflicht:
Drum entferne dich von hinnen,
Bist du dies im Stande nicht.

68.

Um mein Herz bin ich *gekommen*,
Aber Nichts *kömmt* zum Gedeih'n;
Ausser mich bin ich gerathen,
Doch der Freund kömmt nicht *herein*!
So voll Täuschung kam mein Leben

An sein Ende schon; und doch
Nimmt das Unglück seines langen
Lockenhaar's kein Ende noch!
Hat mein Herz dem Morgenwinde
Doch so Vieles zu vertrau'n:
Doch zu meinem Unglück folget
Dieser Nacht kein Morgengrau'n.
Meine Morgenseufzer haben
Nimmer sonst ihr Ziel verfehlt;
Doch wie kömmt's, dass jetzt nicht Einer.
Seine Wirkung mehr behält?
Meinem Freunde gab zum Opfer
Weder Leben ich noch Gut:
Weh', dass meine schwache Liebe
Selbst so Weniges nicht thut!
Weil *Hafisens* Herz nur Ekel
Vor den Menschen fühlt und Graus,
Kömmt aus Seinem Lockenringe
Es nun nimmermehr heraus.

69.

Wohl dem Herzen, das den Blicken
Nachzufolgen stets vermied
Und nicht jeder Pforte nahet,
Wenn man es nicht hin beschied!
Auf des Theuren süsse Lippe
Thät' ich besser wohl Verzicht:
Doch wie folgte eine Fliege
Ausgestreutem Zucker nicht?
Du, der nur den reinsten Sitten
Einer höh'ren Welt entspross!
Nein, von der gelobten Treue
Sagt sich dein Gemüth nicht los.
Wasche meines gramerfüllten
Auges *Schwarz* mit Thränen nicht,
Denn das Abbild deines *Maales*
Weicht mir nicht aus dem Gesicht.

Keinen Schwärzern als mich selber
Kann im Sündenbuch ich seh'n:
Muss mir nicht der Rauch des Herzens,
Wie dem Rohr, zu Kopfe geh'n?
Schweife, Herz, nicht aller Orten
Ohne Zweck und Ziel umher;
Durch ein solches Treiben förderst
Dein Geschäft du nimmermehr.
Locke mit des *Hudhud* Krone
Mich vom rechten Pfade nicht,
Denn mein stolzer, weisser Falke
Thut auf schlechte Jagd Verzicht.
Halte mir, dem Ostwind ähnlich,
Deinen Wohlduft nicht zurück!
Ohne deines Haares Spitze
Kömmt zur Spitze nicht mein Glück.
Decke mit der Nachsicht Saume
Mich, den schmählich trunk'nen Mann:
Denn die Ehre des Gesetzes
Ficht so Weniges nicht an.
Ich, der *Bettler,* will ein Liebchen
Gleich Zipressen auf der Flur,
Und die Hand an dessen Gürtel
Greife *Gold und Silber* nur.
Bringe Wein und gib *Hafisen*
Vor den Ander'n den Pocal!
Doch kein Wort – dies sei bedungen –
Überschreite diesen Saal.

70.

Den Zweck des Herzens zu erreichen,
Zerschmolz umsonst die Seele mir,
Und ohne *gar* zu werden, brannt' ich
Umsonst in dieser *rohen* Gier.
Weh'! Um den Schatzbrief meiner Wünsche
Mir aufzusuchen, ging ich hin:
Der Gram um ihn hat mich verwüstet;

Umsonst, denn nimmer fand ich ihn!
O Schmerz und Jammer! Mir zu suchen
Der Ruhe Barschaft zog ich aus
Und kam gar häufig um zu *betteln*
Umsonst in mancher *Reichen* Haus.
Nachts sprach Er scherzend einst: »Ich trete
In deinen Kreis als *Herrscher* ein.«
Gern dient' ich Ihm als nied'rer Sclave:
Umsonst, es sollte nimmer sein!
Er liess mir sagen: »Bei den Zechern
Weil' ich in Zukunft immerfort.«
Beim Zechen schwand mein guter Name;
Umsonst, denn Er erschien nicht dort.
Es wälzt mit Recht des Herzens Taube
Auf ihrer Brust sich hin und her:
Sie sah das wirre Netz am Wege:
Umsonst, es fing sie nimmermehr!
Im Rausch wollt' einen Kuss ich drücken
Auf jene Lippe von Rubin;
Blut füllte da mein Herz gleich Bechern:
Umsonst, ich raubte nimmer ihn!
Betritt ja nie den Gau der Liebe,
Fehlt dir ein Führer auf der Bahn;
Ich gab allein mir hundert Mühen;
Umsonst, ich kam am Ziel nicht an!
Hafis hat tausend schlaue Ränke
In seinem Sinne ausgedacht,
Um jenen Zechfreund kirr zu machen;
Umsonst, er ward nicht kirr gemacht!

71.

Liebeslust an schwarzen Augen
Weicht mir nimmer aus dem Sinn:
So beschloss es ja der Himmel:
Anders wird's nicht künftighin.
Qual nur schafft der Nebenbuhler
Und Versöhnung schliesst er aus;

Aber steigt der Morgenseufzer
Etwa nicht zum Himmelshaus?
Schon vom Anfang aller Tage
Weihte man dem Trunke mich:
Alles, was man da beschlossen
Ganz genau erfüllt es sich.
Rother Wein, ein sich'res Plätzchen,
Und ein Schenke, der dich liebt:
Herz, was willst du Bess'res haben,
Da es doch nichts Bess'res gibt?
Vogt! Der Flöte und der Pauke
Schenke, Gott zu Liebe, mich:
Das Gesetz wird nicht gesetzlos,
Wenn mich ihr Geschwätz beschlich.
Heimlich nur kann ich Ihn lieben:
Von Umarmung und von Kuss
Thu' ich besser nicht zu sprechen:
Niemals wird mir *der* Genuss.
Auge, wasch' die Brust *Hafisens*
Von des Grames Bild nicht rein:
Schlug des Holden Schwert die Wunde,
Wird der Fleck untilgbar sein.

72.

Als deiner Schönheit helle Strahlen
Den Urbeginn der Zeit erhellt,
Entstand die Liebe, die ihr Feuer
Geschleudert auf die ganze Welt.
Der *Engel* sah dein Antlitz glänzen,
Doch frei von Liebe liess es ihn.
Da wurde sie zum Feuerquelle
Und stürzte auf den *Menschen* hin;
Entzünden wollte seine Fackel
An jenem Funken der *Verstand*:
Da nahte *Eifersucht* mit Blitzen
Und setzte eine Welt in Brand.
Der Widersacher wollte nahen

Dem Schauplatz der geheimen Lust;
Doch eine Hand stösst, ungesehen,
Zurück des Ungeweihten Brust.
Der Schicksalswürfel and'rer Menschen
Fällt immerdar nur auf Genuss;
Mein Herz nur ist's, das gramvertraute,
Dem stets auf Gram er fallen muss.
Nach deines Kinnes Brunnen sehnte
Die Seele sich aus höh'rem Land,
Und jener krausen Locken Ringe
Ergriff zur Rettung ihre Hand.
Es schloss *Hafis* an jenem Tage
Der Liebe Wonnebrief an dich,
An dem mit seinem Schreiberohre
Er jede Herzenslust durchstrich.

73.

Erinn're dich, wie sich verstohlen
Dein holder Blick mir zugewandt,
Und klar auf meinem Angesichte
Der Schriftzug deiner Liebe stand;
Erinn're dich, wie mich dein Auge
Getödtet durch des Vorwurf's Macht,
Und deine Lippe, Zucker kauend,
Das Wunder 'Îsa's dann vollbracht;
Erinn're dich des trauten Kreises,
Wo wir genossen Morgenwein:
Der Freund nur war und ich zugegen,
Und mit uns war nur Gott allein;
Erinn're dich, wie um die Mütze
Mein *Mond* gebunden sich ein Band
Und wie – ein Bote, weltdurchmessend –
Der *Neumond* ihm am Bügel stand.
Erinn're dich, wie ich die Schenke,
Als Trunk'ner mir zum Sitz erwählt
Und wie ich endlich dort gefunden,
Was heute in Moscheen fehlt;

Erinn're dich, wie laut zu lachen
Der Onix des Pocales schien,
Und wir Geschichten uns erzählten,
Ich und dein reizender Rubin;
Erinn're dich, wie deine Wange
Das *Licht* entflammte meiner Lust,
Und *ungescheut* ich es umkreiste
Als *Falter* mit verbrannter Brust;
Erinn're dich, wie beim Gelage,
Das sonst der Anstand überwacht,
Der Morgenwein es war gewesen,
Der wie ein Trunk'ner aufgelacht;
Erinn're dich, wie deine Sorge
Stets an den rechten Platz verwies
Die Schnüre ungebohrter Perlen,
Die Dichterschätze des *Hafis*.

74.

Es thun vielleicht, o Herz, sich wieder
Die Thüren aller Schenken auf;
Dann dürfte sich der Knoten lösen
Von meinem wirren Lebenslauf;
Schloss man dem Frömmler sie zu Liebe,
Der sich nur sieht im eitlen Wahn,
So fasse Muth! In Bälde werden
Sie *Gott* zu Liebe aufgethan.
Zur Herzensfreude jedes Zechers,
Der schon des Morgens Wein geniesst,
Gibt's viele Thüren, die der Schlüssel
Des eifrigen Gebet's erschliesst.
Der Rebe Tochter ist verblichen:
Setzt nun ein Beileidsschreiben auf,
Und Jeder, der da zechet, lasse
Dem Wimpernblute freien Lauf!
Beraubt die Harfe ihres Haares!
Starb doch der Wein, so rein und klar;
Drum löse auch ein jeder Schenke

Das zweigetheilte Lockenhaar!
Der Schenke Thür ward nun geschlossen;
O Gott, lass nimmer es gescheh'n,
Dass eines Hauses Thür sich öffne,
Wo Trug und Falschheit nur besteh'n!
Hafis, du wirst es morgen schauen,
Wie unter deinem Mönchsgewand
Man deinen dort verborgenen Gürtel
Dir lösen wird mit rauher Hand.

75.

Einsamkeit dünkt mir gar herrlich,
Wenn der Freund ganz als mein Freund,
Und nicht etwa, wenn ich brenne,
Als des Saales Licht erscheint.
Salomon's erhabenes Siegel
Nehm' um keinen Preis ich an;
Rührt daran ja doch zuweilen
Auch die Hand des Āhrīmān.
Lass, o Gott, den Nebenbuhler
In der Liebe heil'gem Schooss
Nicht zum Eingeweihten werden,
Und Entbehrung sein mein Loos!
Seinen edlen Schatten werfe
Nie der Huma auf ein Land,
Das dem Raben höh're Geltung
Als dem Psittich zugestand.
Nein, die Lust nach deinem Gaue
Weicht mir nimmer aus dem Sinn;
Zieht den Fremdling nach der Heimath
Das beklomm'ne Herz doch hin.
Braucht die Sehnsucht Commentare?
Ist man doch des Herzens Brand
Aus dem Feuer eines Wortes
Zu erklären leicht im Stand.
Selbst im Fall *Hafis* besässe,
Lilien gleich, der Zungen zehn,

Bleibt er doch vor dir, wie Knospen,
– Auf dem Mund ein Siegel – steh'n.

76.

Den Wein verleugnen sollte ich?
Was man für Mährchen doch erfand!
Ich hätte also, wie es scheint,
Nur so viel Einsicht und Verstand?
Ich, der ich Nachts, bei Sang und Klang,
Von Gottesfurcht mich abgewandt,
Ich zeigte mich nun öffentlich?
Was man für Mährchen doch erfand!
Die Bahn, die zu der Schenke führt,
Kannt' ich bis an ihr Ende nicht:
Zu welchem Ende führt es wohl,
Mach' ich die Tugend mir zur Pflicht?
Entschuldigt mag der Frömmler sein,
Der nicht des Zechens Bahn betrat:
Ist ja die Liebe doch ein Werk,
Das Gottes Leitung nöthig hat.
Dem greisen Wirthe dien' ich gern,
Der mich von Thorheit hat befreit;
Und was mein Greis nur immer thut,
Ist echte, laut're Heiligkeit.
Der Frömmler betet und ist stolz,
Berauscht und demuthsvoll bin ich:
Für welchen von uns Beiden nun
Entscheidet deine Gnade sich?
Mir raubte gestern Nachts den Schlaf
Dies Wort aus eines Weisen Mund:
»Gesetzt, *Hafis* berauschte sich,
So klagte man nicht ohne Grund!«

77.

Die Thräne – fürchte ich – zerreisst
Den Schleier, der den Gram mir deckt;
Dann läuft, wie Mährchen, durch die Welt
Das, was so sorgsam ich verstecke.
Die Leute sagen: »Durch Geduld
Wird zum Rubin der Kieselstein.«
Wohl wird er es, allein er wird's
Durch Blut des Herzens nur allein.
Des Nebenbuhlers Dünkel treibt
In des Erstaunens Enge mich!
O Gott, zu Würde und zu Rang
Erhebe nie der Bettler sich!
Es wohnet, o Zipresse, dir
Im Haupte ein gar stolzer Wahn:
Reicht meine gar so kurze Hand
Zu deinem Gürtel je hinan?
Aus jeder Ecke sandte ich
Der Bitten Pfeile ab; – vielleicht,
Dass unter ihnen Einer doch
Das vorgesetzte Ziel erreicht.
Dies Herrscherschloss, worinnen du
Dem Auge als ein Mond erscheinst,
Erblickt' als seiner Schwelle Staub
Gar manche edle Häupter einst.
Durch deiner Liebe Alchimie
Ward meine Wange laut'res Gold;
Ja wohl, zu Golde wird der Staub,
Bist *du* nur gnädig ihm und hold.
Gar manches Sinnige thut Noth
– Nicht etwa die schöne Form allein –
Um dem Gemüthe eines Manns,
Der Einsicht hat, genehm zu sein.
Hin in die Schenke will ich geh'n
Und flehen um Gerechtigkeit:
Denn aus des Grames rauher Hand
Werd' ich vielleicht nur dort befreit.

O Seele! Was mir widerfuhr,
Dem Holden sage es dein Mund;
Doch sag' er's auf so feine Art,
Dass es dem Ost nicht werde kund.
Sei, wenn ein Leid dich einmal trifft,
Nicht so beklomm'nen Herzens doch!
Geh' hin und danke Gott vielmehr:
Sonst wird das Schlimme schlimmer noch.
O Herz, ergib dich in Geduld
Und fasse dich; denn endlich bricht
Der Morgen dieses Abends an,
Und diese Nacht wird Tageslicht.
Die Spitze Seines Moschushaars
Ruht nun in deiner Hand, *Hafis*:
Drum ziehe deinen Athem ein,
Denn sonst erfährt's der Ost gewiss.
Zum Kuss des Fusses hebt *Hafis*
Sein Haupt einst aus des Grabes Nacht,
Wenn du die Erde, die ihn deckt,
Zum Schild für deinen Fuss gemacht.

78.

Zu Ende ging der Tag des Scheidens
Und meines Freundes Trennungsnacht;
Ich frug das Loos, der Stern zog weiter,
Und Alles ward zu End' gebracht;
Und all' der holde Trotz des Herbstes
Und der Genuss, den er gewährt,
Sie gingen doch zuletzt zu Ende,
Sobald der Lenz zurückgekehrt.
Der Hoffnungsmorgen, der im Schleier
Der Zukunft still verborgen weilt,
Er trete vor, weil nun an's Ende
Das Werk der finstern Nacht schon eilt.
Gottlob, dass, weil mit schiefer Mütze
Sich abermal die Rose zeigt,
So Hochmuth des Decemberwindes,

Als Dornenstolz ihr End' erreicht;
Dass jenes Wirrsal langer Nächte,
So wie des Herzens bitt'rer Gram,
In des Geliebten Lockenschatten
Ein langersehntes Ende nahm.
Zwar haben seine Lockenhaare
Verwirrung in mein Thun gebracht:
Doch hat der Lösung dieses Knotens
Sein Angesicht ein End' gemacht.
Ich will mit Pauken und mit Harfen
In Zukunft in die Schenke geh'n!
Wer hat, wie ich, zur Zeit des Freundes
Das Ende seines Leid's geseh'n?
Der Zeit, die nie ihr Wort gehalten,
Ganz trau' ich ihr noch immer nicht,
Wenn sie im Arme meines Freundes
Der Trennung Ende mir verspricht.
O Schenke! Freundlich warst du immer:
Mit Wein gefüllt sei dein Pocal,
Weil nur durch deine kluge Sorge
Ein Ende fand des Rausches Qual.
Zwar hält kein Sterblicher *Hafisen*
Für Einen, der da etwas *zählt*:
Doch hat, Gottlob, sein End' gefunden
Ein Leid, dem *Zahl* und Grenze fehlt.

79.

Kömmt's gleich dem Prediger der Stadt
Nicht leicht zu sagen an:
So lang er Trug und Falschheit übt,
Wird er kein Musulman.
O lerne Zechen und sei mild!
Pocht's auf Verdienst, so irrt
Ein Thier, das niemals Wein geniesst
Und desshalb Mensch nie wird.
Der Name Gottes wirkt von selbst;
O Herz, ermanne dich!

Kein Diw macht durch Betrug und List
Zum Salomone sich.
Empfänglich für den Segen kann
Ein reiner Stoff nur sein:
Zur Perle und Koralle wird
Nicht jeder Thon und Stein.
Stets liebe ich und hoffe drum,
Dass diese edle Kunst,
Nicht wie die ander'n Künste thun,
Nur bringe leeren Dunst.
»Ich gebe« – sprach Er gestern noch –
»Dir morgen, was dich freut.«
Drum lege dich in's Mittel, Gott!
Weil Er es sonst bereut.
Um Sanftmuth des Charakters nur
Fleh' ich zu Gott für dich,
Auf dass nicht wieder mein Gemüth
Durch dich zerstreue sich.
Hafis, so lang' es dem Atom
An hohem Muth gebricht,
Begehrt es nach dem lichten Quell
Der Strahlensonne nicht.

80.

Ich sprach: »Ich leide nur um dich.«
Er sprach: »Ein Ende nimmt dein Leid.«
Ich sprach: »O werde du mein Mond!«
Er sprach: »Es fügt's vielleicht die Zeit.«
Ich sprach: »Ein Mond ist dein Gesicht.«
Er sprach: »Von zweier Wochen Lauf.«
Ich sprach: »Erscheint er jemals mir?«
Er sprach: »Im Fall, er ginge auf.«
Ich sprach: »Von dem, der wahrhaft liebt,
Nimm in der Treue Unterricht.«
Er sprach: »Zu Stand kömmt so ein Werk
Wohl nimmer durch ein Mondsgesicht.«
Ich sprach: »Zu deinem Wahngebild

Verschloss dem Blicke ich die Bahn.«
Er sprach: »Es wandelt bei der Nacht
Und kömmt auf and'rem Wege an.«
Ich sprach: »Es trieb dein Lockenduft
Mich irrend durch die ganze Welt.«
Er sprach: »Doch wisse, *er* nur sei's,
Der dir zum Führer ist bestellt.«
Ich sprach: »O wonnevolle Luft,
Die aus der Flur der Liebe strömt!«
Er sprach: »O sel'ger Abendwind,
Der aus dem Dorf des Holden kömmt!«
Ich sprach: »Mich tödtete die Lust
Nach deines süssen Mund's Rubin.«
Er sprach: »Sei du ein treuer Knecht,
Und für den Knecht lass sorgen Ihn.«
Ich sprach: »Wann schliesst dein mildes Herz
Erbarmungsvoll des Friedens Bund?«
Er sprach: »Bis Zeit dazu erscheint,
Thu' ja es keinem Menschen kund.«
Ich sprach: »Du sah'st es, wie so schnell
Der Wonne Zeit ein Ende nahm.«
Er sprach: »So schweige doch, *Hafis!*
Es endet ja auch dieser Gram.«

81.

Wer nach deinem grünen Flaume
Sehnsucht fühlte, glühend heiss,
Setzt den Fuss, so lang' er athmet,
Nicht heraus aus diesem Kreis.
Heb' ich aus des Grabes Erde,
Tulpen gleich, mich einst empor,
Stellt das Brandmaal meiner Sehnsucht
Mein geheimes Lustkorn vor.
Bis wie lang' noch, selt'ne Perle,
Hältst du es für recht und gut,
Dass dein Gram aus jedem Auge
Locke eine Meeresfluth?

Doch wo magst du wohl verweilen,
Du o selt'ne Perle? sprich!
Durch dein Wahngebild verwandelt
In ein Meer mein Auge sich.
Deiner Locke langer Schatten
Fall' auf meinen Scheitel hin:
Denn das Herz, das liebestolle,
Findet Ruhe nur durch ihn.
Aus der Wurzel jeder Wimper
Fliesst mir Wasser; – o so komm',
Wenn dich die Betrachtung freut,
Und du gern verweilst am Strom.
Tritt ein Weilchen aus der Hülle,
Wie mein Herz, und komm herein:
Denn, ob wir uns wieder treffen,
Möchte nicht so sicher sein.
Trotzig wendest du dein *Auge*
Von *Hafisen*, und, fürwahr,
Reizende *Narzissen* haben
Schwere Häupter immerdar.

82.

Steigt des Weines lichte Sonne
Aus des Bechers Ost empor,
Bringt die Wangenflur des Schenken
Tausend Tulpen schnell hervor;
Und der West auf Rosenhäuptern
Kräust der Hyacinthe Haar,
Wenn der Wohlduft jenes Haares
Auf die Flur gekommen war.
Von des Himmels nied'rem Tische
Hoffe nimmermehr, o Herz,
Einen Bissen zu erhaschen,
Ohne hundertfachen Schmerz.
Klagen über Trennungsnächte
Haben einen eig'nen Ton:
Hundert Bücher nicht enthielten

Nur den kleinsten Theil davon.
Trägst, wie Noë, du geduldig
Einer Sündfluth Missgeschick,
Weicht das Unglück, und es kehret
Hundertjähr'ge Lust zurück.
Zu des Wunsches Perle findet
Eig'ne Mühe nie die Bahn,
Und zu hoffen, dies gelänge
Ohne Beistand, ist ein Wahn.
Weht der Ostwind deiner Gnade
An *Hafisens* Grab vorbei,
Tönt aus seines Körpers Staube
Hunderttausendmal Juchhei!

83.

Meine *schaukelnde* Zipresse,
Warum meidet sie das *Grün*,
Flieht den Umgang mit der Rose
Und vergisst auf den Jasmin?
Nach dem China Seines *Haares*
Zog mein Herz, das irre, aus,
Und von jener *langen* Reise
Kehrt's nicht heim in's Vaterhaus.
Hoffend, dir sich zu vereinen,
Hält das Herz die Seele fern,
Die, nach deinem Gau sich sehnend,
Nimmer dient dem Leibe gern.
Vor dem Bogen Seiner Brauen
Weil' ich flehend stets; allein
Straff gespannt hat Er die *Sehne*
Und kein *Ohr* will Er mir leih'n.
Gestern gab sein *Haar* zur Klage
Anlass mir; da scherzte Er:
»Dieser *krumme Schwarze* horchet
Deinem Worte nimmermehr.«
Bricht der West des Veilchens Haare
In gar viele Falten, ach,

Muss mein Herz da nicht gedenken
Dessen, der die Treue *brach*?
Wenn mein *Schenke*, silber*wadig*,
Hefe nur statt Wein gebracht,
Gibt's da wen, der, gleich dem Glase,
Sich nicht ganz zum Munde macht?
Wohlgeruch entströmt dem Oste;
Wesshalb macht dein reiner Saum
Nimmer zu choten'schem Moschus
Jedes Veilchenbeetes Raum?
In Erstaunen muss mich's setzen,
Macht bei deines Saumes Duft
Zu choten'schem Moschus nimmer
Deinen Staub die Morgenluft.
Zieh' die Hand zurück und lade
Keine Schmach auf meinen *Ruhm*,
Denn nur meine *Thräne* wandelt
Thau in 'Aden's Perlen um.
Deine Wimper gab *Hafisen*,
Der auf Rath nicht hört, den Tod:
Durch das *Schwert* verdient zu sterben,
Wer nicht achtet auf's Gebot.

84.

Es entbehrt, wenn ich Ihn schaue,
Leicht mein Herz die Wiesenflur;
Gleich Zipressen liegt's in Banden,
Hat, gleich Tulpen, Maale nur.
Keines Menschen Brauen *bogen*
Neigt sich mein Zipressenbaum;
Denn der Welt entsagt, wer wohnet
In des *Winkels* engem Raum.
Dass das Veilchen Seiner Locke
Gleichen will, bringt mich in Gluth;
Was dem schwarzen, schnöden Dinge
Doch für Zeug im Hirne ruht!
Nichts als finst're Nacht und Wüsten;

Komm' ich je am Ziele an,
Wenn die Fackel seiner Wange
Mir nicht leuchtet auf der Bahn?
Weinen muss die Morgenkerze,
Und mit ihr zugleich auch ich:
Denn um mich Verbrannten kümmert
Nimmermehr mein Götze sich.
Auf der Wiese wandelnd, blicke
Nach dem Thron der Rose hin:
Denn als Truchsess reicht die Tulpe
Den Pocal der Königin.
Weinen muss ich, gleich der Wolke
Des Běhmēn auf dieser Flur:
Den Genuss des Sprossernestes
Hat ja, sieh, der Rabe nur.
Deine Locken überfallen
Nachts das Herz beim Wangenschein:
Wie so kühn sind diese Räuber,
Brechen Nachts bei Fackeln ein!
Das betrübte Herz *Hafisens*
Bangt nach Liebesunterricht,
Hat nicht Lust an schöner Aussicht
Und verlangt nach Gärten nicht.

85.

Heimlich Wein und Lust geniessen,
Was es sei? ein lock'res Thun;
In der Zecher Reihe trat ich:
Mag gescheh'n was immer nun!
Löse deines Herzens Knoten,
Sorglos um des Himmels Lauf;
Einen solchen Knoten löste
Noch kein Geometer auf.
Wenn die Zeit dem Wechsel fröhnet,
So erstaune drüber nicht,
Da das Rad von Millionen
Ähnlicher Geschichten spricht.

Nur mit Ehrfurcht nimm die Becher
In die Hand, denn sie besteh'n
Aus den Schädeln von drei Fürsten:
Kĕïkŏbād, Dschĕmschīd, Bēhmēn.
Wo Kjăwŭs und Kjeï nun weilen,
Wer gibt Kunde wohl davon?
Wer kann sagen, wie die Winde
Fortgeführt Dschĕmschīden's Thron?
Weil Fĕrhad einst für die Lippen
Der Schĭrīn so heiss geglüht,
Seh' ich noch, wie eine Tulpe
Seines Auges Blut' entblüht.
Komm, o komm, dass auf Momente
Wüst ich werde durch den Wein,
Denn ein *Schatz* in dieser *Wüste*
Wird vielleicht zum Lohne mein.
Wie das Schicksal treulos walte,
Hat die Tulpe wohl erkannt:
Hält sie doch durch's ganze Leben
Einen Becher in der Hand.
Die Erlaubniss zu betreten,
Einer fernen Reise Pfad
Wehret mir Mossella's Erde
Und der Quell von Rŏknăbād.
Vielen Gram schuf meiner Seele
Seine Liebe; immerhin!
Des Geschickes böses Auge
Treffe dennoch nimmer ihn!
Nimm, so wie *Hafis*, den Becher
Nur beim *Harfenklang* zur Hand,
Da man alle Herzensfreude
Nur an Seiden*fäden* band.

86.

Wer des Glückes Huld verdiente
Schon von aller Ewigkeit,
Drückt den Becher seiner Wünsche
An das Herz für alle Zeit.
Eben als ich schwören wollte
Zu enthalten mich vom Wein,
Sprach ich: »Trägt dies Bäumchen Früchte,
Werden's die der Reue sein.«
Und gesetzt, dass mir ein Teppich,
Lilienweiss die Schulter deckt:
Trägt ein Musulman Gewänder,
Rosenroth mit Wein befleckt?
Einsam sitzen ohne Leuchte
Eines Glases kann ich nicht:
Muss der Winkel eines Weisen
Immer hell doch sein und licht.
Hell vom Kerzenlicht und Weine
Strahle meine Einsamkeit!
Thöricht ist der *Trunk'nen Tugend*
In der schönen Rosenzeit.
Jetzt im Lenz, im trauten Kreise,
Wo man nur von Liebe spricht,
Wär' es Stumpfsinn, nähm' den Becher
Aus des Liebling's Hand man nicht.
Immer strebe nach dem Höchsten:
Schmückt kein Demant auch das Glas,
Ist der schönste der Rubine
Zechern doch der Rebe Nass.
Willst du guten Ruf erwerben,
Herz, so flieh' der Bösen Kreis:
Lust am Bösen, theure Seele,
Ist für Thorheit ein Beweis.
Scheint mein Thun gleich unvernünftig,
Sieh's doch nicht verächtlich an:
Denn in diesem Land beneidet
Der Monarch den Bettelmann.

Gestern sprach ein Frommer: »Heimlich
Trinkt *Hafis* beständig Wein.«
Was geheim ist, o mein Frommer,
Kann doch wohl nicht Sünde sein.

87.

Spülte mir den Herzenskummer
Aus dem Sinne nicht der Wein,
Furcht vor dem Geschicke risse
Mir den Bau des Lebens ein;
Würfe nicht beim Liebesrausche
Seinen Anker der Verstand,
Brächt' aus diesem Unglückswirbel
Nimmer er das Schiff an's Land
Weh! Es treibt sein Spiel der Himmel
Insgeheim mit Jedermann;
Doch es gab bisher noch Keinen,
Der's dem Schlauen abgewann.
Desshalb will mein Herz, das schwache,
Auf der Wiese sich ergeh'n,
Dass sie mich vom Tode rette
Durch des Ostes sanftes Weh'n.
Durch ein Dunkel führt die Strasse:
Weilet denn kein *Chiser* dort?
Denn das *Feuer* der Entbehrung
Führt mir sonst das *Wasser* fort.
Arzt der Liebe bin ich. – Trinke
Wein, denn dies Electuar
Schaffet Ruhe und verscheuchet
Alle Sorgen immerdar.
Schon verbrennt *Hafis*, und Niemand
Hat es noch dem Freund gesagt:
Ob vielleicht um Gotteswillen
Es ein Hauch des Westes wagt?

88.

Ob des Zechens und der Liebe
Schmäht mich *jener* Stolze nur,
Der da leugnet das Geheimniss
Einer höheren Natur.
Sieh nur auf der Liebe Fülle,
Auf der Sünde Mängel nicht:
Denn auf Fehler sieht nur Jener,
Dem es an Verdienst gebricht.
So gewaltig auf den Islam
Stürmt des Schenken Wimper ein,
Dass sich nur der Wein, der rothe,
Noch enthält vom rothen Wein.
Süsser Duft, wie ihn die Huris
Nur verhauchen, füllt das Land,
Wenn mit meiner Schenke Staube
Er durchwürzet Sein Gewand.
Nur der Beifall weiser Männer
Öffnet uns des Glückes Schatz:
Ziehe Niemand je in Zweifel
Diesen sinnerfüllten Satz.
Jener Hirt aus Eïmen's Thale
Kömmt zu der gewünschten Macht
Erst, wenn treu in Jethro's Dienste
Manches Jahr er zugebracht.
Blut nur ist's, das aus dem Auge
Bei *Hafisens* Liede dringt,
Wenn er von der Zeit der Jugend
Und des Alters Tagen singt.

89.

Wenn an mir des Glückes Vogel
Abermals vorüber eilt,
Kömmt der Freund zurück, der liebend
Dann für immer bei mir weilt.
Perlen und Juwelen bieten

Kann mein Auge nimmer zwar,
Drum verschlingt es Blut und bringet
Dies als Huld'gungsgabe dar.
Niemand wagt es Ihm zu sagen
Was ich alles schon erlitt,
Als der Ostwind, wenn er flüsternd
Ihm am Ohr vorüberglitt.
Einem flücht'gen Repphuhn sandt' ich
Einen Falken nach, den Blick,
Dass er's locke und als Beute
Bringe von der Jagd zurück.
Gestern Abends fragt' ich: »Heilen
Seines Mund's Rubine mich?«
Und ein Ruf aus höh'ren Sphären
Sprach erwiedernd: »Sicherlich.«
In der Stadt weilt kein Verliebter,
Hie und da nur sieht ein Mann,
Der da ausser sich gerathen,
Sich für liebenswürdig an.
Wo verweilt der Hochgesinnte,
Der bei seinem Freudenfest
Dem Betrübten durch ein Schlückchen
Seinen Rausch verdünsten lässt?
Treue – Tod des Nebenbuhlers –
Hoffnung dir vereint zu sein –
Schaffe mir das Spiel des Himmels
Eines nur von diesen Drei'n!
Weichst du nicht von Seiner Pforte,
O *Hafis*, erscheint ein Tag,
Wo aus irgend einem Winkel
Er vorbei dir kommen mag.

90.

Schön ist die Rose; – aber
Nichts Schön'res kennt die Welt,
Als einen vollen Becher,
Wenn deine Hand ihn hält.

Die Zeit benützend, trinke
Du Wein im Rosenhain:
Wird doch in nächster Woche
Die Rose nicht mehr sein.
Geniesse, o geniesse
Was froh die Zeit dir beut:
Nicht immer liegen Perlen
In Muscheln, so wie heut.
Es ist der Pfad der Liebe
Ein wunderbarer Pfad,
Wo stolz das Haupt erhebet
Wer, ach, kein Haupt mehr hat.
Vertilge alle Blätter,
Wenn du mein Schulfreund heisst,
Weil in der Kunst der Liebe
Kein Buch dich unterweist.
Vernimm was ich dir sage:
Ein Liebchen wähle dir,
Das nicht die eig'nen Reize
Geknüpft an Schmuck und Zier.
O komm in meinen Keller,
Und trinke, alter Mann,
Wein, wie ihn dir die Quelle
Kjĕwsēr nicht bieten kann.
Du, der du mit Rubinen
Gefüllt das gold'ne Glas,
Erbarme dich des Mannes,
Der niemals Gold besass!
O Herr, gib mir vom Weine,
Der keinen Rausch erzeugt
Und der, gepaart mit Schmerzen,
Mir nicht zu Kopfe steigt!
Ich habe einen Götzen:
Sein Leib ist silberrein
Und in Asēr's Pagode
Mag wohl kein Gleicher sein.
Aus ganzer Seele diene
Owëïs, dem Sultan, ich,

Obwohl des treuen Knechtes
Er nicht erinnert sich;
Ich schwör's bei seiner Krone,
Der weiten Erde Zier,
Das Diadem der Sonne,
Weicht an Gefunkel ihr!
Hafisens Lied zu tadeln
Ist Jener nur geneigt,
In dessen eig'nem Wesen
Sich nichts von Anmuth zeigt.

91.

Ihr meine Genossen der Freude,
O denkt an die Zecher der Nacht,
O denkt an die Rechte des Dienstes,
So treu und so redlich vollbracht;
O denkt im Momente des Rausches
An armer Verliebter Gestöhn,
Bei'm lieblichen Klange der Harfe
Und fröhlicher Schellen Getön;
Und wenn um die *Lende* des Wuchses
Ihr schlinget die hoffende Hand,
So denkt an die Zeiten, wo Freundschaft
Als *Mittlerin* zwischen uns stand;
Und strahlt auf die Wange der Schenken
Der Schimmer des Weines zurück,
So denket bei'm Sang und bei Liedern
An liebender Herzen Geschick;
Nein, kümmert Euch fürder mit nichten
Um Jene, die treulich geliebt,
Und denkt dass der Kreislauf der Zeiten
Die Tugend der Treue nicht übt;
Und wenn sich der Zelter des Glückes
Gar wild und gar störrig erweist,
So denkt, nach der Peitsche begehrend,
An Jene, die mit Euch gereist!
Erbarmt Euch, Ihr, die auf des Ruhmes

Erhabenem Sitze Ihr thront,
Und denkt an *Hafis* und die Schwelle
Des Hauses vom Holden bewohnt!

92.

Ein belebender Messias
Naht, o Herz, drum freue dich!
Denn sein süsser Hauch verkündet,
Jemand Theurer näh're sich.
Seufz' und klage nicht, wenn Trennung
Gram dir schafft: denn gestern Nacht
Sprach das Loos, das ich befragte:
»Dir ein Retter wird gebracht.«
Jener Brand in Eïmen's Thale
Bringt nicht *mir* allein Gewinn:
In der Hoffnung eines Funkens
Kam ja Moses selbst dahin.
Mit dem Gau, den du bewohnest,
Steht ein Jeder in Verkehr
Und es hat daselbst ein Jeder
Ein besonderes Begehr.
Wohl hat Niemand noch erfahren
Des Geliebten Aufenthalt;
Doch so viel ist unbezweifelt:
Dass dort eine Glocke schallt.
Lass mich nur Ein Schlückchen machen:
Schenkt ein edler Mann den Wein,
O dann tritt ein Jeder Zecher
Nur mit einer Bitte ein.
Hat mein Freund im Sinn zu fragen,
Ob der Kranke etwas braucht,
O so sprich, er möge eilen,
Eh' er noch ganz ausgehaucht.
Wollt Euch freundlich doch erkunden
Nach dem Sprosser dieser Flur:
Denn ich höre aus dem Käfich
Einen Ton der Klage nur.

Sich *Hafisens* Herz erbeuten
Will der Freund; o Freunde, sagt,
Ob er nicht dem Falken gleiche,
Der nach einer Mücke jagt?

93.

Freut Euch, denn es kam der Frühling,
Und es grünet frisch der Rain:
Den erhalt'nen Lohn verwende
Man auf Rosen nun und Wein.
Frohe Lieder singt der *Vogel*;
Wo sind *Krüge*, weingefüllt?
Kläglich tönt des *Sprossers* Stimme;
Wer die Rose wohl enthüllt?
Dieses Kleid gefärbt wie Rosen
Will ich nun den Flammen weih'n:
Denn der alte Weinwirth handelt
Selbst um Hefe nicht es ein.
Vom Gesicht des Schenken pflücke
Eine Rose ungesäumt,
Da rings um des Gartens Wange
Schon der Flaum des Veilchens keimt.
Tritt den Weg in's Dorf der Liebe
Nimmer ohne Führer an:
Weil, wer unbegleitet wandelt,
Sich verirrt auf dieser Bahn.
Hat Geschmack wohl abgewonnen
Früchten aus dem Paradies,
Wer nur Einmal in den Apfel
Eines schönen Kinnes biss?
Kos't der Schenke gar so freundlich,
Reisst's das Herz mir aus der Hand;
And're bin ich dann zu sprechen
Und zu hören nicht im Stand.
Viele Wunder, o Gefährte,
Schaut man auf der Liebe Bahn:
Vor dem Rehe dieses Feldes

Wandelt Furcht den Löwen an.
Klage nicht, wenn du auch leidest:
Wer der Wünsche Weg betritt,
Kam ja nimmer noch zur Ruhe,
Wenn er nicht erst Qualen litt.
Führer auf dem heil'gen Pfade,
Rette, Gott zu Liebe, mich!
Denn es zeigt ja keine Grenze
In der Liebe Wüste sich.
Trinke Wein; jedoch *Hafisen*
Schenke den Pocal von Gold!
Schenkt dem Ssofi doch die Strafe
Auch der Kaiser mild und hold.
Da *Hafis* nicht eine Rose
Seines Schönheitsbeet's gepflückt,
Scheint es, dass der West der Güte
Diese Wiese nicht beglückt.
Schon vergeh'n des Frühlings Tage:
O gerechter Mann, erschein'!
Denn die Jahrszeit schwand, und nimmer
Kostete *Hafis* noch Wein.

94.

Hilft uns erst der Weinverkäufer
Zechern freundlich aus der Noth,
So verzeiht ihm Gott die Sünden
Und beseitigt was ihm droht.
Schenke, gib mir Wein im Glase,
Der gerechtes Maass enthält:
Denn die Eifersucht des Bettlers
Füllt mit Unglück sonst die Welt.
Sänger, singe zu der Laute:
»Vorbestimmt ist jeder Tod.«
Und wer dieses Lied nicht singet,
Der versündigt sich an Gott.
Treten Leiden dir entgegen
Oder Freuden, weiser Mann,

So bezieh' dies nicht auf And're:
Denn nur *Gott* hat es gethan.
Wesshalb übt in einer Werkstatt,
Wo nichts weise ist und gut,
Die Verblendung schwacher Menschen
Nichts als Stolz und Übermuth?
Traun, der Rettung frohe Kunde
Geht aus diesem Gram hervor,
Wenn nur erst der Erdenwaller
Treulich hält was er beschwor.
Mich, der Liebesschmerz empfindet
Und zugleich des Rausches Pein,
Heilt nur der Rubin des Freundes,
Oder nur der reine Wein.
Lust nach Wein entseelt *Hafisen*,
Der verbrannt ist weil er liebt:
Wo doch weilt ein and'rer Jesus,
Der mir neues Leben gibt?

95.

Will man wirklich bare Münze
Einer Probe unterzieh'n
Und auf alle Klausner fahnden,
Deren Thun verdächtig schien?
Meine Meinung ist, die Freunde
Unterliessen ganz und gar
Etwas And'res zu ergreifen,
Als des Freundes Ringelhaar.
Weislich halten sich die Zecher
An des Schenken Locke fest,
Dass sie eine Stütze haben,
Wenn der Himmel sie verlässt.
Setzt der Rabe seine Füsse
Schamlos auf den Rosenbaum,
Nun so müssen alle Sprosser
Greifen nach des Dornes Saum.
Mit der Kraft des Arm's der Tugend

Prahle nicht in Schöner Reih'n:
Denn mit einem einz'gen Reiter
Nehmen leicht ein Schloss sie ein.
Herr, wie gierig lechzt nach Blute
Dieser Türkenkinder Schaar!
Mit dem Pfeile ihrer Wimper
Macht sie Beute immerdar.
Schön sind Tänze, wenn sich ihnen
Lied und Flötenton gesellt;
Doch besonders, wenn bei'm Tanze
Man die Hand des Liebchens hält.
O *Hafis*, die Mitwelt kümmert
Nimmermehr der arme Mann:
Drum, sich fern von ihr zu halten
Ist das Beste, wenn man's kann.

96.

Ich sah in einem schönen Traume
Mich mit dem Glase in der Hand;
Er wurde, als man ihn gedeutet,
Als glückverheissend anerkannt.
Ich hatte mich durch *vierzig Jahre*
Stets nur gekümmert und gequält
Und fand zuletzt ein Gegenmittel
Im Weine, der *zwei Jahre* zählt;
Und jener süsse Duft der Wünsche,
Den ich vom Glück begehrte, war
Verborgen in der Locken*falte*
Des Götzen mit dem *Moschus*haar.
Ein Rausch, von Gram erzeugt, entrückte
Zur Morgenzeit mir selber mich:
Da wurde mir das Glück gewogen,
Und Wein fand im Pocale sich.
Nur Blut ist meine stete Nahrung;
Doch klage ich darüber nicht:
Mein Antheil an dem Tisch der Gnade
Ist ja nur immer *dies* Gericht;

Ich nähre auf der Schenke Schwelle
Mit laut'rem Blut mich immerdar,
Weil eben *dies* am ersten Tage
Mir zugewiesen worden war.
Nur mit Gestöhn und nur mit Klagen
Betrete ich der Schenke Flur:
Dort wird mein Glücksthor sich erschliessen
Durch Seufzer und Gestöhne nur.
Wer Liebe nicht gesä't, und Rosen
Nicht pflückte auf der Schönheit Feld,
Gleicht Jenem, der bei heft'gem Winde
Zum Tulpenwächter ward bestellt.
Ich ging an einem Rosengarten
Bei Tagesanbruch einst vorbei –
Es brach der Morgenvogel eben
In Seufzer aus und Wehgeschrei –
Da sah ich nun *Hafisen*'s Lieder,
Durch die den König er geehrt,
(Ein jeder Vers aus jener Sammlung
Ist mehr als hundert Bücher werth)
Den König, der so muthig stürmet,
Dass selbst der hehre Sonnenleu
Am Tage, wo die Schlacht entbrennet,
Zum Rehe schwindet, schwach und scheu.
In ihre Blätter schrieb die Rose
Das, was *Hafis* gesungen, ein;
Ein Lied so zart und das wohl besser
Als hundert Bücher mochte sein.
Es schleudern in das Herz des Sprossers
Des Gartens Lüfte eine Gluth
Aus dem geheim gehalt'nen Maale,
Das auf der Tulpe Seele ruht.

97.

Nicht Jeder, der sein Antlitz schmücket,
Versteht's sich Liebreiz zu verleih'n;
Nicht Jeder, der da Spiegel formet,
Versteht's ein Iskĕndĕr zu sein.
Nicht Jeder, der mit schiefer Mütze
Sich stolz und trotzig niedersetzt,
Versteht es Kronen auch zu tragen,
Die Herrschaft wahrend unverletzt;
Hier handelt's sich um tausend Dinge
So dünn wie Haare und so fein:
Nicht Jeder, der das Haupt sich scheret,
Versteht's ein Kălĕndĕr zu sein.
Gar löblich wär' es, wenn du lerntest,
Was Treue und was Glaube sei:
Versteht ja doch der nächste Beste,
Was Härte sei und Tyrannei.
Als *Punkt*, um den der Blick sich drehet,
Erkor dein holdes *Maal* ich mir:
Denn was die selt'ne Perle gelte
Versteht ja nur der Juwelier.
Den Bettlern ähnlich, diene nimmer
Um einen ausbedung'nen Lohn:
Denn wie man Diener gut behandle
Versteht der Freund von selber schon.
Versenkt in meines Auges Wasser,
Was thu' ich, das mich retten kann,
Da Jeder nicht die Kunst verstehet
Zu schwimmen in dem Ocean?
Ein Sklave bin ich jenes Zechers,
Der alles Heil den Flammen weiht
Und sich auf Alchimie versteht,
Deckt ihn gleich nur ein Bettlerkleid.
Mein armes Herz, das liebestolle,
Verspielte ich und sah nicht ein,
Dass auch ein Menschenkind verstehe
Wie Peris anmuthsvoll zu sein.

Wer da zum König ward der Schönen
Durch Wuchs und holdes Angesicht,
Macht eine Welt sich unterthänig,
Versteht er erst was Recht und Pflicht.
Hafisens liebliche Gedichte
Hat zu beachten nie verschmäht,
Wer einen zarten Sinn besitzet
Und das Reinpersische versteht.

98.

Es reicht an Güte und an Treue
Kein Mensch an meinen Freund hinan;
Dir ziemt es nicht das abzuläugnen
Was ich gesprochen und gethan.
Ich schwör' es bei der alten Freundschaft,
Dass kein Vertrauter weit und breit
Mit meinem Freund sich könne messen
An Innigkeit und Dankbarkeit.
Erschienen glanzerfüllt auch Jene,
Die Schönheit bieten zum Verkauf,
Nimmt's Keiner doch mit meinem Freunde
In Schönheit und in Anmuth auf.
Wohl ist der Marktplatz der Geschöpfe
An Tausenden von Münzen reich:
Doch jener meines Münzwardeines
Kömmt an Gehalt nicht Eine gleich.
Wohl Tausende von Bildern quillen
Aus Gottes schöpferischem Rohr:
Doch reicht an Lieblichkeit nicht Eines
Zu meines Holden Bild empor.
Lass dich der Neider Spott nicht kränken,
Herz, und Vertrauen sei dir Pflicht!
Zu meinem hoffenden Gemüthe
Gelanget ja das Böse nicht.
Weh, dass des Lebens Karawane
Mit solcher Hast sich fortbewegt,
Dass meine Heimaths*lüfte* nimmer

Der *Staub* erreicht, den sie erregt.
Magst du auf solche Weise leben,
Dass, machst du einst zum Wegstaub dich,
Kein Staub auf ein Gemüth sich setze
Vom Wege, den gewandelt ich.
Hafis verbrannte, und ich fürchte,
Es komme leider der Bericht
Von Allem was er litt zum Ohre
Des glücklichen Monarchen nicht.

99.

Es will des Morgenwindes Hauch
Nur Moschusduft verstreuen;
Es will die Welt, die alte, sich
Nun abermals erneuen.
Es will der Erg'wan dem Jasmin
Den Onixbecher spenden
Und die Narzisse ihren Blick
Nach Anemonen wenden.
Die Tyrannei des Trennungsgram's,
Die lang den Sprosser quälte,
Will dringen unter Wehgeschrei
Bis zu der Rose Zelte.
Lass ungeschmäht aus der Moschee
Mich nach der Schenke ziehen:
Die Predigt währt ja gar zu lang,
Auch will die Zeit entfliehen.
O Herz, wenn du die heut'ge Lust
Auf morgen übertragen,
Wer will des Lebens Capital
Dir zu verbürgen wagen?
Lass dir im Monate Schäbān
Den Becher nicht entwinden,
Denn diese Sonne will dem Blick
Für einen Mond entschwinden.
Die Rose ist ein theures Gut:
Benütze ihr Verweilen:

Sie kam auf diesem Weg' und will
Auf jenem bald enteilen.
O Sänger, hier im trauten Kreis
Lass tönen deine Lieder!
Sagst du noch lang: »So war es einst,
Und so will's werden wieder?«
Hafis ist deinetwegen nur
In's Land des Sein's gekommen;
Bald will er weiter zieh'n: d'rum komm
Und – Abschied schnell genommen!

100.

Wenn dein Rohr, von Moschus träufend,
Eines Tages mein gedenkt,
Thut es mehr, als wer zweihundert
Sklaven ihre Freiheit schenkt.
Kann *Sĕlmā's* behender Bote
(Mag ihr *Heil* beschieden sein!)
Nicht mit einem frohen *Grusse*
Mein betrübtes Herz erfreu'n?
Stimme du, o Herr, zur Milde
Jene *süsse Königin*,
Dass sie mit Erbarmen möge
An *Fĕrhād* vorüberzieh'n!
Meinen Bau riss mir zur Stunde
Dein so falsches Kosen ein;
Welchen Bau beginnt es wieder,
Will es klug und weise sein?
Meines Lobgesang's benöthigt
Deine reine Perle nicht:
Gottgegeb'ne Schönheit leistet
Auf die Kräuslerin Verzicht.
Mach' die Probe! Viele Schätze,
Die du wünschtest, gibt man dir,
Wenn du voll von Huld bebauest
Ein so wüstes Feld gleich mir.
Besser, als wenn *hundert* Jahre

Sich ein Fürst der Andacht weiht,
Ist es, wenn nur *Eine* Stunde
Er geübt Gerechtigkeit.
Nimmer bei'm ersehnten Wunsche
Langte in Schīrās ich an;
O des glückerfüllten Tages,
Tritt *Hafis* auf Bagdad's Bahn!

101.

Wem immer durch den Morgenwind
Dein Wohlduft nahe kam,
Dem schien's, dass er vom lieben Freund
Ein liebes Wort vernahm.
Es *ziemt* sich nimmer für mein Herz,
Das Dank erkennt als Pflicht,
Zu hören was vom Busenfreund
Unziemendes man spricht.
Sieh, König, auf den Bettler doch
Herab vom Schönheitsthron!
Vom König, der den Bettler liebt,
Hört' ich gar vieles schon.
Nicht erst seit heute trink' ich Wein
Bei frohem Harfenklang:
Es hörte diesen lauten Ton
Das Himmelsrad schon lang.
Nicht erst seit heute zech' ich Wein
Schlau unter'm Ordenskleid;
Schon hörte hundertmal der Wirth
Von *der* Begebenheit.
Von dem Geheimniss Gottes schwieg
Des weisen Wand'rers Mund:
Wie ward's – darüber staune ich –
Dem Weinverkäufer kund?
Bin ich verbannt aus Seinem Gau,
Wohlan, so mag es sein!
Wer sog im Rosenhain der Zeit
Den Duft der Treue ein?

O Herr! Wo weilt ein trauter Freund,
Auf dass ihm ungestört
Das Herz vertraue was es sah,
Und was es schon gehört?
Komm, Schenke, denn der Liebe Ruf
Tönt *also* überlaut:
»Wer, was mir widerfuhr, erzählt,
Dem hab' nur *ich's* vertraut.«
Mit Moschuswein durchwürze ich
Des Geist's Geruchsorgan:
Denn aus des Mönches Zelle weht
Der Falschheit Duft mich an.
Ein Quell des Guten und des Recht's
Ist eines Weisen Rath;
Beglückt, wer mit geneigtem Ohr
Ihn stets vernommen hat!
Von mir und meinem Herzen sprach
Allabendlich der Nord;
Und schwätzten wir, vernahm der Ost
Am Morgen jedes Wort.
Gebete für Sein Wohlergeh'n,
Hafis, sind deine Pflicht;
Doch kümm're nimmer dich, ob Er
Sie hörte oder nicht.

102.

Wenn Kranke, die da Wünsche nähren
Und denen es an Kraft gebricht,
Von dir mit Hohn behandelt werden,
Erfüllst du nicht des Mitleid's Pflicht.
Von dir erfuhr ich keine Unbild;
Missfällt dir selbst doch immerdar
Was nicht als Glaubenspflicht erkannte
Des Liebespfades greise Schaar.
Ganz gleichen sich, wenn Reinheit fehlte,
Die Kába und das Götzenhaus:
Wohnt Keuschheit nicht in einem Hause,

So zieht daraus die Wohlfahrt aus.
So lang der Zaub'rer deines Auges
Nicht Hilfe leiht dem Zauberwort,
So lang auch glimmt der Liebe Fackel
Nur immer matt und lichtlos fort.
Das Aug' erblinde, dessen *Wasser*
Das Liebes*feuer* nicht verzehrt,
Und finster sei das Herz für immer,
Das nicht das Licht der Liebe nährt!
Ich wurde erst durch deine Schönheit
Mit meiner Lage ganz bekannt:
Mag ich zu keiner Zeit entbehren
Des Glückes hilfereiche Hand!
Erwarte nur vom Königsvogel
Und seinem Schatten Glück für dich:
Bei Krähen und bei Raben findet
Des Glückes Fittich nimmer sich.
O schmäle nicht, wenn nur in Schenken
Nach hohem Sinne ich gestrebt,
Da – nach dem Worte meines Alten –
Kein hoher Sinn in Klöstern lebt.
Hafis, betreibe stets das Wissen
Und das was feine Sitte lehrt:
Nicht ist, wem feine Sitte mangelt,
Des Umgang's mit dem König werth.

103.

Der Huma höchsten Glück's
Wird in das Netz mir gleiten,
Wenn dich der Zufall lässt
An mir vorüberschreiten.
Die Mütze schleudr' ich froh
Empor gleich einer Blase,
Wenn hold dein Angesicht
Mir widerstrahlt im Glase.
Wenn einst der Wünsche Mond
Am Himmel aufgegangen,

Dann dürfte auch ein Strahl
Hin auf mein Dach gelangen.
Da deinem *Thron* zu nah'n
Verwehrt ist selbst den Winden,
Wie könnte da mein Gruss
Zu dir den *Eingang* finden?
Die Seele brachte ich
Zum Opfer deinen Lippen,
Im Wahn, sie liessen mich
Ein süsses Tröpflein nippen.
»Lass« – sprach dein Lockenbild –
Die Seele aus dem Spiele:
»Es fallen mir in's Netz
Von diesem Wild gar Viele.«
Tritt ohne Hoffnung nicht
Aus diesem Thor und loose!
Mein Name fällt vielleicht
Dem Glücke aus dem Schoosse.
So oft *Hafis* vom Staub,
Auf den du trittst, gesprochen,
Hab' ich den Rosenduft
Des Seelenhain's gerochen.

104.

Gestern Morgens hat man Rettung
Vor der Trauer mir gebracht,
Lebenswasser mir gegeben
In dem Dunkel jener Nacht;
Mich dem eig'nen Ich entrissen
Durch des *Wesens* Strahlenschein
Und in heller *Eigenschaften*
Glase mir gereicht den Wein.
Ein gar segenreicher Morgen,
Ein Moment, reich an Gewinn,
War die *Kraftnacht*, wo man diesen
Neuen *Freibrief* mir verlieh'n.
Eine Stimme rief vom Himmel

Diese Freudenspost herab,
Als in jenem Schmerz und Leide
Man Geduld und Muth mir gab.
Künftig blick' ich in den Spiegel
Seines Schönheits*lobes* nur,
Denn vom Schimmer Seines *Wesens*
Zeigte man mir dort die Spur.
Ob man – bin ich froh und glücklich –
Sich darüber wundern soll?
Ich verdient' es, und man schenkte
Dieses mir als Glaubenszoll.
Aller Honig, aller *Zucker*,
Dessen nie mein Wort entbehrt,
Ward durch jene Zuckerstange
Mir als *Dulder*lohn beschert.
Dass ich endlich würde siegen,
Hab' ich an dem Tag geseh'n,
Wo man mir Geduld gegeben,
Feindeshohn zu widersteh'n.
Nur *Hafisens* Muth' und Jenen,
Die da weckt der früh'ste Strahl,
Dank' ich's, dass man mich gerettet
Aus den Banden ird'scher Qual.
Als *Hafis* gefesselt wurde
Durch dein schönes Lockenhaar,
Sprach er: »Von der Trauer Banden
Ward ich frei für immerdar.«
Streue du des *Dankes Zucker*
Aus *Erkenntlichkeit, Hafis,*
Dass man mir ein Bild gegeben,
Das so reizend ist und süss.

105.

Es ist die Perle des Geheimnissschatzes
Noch ganz dieselbe die sie immer war,
Und immer noch stellt auf der Liebe Kästchen
Dasselbe Siegel sich und Zeichen dar.

Verliebte Leute sind ein Häuflein Männer,
Auf die man baut mit aller Sicherheit,
Und desshalb ist das perlenvolle Auge
Noch ganz dasselbe wie in früh'rer Zeit.
Den Ostwind frage, ob durch ganze Nächte,
Bis dass des Morgens heller Strahl erscheint,
Nicht deiner Locke Wohlgeruch, wie immer,
Bei mir verweile als mein Seelenfreund?
Gibt es auch Niemand jetzt, der nach Rubinen
Verlangen trägt und Steinen edler Art,
Hat doch die Sonne, tief in Schacht und Grube,
Noch immer ihre alte Kraft bewahrt.
Die blutigrothe Farbe meines Herzens,
Die du verbargest mit gar schlauem Sinn,
Erscheint nun klar und deutlich, ganz wie immer,
Auf deiner holden Lippe von Rubin.
Komm und besuche freundlich jenen Todten,
Der als ein Opfer deiner Wimper fiel:
Blickt doch dasselbe arme Herz noch immer
Voll von Erwartung auf dasselbe Ziel.
Nicht auf dem Weg, wie Räuber thun zu lagern,
Ermahnte ich dein Inderfarb'nes Haar,
Und Jahre flossen seit der Zeit vorüber,
Und immer noch ist's ganz so wie es war.
Hafis, erzähl' uns wieder die Geschichte
Vom Auge voll von Wasser und von Blut:
Denn es entströmet diesem reichen Quelle
Ja immer noch dieselbe Wasserfluth.

106.

Pflanze nur den Baum der Freundschaft:
Seine Frucht beglückt das Herz;
Doch zerbrich den Zweig der Feindschaft,
Denn er bringt unzähl'gen Schmerz.
Habe Achtung vor den Zechern,
Bist du einer Schenke Gast;
Denn sie schmerzt der Kopf, o Seele,

Wenn ein solcher Rausch dich fasst.
Nütze die gesell'gen Nächte:
Denn, ist uns're Zeit vollbracht,
Kreist der Himmel fort und bringet
Manchen Tag und manche Nacht.
Gib, o Gott, dass Leïla's Sänfte
– Diese Wiege für den Mond –
An dem Ort vorüberziehe,
Den Mĕdschnūn, ihr Freund, bewohnt.
Wünsche dir den Lenz des Lebens,
Herz, weil jährlich und verjüngt
Diese Wiese *hundert Rosen*,
So wie *tausend Sprosser* bringt.
Einen *Bund* mit deiner Locke
Ging mein Herz, das *wunde*, ein:
Lass den Mund *rubin*, den süssen,
Ihm nun auch *Bestand* verleih'n!
Herz, du fielst: denn Lasten Grames
Trägst du hundert Pfunde schwer;
Geh' und nimm ein Schlückchen Weines:
Völlig stellt's dich wieder her.
Das ergraute Haar *Hafisens*
Wünscht von Gott auf dieser Flur
Einen Sitz am Bach, daneben
Ein Zipressenbäumchen nur.

107.

Über meine Augenspiele
Wundern Schwachgesicht'ge sich,
Ganz bin ich, wie ich geschienen:
Doch sie wähnen anders mich.
Weise Männer sind die Punkte
In des Lebens Zirkelkreis:
Doch es schwindelt sie darinnen,
Wie gar gut die Liebe weiss.
O des Trug's, mit Liebe prahlend
Zu beschuldigen den Freund!

Weil, wer solche Liebe spielet,
Nur der Trennung werth erscheint!
An die Eigner süsser Lippen
Knüpfte Gott der Herr mein Loos;
Dieses Volk ist der Gebieter,
Und wir sind die Diener bloss.
Wer's von deinem schwarzen Auge
Hat gelernt, nur der allein
Kann für *eingezogen* gelten
Und zugleich auch *trunken* sein.
Nicht nur *meine* Augen blicken
Auf Sein holdes Wangenpaar,
Dreh'n doch um denselben Spiegel
Mond und Sonne sich sogar.
Wäre erst den Schenkenjungen
Meine Sinnesart bekannt,
Nähmen sie die Ssofi-Kutte
Nicht mehr an als Unterpfand.
Arm bin ich und Wein und Sängern
Leidenschaftlich zugethan;
Wehe, nimmt die woll'ne Kutte
Man als Unterpfand nicht an!
Trägt der Wind einst deine Düfte
In der Geister Wonnehain,
Müssen ihres Lebens Perle
Seele und Verstand dir weih'n.
Blinden Fledermäusen ziemet
Der Genuss der Sonne nicht:
Denn es blendet dieser Spiegel
Selbst das schärfste Augenlicht.
Fasst *Hafisens* wüstes Treiben
Auch kein Frömmler; immerhin!
Muss der Diw doch vor dem Volke,
Das den Koran betet, flieh'n.

108.

Engel klopften – gestern sah ich's –
An das Thor der Schenke an,
Kneteten den Lehm von Adam,
Warfen ihn in Becher dann.
Die im Keuschheitsheiligthume
Wohnen in der Geister Reih'n,
Gaben mir, dem Staubbewohner,
Den berauschend süssen Wein.
Gar zu schwer erschien dem Himmel
Das ihm anvertraute Pfand:
Desshalb ward mir Liebestollem
Dieses Loos hier zuerkannt.
Dank sei Gott, dass wir im Frieden
Wieder leben, ich und Er:
Tanzend trinken drum die Huris
Den Pocal des Dankes leer.
Sollen hundert Garben Wahnes
Nicht beirren meine Bahn,
Wenn bei'm klugen Vater Adam
Dies ein einz'ges Korn gethan?
Wirf den zwei und siebzig Secten
Nimmer ihr Gezänke vor:
Weil sie nicht die Wahrheit schauten
Pochten sie an's Mährchenthor.
Das nicht ist das wahre Feuer,
Dessen Gluth auf Kerzen lacht;
Das nur ist's, wodurch des Falters
Garbe hell man angefacht.
Aller stillen Klausner Herzen
Füllt der Liebe Punkt mit Blut,
Gleich dem Maal, das auf der Wange
Eines Seelenfreundes ruht.
Wie *Hafis* enthüllte Keiner
Der Gedanken Angesicht,
Seit den Bräuten holder Rede
Man die schönen Locken flicht.

109.

Nirgends kann ich Freundschaft schauen:
Wo die Freunde doch geblieben?
Ging die Freundschaft denn zu Ende,
Und wo blieben nur die Lieben?
Trüb erscheint der Quell des Lebens:
Kömmt kein Chiser Glück zu künden?
Farbe änderte die Rose:
Was geschah den Frühlingswinden?
Niemand spricht von einem Freunde,
Der ihm wäre treu geblieben:
Lebt kein Mensch, der Dank empfände,
Und wo weilen nur die Lieben?
Hingeschleudert in die Mitte
Ward der Ball der Gunst und Ehre;
Niemand naht dem Tummelplatze:
Was geschah dem Reiterheere?
Hunderttausend Rosen blühen,
Und kein Vogelruf will schallen:
Was begegnete den Sprossern?
Was geschah den Nachtigallen?
Nimmer spielt Sŏhrē; – die Laute
Scheint den Flammen preisgegeben;
Niemand hat mehr Lust am Rausche:
Wo doch wohl die Trinker leben?
Freundestadt und Liebesscholle
Hiess man ehmals diese Gauen:
Ging die Liebe denn zu Ende,
Und ist kein *Monarch* zu schauen?
Kein Rubin – schon sind es Jahre –
Ward dem Schacht der Huld entnommen:
Wo doch wohl die Gluth der Sonne,
Wind und Regen hingekommen?
Die geheimen Wege Gottes
Kennt kein Mensch, *Hafis*; drum schweige,
Denn von wem willst du erfahren
Was der Zeiten Schooss entsteige?

110.

Stimm' eine Weise an, bei welcher
Ein Ach entfahren kann der Brust,
Und singe ein Gedicht, bei welchem
Man Becher leeren kann mit Lust!
Wenn man sein *Haupt* erst auf die Schwelle
Des Seelenfreundes legen kann,
Kann man der *Herrschaft* Jubel senden
Bis hoch hinauf zum Himmelsplan
Für *Einen* Blick setzt *beide* Welten
Das Volk der *Augenspieler* ein:
Der erste Einsatz bei der Liebe
Kann nur der Seele Barschaft sein.
Geheimnisse des Liebesspieles
Fasst keines Klosters enge Flur:
Das Weinglas kann nach Art der Wirthe
Man leeren mit den Wirthen nur.
Befrage um des Glückes Absicht
Das Loos; vielleicht kann seiner Zeit
Auf diesem Tummelplatz man schlagen
Den Spielball der Gelegenheit.
An Reichthum fürstlicher Paläste
Hat Antheil nicht der arme Mann:
Nichts hab' ich als die alte Kutte,
Die man in's Feuer werfen kann.
In Liebe, Jugend und im Trunke
Besteht der Wünsche theures All:
Ist der Gedanke Licht geworden,
Kann schlagen man der Rede Ball.
Was Wunder, wenn dein Haar, gleich Räubern,
Geplündert hat mein Wohlergeh'n?
Leicht kann man hundert Karawanen,
Bist *du* der Räuber, plündern seh'n.
Aus Scham verberg' ich mich im Schleier:
Gib, Schenke, deine Huld mir kund;
Weil dann, wo möglich, ein paar Küsse
Ich drücken kann auf jenen Mund;

Und wenn der Schatten meines Freundes
Auf meiner Augen Bache ruht,
Kann ich den Staub auf seinem Wege
Begiessen mit der Wasserfluth.
Sein Recht kann man dem Worte zollen
Durch Wissen, Einsicht und Verstand
Und kann – sind diese erst beisammen –
Den Spielball schleudern, kunstgewandt.
Dir kömmt mein Wuchs, der tiefgebeugte,
Wohl nur verächtlich vor; allein
Es kann der Pfeil aus diesem Bogen
Dem Feindesaug' verderblich sein.
Erschliesst sich nur ein einz'ges Pförtchen
Durch seines Liebesglückes Hand,
So kann voll Hoffnung jeder Scheitel
Sich legen auf der Schwelle Rand.
Hafis, komm um des Koran's willen
Von Gleissnerei und List zurück,
Dann kann vielleicht mit den Getreuen
Man spielen mit dem Spielball: »*Glück*.«

111.

Es hat der Wein zum zweiten Mal
Mich meiner *Hand entrückt*,
Und durch sein Schmeicheln ist der *Sieg*
Ihm über mich *geglückt*.
Gezollt sei tausendfacher Dank
Dem rothen Wein dafür,
Dass er das Gelb aus dem Gesicht
Hinweggenommen mir.
Die Hand verehr' ich, die zuerst
Die Traube hat gepflückt,
Und nimmer gleiten soll der Fuss,
Der sie zuerst zerdrückt!
Es schrieb das Wörtchen: »*Liebe*« mir
Das Schicksal an das Haupt;
Zu streichen was das Schicksal schrieb,

Ist nimmermehr erlaubt.
O prahle doch mit Weisheit nicht,
Denn, rückt der Tod heran,
So stirbt ein Aristoteles
So wie der dümmste Mann.
O Frömmler, geh' und halte mich
Nicht für gering und klein:
Denn, was ein Gott erschaffen hat,
Kann ja gering nicht sein.
Nicht *also* eingerichtet sei
Dein Lebenswandel hier,
Dass man einst sage wenn du stirbst:
»Er starb gleich einem Thier.«
Berauscht von Einheit aus dem Glas
Des Urvertrag's wird sein,
Wer da getrunken, wie *Hafis*,
Vom lauter'n, reinen Wein.

112.

Entwirft man jemals zarte Verse,
Wenn Trauer das Gemüth befällt?
Dies hier ist ein's der feinen Worte,
Die meiner Lieder Buch enthält.
Wenn einen Freiheitsring ich fände,
Geformt aus deines Mund's Rubin,
Wie einst dem Salomon, gehorchten
Mir hundert Reiche wohl durch ihn.
Nicht ziemt es dir dich zu betrüben
Ob deiner Neider Spott, o Herz!
Es liegt vielleicht bei näh'rer Prüfung
Dein eig'nes Wohl in diesem Scherz.
Wem's an Verstand gebricht, zu fassen
Die Bilder meiner Phantasie,
– Wär' selbst der Maler er aus China –
Ich kaufte seine Werke nie.
Dem Einen gab man Weinpocale,
Dem Ander'n gab man Herzensblut:

Denn so verfährt man in dem Kreise,
Wo man vertheilt das ird'sche Gut.
Das Rosenwasser und die Rose
Gehorchen ew'gem Schicksalsschluss:
Frei auf dem Markte zeigt sich *Jenes*,
Indess sich *diese* bergen muss.
Ganz unwahr ist es, dass an's Zechen
Hafis nicht fürder denken mag:
Denn jene früheste Bestimmung
Hat Geltung bis zum spät'sten Tag.

113.

Jener Freund, der meine Wohnung
Mir zum Peri-Sitz umschafft,
Ist vom Haupte bis zum Fusse
Perigleich untadelhaft.
Angesehen von Verständ'gen
Ist er, jener helle Mond,
Er, in dem die feinste Sitte
Und verliebte Schalkheit wohnt.
»Diese Stadt will ich beziehen«,
– Sprach das Herz – »hier ahn' ich Ihn«;
Doch es wusste nicht, das arme,
Dass er musste weiter zieh'n.
Es entriss Ihn meinen Händen
Ein Gestirn an Bosheit reich;
Wo ist Rath? Des Mondes Kreisen
Spielte mir den bösen Streich.
Fiel doch der Geheimnissschleier
Nicht allein von *meiner* Brust:
Denn seit dem Bestand des Himmels
Ist entschleiern seine Lust.
Schön sind eines Stromes Ufer
Und die Rosen und das Grün:
Weh', dass jene flücht'gen Schätze
Gar so schnell vorüber zieh'n!
Schöne Zeit, wo ich des Glückes

Mit dem Freund zu sein genoss,
Während zwecklos nur und thöricht
Mir die übrige verfloss!
Von der Eifersucht getrieben
Gibt der Sprosser sich den Tod,
Weil die Rose mit dem Oste
Koste um das Morgenroth.
Herz, verzeih' Ihm! denn ein Bettler
Bist und bleibst du immerdar,
Während Er im Reich der Schönheit
Erster Kronenträger war.
Was *Hafis* an Glückesschätzen
Je von Gottes Huld erhielt,
Wurde durch den Abendsegen
Und das Frühgebet erzielt.

114.

Das Schicksal gibt kein Zeichen mir
Von meines Freundes Munde:
Von dem verhüllten Räthsel gibt
Das Glück mir keine Kunde.
Mich tödtet Sehnsucht, denn dies Thor
Ist nimmer zu erreichen,
Und wär's erreichbar auch, so gibt
Der Pförtner mir kein Zeichen.
Für einen einz'gen Kuss von Ihm
Gäb' willig ich mein Leben:
Doch nehmen will Er dieses nicht,
Und jenen auch nicht geben.
Der Ost berührt Sein Haar; o sieh
Des niedrigen Himmels Schalten:
Das was dem Winde er gewährt,
Muss *mir* er vorenthalten!
Wenn auch den *Rand* nach Zirkelart
Umkreisen meine Schritte,
Lässt mich das Loos, dem Punkte gleich,
Doch nimmer in die *Mitte*.

Durch die *Geduld* gelänge ich
Zum *Zucker* wohl am Ende,
Wenn nur der Zeiten Tücke sich
Zu läng'rer Frist verstände.
Ich sprach: »Den schönen Freund zu schau'n
Will ich nun schlafen gehen.«
Allein *Hafisens* Ach und Weh
Lässt Ruhe nicht bestehen.

115.

Des Morgens kam das wache Glück
Und nahte meinem Kissen;
Es sprach: »Erhebe dich! es kam
Der *König* aller *Süssen*.«
»Leer' erst ein Gläschen und dann komm,
Berauscht, mit schwanken Schritten,
Auf dass du schauest, wie dein Bild
So hold herangeschritten.«
Gib, du o Mann der Einsamkeit,
Der Wohlgeruch verstreuet,
Vom Moschusrehe aus Chŏtēn
Uns Kunde, die erfreuet!
Es goss die Thräne Wasser hin
Auf der Verbrannten Wangen;
Die Klage kam als Trösterin
Zu Liebender Verlangen.
Gib, Schenke, Wein und sei nicht mehr
Um Feind und Freund in Sorgen:
Denn jener ging und dieser kam,
Somit sind wir geborgen.
Das Vöglein: »Herz« fliegt *wieder* nach
Der Braue, krumm wie Bogen;
O Taube, hüte dich: es kam
Der *Falke* angeflogen.
Die Frühlingswolke, die den Trug
Der Zeiten musste schauen,
Kam, Rosen, Sünbül und Jasmin

Mit Thränen zu bethauen.
Der Ost, der aus des Sprossers Mund
Hafisens Lied vernommen,
Kam, um das Königskraut zu schau'n,
Von Ambraduft umschwommen.

116.

Mitten im Gebete dacht' ich
An dein krummes Brauenpaar
Und es kam so weit, dass Klagen
Angestimmt der Betaltar.
Ford're nicht Geduld des Herzens,
Ford're Einsicht nicht von mir:
Jener Gleichmuth, den du schautest,
Ward ein Spiel der Winde hier.
Und der Wein ist klar, und trunken
Ist der Wiese Vogel jetzt;
Es erschien die Zeit der Liebe
Und die That ist festgesetzt.
Alles Treiben dieser Erde
Haucht mich an mit gutem Duft,
Und die Rose brachte Freude,
Freudig kam die Morgenluft.
Tugendbraut, das Schicksal stimme
Nicht zu Klagen dich und Gram:
Schmücke deiner Schönheit Kammer,
Denn es kam der Bräutigam!
Jedes Pflanzenmädchen pranget
Mit gar köstlichem Geschmeid':
Doch *mein* Liebchen kam mit Reizen,
Wie sie Gott allein verleiht.
Jeder Baum seufzt unter Lasten,
Trägt er Früchte doch und Ast;
O der glücklichen Zipresse!
Frei ist sie von Kummerslast.
Sänger, aus *Hafisens* Liedern
Singe uns ein zartes Lied,

Dass ich sage: »Mich gemahnt es
An die frohe Zeit, die schied.«

117.

Ihr Lustgenossen, löst den Knoten
Vom *Lockenhaar* des Freundes doch!
Wohl eine schöne *Nacht* ist diese:
Verlängert durch dies Band sie noch!
Ein trauter Kreis hat sich gebildet,
Versammelt sind die Freunde hier;
Drum les't das Sprüchlein: »*Wenig fehlte*,«
Dann aber schliesst des Saales Thür.
Den Liebenden und den Geliebten
Trennt eine Kluft, gar mächtig weit:
Denn wenn der Freund sich spröd erweiset,
So seid zu Bitten Ihr bereit.
Die Cither und die Harfe tragen
Mit lautem Ton die Lehre vor:
»Dem, was ein Eingeweihter kündet,
Dem horcht mit des Verstandes Ohr!«
Für Jeden, den in diesem Hause
Der Liebe Odem nicht durchweht,
Verrichtet, eh' er noch gestorben,
Auf mein Fĕtwā das Sterbgebet!
Die erste Weisung, die gegeben
Der Vorstand der Versammlung, heisst:
»Seid auf der Hut vor dem Gefährten,
Der sich nicht gleichgesinnt erweist.«
Bei meines Freundes Seele! Nimmer
Zerreisst den Schleier Euch der Gram,
Wenn Euer Herz des Schöpfers Gnaden
Vertrauensvoll entgegen kam;
Und tritt *Hafis* mit dem Gesuche
Um eine Gnade vor Euch hin,
So weiset an die holde Lippe
Des schmeichlerischen Freundes ihn.

118.

Liebe für der Jugend Reize
Fiel mir Altem in den Sinn:
Was im Herzen ich verborgen,
Fiel nun auf die Schwelle hin.
Meines Herzens Vogel suchte
Auf des Blickes Bahn sein Ziel:
Aber sieh, mein theures Auge,
Wem er in die Netze fiel?
Weh! Durch jene Moschushindin
Mit der schwarzen Augen Gluth
Fiel mir, gleich dem Moschusnabel,
In die Brust viel Herzensblut.
An dem Staube deines Gaues
Kam vorbei die Morgenluft:
Was nun fiel in ihre Hände,
Hat darum des Moschus Duft.
Seit dein Wimpernschwert erobernd
Sich den Weltbesitz erstrebt,
Fiel ein Haufe Todter nieder,
Die allein durch's Herz gelebt.
Wer doch diesen Wein so würzte,
Dass der Schenkenwirth sogar,
Roch er dessen Himmelsdüfte,
Hinfiel, aller Sinne bar?
Opferte er auch die Seele,
Wird kein Schwarzstein zum Rubin:
Eine niedrige Bestimmung
Fiel ihm zu vom Urbeginn.
Dieses Kloster der Vergeltung
Gab mir Proben oft und viel,
Dass, wer mit den Hefentrinkern
Je zerfiel, auch selber fiel;
Und ihm tritt ein Schmerz im Herzen
Endlich hemmend auf die Bahn:
Durch die Gluth, die, Herzen sengend,
Trock'nes fiel und Nasses an.

Wehe! Jener schlaue Vogel,
Der ein holder Sänger war,
Fiel, bethört von eitlem Wahne,
In die Netze der Gefahr;
Und *Hafis*, den Götzenhaare
Sonst gepflegt nach sich zu zieh'n,
Ist ein Kautz, ein sonderbarer,
Fiel auf's eig'ne Haupt nun hin.

119.

Was wär's, wenn eine Frucht ich pflückte
In deinem Garten – einen Kuss?
Was wär's, wenn ich bei deiner Fackel
Das Auge senkte auf den Fuss?
Was wär's, o Herr, wenn in den Schatten,
Den du Zipresse leih'st der Flur,
Ich, der von Sonnengluth Verbrannte,
Mich lagerte ein Weilchen nur?
Was wär's, o Siegelring Dschemschidens,
Der nur Monarchen ward verlieh'n,
Wenn deines Widerscheines Schimmer
Beschiene *meines* Ring's Rubin?
Sein Haus hat mein Verstand verlassen,
Und wenn's durch diesen Wein gescheh'n,
So hab' ich, was im Haus des Glaubens
Mit mir geschieht, vorausgeseh'n.
Des Königs und des Vogtes Liebe
Wählt' in der Stadt der Frömmler sich:
Was wär's, wenn eines Schönen Liebe
Für meinen Theil nun wählte ich?
Mir schwand die theure Zeit des Lebens
Bei der Geliebten und bei'm Wein:
Womit kömmt *jene* mir entgegen,
Und was bringt *dieser* einst mir ein?
Der Meister wusste, dass ich liebe
Und durch kein Wort verrieth er mich:

Was wär's, wenn nun *Hafis* auch wüsste,
In gleicher Lage sei auch ich?

120.

Brenne, Herz, denn durch dein Brennen
Wird was frommt zu Stand gebracht;
Hundertfaches Unglück weichet
Dem Gebet der Mitternacht.
Duld' es liebend, wenn ein holder
Perigleicher Freund dich schilt,
Weil ein einz'ger seiner Blicke
Hundertfache Qual vergilt.
Von der Erde bis zum Himmel
Zieht man *dem* den Schleier ab,
Der dem Glas', das Welten spiegelt,
Dienstbeflissen sich ergab.
Wie Messias neues Leben
Gibt der Liebe Arzt; allein
Wenn er dich nicht krank erblicket,
Wem verschreibt er Arzenei'n?
O vertraue deinem Gotte
Und verliere nicht den Muth!
Weil, wenn sich der Widersacher
Nicht erbarmt, doch Gott es thut.
Mich betrübt des Glückes Schlummer:
Stimmt vielleicht ein wacher Mann
Zur Eröffnungszeit des Morgens
Ein Gebet, ein frommes, an?
Keinen Duft der Freundeslocke
Roch *Hafis*, und brannte doch:
Doch zu diesem Glücke führet
Ihn vielleicht der Ostwind noch.

121.

Um dem alten Weinverkäufer
Glück zu wünschen, kam der Ost:
Denn es kam die Zeit der Freude,
Wo man schwelgt und trinkt und kos't,
Und die Luft ward zum Messias;
Ganz zu Moschus ward der Staub,
Alle Bäume grünen wieder,
Und der Vogel singt im Laub;
Auch den Herd der Tulpen brachte
So in Gluth der Frühlingswind,
Dass in Schweiss sich Knospen baden,
Rosen wie gesotten sind.
Horche nur mit klugem Ohre
Und geniesse fort und fort!
Rief in's Ohr doch eine Stimme
Mir des Morgens dieses Wort.
Nimmer weiss ich, was der Sprosser
Mit der freien Lilie sprach,
Die, hat sie auch zehn der Zungen,
Nimmer doch ihr Schweigen brach.
Darf sich je ein Ungeweihter
Einem trauten Kreise nah'n?
Gib den Deckel auf den Becher,
Denn es kam der Kuttenmann!
Komm zurück von der *Zerstreuung*,
Dass du magst *versammelt* sein:
Denn, wenn *Ahriman* verschwindet,
Tritt der *holde Engel* ein.
Will ein schönes Wort dir sagen,
Doch bring' reinen Wein erst mir:
»Schon entfernte sich der Frömmler
Und der Weinwirth ist nun hier.«
Aus dem Kloster in die Schenke
Lenkt *Hafis* die Schritte. Ei!
Kam vielleicht er zur Besinnung
Aus dem Rausch der Gleissnerei?

122.

Endlich *kam* des Märzes Wolke
Und es weht des Neujahrs Hauch;
Weingeld will ich und den Sänger,
Der »Es *kam*« mir sage auch.
Während alle Schönen kosen,
Schäm' ich meines Beutels mich;
Soll dies Schämen lang noch währen?
Frage ich, o Himmel, dich.
Noth an Grossmuth herrscht; verkaufe
Deiner *Wange Wasser* nicht;
Aber *Wein* und *Rosen* kaufen
Um die Kutte, sei dir Pflicht.
Es eröffnet meinem Glücke,
Wie es scheint, sich eine Bahn:
Denn, als gestern ich gebetet,
Brach der *wahre* Morgen an.
Hunderttausendfältig lächelnd
Kam die Rose auf die Flur:
Traf sie denn in einem Winkel
Eines Edlen duft'ge Spur?
Riss durch's Zechen auch in Stücke
Mir der Saum; mich kümmert's nicht;
Auch das Kleid durch guten Namen
Zu zerreissen heischt die Pflicht.
Sprach von deinen holden Lippen
Irgend wer so schön wie ich?
Haben deine Lockenhaare
Irgend wen verfolgt wie mich?
Nimmt sich um verliebte Dulder
Der gerechte Fürst nicht an,
Gibt es keinen stillen Klausner,
Der auf Ruhe hoffen kann.
Wer den Liebespfeil entsandte
Auf *Hafis*, ich weiss es nicht;
Das nur weiss ich: Blut entträufet
Seinem blühenden Gedicht.

123.

Wohl bekomme es dem Ssofi,
Trinkt mit Maass er seinen Wein,
Und wo nicht, so falle nimmer
Ihm ein solches Treiben ein.
Wessen Hand auch nur ein Schlückchen
Wein's zu geben ist im Stand,
Um das Liebchen seines Wunsches
Schlinge traulich er die Hand!
»Fehlerlos ist – sprach mein Alter –
Was dem Schicksalsrohr entquoll.«
Ehre seinem reinen Blicke:
Fehler deckt er nachsichtsvoll.
Willig lieh der Schah der Türken
Einst sein Ohr der Kläger Schaar;
Siäwüschens Blut bezeuge
Seine Schande immerdar!
Seinem Flaum und Seinem Maale
Hielt mein Aug' den Spiegel hin;
Immer küsse meine Lippe
Auf die Brust und Schulter Ihn!
Hat aus Stolz er mit mir Armen
Auch kein Wort gesprochen noch,
Seinem süssen stummen Munde
Opfre ich die Seele doch.
Wenn Sein trunk'nes Schmeichlerauge
Auch aus vollem Glas das Blut
Der verliebten Männer tränke,
Nun, auch dann bekomm's Ihm gut!
Weltberühmtheit gab's *Hafisen*,
Dass er *dich* zum Herrn erkor:
Prange drum ihm deine Locke
Als der Knechtschaft Ring am Ohr!

124.

Welch' ein Lärm, o Herr, brach Morgens
In dem Gau der Schenke aus?
Liebchen, Schenke, Licht und Fackel,
Alles war in Saus und Braus;
Man besprach sich über Liebe,
Die nicht Zeichen braucht noch Schall.
Bei der Flöte sanften Klage
Und der Pauke lautem Hall.
Was in jenem tollen Kreise
Man Erwähnungswerthes fand,
War erhaben über Schulen
Und gelehrter Fragen Tand.
Dankbar ist mein Herz dem Schenken
Für die Freundlichkeit des Blick's:
Doch beklagt es sich ein wenig
Über Ungunst des Geschick's.
Jenes kühne Gauklerauge
– Analogisch schliesse ich –
Führte Tausende von Zaub'rern,
So wie einst Sămīr mit sich.
»Weise – sprach ich – meiner Lippe
Nur ein einz'ges Küsschen an!«
Lächelnd sprach Er: »Hast du jemals
Ähnliches mit mir gethan?«
Glück lässt mein Gestirn mich hoffen,
Weil ich gestern Abends fand,
Dass dem Monde gegenüber
Meines Freundes Wange stand.
Freundesmund heilt alle Schmerzen,
Meinte stets *Hafis*; allein
Als dies Mittel ich versuchte,
War's, o Jammer, gar so klein!

125.

Ein paar Gläser fand ich gestern
Unverhofft zur Morgenstunde,
Und der Wein in ihnen schmeckte
Süss mir, gleich des Schenken Munde.
Zu dem holden Weibe: »Jugend,«
Das ich lange schon verstossen,
Wollt' im Rausch ich wiederkehren:
Doch die Scheidung blieb beschlossen.
Fern von jenem trunk'nen Auge
Wollt' ich einen Winkel finden:
Aber seine krumme Braue
Machte die Geduld mir schwinden.
Traumausleger, deute Gutes!
Theilte doch mit mir die Sonne
In des Morgens süssen Schlummer
Gestern des Vereines Wonne.
Wo ich je noch hingekommen
Auf des Pfades Stationen,
Mussten Heil und Augenspiele
Immer abgesondert wohnen.
Reich' mir Glas auf Glas, o Schenke,
Denn die auf dem Pfade wallen
Und nicht liebend hingekommen,
Sind der Heuchelei verfallen.
Eben als die Hand *Hafisens*
Dieses wirre Lied geschrieben,
Wurde sein Gedankenvogel
In der Sehnsucht Netz getrieben.

126.

Käme jener Himmelsvogel
Wieder in mein Haus geflogen,
Fänd' ich Greis vom Leben wieder
Was davon vorbeigezogen.
Diese regengleichen Thränen

Lassen mich die Hoffnung nähren,
Der entschwund'ne Blitz des Glückes
Werde einst noch wiederkehren.
Jener, dessen Staub der Sohle
Mehr mir galt als Diademe,
Würde mich zum Kaiser machen,
Wenn zu mir er wieder käme.
Wenn ich nicht der Seele Perle
Zu des Freundes Füssen streute,
Diente sie zu etwas wieder,
Das mich mehr als dieses freute?
Seinen Tritten will ich folgen,
Und ich schwör' es, theure Brüder,
Falls ich selbst nicht wieder käme,
Kömmt von mir doch Kunde wieder.
Harfenklang und Morgenschlummer
Liessen nicht zu mir Ihn kommen,
Während sonst Er wiederkehrte,
Wenn er früh mein Ach vernommen.
Eines Neubeglückten Pauke
Schlag' ich auf dem Dach der Ehre,
Seh' ich, dass mein unverreister
Mond zur Heimath wiederkehre.
O *Hafis*! Mich treibt's zu schauen
Meines Königs Mondeswange:
Betet, dass er wohlbehalten
Wieder heim zu mir gelange!

127.

Ein Stern erglänzt' und ward zum Mond,
Der ganz den Saal erhellt
Und meinem scheuen Herzen sich
Gar freundlich hat gesellt.
Mein Holder ging in Schulen nie,
Auch schreiben lernt' er nicht:
Doch hundert Professoren gab
Sein Auge Unterricht.

Ganz ausgebauet steht nun da
Der Liebe Wonnehaus:
Des Freundes Brauenbogen war
Der Architekt des Bau's.
Dein Kosen reichte Liebenden
Wein von so selt'ner Art,
Dass Kenntniss zu Unwissenheit,
Verstand zu Tollheit ward.
Mach' dir um Gotteswillen doch
Die Lippe rein von Wein:
Denn tausend Sünden dringen schon
Versuchend auf mich ein.
Es wies den Vorsitz auf der Bank
Nunmehr der Freund mir an;
Sieh da, den Bettler aus der Stadt
Erhob zum Fürsten man.
Das kranke Herz Verliebter weiht,
Dem Oste gleich, für Ihn
Dem Auge der Narzisse sich,
Der Wange des Něsrīn.
Lenkt, Freunde, Euren Zügel nicht
Hin auf der Schenke Bahn:
Kam doch *Hafis*, der sie betrat,
Dort als ein Bettler an;
Er hatte *Kjěichŏsrēw*'s Pocal
Und *Chiser*'s Quell im Sinn
Und von des *Reitervaters* Wein
Zu kosten ging er hin.
Wie Gold ist köstlich an Gehalt
Mein Lied; und in der That,
Dies Kupfer wurde nur zu Gold,
Weil's Fürstenbeifall hat.

128.

Wer ist's, der mir die Treue wahrt
Dem Edelsinn zu Liebe,
Ein Bischen Gutes mir erweist,
Wenn ich auch Böses übe;
Bei Harfen- und bei Flötenton
Zuerst den Freund mir kündet
Und dann bei'm Weinpocale sich
In Treue mir verbindet?
Am Holden, der mich tief gekränkt
Und mir das Herz entzogen,
Verzweifl' ich nicht; es wird vielleicht
Sein Herz mir noch gewogen.
Ich sprach: »Den Knoten löste ich
Noch nie von jenen Haaren.«
Er sprach: »Ich liess mit Diebeslist
Sie gegen dich verfahren.«
Der rauhe Mann im woll'nen Kleid
Vernahm noch nichts von Liebe;
Erkläre ihm des Rausches Sinn,
Weil er sonst nüchtern bliebe.
Mir unbekanntem Bettler kann
Ein solcher Freund nicht passen:
Mit Gassenzechern wird ein Fürst
Nicht im Verborg'nen prassen.
Leicht kann mich jenes Ringelhaar
Beleid'gen allerwegen:
An Banden und an Ketten ist
Dem Schelme nichts gelegen.
Gar zahlreich ist des Grames Heer:
An's Glück will ich mich wenden,
Und *Fāchrĕddīn Abdūs-Sămēd*
Wird Trost im Grame spenden.
Vor Seinem ränkevollen Aug'
Sollst du, *Hafis*, dich wahren;
Ist jenes Haar doch, schwarz wie Nacht,
In Listen sehr erfahren.

129.

Nichts ab billig ist es, sehnet
Sich mein Herz nach Moschuswein;
Denn nicht guten Duft verhauchen
Gleissnerei und frommer Schein.
Wenn mir auch die ganze Erde
Das Gefühl der Liebe wehrt,
Werd' ich doch nur immer handeln,
Wie's des Herrn Geheiss begehrt.
Hoffe auf der Gnade Segen,
Denn die Grossmuth und die Huld
Blickt mit Nachsicht auf die Sünde
Und verzeiht der Liebe Schuld.
In dem Ringe des Gebetes
Weilt mein Herz und hofft dabei
Von des Freundes Lockenhaare,
Mache bald ein Ring sich frei.
Du, dem Schönheit Gott gegeben
In dem Brautgemach der Gunst,
Brauchst du erst geschmückt zu werden
Durch der Kräuslerinnen Kunst?
Hold und schön ist Luft und Wiese,
Rein und lauter ist der Wein;
Was nunmehr noch nöthig wäre:
Ist ein frohes Herz allein.
Diese Welt – magst du's bedenken –
Ist zwar eine schöne Braut,
Aber dies verhüllte Mädchen
Ward noch keinem angetraut.
Von Zipressen und von Tulpen
Bleibt dies grüne Feld nie leer:
Ist die Eine hingegangen,
Kömmt die And're wieder her.
Frag' um meine Bettlersitten
Nicht das Herz und blick' um dich:
Denn von jedem Ding auf Erden
Zeigt das Bild im Spiegel sich.

Scherzend sagt' ich Ihm: »Was wär' es,
Mondeswange, schenktest du
Diesem herzenswunden Manne
Durch ein Bischen Zucker Ruh'?«
Lachend sprach Er: »Gott zu Liebe,
Freund *Hafis*, gestatte nicht,
Dass ein Kuss von dir beflecke
Je des Mondes Angesicht.«

130.

Keinem, der aus deinem Gaue
Geht mit zornerfülltem Sinn,
Geht, was er beginnt, von Statten,
Und in Schande geht er hin.
Höh'rer Leitung Licht begehre
Wer zum Freunde sucht die Bahn:
Denn, wenn er den Irrweg gehet,
Langt an keinem Ziel er an.
Nimm ein Pfand vom Wein und Liebchen
An dem Schluss der Lebenszeit:
Weh der Zeit, die da vergehet
Ganz und gar in Müssigkeit!
Leiter du des irren Herzens,
Lass mich Gott um Beistand fleh'n!
Kennt der Fremdling nicht die Strasse,
Muss er unter Leitung geh'n.
An dem Schicksalsringe hangen
Mässigkeit und *Rausches*lust;
Wie am Schluss' es ihm ergehe,
Hat noch Keiner je gewusst.
Führt den Zug der Karawane
Gottes Schutz nach einem Ort,
Macht sie prunkend Halt und gehet
Majestätisch weiter fort.
Fülle aus dem Weisheitsquelle
Dir, *Hafis*, ein Gläschen an:

Fort aus deines Herzens Brette
Geht das Bild der Thorheit dann.

131.

Der Ostwind brachte süssen Duft
Vom Freundeshaar zur Morgenzeit;
Er brachte das so volle Herz
Mir neuerdings in Thätigkeit.
Ich riss mir jenen Pinienzweig
Aus meines Busens Gartenflur:
Denn jeder Blüthe Seines Gram's
Entspross die Frucht der Leiden nur.
Aus Furcht vor Seiner Liebe Raub
Ergriff mein blut'ges Herz die Flucht;
Doch Blut vergoss es auf dem Weg',
Und seine Spur ist's, die Er sucht.
Es hat der Mond – ich sah es klar
Vom Dache, das Sein Lustschloss deckt –
Aus Scham vor jenem Sonnenlicht
Sich hinter eine Wand versteckt.
Des Sängers und des Schenken Wort
Lockt mich zuweilen vor das Thor:
Denn schwer dringt auf der rauhen Bahn
Der Bote einer Nachricht vor.
Geschenke meines Seelenfreund's
Sind laut're Huld und Gnade nur:
Er spende einen Rosenkranz,
Er bringe eine Christenschnur.
Es lohn' es Seiner Braue Gott!
Denn ob sie gleich mich schwach gemacht,
So hat sie doch durch Freundlichkeit
Auch Trost dem kranken Mann gebracht.
O frohe Zeit, in der das Herz
Sich Seines Haares Knotenband
Entzog und so ein Werk vollbracht,
Das selbst des Feindes Beifall fand.
Der Ostwind, weil er Eifersucht

Vor meines Freundes Haar verspürt,
Schlug allen Moschus in den Wind,
Den er der Tatarei entführt.
Ich staunt', als gestern bei *Hafis*
So Glas als Becher ich gewahrt;
Allein ich stritt darüber nicht:
Bracht' er sie doch auf Ssofiart.

132.

Wer Ruhe des Gemüth's besitzt
Und einen zarten Freund,
Dem Glücke hat er sich gesellt,
Der Seligkeit vereint.
Des Liebesheiligthumes Thron
Reicht über den Verstand
Und seine Schwelle küsset nur
Wer Muth zum Sterben fand.
Wohl scheint das Siegel Salomon's
Sein enger, süsser Mund:
Beherrscht ja Sein Rubinenring
Das ganze Erdenrund.
Von Moschus hat Er einen Flaum
Und Lippen von Rubin;
Und da er dies und jenes hat,
So schwärme ich für Ihn.
So lang du *auf* der Erde weil'st,
Benütz' die Kräfte gut,
Da viele Unkraft durch die Zeit
Tief *in* der Erde ruht.
O Reicher, blick' verachtend nicht
Die schwachen Dürft'gen an:
Den ersten Platz im Ehrensaal
Hat ja der Bettelmann.
Der Seele und des Leibes Noth
Wird durch's Gebet gelähmt:
Wem frommt die Garbe, wenn sie sich
Des Ährenlesers schämt?

Erkläre, Ostwind, mein Gefühl
Dem Schönheitsfürsten du,
Ihm, der da hundert Sklaven zählt
Wie Dschem und Kjëïchösrū;
Und sagt er: »Keinen armen Freund,
Hafisen gleich, will ich,«
So sprich: »Wohl setzt ein Sultan auch
Zu einem Bettler sich.«

133.

Lang schon hat der Herzbesitzer
Keine Nachricht mehr gesendet,
Nicht ein Wörtchen mehr geschrieben,
Keinen Gruss mehr hergesendet;
Und ich schrieb wohl hundert Briefe,
Während doch an mich so wenig
Boten als Berichte sandte
Jener holde Reiterkönig.
Mir, der ich dem *Wilde* ähnlich
Des Verstand's verlustig gehe,
Sandt' Er Niemand, der stolzierte
Gleich dem *Repphuhn* oder *Rehe*.
Wusst' Er auch, mein Herzensvogel
Würde meiner Hand entweichen,
Sandt' Er doch kein Netz, geflochten
Aus der Schrift, der kettengleichen.
Wehe! Jener trunk'ne Schenke,
Mit dem Mund, der Zucker spendet,
Wusste mich berauscht und dennoch
Hat er mir kein Glas gesendet.
Sprach ich auch von heil'gen Stätten
Und von Wundern stolze Worte,
Sandte Er doch niemals Kunde
Mir von irgend einem Orte.
Sei, *Hafis*, ja stets bescheiden:
Denn dir ziemt es nicht zu rechten,

Wenn der König keine Kunde
Sandte einem von den Knechten.

134.

Du, dess' Mundpistazie lächelt,
Wenn vom Kandel man erzählt!
Lächl' Einmal um Gotteswillen
Süss auf mich, den Sehnsucht quält!
Spricht mein Freund mit süssem Lächeln,
Wer, Pistazie, rühmt dann dich?
Mache dich um Gotteswillen
Vor dir selbst nicht lächerlich!
Deine *Höhe* zu besprechen
Wagt der Thuba nimmermehr:
Darum lass davon mich schweigen,
Stiege doch das Wort zu sehr.
Magst du deinen Zorn mir zeigen,
Magst du schmälen gar auf mich,
Nimmer traue ich dem Manne,
Der da selbst gefallen sich.
Die Verwirrung meiner Lage
Wird wohl Jener nie gewahr,
Dessen Herz von diesen Banden
Nicht, gleich mir, gefesselt war.
Dass nicht *Bäche* Blutes treibe
Aus dem Auge dir der Schmerz,
Binde niemals an die Treue
Eines Menschen*sohn's* dein Herz!
Meiner Sehnsucht Markt erglühte!
Wo verweilt dies Sonnenlicht?
Seel' und Herz leg' ich als Raute
Auf sein feuriges Gesicht.
Weisst du – da von *Türken*wimpern
Du nicht leben magst *getrennt* –
Wo, *Hafis*, du wohnen solltest?
In Chărēsm und in Chŏdschēnd.

135.

Ich steh' nicht ab von dem Verlangen.
Bis dass ich meinen Wunsch erreiche,
Der Leib dem Seelenfreund sich eine,
Wo nicht, dem Leib die Seel' entweiche.
Nicht kann nach Art der Ungetreuen
Stets einen ander'n Freund man lieben:
Mich fesselt *Seines* Gaues Erde,
Bis seelenlos der Leib geblieben;
Und auf der Lippe schwebt die Seele,
Indess die Furcht das Herz verzehret,
Dass sich vom Leib die Seele trenne,
Eh' ihr Sein Mund den Wunsch gewähret.
Es fühlt beengt sich meine Seele
Aus Lust nach Seines Mundes Spenden:
Nie fügt sich ja Sein Mund dem Wunsche
Der Eigner von so engen Händen.
Erschliesse meines Grabes Pforte,
Werd' ich dem Tode einst zu eigen,
Und sieh durch meines Busens Feuer
Dem Leichentuche Rauch entsteigen!
Erhebe dich, dass auf der Wiese
Durch deines Wuchses hohes Streben
Zipressenbäume Früchte tragen
Und nied're Sträuche stolz sich heben.
In Hoffnung auf der Flur zu finden
Sie, deiner Wange Bild, die Rose,
Erscheint der West und schwärmt beständig
Im Kreis herum auf grünem Moose.
Entschlei're dich, auf dass die Leute
Verblüfft und staunend auf dich schauen;
Erschliess' den Mund, auf dass um Hilfe
Die Männer rufen und die Frauen!
An jedem *Bruche* deines Haares
Sind fünfzig Angelchen zu sehen:
Wie soll dies Herz, bereits *gebrochen*,
Noch jenem Bruche widerstehen?

Man hört im Heer der Liebeshelden
Beständig loben nur und preisen
Hafisens Namen, wo er immer
Ertönet in gesell'gen Kreisen.

136.

Hat mit Mond und mit Plejaden
Man verglichen dein Gesicht,
So geschah's vermuthungsweise:
Denn dein Antlitz sah man nicht.
Nur ein Theilchen jener Liebe,
Die mir ganz verwirrt den Sinn,
Sind die zärtlichen Geschichten
Von Fĕrhād und von Schïrīn.
Schenke, gib mir Wein! Kein Sinnen
Hemmt der Ewigkeit Beschluss
Und verändern lässt sich nimmer
Was bestimmt geschehen muss.
Keine lange Augenwimper
Und kein Blick, der zaubern kann,
That was jene Moschuslocke
Und das schwarze Maal gethan.
Sieh' der Zecher ird'ne Schale
Nicht verachtend an; fürwahr
Jenem Glas, das Welten zeiget,
Dienet diese Trinkerschaar.
Ob ein Thor wohl je zum Weibe
Sich der Rebe Tochter nimmt,
Der die Barschaft des Verstandes
Ward zum Brautgeschenk bestimmt?
An der Gnadenschale Hefe
Hat nicht Theil des Staubes Mann:
Sieh was elenden Verliebten
Grausames man angethan!
Keine Krähe und kein Rabe
Ist der Jagd und Fessel werth:
Nur der Adler und der Falke

Wird auf solche Art geehrt.
Staub vom Gau der Schönen hauchet
Uns mit Lebensdüften an:
Hier durchwürzen sich Verliebte
Des Verstand's Geruchsorgan.
Der Beschreibung deiner Güte
Widmete sein Lied *Hafis*,
Und es war, wo man's vernommen,
Echten Beifall's auch gewiss.

137.

Geformt, o Bild, nach schönen Formen
Ward deine reizende Gestalt,
Und mit der süssen Seele Farbe
Scheint deine Lippe hold gemalt.
Den grünen Flaum um deine Wange
Fand ich gar reizend und gar schön:
Ein Schattendach aus Ambrastaube
Wähnt rings um Rosen man zu seh'n.
Das Kriegsheer deines Traumgebildes
Kam an; drum stellte jeder Mann
Ein Fest mit rothgefärbter Thräne
Im Lande seines Auges an.
Der Erste, der da Moschus streute,
Warst, deine Locke schüttelnd, du;
Doch schrieb man es der Blase China's,
Wiewohl mit grossem Unrecht, zu.
Ist's, Herr, dein Antlitz, das ich schaue,
Umringt vom reichen Mützenband,
Wie, oder reihte man Plejaden
Rings um des hellen Mondes Rand?
Nur Schild'rung war's von *meiner* Liebe
Und *Seinem* schönen Angesicht
Was von Fĕrhād und von Schīrīnen
Man oft gesungen im Gedicht.
Hafis, sprich Wahrheit nur; ich meine:
Nur das was Liebe dir vertraut!

Ein Wahnbild ist ja alles and're
Und auf Vermuthung nur gebaut.

138.

Es entströmt ein Duft von Moschus
Dem Chŏtēn der Morgenluft;
Aber welche Luft ist diese,
Die da hauchet *deinen* Duft?
Mit chŏtēn'schen Moschusdüften
Weht der Abendwind mich an:
Sollte eine Karawane
Aus Chătā's Gebiete nah'n?
Sein bin ich, so lang die Seele
Nicht verlässt des Körpers Haus;
Horche mir, denn meine Rede
Strömt den Duft der Treue aus.
Herz, mach' Seinem Gramespfeile
Keinen Schild aus deiner Brust;
Schliess' das Aug', denn aus den Lüften
Kommt der Strahl dir unbewusst.
Es erkundigt deine Braue
Liebevoll sich stets um mich;
Sie, die Kaiserin, erinnert
Freundlich eines Bettlers sich.
Tief versank dein Fuss im Thone,
Weil ich gar so viel geweint:
Drob der Mann in meinem Auge
Sich vor dir zu schämen scheint.
Sollst, *Hafis*, den Wein nicht meiden,
Kehrt die Rose doch zur Flur
Im Gefolg' von hundert Gaben
Des Genusses wegen nur.

139.

Erinnert Euch an jenen Tag,
Den wir Genüssen weihten;
Erinnert Euch, erinnert Euch
An jene frohen Zeiten!
Der Gaumen ward durch bitter'n Gram
Mir wie von Gift durchdrungen:
Erinnert an die Zecher Euch,
Die laut und süss gesungen!
Ist auch Erinnerung an mich
Den Freunden nicht geblieben,
Ein tausendfach: »*Erinnert Euch*«
Bring' dennoch ich den Lieben.
Ich habe mich nunmehr verstrickt
In dieses Unglück's Ketten:
Erinnert Euch an Jene, die
Mich dankbar wollten retten!
Nie soll, wenn hundert Flüsse auch
Sich meinem Aug' entwinden,
Erinn'rung an den Sīndĕrūd
Und seine Gärtner schwinden!
Ich weiss mir wahrlich keinen Rath
Dem Grame zu entweichen:
Erinnert Euch an Jener Thun,
Die jeden Gram verscheuchen!
Geheimnisse *Hafisens* soll
Kein Wort mehr offenbaren;
Erinnert Euch an Jene nur,
Die ein Geheimniss wahren!

140.

Wunderbare Melodien
Stimmt der Liebe Sänger an;
Jede Weise seines Sanges
Führt auf eine and're Bahn.
Von verliebter Klage bleibe

Nimmer frei das Weltenall,
Denn gar lieblich ist ihr Tönen,
Und gar fröhlich ist ihr Schall.
Zwar mein alter Hefentrinker
Hat nicht Kräfte mehr noch Gold;
Doch ein Gott ist ihm geblieben,
Huldreich und der Nachsicht hold.
Halte stets mein Herz in Ehren!
Diese Zuckerfliege hat,
Seit nach dir sie ausgeflogen,
Huma's reichen Federnstaat.
Nur gerecht wär' es zu nennen,
Früge einen Bettelmann,
Der sein Nachbar ist, ein Kaiser
Freundlich, ob er helfen kann?
Meine blut'ge Thräne zeigte
Ärzten ich; sie sagten mir:
»Deine Krankheit ist die Liebe,
Herzensbrand nur heilt sie dir.«
Sei nicht grausam wie die Wimper:
Auf dem Pfad der Liebe hat
Jede Handlung ihren Segen,
Ihre Strafe jede That.
Jener Christensohn, der schöne
Weinverkäufer sprach gar zart:
»Trinke auf das Wohl des Mannes,
Der sich Klarheit hat bewahrt!«
Fürst! An deiner Pforte sitzend
Sprach ein Fātīhā *Hafis*
Und von deiner Zunge hofft er
Einen Segenswunsch gewiss.

141.

Kein Liebchen in der ganzen Stadt
Vermochte es mein Herz zu rühren;
Das Schicksal wird, ist es mir hold,
In diesem Ort mein Bündel schnüren.

Wo weilt ein Zechfreund, trunken, schön,
Und dessen Edelsinn man kenne,
Auf dass vor ihm der Liebende
Den Namen seines Wunsches nenne?
Klar sehe ich, du wissest nicht
O Gärtner, was der Herbst bedeute?
Weh jenem Tag, an dem der Wind
Die Rose dir entführt als Beute!
Des Schicksal's Räuber schlummert nie,
Drum wolle dich nicht sicher glauben:
Denn wisse, dass wenn *heute* nicht,
So wird er *morgen* dich berauben.
All' diese Puppen stets im Sinn,
Treib' ich ein Spiel mit Leidenschaften:
Ein Mann von Einsicht lässt vielleicht
Auf ihnen seine Blicke haften.
Was sich durch vierzigjähr'ge Frist
Mein Herz erwarb an Kunst und Wissen,
Geraubt – so fürcht' ich – wird es mir
Durch jene trunkenen Narzissen.
Sei unbesorgt; die Zauberei
Wird nie an Wunderkraft sich schmiegen:
Wo wäre ein Sămīr im Stand
Die Hand, die weisse, zu besiegen?
Zwar weilen auf der Liebe Bahn
Im Hinterhalt die Bogenschützen;
Doch überflügelt stets den Feind
Wer seinen Vortheil weiss zu nützen.   667
Der grünliche Pocal des Wein's
Ist wie ein Damm für enge Herzen:
Lass ja ihn nimmer aus der Hand,
Sonst schwemmt dich fort der Strom der Schmerzen.
Sollt' eines Freundes trunk'ner Blick,
Hafis, die Seel' von dir begehren,
So schaff' die Ander'n aus dem Haus'
Und lass dann willig ihn gewähren.   669

142.

Es strich die Welt, wie Brauenschminke,
Den Neumond auf des Festes Brau'n:
Drum ziemt es in des Freundes Braue
Den Neumond eines Fest's zu schau'n.
Es wurde, gleich des Neumond's Rücken,
Gebrochen meine Hochgestalt,
Als sich mein Freund den Brauenbogen
Mit Brauenschminke frisch bemalt.
Verhülle dir das Antlitz nimmer
Und *flieh'* der Menschen Umgang nicht:
Schrieb doch den Vers: »*Es fehlte wenig*«
Der *Flaum* hin auf dein Angesicht.
Es scheint, der Westhauch deines Leibes
Kam Morgens an der Flur vorbei,
Denn, gleich dem Morgen, riss die Rose,
Dich ahnend, sich das Kleid entzwei.
Noch waren Harfe nicht und Cither,
Und Wein und Rose nicht, als schon
Mit Rebensaft und Rosenwasser
Geknetet war mein Körperthon.
Komm, dass ich dir den Gram erzähle,
Den Kummer, der mein Herz beschwert:
Die Kraft zum Sprechen wie zum Hören
Ist ohne dich mir ja verwehrt;
Und wär' der Kaufpreis deiner Liebe
Die Seele auch, ich kaufte sie:
Denn eines einsichtsvollen Käufers
Ermangeln schöne Dinge nie.
Vergiess' nicht meiner Thräne *Wasser*,
Denn, fern von dir und ohne dich,
Eilt sie, dem *Winde* zu vergleichen,
Und wälzt im *Staub* der Strasse sich.
Als ich den Vollmond deiner Wange
Im Locken*abend* ward gewahr,
Da schien die *Nacht* mir, gleich dem *Tage*,
Durch deine Wange hell und klar.

Mir trat die Seele auf die Lippe,
Doch meinen Wunsch erreicht' ich nicht;
Mein Hoffen fand sich schon am Ziele,
Am Ziele fand mein Wunsch sich nicht.
Es schrieb aus Lust nach deiner Wange
So manches Wort *Hafisens* Rohr:
Drum lies es nun in schöner Reihe
Und häng' als Perle es in's Ohr.

143.

Hafis, der einsam pflegt zu weilen,
Ging gestern nach der Schenke hin:
Gern gab er auf was er *beschlossen*,
Und nach dem *Becher* stand sein Sinn;
Ihm war erschienen ja im Traume
Das holde Liebchen: »Jugendglück«
Und wahnsinngleiche Liebe kehrte
In sein ergrautes Haupt zurück;
Als, Herz und Glauben überfallend,
Ein Kind des Wirth's vorüber schritt,
Da folgt' er, *fremd* für alles And're,
Nur jenes *Wohlbekannten* Tritt.
Es hat der Rosenwange Feuer
Des Sprossers Garbe aufgezehrt,
Das lachende Gesicht der Kerze
Dem Falter Unglück nur beschert.
Mein Weinen Abends und am Morgen
War nicht verloren, Gott sei Dank,
Weil jeder Tropfen meines Regens
Als selt'ne Perle niedersank.
Der tolle Ssofi, der da gestern
Den Becher und das Glas zerschlug,
Ward durch ein einz'ges Schlückchen Weines
Des Abends wieder weis' und klug.
Da das Narzissenaug' des Schenken
Den *Zaubervers* zu beten scheint,
So ward zur *zaub'rischen* Versammlung

Der Ring, der zum Gebet uns eint.
Es wurde jetzt *Hafisens* Wohnung
Zum kaiserlichen Festgemach:
Da ging das Herz dem Herzgeliebten,
Dem Seelenfreund die Seele nach.

144.

Von des Herzens und der Seele Tafel
Wird dein Bild mir nimmer weggewischt,
Wie auch deine wandelnde Zipresse
Nimmer im Gedächtniss mir erlischt.
Nicht entschwindet meinem wirren Hirne
Der Gedanke an dein Angesicht;
Selbst bei aller Unbild des Geschickes
Und bei aller Qual der Zeiten nicht.
Einen Bund mit deinem Lockenhaare
Schloss mein Herz im Urbeginn der Zeit
Und, in Ewigkeit nicht von ihm weichend,
Ist's zu halten den Vertrag bereit.
Alles was mein Herz enthält, das arme,
– Nur dein Kummer nicht, der schwer es drückt –
Wird entrückt einst werden diesem Herzen,
Aber *er*, er wird ihm nie entrückt!
In der Seele setzte und im Herzen
Deine Liebe sich so mächtig fest,
Dass, im Falle ich das Haupt verlöre,
Sie die Seele nimmer doch verlässt.
Wenn mein Herz der Schönen Spur verfolget,
So entschuld'ge seine Leidenschaft:
Schmerzen hat es; kann sich nicht enthalten
Dem zu folgen was ihm Heilung schafft.
Wer da will, dass ihm der Kopf nicht schwindle,
Was schon oft der Fall *Hafisens* war,
Der verschenke nicht sein Herz an Schöne
Und verfolge sie nicht immerdar.

145.

Deine Liebe ist ein Wunderbäumchen,
Dein Genuss das höchste Wunderziel;
Mancher stürzt in's Meer sich des Genusses,
Den zuletzt Verwund'rung überfiel.
Der Genuss vergeht wie der Geniesser,
Wo des Wunderns Wahngebild sich zeigt,
Was Verwund'rung wäre? hört' ich fragen,
Wo mein Ohr ich immer hingeneigt.
Zeig' ein Herz mir, dem auf Seinem Wege
Nicht Verwund'rung trat in's Angesicht;
Und besiegt ward durch's Gefühl der Ehrfurcht
Wer geschaut hat der Verwund'rung Licht.
Auch *Hafisens* Leib vom Haupt zum Fusse
Ist ein Wunderbäumchen bei'm Genusse.

146.

Mit entglühter Wange kam Er
Gestern Abends hergerannt:
Hat Er einem Gramerfüllten
Abermals das Herz verbrannt?
Das Ermorden des Verliebten
Und der Aufruhr einer Stadt,
Kleider sind's, die Seinem Wuchse
Trefflich angepasst Er hat.
Rautenkraut für Seine Wange
Scheint die Seele die Ihn liebt,
Sie, durch die er hell'res Feuer
Seinem Angesichte gibt.
Seiner Locken finst'rer Glaube
Fiel den wahren Glauben an
Und das Wangenlicht erhellet
Jenes Marmorherzens Bahn.
Blut errang mein Herz in Menge,
Doch das Aug' vergoss es dann:
Gott, o Gott, wer hat verloren,

Und wer war es der gewann?
Nicht um eine Welt verkaufe
Du den Freund; zu Schaden kam
Wer um schnödes Geld den Joseph
Zu verkaufen unternahm.
Sprach Er gleich: »Ich will dich schmählich
Tödten«, sah ich dennoch klar,
Dass Sein Blick mir Herzverbranntem
Heimlich zugewendet war.
»Wirf, *Hafis*, die Kutt' in's Feuer!«
Sprach Er hold, und hiess mich geh'n.
Wer, o Herr, hat Ihn gelehret
So auf Herzen sich versteh'n?

147.

Nicht bestimmt war's, dass da tödte
Diesen wunden Mann dein Schwert.
Deine Zauberwimper hätte
Dessen sonst sich nicht gewehrt.
Was besitzt dein Schönheitsspiegel,
Herr, für eine Eigenschaft,
Dass auf ihn mein Seufzer nimmer
Wirket mit gewohnter Kraft?
Deine *Locke* liess ich gleiten
Aus der Hand, ich toller Mann,
Und verdiente wohl, man legte
Ketten*ringe* drum mir an.
Zarter als dein Wuchs entsprosste
Keine *Pinie* dem Gefild,
Und die Welt kennt kein Gemälde
Schöner als dein holdes Bild.
Um, wo möglich, gleich dem Oste
Wieder deinem Haar zu nah'n,
Stimmt' ich gestern unablässig
Nächtliches Gestöhne an.
An der Schenke Thüren hob ich
Hocherstaunt das Haupt empor,

Denn kein Alter, dir Bekannter
Fand im Andachthaus sich vor.
Um der Qual, die du mir schafftest,
Zu entgeh'n, o Trennungsgluth,
Muss ich selber mich vernichten,
Wie es eine Kerze thut.
Ja, es ist *Hafisens* Kummer
Ohne dich ein *Vers der Pein*,
Der auch ohne Exegese
Jedem wird verständlich sein.

148.

Nach deiner Lippe sehnet
Das Herz sich gar so sehr,
O Herr, und deine Lippe
Was gab sie ihm bisher?
Den süssen Trank der Liebe,
Den Wein der Sehnsucht giesst
In's Herzensglas die Seele,
Bis dass es überfliesst.
Es hat die *düst're* Sehnsucht
Nach meines Freundes *Haar*
Im *Netz* des Missgeschickes
Ihr Wohnhaus immerdar.
Um sich ein Herz zu fangen,
Wirft Er mit schlauem Sinn
Ein Netz von zarten Veilchen
Auf eine Rose hin.
War es am Ende schicklich,
Dass ich die Frage that,
Was jener Herzensräuber
Für einen Namen hat?
Setzt je zu einem Freunde
Sich *Jener* traulich hin,
Dem Hohe oder Nied're
Beschädigen den Sinn?
O des beglückten Herzens,

Das morgen so wie heut
Der wonnigen Gesellschaft
Des Freundes sich erfreut!
Hafis, wie hoch entzückend
Ist ein gesell'ger Kreis,
Der, was zur Lust gehöret,
So ganz zu bieten weiss!

149.

Ich und Heil und fromme Werke!
Niemand glaubt doch wohl daran:
Denn bei'm Trunkenbold der Schenke
Hält dies Jeder nur für Wahn.
Diese alten Kleiderlappen
Werf' ich desshalb nur auf mich,
Dass ich Wein darunter berge,
Und es Niemand denke sich.
Sei auf's Wissen und auf's Handeln
Nimmer stolz, gelehrter Mann!
Weil doch Niemand seine Seele
Dem Geschick' entziehen kann.
Unbethört von Duft und Farbe
Leere du das Glas getrost:
Denn der Wirthe Wein nur reinigt
Dir das Herz vom Gramesrost.
Zwar, o Herz, ist es das Auge,
Das bei dir den Wächter macht:
Doch, dass dich der Wächter selber
Nicht bestehle, habe Acht!
Mühe dich mit regem Fleisse,
Hoffest du, o Herz, auf Lohn:
Denn es trägt, wer nichts vollbrachte,
Unverdient ihn nicht davon.
Rednern Worte vorzutragen,
Nimm, *Hafis*, dich wohl in Acht!
Perlen schenkt man keinem Meere
Und Juwelen keinem Schacht.

150.

Gestern sprach der alte Weinwirth:
(Seiner sei mit Dank gedacht!)
»Trinke Wein, um zu vergessen
Was dem Herzen Kummer macht.«
»Meinen Ruf und Namen – sprach ich –
Gibt dem Winde Preis der Wein.«
Und Er sprach: »Thu' wie ich sage
Und was sein soll möge sein!«
Capital, Gewinn und Schaden
Wird einst deiner Hand entgeh'n!
Darum soll dich auch kein Handel
Weder froh noch traurig seh'n.
Wind nur hältst du in den Händen,
Wenn dein Sinn nach Nicht'gem geht,
Hier, wo einst der Hauch der Winde
Salomonens Thron verweht.
Immer ist der Dorn der Rose
Und der Schmerz der Lust gesellt;
Welcher Ausweg kann da frommen?
Ist's ja das Gesetz der Welt.
Fülle dir mit Wein den Becher,
Horchend mit des Sinnes Ohr,
Trägt *Dschĕmschīd*'s und *Kiējkŏbādens*
Heldenthaten er dir vor.
Wenn, *Hafis*, der Rath der Weisen
Traurig dich gestimmt und bang.
Will ich *kurze* Worte machen
Und nur sagen: Lebe *lang*!

151.

Wem man einen Becher reichet
Voll von klarem rothen Wein,
In der heil'gen Engel Mitte
Räumt man einen Platz ihm ein.
Ssofi! schilt auf keinen Zecher;

Was der Sinn der Liebe war
Wird am letzten aller Tage
Trunkenbolden offenbar.
Schenke! Wein sollst du mir bringen,
Moschusduftend, rosenroth:
Hat doch mit vernünft'gen Leuten
Das Gesindel seine Noth.
Es geniesst des Lebens Freuden
An dem *heut'gen* Tage nicht
Jener, dem man die Genüsse
Für den *morgenden* verspricht.
Meiden wird *Hafis* gar willig
Selbst des Paradieses Flur,
Gibt man ihm im Heiligthume
Deiner Lieb' ein Plätzchen nur.

152.

Durch jenes Himmelsrades Kreisen
Gelangt mein Handeln nicht zum Heil;
Zu Blut ward mir das Herz im Schmerze,
Und Hilfe wird ihm nicht zu Theil.
Ich ward bereits zum Staub des Dorfes,
Gleich einem Hund; vergiess' auch noch
Das Wasser meines Angesichtes
Und Brod erschnapp' ich nimmer doch;
Nehm' ich von irgend einem Beine
In Anspruch nur das kleinste Stück,
So bleiben hunderttausend Scharten
An meinen Zähnen mir zurück.
Satt bin ich schon der eig'nen Seele
Durch meiner Freunde Herz; allein
Was kann der hilfentblössten helfen,
Trifft kein Befehl von Oben ein?
Es nahmen Jakob's beide Augen
Der Sehnsucht weisse Farbe an,
Und immer noch kömmt aus Ägypten
Kein einz'ger Laut nach Canaan.

Weil ich so sehr nach dir mich sehne.
Drückt mich der Herzensgram so *schwer*:
Ach, das, wornach mein Sehnen strebet,
Erreiche *leicht* ich nimmermehr!
Und bis nicht hunderttausend Dorne
Emporgesprossen auf dem Rain,
Gelangt von einem Rosenbaume
Kaum eine Rose in den Hain.
Von allem Unrecht, das die Zeiten
Je übten, ist dem edlen Mann
Der Schmerz genug, dass er die Hände
Nicht an die Seele legen kann.
Es hebt sich hoch bis zum Saturne
Durch Prunk empor der eitle Thor:
Vom edlen Mann hebt nur der Seufzer
Bis zum Saturne sich empor.
Hafis, Geduld nur sollst du üben,
Denn, wer auf seiner Liebe Bahn
Die eigene Seele nicht geopfert,
Kömmt nie bei'm Seelenfreunde an.

153.

O des beglückenden Momentes,
In dem der Freund uns wiederkehrt,
Uns wiederkehrt als Gramverscheucher,
Von Gramerfüllten heiss begehrt!
Ich führte meines Auges Schecke
Dem König Seines Wahnbild's vor,
Und hofft', dass jener Reiterkönig
Bald wiederkehre an mein Thor.
Es hüpft, erwartend Seine Pfeile,
Das Herz dem Wilde in der Brust,
Im Wahne, dass Er wiederkehre
Und sinne auf der Beute Lust.
Am Rande Seiner Strasse sitz' ich,
Dem Staube ähnlich, immerfort,
Mich sehnend, dass Er wiederkehre

Und hold betrete diesen Ort.
Ist meinem Haupt in Seinen *Schlägel*
Sich einzufügen nicht erlaubt,
Was *sprech'* ich dann vom Haupt? und kehret
Mir Nutzen wieder von dem Haupt?
Wenn mit der Spitze Seiner Locken
Ein liebend Herz ein *Bündniss* schloss,
So wähne nicht, ihm kehre wieder
Die *Ruhe*, die es einst genoss.
Im *Schooss* mir, gleich dem Meer, zu wogen
Wird meiner Thräne *dann* verwehrt,
Wenn in die *ausgestreckten* Arme
Mir Seine Lende wiederkehrt.
Was doch die Sprosser schon gelitten
Durch jedes Winters Grausamkeit,
In Hoffnung, dass da wiederkehre
Die jugendliche Frühlingszeit!
Hafis, ich hoffe zuversichtlich
Vom Schicksalsmaler kunstgewandt,
Dass mir mein Bild, schlank wie Zipressen,
Bald wiederkehre in die Hand.

154.

Auf dem Markt der Seelenspieler
Ruft man eine Kunde aus;
Hört sie, hört Ihr, die Ihr wohnet
Im Bereich des Liebchengau's:
»Schon so manchen Tag vermissen
Wir der Rebe Töchterlein:
Sie entfloh, um frei zu handeln:
Holt, o holt die Flücht'ge ein!
Von Rubin sind ihre Kleider,
Bläschen krönen ihr das Haupt;
Wahret Euch vor ihren Ränken,
Da sie Geist und Klugheit raubt.
Wer die Bittre bringt, dem geb' ich,
Statt Hälwā, die Seele hin;

Bärge sie der Schlund der Hölle,
Nun so dringet selbst in ihn.
Bitter ist sie, scharf und rosig,
Zecht, bleibt ganze Nächte aus;
Bringt sie, wenn Ihr sie gefunden.
Alsbald in *Hafisens* Haus!«

155.

Zur Rose sprach das Veilchen gestern
Und gab ein holdes Zeichen ihr:
»Den Glanz, den man an mir bewundert,
Gab eines Jemand's Locke mir.«
Mein Herz war ein Geheimnisskästchen,
Allein das Schicksal schloss gewandt
Den Deckel zu und gab den Schlüssel
In eines Herzensräubers Hand.
Ich schleppte mich zu deinem Thore
Wie nur ein krüppelhafter Mann:
Gab doch der Arzt als Heilungsmittel
Die Mumie deiner Huld mir an.
Den Wächtern sagt' Er, als vorüber
An mir Ihn führt des Weges Lauf:
»Weh, mein ermordeter Geliebter,
Welch' eine Seele gab er auf!«
Ein frohes Herz, ein kräft'ger Körper
Und gute Laune fehle nie
Demjenigen, der einem Schwachen
Die Hände gab und Beistand lieh!
Geh' hin, und heile dich erst selber,
Du, der so gut zu rathen weiss!
Wen gaben Wein und süsse Liebchen
Nur irgend einem Schaden Preis?
Hafisens Herz gleicht einem Schatze:
Geheimnissperlen füllen ihn;
Er gab davon durch deine Liebe
Schon eine Weltensumme hin.

156.

Meine Liebe ist kein Schwindel,
Den man aus dem Kopfe treibt,
Und kein Zufall meine Freundschaft,
Die dir unverändert bleibt.
Tief im Herz und Busen wohnen
Lieb' und Freundschaft mir zu dir,
Weichen, mit der Milch gesogen,
Mit der Seele nur von mir.
Eine Krankheit ist die Liebe,
Und je eifriger du dich
Sie zu heilen wirst bemühen,
Um so schlimmer zeigt sie sich.
Bin der Erste unter Jenen,
Die der Liebe Klageton
Hier in dieser Stadt allnächtlich
Senden zu des Himmels Thron.
Liess' ich alle meine Thränen
Fliessen in den Sīndĕrūd,
Ganz Irāk's verdorrte Saaten
Grünten frisch durch ihre Fluth.
Gestern in der Locken Mitte
Sah des Holden Wange ich:
So nur lagern finst're Wolken
Um den Mond im Kreise sich;
Und ich sprach: »Beginnen will ich
Mit dem Kuss.« Da sprach Er: »Nein;
Lass doch aus dem Skorpione
Erst den Mond getreten sein.«
Trinkst du Wein *Hafis* und denkest
Du dabei an Seinen Mund,
O so sorge, dass den Gegnern
Dies ja nimmer werde kund!

157.

Unterzöge Gott der Strafe
Alles was der Mensch verbrach,
Klagend stöhnten da die Räume
Und die Zeiten riefen: Ach!
Gleich sind *Berge* sich und *Halme*
Vor des Schöpfers Angesicht:
Bald ist mild er gegen *Berge*
Zieht bald *Halme* vor's Gericht.
Erdengross sind deine Sünden:
Wär' dir etwa unbekannt,
Wegen Sünden nur verfinst're
Sich der Mond am Himmelsrand?
Rein zwar ist dein Saum, in Wahrheit;
Doch wird deine Sündenlast
Morgen erst sich offenbaren,
Wenn der Kläger ihn erfasst.
Nachts will ich aus Schaam vor Sünden
Weinen ohne Unterlass,
So dass jene Nacht mein Betort
Ganz bekleidet wird mit Gras;
Naht der Abschied, will ich weinen,
So dass überall dem Freund
Meiner Augen Strom auf Reisen
Als ein Hinderniss erscheint.
Wenn ein König einem Menschen
Nach dem Leben strebt, *Hafis*,
Wer wohl hätte Muth und Kühnheit
Und verwies' dem König dies?

158.

Mir im Haupte dreht verborgen
Sich die Leidenschaft zu dir:
Sieh doch, was im wüsten Haupte
Sich für Dinge drehen mir!
Wer sein Herz an's *Schlägel*häkchen

Deiner Locke band, der muss
Einem *Balle* gleich sich drehen
Auf dem Haupt und auf dem Fuss.
Wenn auch jener Herzensräuber
Ungerecht mit mir verfuhr,
Folgt das Herz doch treu wie immer
Allenthalben seiner Spur.
Es zerreisst des Himmels Tücke
Und der Zeiten herbe Qual
Die Geduld, gleich einem Hemde,
Mir am Körper hundertmal;
Und mein armer Körper schwindet
Schwach und abgezehrt dahin,
Und schon zeigt, wie auf den Neumond,
Mit den Fingern man auf ihn;
Und der Sprosser meines Innern,
Seiner Rosenwange fern,
Sucht schon lange Zeit vergebens
Was ihn nähre: Laub und Kern.
Soll ich es noch öfters sagen?
Meide, Herz, der Lüste Spur:
Diese Lüste führen eben
Zu der Sünden Quell dich nur.
Tulpenwange mit dem Wuchse
Gleich Zipressen! Lust an dir
Lässt gar Viele wirr und schwindlig
Sich im Kreise dreh'n, gleich mir.
Es bewohnet, gleich dem Oste,
Deinen Gau *Hafisens* Herz:
Leidend ist's und hofft zu finden
Was da heile seinen Schmerz.

159.

Bei jedem Athemzuge stöhn' ich,
Berührt von deiner Trennung Hand,
Und wehe, wenn der Hauch der Winde
Mein Ächzen dir nicht zugesandt!

Wie sollt' ich kein Gestöhn erheben,
Kein Jammern und kein Wehgeschrei,
Wenn deine Trennung mich behandelt,
Wie nur dein Feind behandelt sei!
Nur Gram und Schmerz – wie wär' es anders? –
Sind meine Nahrung Tag und Nacht,
Denn, fern von deinem Blicke weilend,
Was hätte fröhlich mich gemacht?
Seitdem du mir, dem Herzverbrannten,
Verschwandest aus dem Angesicht,
Entfliesst dem Herzen manche Quelle,
Die blutig aus dem Auge bricht.
Wohl mehr als hundert Tropfen Blutes
Entträufeln jedem Wimpernrand,
So oft mein Herz beginnt zu stöhnen,
Berührt von deiner Trennung Hand.
Hafis, der Herzberaubte, tauchet
In dein Erinnern Tag und Nacht,
Indess du dich von diesem *Sclaven*,
Dem herzverlor'nen, *frei* gemacht.

160.

Könnte ich dereinst gelangen
Zum Genusse deiner Liebe,
Wüsst' ich nicht, was von den Sternen
Mir zu fordern übrig bliebe?
Ist's zu wundern, wenn Verliebte
Stets an deinem Thore lärmen?
Wo man Zucker hingestreuet,
Sieht man ja die Fliegen schwärmen.
Ist zum Morde des Verliebten
Wohl ein scharfer Stahl vonnöthen?
Schon ein einz'ger deiner Blicke
Wird mich Halbentseelten tödten.
Athmete ich bei dem Freunde
Einmal nur in beiden Welten,
Würd' als höchster Zweck dies Athmen

Mir in beiden Welten gelten.
Meines Glückes Hand erweiset
Sich zu kurz für mein Verlangen;
Nie wohl werde ich, o Zipresse,
Bis zu dir hinauf gelangen!
Bleibt ein Rettungsweg für Jenen,
Den du in die Fluth gestossen,
Wenn der Strom der Liebesleiden
Vor- und rückwärts ihn umflossen?
Ob Er auch schon tausend Male
Mich geseh'n und gut mich kenne,
Fragt Er doch, sieht Er mich wieder,
Wie sich dieser Jemand nenne?

161.

Die Sehnsucht nach dem Frühlingswinde
Trug an den Rand des Feldes mich;
Der Wind, der deinen Duft mir brachte,
Trug meine Ruhe fort mit sich.
Wo sich ein Herz befand, beirrte
Dein Aug' ihm seines Weges Spur;
Ich mit dem wunden, kranken Herzen
Bin's nicht allein, der dies erfuhr.
Es kam und nahm die *Silber*thräne
Das Nass, das meiner Wang' entrollt:
Wer diese Waare fortgenommen
Gab doch für Gold nur wieder Gold.
Dein Steinherz ward von meiner Thräne
Geschleudert an des Weges Rand:
Ein Strom ist an des Meeres Lippe
Den Stein zu tragen wohl im Stand.
Die Kette deiner Sehnsucht sperrte
Mir meine Wonne gestern Nacht.
Und wankend hat des Grames Truppe
Mir des Verstandes Heer gemacht.
Es überfiel des Türken Wimper
Mit seinen Bogenbrauen mich;

Die Hyacinthe der Zipresse
Trug mein Gepäck weit fort mit sich.
Mit Lebensspenden prahlte gestern
An deinem Mund das Weinglas dort;
Allein dein Mund, der Leben spendet,
Trug bald des Weines Wasser fort.
Behaupte vor *Hafisen* nimmer,
Schön klinge was der Sprosser spricht:
Man nennt ja vor dem Papageie
Des Tausendstimm'gen Namen nicht.

713

162.

Früh, als des Ostens Fürst die Fahne
Aufpflanzte auf der Felsenwand,
Da pochte an des Hoffers Pforte
Mein Freund mit des Erbarmens Hand.
Als es dem *Morgen* klar geworden,
Wie's um des *Himmels Liebe* steht,
Da kam er und verlachte alle,
Die sich im Glücke stolz gebläht.
Als sich mein Holder gestern Abends
Im Saal erhob zu Tanz und Scherz,
Da löst' er seiner Haare Knoten
Und schlang sie um der Freunde Herz.
Ich wusch mir von des Heiles Farbe
Die Hände rein im Herzensblut,
Sobald Sein weinerfülltes Auge
Die Nüchternen zur Tafel lud.
Welch' Eisenherz hat Ihn gelehret,
Auf solche Art verschmitzt zu sein?
Stürzt' Er am Ersten doch auf Jene,
Die Nachts sich dem Gebete weih'n.
An einen Königsreiter dachte
Das arme Herz und eilte fort:
Wer auf das Herz der Reiter zielet,
Den schütze du, allmächt'ger Hort!
Blut trinkend, opferten wir Seelen

Für Seiner Wange Glanz; doch Er
Stiess, als Er Seinen Zweck erreichte,
Zurück der Seelenopf'rer Heer.
Wie könnte ich in woll'ner Kutte
Mit einem Fallstrick Jenem nah'n,
Der, panzerhaarig, mit der Wimper
Selbst hin auf Mörder stürzen kann?
Auf des Monarchen günst'gem Würfel
Und seinem Segen weilt mein Blick:
Erfüll' den Herzenswunsch *Hafisens*,
Denn es versprach sein Loos ihm Glück.
Ein sieggekrönter König pranget
Schĕdschâ'ŭ mülk ŭ dīn Mănssūr:
Sein Grossmuthsinn verlacht die Wolke,
Wenn sie im Frühling tränkt die Flur.
Seitdem durch seine Hand der Becher
Geadelt wurde und geehrt,
Hat das Geschick das Glas der Freude
Auf aller Trinker Wohl geleert;
Aus seinem gold'nen Schwerte blitzte
Der Sieg, als er, sich selbst genug,
So wie der Sonne Licht die Sterne,
Zu Tausenden die Feinde schlug.
Herz, bitte Gott um seines Lebens
Und seines Reich's Beständigkeit!
Es schlug ja dieses Hofes Münze
Der Himmel für die Ewigkeit.

163.

Komm, weil nun des Kaisers Fahne
Schon erschien, gekrönt von Sieg,
Und die Kunde der Erob'rung
Auf zu Mond und Sonne stieg.
Von dem Angesicht des Sieges
Zog den Schleier weg das Glück!
Auf den Hilferuf der Kläger
Kam das volle Recht zurück.

Freudig dreht sich nun der Himmel,
Denn es kam der Mond heran;
Glücklich fühlt sich nun die Erde,
Denn den König sieht man nah'n;
Und des Herzens und des Wissens
Karawanen sind jetzt frei
Von der Angst vor Strassenräubern,
Denn der Führer kam herbei;
Und der Grosswezir Ägyptens,
Trotz der neid'gen Brüder Schaar,
Stieg aus eines Brunnens Tiefe
Auf zur Mondeszinne gar.
Wo verweilt der Ketzer-Ssofi,
An Gestalt ein Antichrist?
Brenn' er denn; Mĕhdī ja nahte,
Der des Glaubens Zuflucht ist.
Ostwind, sage, was schon Alles
Über mich im Liebesgram
Durch des heissen Herzens Feuer
Und den Rauch der Seufzer kam!
König! Ich der Trennung *Sclave*,
Nur nach dir mich sehnend, bin
In der Lage eines Halmes,
Fiel ein Feuerbrand auf ihn.
Schlumm're nicht, denn zu dem Throne
Der Erhörung kam *Hafis*,
Weil er Mitternachts und Morgens
Nie zu beten unterliess.

164.

Gerechter Fürst! der Himmel schlürfe
Die Hefe deines Bechers nur;
Dein Gegner, schwarzen Herzens, blute,
Wie Tulpen bluten auf der Flur!
Den Lustschlossgiebel deiner Höhe,
So maasslos an Erhabenheit,
Erklimme des Gedankens Pilger

Nur erst in hundertjähr'ger Zeit!
Es ist der Erde Aug' und Fackel
Dein schwarzes, holdgekraustes Haar:
Der West des Glückes webe Seelen
In seine Locken immerdar!
Du bist der Erde Aug' und Fackel,
O Vollmond der Gerechtigkeit!
Dein Glas und deinen Becher fülle
Der reinste Wein zu jeder Zeit!
Und wenn Söhrē zu deinem Lobe
Erhab'ne Lieder angestimmt,
Begleite sie mit Ach und Seufzern
Der Neider, wenn er sie vernimmt!
Es seien die neuen Himmelsteller
Und jenes Gold- und Silberbrot
Der schlechteste von allen Bissen,
Den deines Tisches Lippe bot!
Die Jungfrau meines keuschen Sinnes
Ist ganz mit deinem Lob' vertraut,
Und deiner Hand sei überlassen
Die Mitgift einer solchen Braut!
Es reichte hier in diesem Liede
Dir dein *Hafis* den Dienstbrief dar,
Und deine Huld, die Sclaven nähret,
Bezeuge diese Schrift als wahr.

165.

Am frühen Morgen, wenn der Ost
Des Lebens milden Duft verhaucht,
Die Au das Paradies verhöhnt,
Weil sie in mild're Luft sich taucht;
Wenn Rosenduft, vertausendfacht,
Die Au in dichte Schleier hüllt,
Und Widerschein des Morgenroth's
Den Horizont mit Rosen füllt;
Wenn einer Harfe süsser Klang
So lockend ruft zum Morgenwein,

Dass selbst der Zelle frommer Greis
Die Strasse schlägt zur Schenke ein;
Wenn der Monarch des Firmament's,
Den gold'nen Schild vor dem Gesicht,
Sich mit des Morgens lichtem Schwert
Die Herrschaft einer Welt erficht;
Und wenn es, trotz des Rabens, nun
Dem Königsfalken, goldbeschwingt,
Auf diesem lazurblauen Dach
Sein Strahlennest zu bau'n gelingt,
Dann eile hin zum Wiesenfest,
Denn für die Schaulust ist's Gewinn,
Ergreift die Tulpe den Pocal
Des Ērgăwān und des Něsrīn.
Wie lieblich auf dem Wiesengrün
Die Rose ihre Wange zeigt!
Wie glutherfüllt das Morgenlied
Des Sprossers in die Lüfte steigt!
Doch welcher Strahl ist's, dem das Licht
Der Morgenfackel hell entsteigt?
Und welcher Funke ist's, der sich
Am Firmament als Leuchte zeigt?
Bestände in *Hafisens* Haupt
Der Wahn nicht, ein Monarch zu sein,
Wie nähm' er mit der Zunge Schwert
Das weite Feld der Erde ein?
Sieh, wie der Ost unausgesetzt
– Ein Trunk'ner, der nach Schönen schielt –
Bald mit der Rose Lippen kost,
Bald mit Basilienlocken spielt!
Verschiedenheit in dem Gebild
Und Einheit in dem Stoffe macht,
Dass jede Blüthe dem Verstand
Die Deutungen verhundertfacht.
Ich sinne nach, in wessen Brust
Der segenreiche Athem webt,
Der in der frühen Morgenzeit
Dies dunkle Staubgefäss belebt?

723

Warum der runde Himmel mich
Mit hundertfachem Gram umstellt,
Und, eines Zirkels Punkte gleich,
Beständig in der Mitte hält?
Erschloss ich Keinem mein Gemüth,
So hab' ich wohl sehr klug gethan:
Denn eifersüchtig ist die Zeit
Und stürmt oft unversehns heran.
Wer sein Geheimniss, Kerzen gleich,
Geschäftig And're wissen lässt,
Den hält der Scheere Zünglein Nachts
Bei seiner eig'nen Zunge fest.
Mein Schenke mit dem Mondgesicht,
Wo weilt er? Liebend reiche er
Mir, den er halb berauscht gemacht,
Den Becher dar, doch voll und schwer;
Auch bring' er Kunde von dem Freund
Und hinterher ein volles Glas,
Er leer' es auf des Freundes Wohl,
Der seiner Liebe nie vergass.
Und stimmt der Sänger dann ein Lied
In unser'm frohen Kreise an,
Sing' er bald Weisen aus Īrāk,
Und Weisen bald aus Īsfăhān.
Ein Alexander, der den Mann,
Der sein geweihtes Haus bewohnt,
Durch seinen Thürstaub, Chisern gleich,
Mit ew'ger Lebensdauer lohnt;
Ein Schmuck des Segensangesichts
Wird Scheïch Ĕbū Īshāk genannt,
Der Hohe, unter dessen Fuss
Wie Gärten blüht das ganze Land.
Wenn zu der Herrschaft Firmament
Empor er lenkt den stolzen Schritt,
So ist das Haupt der Fērkădān
Die erste Stuf', auf die er tritt.
Er ist das Augenlicht Mähmūd's
Und einem Blitze gleicht sein Schwert,

Aus dem das Feuer auf den Feind,
Versengend, in zehn Zungen fährt.
Zieht er das Schwert, so wogt das Blut
Bis zu des Mondes höchstem Stand,
Und zum *Mercur* reicht sein Geschoss,
Wenn kräftig er den *Bogen* spannt.
Es schämt die *Braut des Ostens* sich
Vor seiner Einsicht Strahlenschein:
Drum schlägt sie auch, wie sich's gebührt,
Den Weg des *Unterganges* ein.
O hoher, angesehner Fürst!
Wer deinen Diener sich genannt,
Erfasst – so hoch steigt seine Macht –
Die *Zwillinge* bei'm Gürtelband.
Glückswünsche werden vom Mercur
Zu Tausenden dir überreicht,
Weil dein Gedanke dem Befehl:
»*Es werde und es wurde*« gleicht;
Und deinem Neider, deinem Feind
Stellt immer sich zur Gegenwehr
Der *Lanzenschwinger*; darum trägt
Er Früh und Abends seinen Speer.
Der Himmel, der da freudig sieht,
Wie stattlich sich dein Pferd bewegt,
Hat ihm als schlechtes Lagerstroh
Die Jakobsstrasse unterlegt.
Das Missgeschick, das du ertrugst,
Wird noch dereinst dir Glück verleih'n:
Denn *Jupiter* schlägt diesen Weg
Bei seiner Art zu handeln ein.
Wenn dich die Zeit durch Leiden prüft,
Hat sie dabei die Absicht nur
Tief einzuprägen in dein Herz
Der Mässigkeit und Reinheit Spur:
Nur desshalb wird das heil'ge Buch
Vor allen ander'n hoch geschätzt,
Weil es bereits der Lauf der Zeit
Gar mancher Prüfung ausgesetzt.

Als einen Helden an Verstand
Erkenne man nur jenen Mann,
Der, eh' er eine Bahn betritt,
Bedenkt, ob er drauf wandeln kann.
Der Seele lauterer Geschmack
Bleibt frei vom bittern Gram der Welt
Bei Jedem, der in seinem Mund
Den *Zucker* deines *Dankes* hält;
In jedem Stand kann Jener nur
Geniessen seines Lebens Frucht,
Der, eh' er eine Bahn betritt,
Sich selbst erst prüfend untersucht
Und, sieht er keinen Grund zum Krieg,
Das Glas zu fassen sich erlaubt;
Doch, wenn des Handelns Zeit erscheint,
Zum Schwerte greift, das Seelen raubt.
Der Hoffnung auf verborg'ne Huld
Entsage nicht, bei aller Pein:
Das Mark, so lieblich und so weich,
Hat seinen Sitz im harten Bein.
Der Zucker wurde nur so süss
Nach längerer Enthaltsamkeit:
Drum sind auch enge Ritzen nur
Sein Aufenthalt in früh'ster Zeit.
Wo links und rechts des Unglück's Strom
Mit solcher Wildheit sich ergiesst,
Dass selbst der Rettung and'res nicht
Als abzutreten übrig ist,
Liegt nur dem Berge nichts daran,
Der fest auf seinem Grunde ruht,
Wenn noch so hohe Wogen schlägt
Die aufgeregte Meeresfluth.
Geht auch dein Feind jetzt frech einher,
Dir trüb' es nicht den heiter'n Sinn:
Denn diese Frechheit selber fasst
Zuletzt noch an dem Zügel ihn;
Und sprach er mit verweg'nem Mund
Von diesem Königshause schlecht,

So treff' ihn der verdiente Lohn
In Weib und Kind und in Geschlecht!
Lang währe deines Lebens Zeit,
Da sich dein Walten für den Geist
Der Menschen und der Geisterschaar
Als ein Geschenk der Huld erweist.
Der Worte erster König ist
Hafis; drum nimmt er immerdar
Das Feld der Rede in Besitz
Durch seines Wortes Sūlfĕkār.

166.

Mein Leib ruht keinen Augenblick
Vor übermäss'gem Schmerz;
Durch grenzenlosen Kummer ist
Ganz abgenützt mein Herz.
Wenn aus dem Herzen in den Kopf
Mein Sehnsuchtsrauch sich schwingt,
Geschieht's, dass aus den Augen mir
Der Thau des Grames sinkt.
Auf meine gelbe Wange kann
Nicht schau'n mein Augenpaar:
Aus diesem Grund' bemalt es sie
Mit Herzblut immerdar;
Sieht Jemand, der mir übel will,
Mir dann in's Angesicht,
So zeigt sich meine Wange ihm
Von gelber Farbe nicht.
Die schlimme Zeit, wo immer nur
Sie etwas Böses schaut,
Da streicht sie's in das Auge mir,
Als wär' ich eine Braut;
Und diese Zeit, sie raubte mir
Das was mein eigen war:
Nur Liebe nicht zum Seelenfreund,
Denn *sie* wankt nimmerdar.
Wie soll mein Auge weinen nicht,

Wie klagen nicht das Herz,
Nicht die Geduld verloren geh'n,
Sich mehren nicht der Schmerz?
Das Loos, als meine Freuden es
Geschaut, da zählt' es sie;
Doch jetzt, wo es mir Gram nur schafft,
733 Jetzt misst es, ach, sie nie!
Da meiner überdrüssig ward
Den ich geliebt als Freund,
Wie sollte meines Leibes denn
Erbarmen sich der Feind?
Und klag' ich nicht, so sagen sie:
»Bedürftig ist er nicht.«
Und klage ich, so sagen sie:
»Geschwätz ist was er spricht.«
Sei desshalb unbesorgt, da Gott,
Der mächtig ist und gross,
Kein Thor versperrt, wenn er zuvor
735 Ein and'res nicht erschloss.

167.

Ich sprach: »Du warst im Irrthum,
Das war das Mittel nicht.«
Er sprach: »Was ist zu machen,
Wenn *so* das Schicksal spricht?«
Ich sprach: »So manche Sünde
Ward zugeschrieben dir.«
Er sprach: »Weil auf das Stirnblatt
Sie ward gezeichnet mir.«
Ich sprach: »Dein böser Nachbar
Bracht' dir dies Missgeschick.«
Er sprach: »Mein Nachbar heisset
Mein eig'nes böses Glück.«
Ich sprach: »O *Mond*, wesswegen
Lieb'st du mich nimmermehr?«
Er sprach: »Weil schlecht ich liebte,
Grollt mir der *Himmel* sehr.«

Ich sprach: »Du leertest *früher*
So manchen Lustpocal.«
Er sprach: »Es liegt die Heilung
Im *spätesten* allemal.«
Ich sprach: »Du bist das Leben:
Was eil'st du so dahin?«
Er sprach: »Wie sollt' ich anders?
Muss doch das Leben flieh'n.«
Ich sprach: »Von hinnen reisest
Du allzu eilig ab.«
Er sprach: »Nur weil sich dieses
Als zeitgemäss ergab.«
Ich sprach: »Aus welchem Grunde
Bliebst fern du von *Hafis*?«
Er sprach: »Zu allen Zeiten
War mein Verlangen dies.«

Zweiter Band

Der Buchstabe Re

1.

O Psittich, der der Liebe
Geheimnisse bespricht,'
An Zuckernahrung fehle
Es deinem Schnabel nicht!
Dein Haupt sei ewig grünend,
Dein Herz von Lust erfüllt.
Denn von des Freundes Flaume
Bist du ein schönes Bild!
Ein Wort, ein unverstand'nes,
Sprachst du zur Zecherschaar;
O mach' um Gotteswillen
Doch dieses Räthsel klar!
Begiess mit Rosenwasser
Aus deinem Glase mich,
Du Glück, das freundlich wachet.
Denn schlafbetäubt bin ich.
Was stimmte denn der Sänger
Für holde Weisen an.
Dass selbst der Fromme tanzet
Mit dem berauschten Mann?
Es schüttete der Schenke
Mohn in den Weinpocal,
Der alsbald allen Zechern
So Kopf als Turban stahl.
Kein Lebenswasser schenket
Man einem Īskĕndēr:
Durch *Kraft* und *Gold* erreichet
Man dieses nimmermehr.
Der Menschen bare Münze
Ist Weisheit zwar; doch sie

Ist werthlos vor der Liebe
Erhab'ner Alchimie.
Komm und vernimm die Lage
Des Mann's, der schmerzlich litt:
Er theilt in wenig Worten
Viel Sinniges dir mit.
Zum Glaubensfeinde wurde
Ein Götze China's mir:
Herr, Herz und Glauben geb' ich
In Schutz und Obhut dir.
Mach' nicht des Rausches Räthsel
Den Nüchternen bekannt:
Verlange keine Seele
Von Bildern an der Wand.
Durch eines hohen König's
Siegreiche Fahne nur
Prangt hoch *Hafis* als Banner,
Auf des Gesanges Flur.
Er zeigt sich seinen Dienern
Als hulderfüllten Herrn,
O Herr, drum halte immer
Von ihm das Unglück fern!

2.

Lebe ich und trete wieder
Einmal in die Schenke ein,
Will ich, alles And're meidend,
Nur der Zecher Dienst mich weih'n.
O des freudenvollen Tages,
Wenn ich nassen Aug's genaht,
Um die Schenke zu bewässern,
So wie früher ich es that!
Einsicht mangelt diesem Volke:
Gib, o Gott, ein Mittel an,
Wie ich einem ander'n Käufer
Meine Gemme bieten kann.
Schied der Freund auch und verkannte

Gegen mich die alte Pflicht,
Folg' ich dennoch – Gott bewahre! –
Einem ander'n Freunde nicht.
Wenn der *Kreis* des blauen Himmels
Seiner Gunst mich würdig fand,
Bring' ich Ihn auf and're *Weise*
Abermals in meine Hand.
Mein Gemüth wünscht zu gesunden:
Doch es hindern's immerdar
Des Geliebten Schelmenblicke
Und sein räuberisches Haar.
Mein verschlossenes Geheimniss
Wurde, sieh, zum Mährchen schon,
Und mit Pauken und mit Flöten
Spricht auf Märkten man davon.
Alle Augenblicke klag' ich,
Weil der Himmel, bösgewillt.
Stündlich nach dem wunden Herzen
Mir mit ander'n Qualen zielt;
Doch in dieser Lage – sag' ich –
Ist *Hafis* ja nicht allein:
Denn in diesen Sand der Wüste
Sanken viele And're ein.

3.

Der verlorne Joseph kehret
– Traure nicht – nach Kanaan:
Bald füllt sich des Grames Zelle
– Traure nicht – mit Rosen an.
Tröste dich, bald wird es besser,
Herz, das stets nur Gram empfand,
Denn es kömmt dies Haupt, das wirre.
– Tröste dich – noch zu Verstand.
Wenn der Lenz des Lebens wieder
Thronet auf dem grünen Feld,
Spannst du über's Haupt, o Sprosser,
– Traure nicht – ein Rosenzelt.

Hoffe stets, wenn auch dein Scharfsinn
Das Verborg'ne nicht entdeckt:
Hinter'm Vorhang gibt es Spiele,
– Traure nicht – gar tief versteckt.
Hat des Himmels Dreh'n zwei Tage
Unserm Wunsche nicht willfahrt,
– Traure nicht – denn was sich drehet
Ist veränderlicher Art.
Wenn aus Sehnsucht nach der Kába
Du der Wüste Sand betrittst,
– Traure nicht – wenn auch durch Dorne
Du Verletzungen erlittst.
Herz, scheint durch den Strom des Übels
Dir des Lebens Bau zerstört,
– Traure nicht – am Ruder sitzet
Nöe, der die Fluth beschwört.
Ist der Weg auch sehr gefährlich
Und das Ziel nicht abzuseh'n,
– Traure nicht – denn jede Strasse
Muss denn doch zu Ende geh'n.
Wenn mich des Geliebten Trennung
Und der Nebenbuhler kränkt,
– Traure nicht – Gott weiss dies Alles,
Er, der alles fügt und lenkt.
Weilst, *Hafis*, im Armuthswinkel
Du allein bei finst'rer Nacht.
– Traure nicht – so lang du betest
Und der Koran bei dir wacht.

4.

Zeig' dein Angesicht und wiege
Mich in Selbstvergessen ein;
Lass die Garben der Verbrannten
Aller Winde Beute sein!
Herz und Auge übergab ich
Lang den Unglücksfluthen schon;
Trage nun der Strom des Grames

Meines Hauses Grund davon!
Ist der alte Wirth nur glücklich,
Leicht nehm' ich den Rest dann hin;
Jeder And're geh' und tilge
Meinen Namen aus dem Sinn!
Wem, ach, duftet Seiner Locken
Roher Moschus? Nimmer dir;
Schlag' dies Wort dir aus dem Sinne
Du, o Herz, voll roher Gier!
Gestern sprach Er: »Ich erdolche
Mit den schwarzen Wimpern dich.«
Nimm Ihm, Herr, aus dem Gemüthe
Dieses Unrecht gegen mich!
Busen! Tödte du die Flamme
Dort in Persiens Feuerdom!
Auge! Schaff' das Wangenwasser
Fort aus Bagdad's Tigerstrom!
Du gelangest ohne Mühe
An kein Ziel auf dieser Bahn;
Sehnst du dich nach einem Lohne,
Sei dem Meister unterthan!
Gib dein Wort mich zu besuchen,
Wenn der Tod mich zu sich ruft,
Und dann trage kummerledig
Mich hinab in meine Gruft!
Doch, *Hafis*, bedenk' wie fühlen
Das Gemüth des Freundes sei:
Geh' und schaff' aus seiner Nähe
Dieses Angst- und Wehgeschrei.

5.

Bring' vom Strassenstaub des Freundes
Einen Duft mir, holder Ost,
Und des Herzens Gram verscheuchend,
Bring' vom Liebling einen Trost!
Künde aus des Freundes Mund
Mir ein Wörtchen das beseelt,

Einen Brief der Frohes melde,
Bring' aus der Geheimnisswelt!
Bring', dem Nebenbuhler trotzend,
Staub vom Weg' des Freundes her,
Dass Beruhigung gewähre
Diesem blut'gen Auge er!
Rohheit oder Herzenseinfalt
Tauget Seelenopf'rern nicht:
Bring' von Seite jenes schlauen
Herzensräubers mir Bericht!
Dass mir den Geruchssinn würze
Deine sanfte, milde Luft,
Bring' vom Odemhauch des Freundes
Nur ein wenig süssen Duft!
Bring' – bei deiner Treue bitt' ich –
Staub von jenem theuren Freund,
Ohne dass ein Kummerstäubchen
Drum bei Anderen erscheint!
Lang schon zeigte sich dem Herzen
Seiner Wünsche Antlitz nicht:
Bring', o Schenke, jenen Becher,
Der da glänzet spiegellicht!
Bring' zum Dank, dass du, o Sprosser,
Lebst in steten Freuden nur,
Den Gefangenen im Käfich
Kunde von der Rosenflur!
Bitter ward mein Seelengaumen,
Fern vom Freunde, durch *Geduld*:
Bring' von jener Zuckerlippe
Nur *Ein* Zeichen mir der Huld!
Wozu taugt *Hafisens* Kutte?
Färbe röthlich sie mit Wein
Und dann bringe wüst und trunken
Von dem Markte ihn herein!

6.

Von dem Dorfe des Bewussten
Bring' mir Düfte, holder Ost!
Schwach und krank bin ich aus Kummer:
Bringe denn mir Seelentrost!
Leg' auf's Herz mir, das getäuschte,
Meiner Wünsche Elixir:
Bringe nämlich von des Freundes
Schwellenstaub ein Zeichen mir!
Im Versteck des Blickes führ' ich
Mit dem eig'nen Herzen Krieg:
Bring' mir Seiner Brauen Bogen,
Seiner Wimper Pfeil zum Sieg!
Mich zum alten Manne machten
Fremde, Trennung, Herzenspein:
Bring' aus zarten Jünglingshänden
Mir ein Glas gefüllt mit Wein!
Zwei, drei Gläser lass auch kosten
Von dem Wein die Leugner hier.
Und verschmäh'n sie das Getränke,
Nun, so bring' es eilends mir!
Lass, o Schenke, nicht auf morgen
Was das Heut an Freuden beut;
Oder bring' vom Schicksals-Diwan
Mir ein sicheres Geleit!
Gestern kam ich fast von Sinnen,
Denn *Hafis* sprach ganz getrost:
»Von dem Dorfe des Bewussten
Bring' mir Düfte, holder Ost!«

7.

O du, durch dessen Wangenschimmer
Das Tulpenbeet des Lebens glüht!
Komm wieder, da der Lenz des Lebens
Nur durch dein Rosenantlitz blüht!
Es kümmert und es sorgt sich nimmer

Um der Vernichtung *Ocean*
Wer für den *Mittelpunct* des Lebens
Als *Pünctchen* deinen Mund gewann.
Mit vollem Grunde träuft die Thräne
Als *Regen* mir vom Augenrand,
Da gleich dem *Blitz* die Zeit des Lebens
Im steten Gram um dich mir schwand.
Lebendig bin ich ohne Leben,
Doch darfst du drob erstaunt nicht sein:
Wer schaltet wohl die Trennungstage
Der Rechnung seines Lebens ein?
Auf allen Seiten gibt's Verstecke,
Aus denen Unglücksheere droh'n:
Drum eilet mit verhängtem Zügel
Des Lebens Reiter schnell davon.
Durch deinen Anblick mich beglücken
Kannst du vielleicht Momente blos:
Benütze sie mein Loos zu fördern,
Denn unklar ist des Lebens Loos.
Wie lang noch wirst du Frühwein trinken
Und schlummern süss beim Morgenstrahl?
Auf! Sei auf deiner Hut! Erwache!
Denn schon entschwand des Lebens Wahl.
An mir *vorüber ging* Er gestern,
Doch hat Er nicht nach mir geseh'n;
O armes Herz, das nicht genossen
Das Leben im *Vorübergeh'n*!
Hafis, lass deine Lieder tönen,
Weil auf dem Blatte dieser Welt
Ein Bild, von deinem Rohr gezeichnet,
Als Lebensdenkmal sich erhält.

8.

Festtag ist, die Rosen enden
Und die Freunde harren dein;
Schenke! Im Gesicht des Königs
Sieh den Mond und bringe Wein!

Auf die Rosentage hatte
Ich bereits verzichtet; doch
Fastender Bezechter Streben
Änderte die Sache noch.
Nie dein Herz an Ird'sches bindend.
Frage Trunk'ne um Bescheid
Über des Pocales Segen
Und Dschemschidens Herrlichkeit.
Nur der Seele Baarschaft halt' ich
Noch in Händen; wo ist Wein?
Einem holden Blick des Schenken
Mög' auch *der* geopfert sein!
Zwar das Frühmahl ist vorüber,
Doch was thut's? der Frühwein nicht,
Da, wer nach dem Freund begehret,
Nur mit Wein die Faste bricht.
An dem Tage des Gerichtes
Wandelt – fürcht' ich – Hand in Hand
Mit dem Rosenkranz des Scheïches
Des Berauschten Mönchsgewand.
Dieses Reich ist herrlich blühend,
Und sein Herrscher mild und gut:
Vor des Schicksals bösem Auge
Nimm ihn, Herr, in sich're Hut!
Trinke, Fürst, bei meinem Liede,
Denn ein Schmuck ist's eig'ner Art,
Wenn sich deinem Gemmenglase
Diese Königsperle paart.
And'rer Fehler zu verhüllen
Hält dein edler Sinn für Pflicht:
Drum verzeihe meinem Herzen,
Dem es an Gehalt gebricht!
Schwand, *Hafis*, die Zeit der Faste,
Schwindet auch die Rose nun:
Darum musst du Wein geniessen,
Bleibt nichts And'res doch zu thun.

9.

Entzieh' des Seelenfreundes Hause
Nicht deinen Durchzug, holder Ost;
Entzieh' mir elendem Verliebten
Nicht seiner Kunde Herzenstrost!
Zum Dank dafür, dass du, o Rose,
Nach Wunsch nun blühest auf dem Strauch,
Entziehe du dem Morgenvogel
Nicht des Genusses süssen Hauch!
Jetzt ist dein Mund noch eine Quelle,
Aus der hervor der Kandel bricht:
Drum sprich ein Wörtchen und entziehe
Dem Papagei den Zucker nicht!
Als du ein Neumond noch gewesen,
Warb ich um deine Liebe schon:
Nun du ein voller Mond geworden,
Entzieh' mir nicht des Blickes Lohn!
Die Welt und Alles was sie fasset
Ist leicht nur und gering an Werth:
Entziehe dies Geringe nimmer
Dem, dessen Kenntnisse man ehrt!
Es trägt der Dichter deine Thaten
Nach jeder Gegend dieser Welt:
Entzieh', zur Nahrung auf der Strasse,
Ihm nicht das schuld'ge Reisegeld!
Willst du, dass deiner man gedenke
In Liebe, wenn du nicht mehr bist,
Entzieh' dein Gold und Silber nimmer
Dem Worte, dessen Preis es ist!
Der Staub des Grames wird sich legen,
Hafis, und alles wird noch gut,
Entziehe *du* nur diesem Pfade
Nicht deines Auges Wasserfluth!

10.

Sprich kühn zu mir, dein Antlitz zeigend:
»Nimm aus der Seele dir das Herz;«
Und vor dem Lichte sprich zum Falter:
»Entglüh' an meiner Seele Schmerz!«
Betrachte meine durst'ge Lippe
Und halt' ihr freundlich Wasser hin;
Tritt zu dem Mann, den du gemordet,
Und hebe aus dem Staube ihn!
Entferne dich vom Armen nimmer:
Hat er auch Gold und Silber nicht.
Ist doch sein Silber seine Thräne,
Ist doch sein Gold sein Angesicht.
Mag immerhin die *Laute* fehlen
Spielst auf der Harfe du vor mir:
Mein Herz, mein Leib und meine Liebe
Sei *Aloe*, Rauchfass, Feuer dir!
Beginn den Reigen, wirf die Kutte
Weit weg von dir und tanze dann;
Wo nicht, so geh' in eine Ecke
Und zieh' dort meine Kutte an!
Zieh' aus das *woll'ne* Kleid und ziehe
Dafür in dich den *reinen* Wein;
Verspiel' dein Silber und dann handle
Um Gold dir Silberbusen ein!
Ist mir der Freund nur hold, so mögen
Mich beide Welten feindlich flieh'n;
Stützt mich das Glück nur, mögen Heere
Erobernd durch die Erde zieh'n!
Freund, wolle nicht von hinnen eilen,
Bleib' nur ein Weilchen noch bei mir;
Such' Freuden an des *Baches* Rande
Und nimm zur Hand den Becher hier!
Und gingst du wirklich fort, so machte
Das Augennass, der Herzensbrand
Mir Farb' und Lippe fahl und trocken,
Wohl aber feucht des Schoosses Band.

Hafis, bereite ein Gelage
Und zu dem Kanzelredner sprich:
»Wirf einen Blick auf meine Gäste
Und trolle von der Kanzel dich!«

11.

Vom Zipressenzweig ruft wieder
Der geduld'ge Sprosser nun:
»Auf dem Angesicht der Rose
Soll kein böses Auge ruh'n!«
Doch zum Dank, dass du, o Rose,
Prangst als Schönheitskaiserin.
Blicke auf verliebte Sprosser
Nicht mit eitlem Stolze hin!
Nimmer will ich mich beklagen,
Trifft dein Fernsein mich auch hart:
Denn, wer nie entfernt gewesen,
Freut sich nicht der Gegenwart.
Nur auf Huris und auf Köschke
Macht der Frömmler Hoffnung sich;
Doch die Köschke seh' in Schenken
Und im Freund die Huri ich.
Trinke Wein beim Harfenklange,
Und verscheuche Gram und Leid;
Sagt man dir, du sollst nicht trinken,
So entgegne: »Gott verzeiht.«
Während And're sich ergötzen
Bei Gesang und frohem Mahl.
Ist der Kummer meiner Liebe
Mir ein Wonnecapital.
Warum willst du dich beklagen
Über Trennungsgram, *Hafis*?
Wiederseh'n enthält die Trennung,
Licht enthält die Finsterniss.

12.

Die Nacht der Kraft ist heut erschienen,
An Trennung wird nicht mehr gedacht;
Heil bis zum Strahl der Morgenröthe
Hat diese heil'ge Nacht gebracht.
O Herz, behaupte in der Liebe
Nur immer einen festen Stand:
Gibt's doch kein Werk auf diesem Pfade,
Das endlich seinen Lohn nicht fand.
Dass ich dem Trunke mich ergeben;
Nein, das bereu' ich nimmermehr,
Magst du mit *Trennung* und mit *Steinen*
Mich stets verfolgen noch so sehr.
Mein Herz entfloh, doch nimmer sah ich
Den Holden, der das Herz mir stahl.
Weh über diese Grausamkeiten,
Weh über diese herbe Qual!
Erschein', o Morgen, Gott zu Liebe
In deines Herzens lichter Pracht,
Denn gar zu dunkel und zu finster
Erscheinet mir der Trennung Nacht!
Hafis, nimm, wenn du Treue wünschest,
Die Leiden mit Ergebung hin:
Es wechselt ja im Handel immer
Mit dem Verluste der Gewinn.

13.

Einen Rath will ich dir geben,
Hör' ihn an und rechte nicht,
Treu befolgend was in Liebe
Der Ermahner zu dir spricht:
»Drücke Küsse auf die Wange,
Die im Jugendreize strahlt;
Lauert doch die Welt, die alte,
In des Lebens Hinterhalt.«
Um ein Korn verkauft die Liebe

Was das Weltenpaar bescheert:
Dieses ist gar schlechte Waare,
Jene hat gar hohen Werth.
Einen traulichen Genossen
Und Gesänge wünscht mein Herz.
Um im Basse und Soprane
Auszudrücken meinen Schmerz.
Keinen Wein will ich mehr trinken,
Keine Sünde mehr begeh'n.
Wenn das Schicksal meinem Vorsatz
Günstig will zur Seite steh'n.
Hundert Male hab' ich reuig
Aus der Hand gesetzt das Glas,
Doch das Augenspiel des Schenken
Währt ja ohne Unterlass.
Wenn der Liebling vierzehn Jahre
Und zwei Jahre zählt der Wein,
Gnügt ihr Umgang mir statt Allem,
Was mir böte Gross und Klein.
Als das ew'ge Loos geworden,
Ist es ohne mich gescheh'n:
Nun, so schmäle nicht, wenn Manches
Nicht nach Wunsche sollte geh'n.
Schenke! Moschuswein gleich Tulpen
Giess mir nun in den Pocal,
Dass mir nimmer aus dem Sinne
Schwinde des Geliebten Maal!
Sagt' ich dir, o Herz, nicht immer:
Hüte dich vor Seinem Haar?
Kettet man an diese Ringe
Doch den flücht'gen Wind sogar.
Bring' den Becher voll von hellen
Perlen und Rubinen mir,
Und der Neider mag erbleichen,
Weil mir hold ist der Wesir.
Wer vermag mein Herz zu halten,
Das so ängstlich ist und bang?
Sagt den Leuten, dass ein Toller

Seiner Kettenhaft entsprang.
Lieder, die Chodscha gesungen
Und Selmān, wer preist sie hier?
Klingt *Hafisens* Lied doch besser,
Als die Verse des Sāhīr.
Sprich, *Hafis*, bei diesem Feste
Nimmer von der Reue Heil,
Schenken mit den Bogenbrauen
Treffen sonst dich mit dem Pfeil!

14.

Wie lange noch wirst du, o Herz, vergiessen
Mein Augenblut? Erröthe endlich doch!
Du Aug', entschlumm're und erfülle endlich
Auf diese Art den Herzenswunsch mir noch!
Bin ich's denn wirklich, Herr, der Küsse pflücket
Von meines Seelenfreundes holdem Arm?
Nun sahst du selbst, wie endlich sich erfüllte
Warum ich Morgens betete so warm.
Was ich gewünscht für jenseits und hienieden,
Der Nahrungsschenker schenkte mir's, und zwar:
Erst für mein Ohr der Harfe Ton und endlich
Für meine Hand des Freundes Lockenhaar.
Raubst du die Garbenähren armer Leute,
Dem rauhen Winde ähnlich, länger noch?
Mach' dir aus Hochsinn eine Vorrathskammer
Und säe endlich eig'nen Samen doch!
Wohl weiss ich es, zum Bildersaale China's
Wird dein Pallast wohl nimmermehr; allein
Mit deines duft'gen Moschuspinsels Spitze
Mal' endlich ein Gemälde zart und fein.
Wenn du, o Herz, im Reich durchwachter Nächte
Nicht feig entfliehst den Leiden, die dir dräu'n.
So Bringt der Morgenhauch aus jenem Lande
Dir endlich Kunden, die dich hoch erfreu'n.
Ein Götze, reizend wie der Mond, kredenzte
Gebeugten Knie's Wein, der Rubinen glich;

Du aber sprichst, *Hafis*: »Ich fühle Reue.«
So schäm' doch endlich vor dem Schenken dich!

15.

Schenke, bring' die Summe
Aller Jugendkraft,
Bring' mir ein paar Gläser
Reinen Rebensaft!
Bring' ein sich'res Mittel
Gegen Liebespein,
Was den Greis und Jüngling
Heilen kann: den Wein!
Ist der Wein die Sonne,
Ist das Glas der Mond:
Bringe denn die Sonne,
Die im Monde thront!
Nur als Starrkopf handelt
Wer da klug will sein:
Bring' für seinen Nacken
Einen Strick aus Wein!
Übergiess mit Wasser
Dies mein Feuer hier:
Feuer, das dem Wasser
Gleiche, bringe mir!
Glück der flücht'gen Rose
Auf die Wanderschaft!
Bring' wie Rosenwasser
Reinen Rebensaft!
Lass es dich nicht grämen,
Schwieg des Sprossers Sang;
Bring' der vollen Flasche
Lieblicheren Klang.
Trau're nicht, wenn Tage
Mit dem Wind entfloh'n:
Bring' das Lied der Zither
Und des Barbiton!
Da mir nur im Schlafe

Seine Liebe lacht,
Bringe denn ein Mittel,
Das mich schlafen macht!
Bin ich gleich schon trunken,
Drei, vier Gläser doch
Bringe, bis ich völlig
Wüst geworden, noch!
Bring' *Hafisen* Becher,
Einen oder zwei,
Ob's nun fromm gehandelt,
Oder Sünde sei!

16.

Hochaufstrebende Zipresse
Mit dem schönen Gange,
Zartgeformter Herzensräuber
Mit der Rosenwange,
Hast mit deinen schlauen Ränken
Mir das Herz gestohlen:
Darum sei's um Gotteswillen
Dir auch anempfohlen!
Seit ich deiner beiden Augen
Zauberkunst ersehen,
Ist's um meines Herzens Ruhe
Und Geduld geschehen.
Schüttelst du die Hyacinthen
Deiner Lockenhaare,
Wird fortan der Moschus selber
Zur gemeinen Waare.
Mache dir den Bruch der Treue
Nimmer zum Gesetze:
Nur nach Treue magst du streben,
O mein schlauer Götze!
Und von Zeit zu Zeit beglücke
Mich mit einem Kusse,
Dass der Lebensbaum dir trage
Früchte zum Genusse!

Staunen überkömmt *Hafisen*,
Der zu dir nur flehet,
Und auch ohne Gold und Silber
Dir zu Dienste stehet.

Der Buchstabe Se

1.

Bin ich's wirklich, der sein Auge
Um den Freund zu schau'n erschliesst?
O wie dank' ich dir, Vermittler,
Der so hold dem Diener ist!
Wen das Unglück zwingt zu bitten,
Rein'ge sich vom Staube nie:
Erdenstaub im Gau der Bitte
Ist der Wünsche Alchimie.
Weil, o Aug', ein Paar der Thränen
Einst im Schmerze dir entfiel,
Treibst du mit des Glückes Wange
Nun ein stetes Liebesspiel.
Wenn mit Herzblut der Verliebte
Sich zu reinigen verschmäht.
Hält der Mufti wahrer Liebe
Nicht für giltig sein Gebet.
Lenke von des Weges Mühen
Nicht den Zügel ab, o Herz:
Denn der wahre Mann des Pfades
Kennt kein Auf- und Niederwärts.
Lässt der West, der Zwischenträger.
Einen Vortheil mich erschau'n?
Der Zipresse, der geraden,
Ist ja selbst hier nicht zu trau'n.
Greif' in diesem Ort des Scheines:
Nach dem Becher nur mit Wein,
Spiel' in diesem Spielerhause
Nur der Liebe Spiel allein!

Zwar bedürfen deine Reize
Fremder Liebe nicht zum Glück,
Doch von diesem Liebesspiele
Kehr' ich sicher nicht zurück.
Mach' ich dir, was ich erdulde
Durch den Brand des Innern, kund?
Frag' die Thrän' um die Geschichte,
Denn ich bin kein Schwätzermund.
Mit der Schönheit wollte kosen
Fürst Măhmŭd; denn er besass
Glückesschönheit und bedurfte
Nicht der Locke des Äjās.
Wenn Nǎhīd Ghasele singet,
Erntet sie wohl nimmer Lob
An der Stätte, wo *Hafisens*
Laute Stimme sich erhob.

2.

Tausend Dank, dass ich dich wieder
Ganz nach eig'nem Wunsch geschaut,
Dass in Reinheit und in Treue
Du mein Herz dir angetraut!
Unglückspfade nicht zu meiden
Halten Wanderer' für Pflicht:
Wer ein Mann des Pfades heisset
Denkt an Berg' und Thäler nicht.
Vor des Neiders Forscherblicken
Birgst du deinen Gram mit Recht:
Denn die Brust des Grollerfüllten
Nähret das Vertrauen schlecht.
Sei zum Dank, dass der Geliebte
Den Gesellschaftssaal erhellt,
Gleich der Kerze, die, misshandelt,
Brennt und doch sich heiter stellt.
Tausche um ein halbes Küsschen
Des Beherzten Segen ein:
Denn dies wird dir Leib und Seele

Von des Feindes List befrei'n.
Was ich schon um dich gelitten.,
– Mein Gesicht beweist es klar –
Könnt' ich, o Ässāf, dir schildern
Nur in einem langen Jahr.
Es erschallen Liebestöne
In Irāk und in Hĕdschās,
Singt *Hafis* mit lauter Stimme
Seine Lieder in Schĭrās.

3.

Sel'ge Nacht, in der du nahest,
Hundertfältig schmeichelnd mir,
Dann mit Schalkheit spröde thuest,
Und ich flehend steh' vor dir!
Bleibt wohl Knospen gleich verschlossen
Was mein armes Herz verhehlt,
Wenn es zum Geheimnisshüter
Sich den Morgenwind erwählt?
Was vom *hohen* Glück ich hoffte
Stellt' in deinem *Wuchs* sich dar,
Und mein Wunsch vom *langen* Leben
Lag in deinem *Lockenhaar*.
Wie die Kräuslerin des Schicksals
Doch so listig ist und fein!
Reibt sie Seinem Schelmenauge
Noch das Schwarz der Anmuth ein!
An wieviele Herzenspforten
Pocht' ich nicht in heisser Qual.
Hoffend in den langen Nächten
Auf der Liebe Morgenstrahl!
Magst du mich auch hart behandeln,
Quält mich auch der Neider sehr,
Dem Gefangenen der Liebe
Füllt kein langes Unglück schwer.
Ruhe schenkt der Ost dem *Geiste*,
Wenn die Rose wiederkehrt;

Gottes tausendfachen Segen
Ist ein solcher Schwätzer werth.
Staub, der mein Gemüth belastet,
Macht des Feindes Auge blind;
Wirf, *Hafis*, dich auf die Erde,
Brenn, doch scheine frohgesinnt!

4.

Nach dem Wege zu der Schenke
Sieht man die Verliebten zieh'n,
Betend was die Pilger beten,
Ziehen nach Hĕdschās sie hin.
Fern von dir, war wie erstorben
Für die ganze Welt mein Blick:
Doch die Hoffnung deiner Nähe
Gab das Leben mir zurück.
Nimmer nah' ich andern Pforten,
Komm' vom hohen Freund ich her:
Nun die Ka'ba ich gefunden,
Dien' ich keinem Götzen mehr.
Eine solche Nacht begehr' ich
Morgens vom Geschicke nur,
Die mir gönne dir zu sagen
Was mir Alles widerfuhr.
Wenn, *Hafis*, du gleich der Kerze
Glühst für jenen Mond im Zelt.
Steh', wie sie auch, festen Fusses
Und blick' ruhig in die Welt!

5.

Zum Gelag' im Rosenhaine
Kam die Rose, eine Braut;
Doch wo weilt der holde Sprosser?
Sein Gesang ertöne laut!
Herz, du solltest nimmer klagen
Über Trennung, weil die Welt

Gram und Freude, Dorn und Rose,
Thäler und Gebirg' enthält.
Krumm aus Gram, gleich einem Bogen,
Halt' ich doch an Jenem fest,
Der den Bogen seiner Brauen
Wimpernpfeile schleudern lässt.
Deine krause *Locke* machte
Meines Herzens Wirren kund:
Doch, was Wunder? Ist der *Moschus*
Doch bekannt als Schwätzermund.
Mein Gesicht auf deine Schwelle
Legt' ich, Tollherz, nicht erst heut,
That's in Gluth und im Gebete
Schon von aller Ewigkeit.
Eb'ne Wege oder steile
Nimmt *Hafis* in gleichen Kauf,
Denn gleich flink schwingt sich der Vogel
Über Berg' und Thäler auf.

6.

Komm, dass in das Herz, das wunde,
Wiederkehre Kraft und Muth;
Komm, dass in den todten Körper
Wiederkehre Lebensgluth!
Komm, denn deine herbe Trennung
Schloss so fest das Auge mir,
Dass nur wieder deine Nähe
Siegreich es eröffnet mir!
Bluten macht mein Herz ein Kummer,
Der dem Negerheere gleicht,
Doch den heitern Griechenschaaren
Deiner Wangen wieder weicht.
Was ich immer zur Beschauung
Vor des Herzens Spiegel hielt,
Zeigte mir nur immer wieder
Deiner holden Reize Bild.
Nach dem Spruch: »die Nacht ist schwanger,«

Zählte ich, entfernt von dir.
Jeden Stern, ihn wieder fragend
Was die Nacht gebäre mir?
Komm, auf dass der holde Sprosser,
Wohnend in *Hafisens* Brust.
Wieder singe, freudig ahnend
Deines Rosenhaines Lust!

7.

O Zipresse *spröder* Schönheit,
Deren Gang so *reizend* ist!
Liebende mit hundert Bitten
Nahen dir zu jeder Frist.
Dich beglücke deiner Schönheit
Ehrenkleid; – seit ew'ger Zeit
Wurde dir, Zipressenschlanker,
Angepasst der Reize Kleid.
Wen die Sehnsucht nach dem Dufte
Deines Ambrahaar's beschlich,
Brenne wie die Aloe brennet,
Aber stelle heiter sich.
Durch des Nebenbuhlers Lästern
Nimmt mein inn'rer Werth nicht ab,
Wenn man auch dem Mund der Scheere
Gleich dem Gold mich übergab.
Es verbrennt das Herz des Falters,
Nahet er dem Kerzenlicht,
Und das meine schmilzt, erblick' ich
Deine lichte Wange nicht.
Dieses Herz, das kreisen lernte
Um die Ka'ba deines Gau's,
Will nicht nach Hĕdschās und sehnet
Sich nach deinem heil'gen Haus.
Frommt es mir, wasch' ich beständig
Mich mit Herzensblute rein?
Nur in *deiner* Brauen Nische
Kann mein Beten giltig sein.

Jener Ssofi, der da gestern
Fern von dir den Wein verschwor,
Brach sein Wort, sobald er wieder
Offen sah der Schenke Thor.
Fröhlich naht *Hafis* dem Kruge,
Händeklatschend und berauscht,
Weil dem Bechermund er Abends
Ein Geheimniss abgelauscht.

8.

Was von deiner Lippe ich begehrte
Hat sich noch zur Stunde nicht erfüllt;
Was mir dein Rubinenglas liess hoffen
Hat den Durst mir immer noch gestillt.
Ich verlor aus Lust nach deinen *Locken*
Meinen Glauben schon am ersten Tag;
Wie's bei solchen *schwarzen* Nachtgedanken
Mir zuletzt wohl noch ergehen mag?
Gib von jenem feuerfarb'nen Wasser
Mir ein Schlückchen, Schenke! Bin ich doch
Unter Jenen, die durch deine Liebe
Gar geworden, stets ein *Roher* noch.
Weil ich Nachts einst *irrig* deine Haare
Mit dem Moschus aus *Chŏtēn* verglich,
Hält ein jedes Haar auf meinem Leibe
Immer noch das Schwert gezückt auf mich.
Auf des Seelenfreundes Lippe schwebte
Eines Tag's mein Name aus Verseh'n,
Wesshalb noch bei meines Namens Nennung
Seelendüfte Liebende umweh'n.
Deinen Wangenschimmer sah die Sonne
Einst in meinem einsamen Gemach;
Darum wandelt sie, gleich einem Schatten,
Immer noch auf meinem Thor und Dach.
Dein Rubinenmund, der holde Schenke,
Reichte mir vor allem Urbeginn
Hefe aus so wirkungsvollem Glase,

Dass davon ich ganz betäubt noch bin.
Der du sprachst: »Entäuss're dich der Seele
Und zur Ruhe kömmt dann wohl dein Herz!«
Nimmer noch ist Ruhe mir geworden,
Weiht' ich auch die Seele Seinem Schmerz.
Die Geschichte deines Mundrubines
Schrieb dereinst *Hafisens* Schreibe-Rohr:
Darum quillt mir aus den Schreibe-Rohren
Immer noch ein Lebensquell hervor.

9.

Wer erzählt die Leiden wieder,
Die ein blutend' Herz empfand?
Wer begehrt das Blut des Fasses
Wieder von des Himmels Hand?
Vor dem *Aug'* der Weinverehrer
Fühle sich von Schaam durchglüht
Die betrunkene *Narzisse*,
Wenn im Lenz sie wieder blüht.
Nur der Wein, der gleich dem Plato
Immerdar im Fasse lebt,
Sagt mir das Geheimniss wieder,
Das die Weisheit tief vergräbt.
Jedermann, der gleich der Tulpe
Kreisen liess den Weinpocal,
Wasche nur mit Blute wieder
Das Gesicht ob dieser Qual.
Heimlich stimmte schon die Harfe
Manches Lied der Klage an:
Drum beraube sie der Haare,
Und nicht wieder ächzt sie dann.
Wie die Knospe sich erschliesset,
So erschliesst mein Herz sich auch,
Wenn der tulpengleiche Becher
Wieder spendet süssen Hauch.
Um das heil'ge Haus des Fasses
– Wenn die Kraft es ihm erlaubt –

Hält *Hafis* den Umgang wieder:
Wär' es selbst auf seinem Haupt.

10.

Auf, und giess der Freude Wasser
In der Schale helles Gold,
Noch bevor uns Modererde
Aus des Hauptes Schale rollt!
In dem Thale der Verstummten
Wohnen alle wir zuletzt:
Drum zum Himmelsdom erhebe
Laute Jubeltöne jetzt!
Eines Seelenfreundes Wangen
Naht ein trübes Auge nicht:
Nur aus einem reinen Spiegel
Blicke auf sein Angesicht!
Grünbewipfelte Zipresse!
Werd' ich einst des Staubes Raub,
Nimm den Trotz aus deinem Haupte
Und beschatte meinen Staub!
Meinem Herzen, wund gebissen
Von der Schlange: deinem Haar,
Reiche hold in deiner Lippe
Terjak, der es heile, dar!
Das Besitzthum dieses Feldes
Hat – du weisst es – nicht Bestand:
Setze durch das Herz des Glases
Jeglichen Besitz in Brand!
Thränen dienen mir zur Waschung:
Sagt doch jeder Ordensmann:
»Erst wenn du dich selbst gereinigt,
Blicke jenen Reinen an!«
Herr! dem dünkelvollen Frömmler,
Der nur sieht der Fehler Schmach,
Trübe du der Einsicht Spiegel
Mit dem Rauche eines Ach!
Reiss' dein Kleid entzwei, gleich Rosen,

Weht, *Hafis*, Sein Duft dich an,
Und dann wirf es, so zerrissen,
Jenem Flinken auf die Bahn!

11.

Jener, der das Herz mir raubte,
Ist ein Wühler Lulis gleich,
Hält sein Wort nicht, ist ein Mörder
Und an Ränken überreich.
Dem zerriss'nen Hemd der Schönen
Sei'n zu Tausenden geweiht
Falscher Gottesfurcht Gewänder,
Kutten der Enthaltsamkeit!
Dankbar für den Ball der Schönheit,
Den man dir vor Engeln gab,
Fordere ein Glas und schütte
Rosennass auf Adam's Grab!
Krank kam ich zu dir und dürftig:
Habe Mitleid denn mit mir;
Kein Geschenk kann ich dir bieten,
Als die Liebe nur zu dir.
Mich erkauft nur jene Rede,
Die zur Flamme bringt die Glut
Und des Wortes helle Gluthen
Nicht begiesst mit kalter Fluth.
Komm, denn gestern in der Schenke
Rief mir eine Stimme zu:
»Halte fest an der Ergebung;
Nicht entfliehst dem Schicksal du!«
Sei nicht stolz auf eig'ne Kräfte:
Lehrt uns doch die frühe're Zeit,
Tausend Schicksalsmittel stünden
Zu der Kaiser Sturz bereit.
Knüpf an's Grabtuch mir den Becher,
Und am Morgen des Gericht's
– Naht der Tag der Auferstehung –
Schreckt mich Weingestärkten Nichts.

Zwischen Liebchen und Verliebten
Hat kein Hinderniss Bestand:
Auf, *Hafis*, geh' aus dem Wege,
Bist ja selbst dir eine Wand!

12.

Komm, und auf des Weines Strome
Lass mein Schiff von Stapel geh'n
Und in alt- und jungen Seelen
Lauten Jubelruf ersteh'n!
Wirf mich in ein Schiff, o Schenke,
Das mit Wein beladen man,
Denn es heisst ja: »Thue Gutes
Und in's Wasser wirf es dann.«
Da ich von dem Gau der Schenke
Einen falschen Pfad betrat,
O so leite *du* mich wieder
Gnädig auf den wahren Pfad!
Bring' von jenem rosenfarb'nen
Moschuswein ein Gläschen voll,
Und in's Herz des Rosenwassers
Wirf die Funken: »Neid und Groll!«
Bin ich auch gar wüst und trunken,
Könntest *du* doch gnädig sein
Und mit einem Blick mein wüstes,
Mein verwirrtes Herz erfreu'n.
Wenn um Mitternacht dich lüstet
Nach der Sonne hellem Licht,
Zieh' der ros'gen Rebentochter
Ihren Schleier vom Gesicht!
Übergib mich nicht der Erde,
Wenn ich einst gestorben bin,
Sondern trag' mich in die Schenke
Und zum Weinfass wirf mich hin!
Wenn, *Hafis*, des Himmels Härte
Dir zu viel zu dulden gab,

Sende auf den Diw der Leiden
Flammenhelle Pfeile ab!

Der Buchstabe Sin

1.

An das Ufer des Araxes,
Ostwind, deine Flügel lenkend
Küsse jenes Thales Erde,
Deinen Hauch mit Moschus tränkend:
Dort erscheint *Sĕlmā*'s Behausung,
– Der ich hundert *Grüsse* schicke –
Laut durchlärmt von Maulthiertreibern
Und Geläute, deinem Blicke;
Küss' der Seelenfreundin Sänfte
Und dann sprich mit bangem Flehen:
»Es verbrennt mich deine Trennung:
Theure, komm mir beizustehen!
Mich, der der Ermahner Rede
Einen Klang der *Zither* nannte,
Nahm die Trennung bei den *Ohren*
Was zur Gnüge mich ermannte.«
Schwärme Nachts, von Furcht geborgen:
Sind doch in der Stadt der Liebe
Alle, die die Nacht durchschwärmen.
Wohlbekannt dem Vogt der Liebe.
Liebe ist kein Spiel zu nennen:
Herz, da ist der Kopf zu wagen;
Denn nicht mit der Gierde *Schlägel*
Lässt der Liebe *Ball* sich schlagen.
Gern wird trunk'nem Freundesauge
Jedes Herz die Seele spenden,
Gibt auch sonst, wer nüchtern heisst,
Seine Wahl nicht aus den Händen.
Während fröhlich Papageie
Auf dem Zuckerrohr sich wiegen,

Schlagen sehnsuchtsvoll die Pfötchen
Über's Haupt die armen Fliegen.
Wenn dem Freund *Hafisens* Name
Von des Rohres Zunge glitte,
Hätt' ich an den hohen König
Wahrlich keine and're Bitte.

2.

Seele, sprich, wer dir gerathen
Nicht zu fragen wie's mir gehe,
Fremd zu thun und nicht zu fragen,
Wie's um die *Bekannten* stehe?
Weil begabt mit edlen Sitten
Du dich mild erweisest Allen,
So vergib was ich verbrochen,
Frag' auch nicht was vorgefallen.
Willst du, dass die Gluth der Liebe,
Dir erschein' im hellsten Schimmer,
Frag' das Licht um die Geschichte,
Doch den Ostwind frage nimmer.
Von dem Leben der Derwische
Wird wohl Jener nichts verstehen,
Der dir sagte: »Frage nimmer,
Wie es dem Derwisch mag gehen?«
Ford're von dem Kuttenträger
Nie das baare Geld der Lüste:
Frage den Verarmten nimmer,
Ob er Gold zu machen wüsste?
Von Dărā und Alexander
Las ich nichts, weiss nichts zu sagen:
Nur um's Mährchen: »*Lieb'* und *Treue*«
Sonst um nichts, sollst du mich fragen.
In dem Buch des Weisheitsarztes
Spricht von Liebe kein Kapitel:
Herz, gewöhne dich an Leiden,
Frage nicht um Heilungsmittel!
Jetzt, *Hafis*, wo Rosen blühen,

Sollst du nichts vom Wissen sagen
Und das Geld der Zeit benützend
Um's *Warum* und *Wie* nicht fragen.

3.

Ach, sein schwarzes Haar heisst so mich klagen,
Dass du besser thätest nicht zu fragen;
Hat mir's doch so die Vernunft verschlagen,
Dass du besser thätest nicht zu fragen.
Niemand soll dem Herzen und der Seele,
Hoffend auf der Treue Lohn, entsagen,
Denn so oft hab' ich's schon selbst bereuet,
Dass du besser thätest nicht zu fragen.
Für ein Bischen Hefe, dass ein Jeder
Ohne Nachtheil kann zu schlürfen wagen,
Muss von Thoren ich so viel erdulden,
Dass du besser thätest nicht zu fragen.
Frömmler, zieh' vorbei an mir in Frieden:
Ward mir doch so grausam fortgetragen
Herz und Glaube von des Wein's Rubine,
Dass du besser thätest nicht zu fragen.
Nur in stiller Ruhe eines Winkels
Fand ich mein ersehntestes Behagen;
Doch so freundlich winkt dort die Narzisse,
Dass du besser thätest nicht zu fragen.
Manche Sage gibt's auf diesem Pfade,
Die die Seele schmelzen macht und zagen,
Und so heftig streitet dort ein Jeder,
Dass du besser thätest nicht zu fragen.
Als ich sprach: »Mir soll der *Ball* des Himmels
Wie die Sache sich verhalte sagen,«
Sprach Er: »Schnellt ihn doch so leicht der *Schlägel*,«
Dass du besser thätest nicht zu fragen.
Als zu Ihm ich sagte: »Wem zum Trotze
Willst du nun gelockte *Haare* tragen?«
Sprach Er: »Lang, *Hafis*, ist die Geschichte,
Thät'st, beim Koran! besser nicht zu fragen.«

4.

Solchen Liebesschmerz musst' ich ertragen,
Dass du besser thätest nicht zu fragen,
Kosten solches Gift in Trennungstagen,
Dass du besser thätest nicht zu fragen.
Durch die ganze Welt bin ich gewandert
Und am Ende aller meiner Plagen
Hab' ein solches Liebchen ich erkoren,
Dass du besser thätest nicht zu fragen.
Sehnsucht nach dem *Staube* deines Thores
Fühle ich an meiner Seele nagen,
Und so reichlich fliesst mein Augen*wasser*.
Dass du besser thätest nicht zu fragen.
Mit dem eig'nen Ohre musst' ich hören,
Wie sein Mund es gestern konnte wagen.
Mich mit solchen Worten zu verletzen,
Dass du besser thätest nicht zu fragen.
In die Lippe beisst du dich und winkest,
Gleich als wolltest du mir: »Schweige!« sagen?
Und ich biss so stark in eine Lippe,
Dass du besser thätest nicht zu fragen.
Fern von dir in meiner stillen Kammer,
Musst' ich in der peinlichsten der Lagen
Durch die Armuth solche Qual erdulden,
Dass du besser thätest nicht zu fragen.
Wie *Hafis*, ward auf dem Weg der Liebe
Ich in fremde Gegenden verschlagen
Und gerieth an eine solche Stelle,
Dass du besser thätest nicht zu fragen.

5.

Herz, es genüge dir als Weggefährte
Ein Schicksal, das sich günstig dir erweise,
Und von dem Garten von Schīrās genüge
Der West als Bote dir auf deiner Reise.
Entferne dich, Děrwīsch, in Zukunft nimmer

Von des geliebten Seelenfreundes Stelle,
Denn dir genüge eine geist'ge Reise
Und eine Ecke in der stillen Zelle.
Die Sehnsucht nach der Heimath, der gewohnten,
Und eines langbewährten Freundes Bande
Genügen, dich bei Wand'rern zu entschuld'gen,
Die viel gereist sind durch entfernte Lande.
Setz' auf die Bank dich, auf die Ehrenstelle,
Um den Pocal, gefüllt mit Wein, zu leeren,
Denn dies genügt statt Gelderwerb's und Würden,
Die dir die Welt vermöchte zu gewähren;
Und wenn ein Kummer in des Herzens Winkel
Wie im Versteck auf dich gelauert hätte,
Genüge dir des Wirthes heil'ge Pforte
Als eine oftbewährte Zufluchtsstätte.
Begehre nichts was überflüssig schiene,
So hast du leicht was du gewünscht erreichet.
Denn dir genüge des Rubinwein's Flasche,
So wie ein Götze, der dem Monde gleichet.
Es lässt der Himmel nur die dummen Leute
Frei mit dem Zügel ihrer Wünsche schalten;
Dir aber ist Verdienst und Wissen eigen,
Und dies genügt für sündig dich zu halten.
An die Verpflichtung anderer Gebete
Bist du, *Hafis*, nun nimmermehr gebunden,
Denn dir genügt die mitternächt'ge Bitte,
So wie die Andacht in den Morgenstunden.
Verlass dich nimmer auf der Ander'n Gnade,
Denn so wie jenseits also auch hienieden
Genüge dir des Schöpfers Wohlgefallen
Und was an Huld der Kaiser dir beschieden.

6.

Mir genügt vom Rosenhain der Erde
Der Besitzer einer Rosenwange,
Mir genügt von dieser *Au* der Schatten
Der Zipresse mit dem holden Gange.

Ich und Umgang mit der Heuchlerseele?
Fern von mir was so verächtlich wäre,
Denn von dem was schwer ist auf der Erde
Gnügt der Becher mir allein, der schwere!
Mit Palästen wird im Paradiese
Jedes Werk der Frömmigkeit man lohnen;
Mir, dem Zecher und dem Bettelmanne,
Gnügts im Kloster eines Wirth's zu wohnen.
Willst du seh'n, wie schnell das Leben fliehe,
Musst du dich an's Stromesufer setzen:
Uns genüge dieses Warnungszeichen,
Um der Welt Vergänglichkeit zu schätzen.
Sieh des Weltmarkts Baarschaften und halte
Was die Welt an Qualen hegt dagegen:
Und wenn dieser Vor- und Nachtheil nimmer
Dir genügt, *mir* gnügt er allerwegen.
Da der Freund, der theure, bei mir weilet,
Brauch' ich nicht nach Mehrerem zu zielen:
Mir genügt die Wonne eines Umgang's
Mit der Seele freundlichem Gespielen.
Sende mich um Gotteswillen nimmer
Fort von dir nach jenen Himmelsauen:
Mir genügt's vom ganzen Weltenalle,
Darf ich nur dein theures Dörfchen schauen.
Klagt'st, *Hafis*, du über Schicksalslaunen,
Mag es wohl an Billigkeit dir fehlen:
Mir genügt ein Inn'res, rein wie *Wasser*,
Und die Sammlung *fliessender* Ghaselen.

Der Buchstabe Schin

1.

Bist du mir ein liebender Gefährte,
Musst du Wort mir halten treu und wahr
Und im Stübchen, Bad und Rosenhaine
Mir Gesellschaft leisten immerdar.

Gib die Krause der verwirrten Locke
Nimmermehr dem Winde in die Hand;
Sage nicht: »Verwirrung möge herrschen
Im Gemüth, das Liebe nur empfand!«
Wenn an Chiser's Seite dich zu setzen
Ein Gefühl der Sehnsucht dich beschlich,
Nun, so sei dem Lebenswasser ähnlich
Und verbirg vor Alexandern dich!
Schmeichlerische Liebespsalmen singen
Kann nicht jeder Vogel unbedingt:
Komm denn *du* und sei die junge Rose
Dieses Sprossers, der Ghasele singt!
Fortzuwandeln auf des Dienstes Pfade,
Und der Pflicht der Knechtschaft mich zu weih'n.
O gestatt' es mir um Gotteswillen
Und du selber sollst mein Sultan sein!
Hüte dich und falle ja nicht wieder
Mit dem Schwert die heil'ge Beute an,
Und empfinde Reue über Alles,
Was du meinem Herzen angethan!
Bist des Kreises Kerzenlicht; drum habe
Eine Zunge nur und nur *Ein* Herz,
Und im Geist des Falters Streben schauend,
Lächle freundlich auch im grössten Schmerz!
Nur im Augenspiele zeigt vollendet
Schönheit sich und Liebenswürdigkeit:
Sei daher durch Zärtlichkeit der Blicke
Einer von den Selt'nen deiner Zeit!
Schweig', *Hafis*, und ist der Freund auch grausam,
So beklage dich darüber nicht:
Denn wer hatte staunen dich geheissen,
Schautest du ein schönes Angesicht?

2.

Du an Gestalt so voll von Anmuth
Und *Wonne* gebend jedem Ort!
Es füllt sich mir das Herz mit *Wonne*,
Spricht dein Rubin ein Zuckerwort.
An Zartheit gleichet deinem Leibe
Das frische Blatt der Rose nur;
Vom Haupt zum Fusse bist du *Wonne*,
Zipressen gleich auf Eden's Flur.
Süss ist dein Kosen und dein Trotzen,
Voll Wohlgeschmack dein Maal und Flaum;
Schön ist dein Aug' und deine Braue,
Voll *Wonne* deines Wuchses Baum.
Nicht nur mein Phantasiegefilde
Füllst du mit Bildern hell und klar,
Auch dem Geruchsinn meines Herzens
Beut *Wonne* dein Jasminenhaar.
Vor deinem Auge lass mich sterben: –
Wenn gleich Gesundheit ihm gebricht.
Verwandelt's doch den Schmerz in *Wonne*,
Schaut es dein schönes Angesicht.
Wenn auf dem Liebespfad ich nimmer
Den Unglücksstrom durchwaten kann.
Erfüll' ich mein Gemüth mit *Wonne*,
Denn deine Reize blick' ich an.
Droh'n in der Wüste, des Verlangens
Gefahren auch an jedem Ort,
Dich liebend, schreitet doch voll *Wonne*
Hafis, der Herzberaubte, fort.

3.

Stets denkt der Sprosser an ein Mittel,
Das ihm der Rose Gunst gewinnt,
So wie im Gegentheil die Rose
Auf Kränkung nur der Liebe sinnt.
Wohl kann nicht Herzensräuber heissen,

Wer Liebende dem Tode weiht;
Doch Herr und Meister ist zu nennen,
Wer mitfühlt eines Dieners Leid.
Mit vollem Recht schlägt blut'ge Wellen
In seinem Herzen der Rubin:
Denn thöricht schätzt man auf dem Markte
Die Glaskoralle mehr als ihn.
Der Sprosser dankt die Kunst des Sanges
Der Rose gnäd'gem Unterricht:
Es tönte sonst aus seinem Schnabel
Ein solcher Schwall von Liedern nicht.
Wohl hundert Herzenskarawanen
Zieh'n jenem Vielgereisten nach;
Bewahre ihn, wo er auch weile,
O Herr, vor jedem Ungemach!
Du, der am Dorfe meines Liebchen
Vorbei zu wandeln sich erlaubt.
Sei auf der Hut, denn seine Mauern
Zerschmettern dir gewiss das Haupt!
Wenn von des Heiles Glück zu sprechen,
O Herz, dir Freude auch gemacht,
So ist doch auch die Liebe heilig:
Drum lass sie nimmer ausser Acht!
Es führt – wenn du dich fern gehalten
Von der Begierden eitlem Wahn –
Zum Heiligthume ihres Anblick's
95   Dich ohne Zweifel deine Bahn.
Der trunk'ne *Ssofi*, der die Mütze,
Schief auf den Kopf sich hat gesetzt,
Zerwühlt den Turban sich erst völlig,
Trinkt er noch ein paar Gläser jetzt.
Das Herz *Hafisens*, dem dein Anblick
Zur freundlichen Gewohnheit ward,
Verzärtelt ist's durch Gunst der Liebe:
97   Drum schmähe es nicht allzu hart!

4.

Komm zurück, um des beklomm'nen Herzens
Seelischer Genoss zu sein,
Und in sein verborgenstes Geheimnis
Weiht dich der Verbrannte ein!
Von dem Wein, den in der Liebe Schenke
Feil man bietet Jedermann,
Gib mir noch zwei oder drei Pocale,
Sei es auch im Rāmăsān!
Weil, o weiser Wanderer, du Feuer
Auf die Kutte hast geschnellt,
Sollst du trachten Oberhaupt zu werden
In dem Zecherkreis der Welt!
Jenem Freunde, der zu dir einst sagte:
»Harrt mein Herz doch immer dein«
Sage du: »Sieh da, ich komme eben:
Harre wohlbehalten mein!«
Lust nach dem Rubin, der Leben spendet,
Füllte ach, das Herz mit Blute mir;
Trage du, Juwelenschrein der Liebe,
Dieses Siegel immerdar an dir!
Dass sich nicht auf's Herz Ihm möge setzen
Nur ein Stäubchen von Verdruss,
Folge du dem Briefe auf der Ferse,
Du, o meiner Thränen Fluss!
Da *Hafis* sich nach dem Glase sehnet,
Das die ganze Welt uns zeigt,
Mach' er den Ässāf sich eines Fürsten,
Der Dschemschiden gleicht, geneigt!

5.

Greif' zur Tulpenzeit nach Bechern,
Hüte dich vor Heuchelei'n
Und geselle dich dem Oste,
Wenn dich Rosendüfte freu'n!
Trägst du, wie einst Dschem, Verlangen

Das Geheimste zu erspäh'n,
So geselle dich dem Glase,
Das dich lässt das Weltall seh'n!
Nimmer sag' ich dir: »Dein Götze
Sei durch's ganze Jahr der Wein!«
Durch drei Monde magst du trinken
Und durch neun enthaltsam sein.
Da die alte Pilg'rin: »Liebe«
An den Rebensaft dich weist,
Nun so trinke Gott vertrauend,
Der Erbarmen dir verheisst!
Wenn auch alle ird'schen Dinge,
Knospen gleich, verschlossen sind,
Magst du deine Knoten lösen,
Ähnlich einem Frühlingswind.
Suche ja bei Niemand Treue:
Hörst du aber nicht auf mich,
Mühe fruchtlos um Simurghen
Und den Stein der Weisen dich!
Sei, *Hafis*, kein Andachtsjünger
Jener, die du nimmer kennst
Und verkehre nur mit Zechern,
Die du deine Priester nennst.

6.

Will der Gärtner mit der Rose
Durch fünf Tage' Umgang pflegen,
Muss er bei der Trennung Dornen
Die Geduld des Sprossers hegen.
Sollst, o Herz, nicht über Wirren,
Wenn Sein *Haar* dich fesselt, klagen:
Fällt in's *Netz* ein kluger Vogel,
Muss er's mit Ergebung tragen.
Diese Wange, diese Locke
Diene nie *dem* Blick zum Spiele,
Dem das Antlitz des Jasmines
Und der Sünbül Haar gefiele!

Zecher, die die Welt entzünden,
Taugen nicht für die Geschäfte,
Denn die Staatsgeschäfte fordern
Klugen Rath und Urtheilskräfte.
Gottlos ist, wer auf dem Pfade
Sich auf Rath und Wissen stützet.
Weil ja doch bei hundert Gaben
Nur Vertrau'n dem Wand'rer nützet.
Jener trunkenen Narzisse
Steten Trotz muss es ertragen
Dieses wirre Herz, verlangt es
Jener Locke nah' zu schlagen.
Schenke! Zögerst du noch länger
Uns das Glas herum zu reichen?
Kömmt die Reihe an Verliebte,
Muss sie Kettenringen gleichen.
Doch wer ist *Hafis*, um immer
Nur beim Saitenklang zu zechen?
Kann ein elender Verliebter
Solchen Prunk's sich nicht entbrechen?

7.

Heil Schīrās! Nein, keine Lage
Lässt mit seiner sich vergleichen;
Lass, o Gott, von dir beschirmet,
Nie ein Unglück es erreichen!
Unser Rōknăbād vernehme
Hundertmal ein: »Gott bewahre!«
Denn sein süsses Wasser schenket
Chiser's lange Lebensjahre.
Wo Dscha'fĕrăbād sich scheidet
Von Mossella's Blumentriften,
Kömmt sein Nordwind hergezogen,
Reich durchwürzt mit Ambradüften.
Komm denn nach Schīrās und bitte
Um des heil'gen Geistes Segen
Jene, die in seinen Mauern

Jeden Zweig des Wissens pflegen!
Selbst Ägyptens Kandelzucker
Waget Niemand hier zu nennen,
Ohne dass die süssen Schönen
Wider ihn in Zorn entbrennen.
Hast du irgend eine Kunde,
Morgenwind, mir zuzuwehen
Von dem schönen, trunk'nen Luli
Und von seinem Wohlergehen?
Wecke doch aus diesem Schlummer
Nimmer mich um Gotteswillen,
Denn Sein Traumgebild entzückt mich
In der Einsamkeit, der stillen!
Wenn nun jener süsse Knabe
Auch mein eig'nes Blut vergösse,
Herz, so lass es ruhig fliessen,
Als ob Muttermilch nur flösse!
Wenn, *Hafis*, vor Seiner Trennung
Du dich fürchtetest, so sage,
Wesshalb du ihm nimmer danktest
Für der Liebe frohe Tage?

8.

Ruhe, Kraft und Einsicht gingen
An dem Götzen mir verloren
Mit dem marmorharten Herzen
Und dem Silber in den Ohren;
Flink und zart ist dieser Holde,
Schafft, wie Peris, Lust und Freude,
Ist ein vollmondgleicher Türke
Und stolziert in off'nem Kleide;
Durch die heisse Gluth der Liebe,
Die bei ihm mich überfallen,
Muss ich, einem Topfe ähnlich,
Immer siedend überwallen;
Mein Gemüth wird, gleich dem Hemde,
Ruhe wohl erst dann geniessen,

Wenn gleich seinem eig'nen Kleide
Meine Arme ihn umschliessen.
Seine Härte kränkt mich nimmer:
Rosen, die nicht auch verwunden
So wie Honig ohne Stachel,
Hat ja noch kein Mensch gefunden.
Selbst auch dann, wenn in Verwesung
Mein Gebein schon übergangen.
Wird noch immer meine Seele
Liebevoll nach Ihm verlangen.
Was ich glaube, was ich fühle,
Was ich fühle, was ich glaube
Wurde Seiner Brust und Schulter,
Schulter ach, und Brust zum Raube.
Gibt's ein Mittel, gibt's ein Mittel,
Das, *Hafis*, dich hoffen liesse,
Liegt's in Seiner Lippen Süsse,
Lippen Süsse, Lippen Süsse.

9.

Mein Herz erschrack und mir, dem Armen,
Ward bis zur Stunde nicht bekannt
Was jenem widerspänst'gen Wilde
So plötzlich in den Weg gerannt?
Besorgt für meinen eig'nen Glauben,
Erbeb' ich, gleich dem Weidenblatt:
Ein Ketzer hält mein Herz gefangen,
Der bogengleiche Brauen hat.
Ich nähre immer den Gedanken,
Ich sei ein Meer; doch weit gefehlt!
Was spukt im Kopfe dieses Tropfens,
Der nur Unmögliches sich wählt?
Ich preise jene kühne Wimper,
Die alles Heil zu Grabe trägt
Und der auf ihres Dolches Spitze
Das Lebenswasser Wellen schlägt
Blut träufelt wohl an tausend Stellen

Den Ärzten von des Ärmels Rand.
Wenn, um mein wundes Herz zu prüfen,
Sie es befühlen mit der Hand.
Nur weinend geh' ich in die Schenke,
Und stets mit tief gesenktem Haupt,
Weil ich mich vor den Thaten schäme,
Die ich zu üben mir erlaubt.
Das Leben Chiser's ist entschwunden
Sammt Alexander's Herrlichkeit:
Drum reize nied're Weltlust nimmer
Dich armen Mann zu eitlem Streit!
Ein Diener bist du, Freund; beklage
Dich über deine Freunde nicht;
Das Jammern über Viel und Wenig
Verletzt der Liebe heil'ge Pflicht.
Hafis! An jenen Gürtel reichet
Nicht eines jeden Bettlers Hand:
Drum greife du nach einem Schatze,
Viel reicher als Kărūn ihn fand.

10.

Ein erfahr'ner Mann voll Scharfsinn
Sagte gestern heimlich mir:
»Nimmer kann des Wirth's Geheimniss
Länger man verbergen dir.«
Sprach: »Erleicht're dir die Sachen,
Denn, wie sich's von selbst versteht,
Macht die Welt nur *dem* Beschwerde,
Der das Schwere suchen geht.«
Gab mir dann ein Glas, so funkelnd,
Dass *Sŏhrē* im Himmelshaus
Sich zum Tanz erhob. Dann sprach er,
Zither spielend: »Trinke d'raus!«
Horch, o Sohn, auf meine Lehre:
Gräme dich um Ird'sches nie;
»Diese Worte gleichen Perlen:
Kannst du es, so fasse sie!

Selbst mit einem blut'gen Herzen
Lächle, gleich dem Glas, dein Mund;
Stöhne nicht, gleich einer Harfe,
Schlägt man dich auch noch so wund!
Bis du nicht bekannt geworden,
Hörst du nichts von diesem Klang:
Denn das Ohr der Ungeweihten
Ist kein Ort für Engelssang.
In dem Heiligthum der Liebe
Trägt man nur die Wahrheit vor:
Denn dort müssen alle Glieder
Nichts als Auge sein und Ohr.
Auf dem Teppich weiser Männer
Steht dir Selbstlob übel an:
Sprich entweder als ein Kenner,
Oder schweige, kluger Mann!«
Schenke, gib mir Wein! Erfahren
Hat *Hafisens* Trunkenheit
Der Ässâf des mächt'gen Helden,
Der voll Nachsicht gern verzeiht.

11.

Zu des Kaisers Zeit, der Nachsicht
Übt an Sündern allzumal.
Trinkt der Mufti aus dem Becher
Und *Hafis* aus dem Pocal.
Von der Zelle Winkel setzte
Sich der Ssofi zu dem Fass,
Seit er sah, dass auf der Achsel
Selbst dem Vogt die Kanne sass.
Um des Scheïches und des Richters
Judentrunk hab' ich befragt
Den bejahrten Weinverkäufer.
Als es eben kaum getagt.
Und er sprach: »Ich darf nicht sprechen,
Magst du eingeweiht auch sein;
Halte nur die Zung' im Zaume,

Birg' dich und dann trinke Wein!«
Schenke! Schon erscheint der Frühling
Und kein Weingeld blieb mir mehr:
Denke wie mein Herzblut brause,
Denn dies grämt mich gar zu sehr,
Liebe, gänzliche Verarmung,
Jugendzeit und Lenz sind da;
Halte mich damit entschuldigt
Und verzeih' was ich versah!
Wirst du wohl noch länger züngeln,
Ähnlich einem *Kerzenlicht*?
Kam ja doch der Wünsche *Falter*:
Drum, Geliebter, plaudre nicht!
Kaiser du des Bild's und Sinnes,
Dessen Gleichen nie zuvor
Hat geschaut ein Menschenauge,
Noch gehört ein Menschenohr!
Lebe, bis dein Glück, das *junge*,
Einst die blaue Kutt' empfängt
Aus der Hand des *alten* Himmels,
Der mit Lappen sich behängt.

12.

Eine Stimme rief des Morgens
In mein Ohr dies Freudenwort:
»Schah Schĕdschā' sitzt auf dem Throne,
Darum trinke tapfer fort!«
Nimmer birgt in einer Ecke
Sich der Augenspieler Schaar,
Tausend Worte in dem Munde,
Aber stumm das Lippenpaar.
Nun will ich beim Harfenklange
Alles sagen was gescheh'n,
Denn, verschwieg' ich's, fühlt' ich wallend
Mir den Brusttopf übergeh'n.
Lasst uns Hauswein, der da furchtsam
Vor dem Vogte ist und bang,

Vor des Freundes Antlitz trinken
Und bei lautem: »Lebelang!«
Gestern trug man aus der Schenke
Auf der *Achsel* den Imām,
Der den Teppich des Gebetes
Mit auf seiner Achsel nahm.
Herz, ich leite dich zum Guten
Auf der Bahn die Heil verspricht:
Aber prahle nicht mit Sünden,
Sei auch stolz auf Tugend nicht!
Des Verklärungslichtes Quelle
Ist des König's heller Geist;
Doch du darfst nur dann ihm nahen
Wenn dein Zweck sich rein erweist;
Nur mit seines Ruhmes Lobe
Soll man dich beschäftigt schau'n,
Da selbst Engel ihre Botschaft
Seinem Herzensohr vertrau'n.
Die geheimen Reichsgeschäfte
Kennen Fürsten nur allein:
Doch du bist ein Winkelbettler,
Musst, *Hafis*, fein ruhig sein.

13.

Ich verlange nach dem bitt'ren Weine,
Der den Mann zu Boden wirft mit Kraft,
Denn ein Weilchen möcht' ich Ruhe finden
Vor der Welt, die nichts als Böses schafft.
Bringe Wein, denn vor des Himmels Tücke
Fühlt wohl Niemand völlig sicher sich
Durch Söhrē, des Harfenmädchens, Spiele
Und durch seinen Waffenknecht Mĕrrīh.
Auf dem Tisch der nied'ren Erde gibt es
Keinen Honig der Zufriedenheit:
Wasche, Herz, den Gaum der Lust und Gierde
Rein von Herbe und von Bitterkeit!
Wirf das Jägernetz Bĕhrām's bei Seite,

Halte hoch den Becher Dschem's empor!
Denn es fand, als ich dies Feld durchmessen,
Nicht Běhrām und nicht sein Grab sich vor.
Auf Derwische seine Blicke heften
Kann der Grösse keinen Eintrag thun:
Salomon, trotz seiner hohen Würde,
Liess die Blicke auf der Ämse ruh'n.
Komm, ich lasse dich im reinen Weine
Das Geheimniss des Geschickes schau'n;
Doch versprich mir es nicht schiefen Seelen
Oder blinden Herzen zu vertrau'n.
Aus smaragd'nem Glase will ich trinken
Einen Wein, so funkelnd wie Rubin,
Denn der Frömmler ist des Lebens Schlange,
Und dadurch mach' ich erblinden ihn.
Zwar des Seelenfreundes Brauenbogen
Wendet nimmer von *Hafis* sich ab;
Doch es macht ihn unwillkürlich lachen
Dieser Arm, so kraftlos und so schlapp.

14.

Pflücke Rosen, Ssofi, und den Dornen
Schenke dann das abgeflickte Kleid.
Und dem Weine der so lieblich mundet,
Schenke diese bitt're Frömmigkeit!
Lege Mönchsgebrauch und Klostersitte
Auf der klangerfüllten Harfe Bahn,
Und dem Weine und dem Trunkenbolde
Schenke Rosenkranz und Thāilïssān!
Jene schwere Tugend, die der Schöne
Und der Schenke schnöde von sich weist,
Schenke du dem Abendwind des Lenzes
Der den Ring des Wiesengrund's umkreist!
Auf dem Weg, o Herrscher der Verliebten,
Überfiel mich kühn des Wein's Rubin:
Schenke denn das Blut das ich verwirkte
Jenem Brunnen in des Freundes Kinn!

Herr, verzeihe wenn zur Zeit der Rosen
Sich der Knecht zu sünd'gen unterstand:
Schenke Alles was da vorgefallen
Der Zipresse an des Baches Rand!
Du der auf dem eingeschlag'nen Pfade
Deines Wunsches Tränke hast erreicht.
Schenke mir ein Tröpfchen dieses Meeres,
Mir, dem Armen, der dem Staube gleicht!
Und, zum Danke dass sich deinem Auge
Nie ein Götzenantlitz noch gezeigt,
Schenke mich dem mächtigem Gebieter
Der zur Huld und Nachsicht ist geneigt!
Weil, o Schenke, sich der hohe Meister
Morgenwein zu trinken hat erlaubt,
Schenke er das gold'ne Glas *Hafisen*
Der bei Nacht des Schlummers ist beraubt!

15.

Ein Bachesrand, ein Stamm des Weidenbaumes
Ein holder Freund, ein dichtendes Gemüth,
Ein süsser Herzensräuber als Genosse,
Ein holder Schenke, der wie Rosen blüht,
O du Begünstigter von den Gestirnen,
Der du erkennst der flücht'gen Tage Werth,
Wohl möge diese Wonne dir bekommen!
Ein holdes Leben wurde dir beschert,
Wer Liebe fühlt für einen Herzensräuber,
Und diese Bürde trägt auf seiner Brust,
Der werfe Rautenkraut in's helle Feuer,
Denn er erfreut sich hoher Lebenslust.
Mit reichem Schmuck jungfräulicher Gedanken
Ward des Gemüthes Braut geschmückt von mir,
Und ich erhalte von der Zeit Gemälden
Vielleicht dereinst ein holdes Bild dafür.
Benütze klug die nächtlichen Gespräche,
Und nimm den Zoll der Herzenswonne ein:
Denn herzerleuchtend ist des Mondes Schimmer,

Und hold auch ist der bachdurchströmte Rain.
Wein perlet in des Schenken Augenschale,
Und Gottes Name leiste Zeugenschaft
Dass den Verstand er eben so berausche
Wie er dem Haupte holde Schmerzen schafft!
Schon ist das Leben sorglos hingeschwunden;
Hafis, begleit' uns in das Weinhaus nun,
Denn holde Räuber sind daselbst zu finden,
Und holde Dinge lehren sie dich thun.

16.

Seine Mondeswange ist der Schönheit
Und der Anmuth lieblichster Verein:
Doch die Liebe fehlet und die Treue:
Wolle sie, Allmächt'ger, Ihm verleih'n!
Nur ein Kind noch ist mein Herzensräuber
Der, zum Spiele blos, mich armen Mann
Grausam tödtet, ohne dass ein Urtheil
Des Gesetzes ihn bestrafen kann;
Darum ist das *Beste* was ich thue,
Mir vor ihm das Herz zu wahren *gut*:
Noch erfuhr er *Gutes* nie und Böses,
Schätzt mein Herz nicht, weiss nicht was er thut.
Ja, ein Götze ist's von vierzehn Jahren,
Flink und süss, den ich mir auserkohr,
Und für den der Mond von vierzehn Tagen
Freudig trägt den Sclavenring im Ohr;
Milchgeruch entströmet seiner Lippe,
Die so süss wie reiner Zucker ist,
Wenn auch Blut aus seinem schwarzen Auge,
Das so schelmisch blicket, niederfliesst.
Jener neuentblühten Rose Spuren
Folgt mein Herz beständig nach, o Herr!
Doch, wo ist es endlich hingerathen?
Läng're Zeit schon seh' ich es nicht mehr.
Bricht der Freund der mir das Herz entwendet,
Sich so kühn durch's Mitteltreffen Bahn,

So vertraut der Kaiser ihm in Eile
Eines Waffenträgers Würde an.
Dankbar will ich meine Seele opfern
Wenn sich jene selt'ne Perle nun
In der Muschel von *Hafisens* Auge
Einen Platz erwählt um auszuruh'n.

17.

Erprobt hab' ich mein Schicksal
In dieser Stadt, mithin
Muss fort ich aus dem Wirbel
Mit meinem Bündel zieh'n.
Weil ich so häufig seufze
Und nage an der Hand,
Setzt' ich den Leib, wie Rosen,
Mir Stück für Stück in Brand.
Wie schön hat nicht der Sprosser
Gesungen gestern Nacht,
Als auf dem Zweig die Rose
Ihr Ohr weit aufgemacht:
»O Herz, sei frohen Muthes!
Den Freund mit rauhem Sinn
Setzt das Geschick, zur Strafe,
Auch nur auf Rauhes hin.
Willst du, die Welt behandle
Dich weder weich noch hart,
So meide weiche Bande,
Und Worte harter Art.
Stieg auch die Unglückswoge
Empor zum Himmel schon,
Des Weisen Glück und Bündel
Wird doch nicht nass davon;
Und wären die Genüsse
Von Dauer, o *Hafis*,
Auf seinem Throne sässe
Dschĕmschīd noch ganz gewiss.«

18.

Eine Stimme rief mir gestern
Aus der Schenke Winkel zu:
»Was du sündigend verbrochen
Wird verzieh'n: d'rum trinke du!
Und die göttliche Vergebung
Waltet gnädig fort und fort,
Und ein Engel überbringet
Der Erbarmung Freudenwort.
Grösser ist die Gnade Gottes
Als die Fülle uns'rer Schuld;
Schweige! Kennst du denn die Gründe,
Die verborgenen, der Huld?«
Trage diese rohe Weisheit
In das Haus des Weines hin,
Dass ihr Blut in Wallung komme
Durch den Wein, roth wie Rubin!
Wenn man auch durch keine Mühe
Sich mit Ihm vereinen kann,
Dennoch wend', o Herz, nach Kräften,
Alle deine Mühe d'ran!
Meines Freundes Ringellocke
Schlinge stets sich um mein Ohr.
Und mein Antlitz lieg' im Staube
An des Weinverkäufers Thor!
Nicht für eine schwere Sünde
Gilt *Hafisens* Trunkenheit
Bei des Kaisers Huld, der Fehler
Stets zu decken ist bereit;
Schah Schĕdschā's, des Herrn des Glaubens,
Dessen mächt'gen Herrscherring
Selbst der heiligste der Geister
Sclaven gleich in's Ohr sich hing.
Fürst des Himmelsthron's, erfülle
Seine Wünsche immerdar,
Und, wenn böse Blicke drohen,
Schütze ihn vor der Gefahr!

19.

Jene Rose, jung und lächelnd,
Die du, Herr, empfohlen mir,
Jedem Neideraug' der Wiese
Zu entzieh'n, empfehl' ich dir;
Hält sie sich auch hundert Meilen
Fern vom Dorf der Treue auf,
Bleib' ihr doch von Leib und Seele
Fern des Mondes Unglücks*lauf.*
Morgenwind, kömmst du vorüber
An *Sĕlmā's* geliebtem Haus,
Hoffe ich, du richtest freundlich
Einen *Gruss* ihr von mir aus.
Löse jener schwarzen Haare
Moschus unbehutsam nie:
Theure Herzen wohnen drinnen:
D'rum durchwühle nimmer sie.
Sprich: »Es hat auf Flaum und Maale
Mein getreues Herz ein Recht:
D'rum behandle es mit Achtung
Dort im Ambra-Haargeflecht!«
Wo auf's Wohl man Ihrer Lippe
Wein geniesst in froher Lust,
Ist der Trunk'ne zu verachten
Der sich seiner bleibt bewusst.
Man erwirbt am Thor der Schenke
Ehr' und Reichthum nimmermehr:
Wer von diesem Wasser trinket
Wirft ja sein Gepäck in's Meer!
Dem, der sich vor Trauer fürchtet,
Ist kein Liebesgram erlaubt:
Liebchens Mund an meiner Lippe,
Liebchens Fuss auf meinem Haupt!
Als des Wissens Grundvers pranget
Was *Hafis* sang im Gedicht:
Wie entzückend ist sein Odem
Und wie lieblich was er spricht!

20.

Als Seine Ambralocke
Vom Oste ward *durchwühlt*,
Hat Jeder der *Gebroch'nen*
Sich frisch beseelt gefühlt.
Wo weilt ein Gleichgestimmter?
Gern theilte ich ihm mit
Das was durch Seine Trennung
Mein armes Herz schon litt.
Dem Briefe, den zum Freunde
Der Morgenbote trägt,
Hab' ich das Blut des Auges
Als Siegel aufgelegt.
Aus Rosenblättern formte
Natur dein Antlitz; doch,
Sie birgt, vor dir sich schämend,
Sie in der Knospe noch.
Stets schläfst du, und die Liebe
Kennt Grenzen nimmermehr:
Darum sei Gott gepriesen,
Denn endlos ist auch er.
Der Ca'ba Reiz heischt Nachsicht
Vom Pilger der, verbrannt
Und aufgeregten Herzens,
Die Wüste durchgerannt.
Wer bringt vom Herzens-Josef
In's Haus der Trauer hier
Aus seines Kinnes Brunnen
Erwünschte Nachricht mir?
Ich lege jene Locke
Dem Meister in die *Hand*:
Er wird das Recht mir schaffen
Das mir Sein *Trug* entwand.
Ich hörte was der Sprosser
Früh auf der Wiese sang:
Es war ein Lied *Hafisens*
Von holdem Sinn und Klang.

21.

Verwüstet durch den wüsten Freund
Erliege ich dem Schmerz:
Den Schmerzenspfeil der Wimper drückt
Er mir in's wunde Herz;
Fängt er das Kreuz des Lockenhaar's
Hold zu zerlegen an,
Bethöret jener Glaubensfeind
Gar manchen Musulman.
An dich gebunden ist mein Herz,
Von Ander'n bleibt's getrennt:
Nicht Fremde noch Verwandte wünscht
Wer dich, Geliebter, kennt.
O blicke mit der Gnade Blick
Mich Herzberaubten an,
Weil, fehlt der Beistand deiner Huld,
Nichts vorwärts schreiten kann.
Des Anmuthsreiches Kaiser du!
Bestreue immerhin
Das wunde Herz mir mit dem Salz
Aus deines Mund's Rubin.
Es hat die Garben meiner Ruh'
Dem Winde anvertraut
Dein trunk'nes Aug' das, lauernd stets.
So vor- als rückwärts schaut.
Aus jener Honigbüchse leg'
Ein Pflaster dem *Hafis*
Auf's Herz das, wie mit Fliet' und Dolch,
Die Wimper wund ihm riss.

22.

Leer' ich deiner Lippe Becher,
Wo verweilt die Klugheit dann?
Schau' ich dein berauschtes Auge,
Wer dann wohl mich halten kann?
Bin dein *Sclave*; wolltest aber

Du von mir *befreien* dich,
So verkaufe in der Schenke
An den Krugverkäufer mich.
Hoffend in der Schenke fänd' ich
Einen Krug gefüllt mit Wein,
Geh' ich, eine Zecherkanne
Auf der Achsel, nun hinein.
Lust nach deiner Lippe zwinget
Den Săkă des Trinkergau's
Augenwasser aufzugiessen
Vor des Weinverkäufers Haus.
Sage mir doch nimmer: »Schweige,
Oder zieh' den Athem ein!«
Kann man doch nicht: »Schweige!« sagen,
Zu dem Vogel in dem Hain.
Forsche ich nach deinen Spuren,
Die Geduld, wo bleibt sie dann?
Spreche ich von deinen Thaten,
Wer dann masst Verstand sich an?
Seelen mit erstarrtem Herzen
Gibt man Wein, gekocht und gahr;
Wein ist helle Gluth; es sieden
Die Gekochten immerdar.
Als man mit des Liebesultan's
Ehrenkleid mich angethan,
Rief man laut: »Du mög'st es tragen,
O *Hafis*, doch schweigen dann!«

Der Buchstabe Ssad

1.

Aus den Banden deiner Locken
Rettet sich kein Menschensohn,
Und du tödtest die Verliebten,
Dem Vergeltungsrecht zum Hohn.
Tritt nicht erst der Herzverbrannte

In des Nichtseins Wüstenei'n,
Wird im Heiligthum der Seele
Er kein Auserwählter sein.
Deiner Wimper scharfem Pfeile
Hielte ein Rŭstēm nicht Stand,
Und dem Pförtner deiner Braue:
Reichte ein Wăkkās das Pfand.
In die Mitte, gleich der Kerze,
Stellt' ich treu die Seele hin,
Opferte den eig'nen Körper
Dir mit wahrhaft reinem Sinn.
Hat dich nicht, dem Falter ähnlich,
Erst verbrannt die Leidenschaft,
Wirst du nicht Befreiung finden
Von dem Gram den Liebe schafft.
Einen Brand hast du geschleudert
In des Herzens Falter mir,
Der ich ohnehin schon schwirre,
Aufgeregt von Lust nach dir.
Gleich der Alchymie verwandelt
Mir in Gold der Liebesschmerz
Den aus Staub geformten Körper,
Ist er gleich nur schlechtes Erz.
Fasst den Werth der selt'nen Perle
Jemals wohl des Pöbels Sinn?
Gib, *Hafis*, dein Prachtgeschmeide
Nur an edle Männer hin.

2.

Vom Nebenbuhler vermochte
Sich nimmer mein Herz zu befrei'n;
Der Spruch, es hasse ein Fabler
Den anderen Fabler, traf ein.
Der Vogt zerschlug mir die Humpe,
Ich aber zerschlug ihm das Haupt,
Da Zahn für Zahn und für Wunde
Das Recht der Vergeltung erlaubt.

Dem *Issa* ist zu vergleichen
Ein Glas, das gefüllt ist mit *Wein*,
Denn Leben flösst es den Todten
Durch innere Gaben *stets* ein.
Mein Sänger! Spiel' eine Weise
Dass oben im himmlischen Glanz,
Wie Venus, sich Jupiter selber
Erhebe zu fröhlichem Tanz.
Es liest im Antlitz des Freundes,
Worin er den Koran gewahrt,
Hafis das Lob seines Schöpfers,
Her *Sure der Treue* gepaart.

Der Buchstabe Sad

1.

Es hat dein holder Reiz die Welt,
So lang und breit sie ist, umfangen;
Die Himmelssonne schaut beschämt
Des Erdenmondes schöne Wangen.
Das Anschau'n deiner Reize ist
Der Völker nöthigste Verrichtung,
Der *Anblick* deines *Angesicht*'s
Der Engel heiligste Verpflichtung.
Des vierten Himmels Sonne borgt
Ihr Licht von deiner Wangen Schimmer;
Der siebenten der Erden gleich,
Drückt eine Schuldenlast sie immer.
Die Seele, die sich Ihm nicht weiht,
Bleibt ew'gem Tode Preis gegeben;
Der Leib der nicht Sein Sclave wird,
Verdient verstümmelt nur zu leben.
Zu küssen Seines *Fusses* Staub,
Wird es wohl jemals dir *gelingen*?
Der Wind nur mag Ihm, o *Hafis*,
Der Sehnsucht Kunde überbringen!

2.

O komm, auf dass ein Duft der Seele
Aus jener Wange mich erquicke,
Da ich des eig'nen Herzens Zeichen
An jener Wange froh erblicke.
Was Commentare von den Reizen
Und von der Huld der *Huris* sagen,
Darüber magst, zu näh'rer Deutung,
Du jene Wange selbst befragen.
Es liegt die stattliche Zipresse
Vor jenem hohen Wuchs im *Staube*;
Erröthend weilt vor jener Wange
Die *Rose* in der Rosenlaube;
Beschämt muss des Jasmines Körper
Zurück vor jenem Leibe treten;
Im Blute muss, ob jener Wange,
Das Herz des Ērgăwān's sich betten;
Den Moschusduft hat China's Nabel
Nur jenem Lockenhaar entnommen,
Den Himmelsduft das Rosenwasser
Von jener Wange nur bekommen.
Dein *liebes* Antlitz hat der *Sonne*
Des Thaues Schweiss herausgetrieben,
Und schmächtig ist ob jener Wange
Der Mond am Firmament geblieben.
Ein wahres Lebenswasser träufet
Stets aus *Hafisens* holdem Sange:
So träufen Seelen, hold verwandelt
In zarten Schweiss, von jener Wange.

Der Buchstabe Thi

Seitdem mit Flaum beschrieben sind
Des Freundes schöne Wangen,
Hält sein Gesicht den Himmelsmond
Im Irrthum stets befangen;

Aus Lust nach seiner Lippe, der
Das Lebenswasser weichet,
Vergiess' ich einen Thränenquell,
Der einem Euphrat gleichet.
Bald geb' ich Herz und Seele Preis,
Wie *Staub*, dem *Sinnentriebe*,
Und bald mit *Wasser*, wie der Krug,
Lösch' ich den *Brand* der Liebe.
Nähm' mich der König gütig auf
Als einen seiner Knechte;
Ihn segnend gäb' ich schriftlich ihm
Die vollsten Herrenrechte.
Beschämt fühlt sich der Lebensquell
Wenn du, *Hafis*, gesungen:
Nie ist aus Leidenschaft für Ihn
Ein gleiches Lied erklungen.

Der Buchstabe Si

Vor bösem Blicke möge dir
Die schöne Wange Gott bewahren,
Denn ihm nur danke ich, Hafis.
Was jemals Gutes ich erfahren.
Komm, weil nunmehr die Zeit erschien
Wo Friede, Treu' und Freundschaft walten,
Da ich des Krieg's mit dir, Hafis,
Und jeden Streit's mich will enthalten.
Wenn jemals deines Herzens Blut
Getrunken mein Rubin, der kühne,
So nimm dafür von ihm, Hafis,
Ein Küsschen, als der Blutschuld Sühne.
Du und die Hoffnung auf Genuss,
Ihr wandelt zwei verschiedene Strassen:
Nicht jeder Bettlerhand, Hafis,
Gelingt es Ihn beim Saum zu fassen.
Sollst an der Götzen Haar und Maal
Das Herz zum zweiten Mal nicht knüpfen,

Wenn's einmal dir gelang, Hafis,
Den Unglücksbanden zu entschlüpfen.
Komm, sing' ein schönes Lied uns vor,
Zart, frisch und neu auch müss' es klingen,
Denn Freude schafft dein Vers, Hafis,
Und weiss den Kummer zu bezwingen.
Du trägst das Kleid der Gaukelei,
D'rum, Frömmler, ziehe hin in Frieden!
Du trank'st die Hefe »*Schmerz*« Hafis,
D'rum sei nun freundlich her beschieden!
Zur Morgenzeit, den Zechern gleich,
Sollst du aus Herz und Seele klagen,
Und zu derselben Zeit, *Hafis*,
Für mich ein Stossgebetlein sagen.

Der Buchstabe Ain

1.

Bei Schĕdschā', des König's, Ruhme
Und bei seiner Herrlichkeit
Schwör' ich es: Um Gold und Ehren
Bin mit Niemand ich in Streit.
Blick' nur einmal die Verliebten
Dankbar für die Gnade an,
Dass du Kaiser sei'st und Herrscher,
Ich nur Sclav' und Unterthan.
Deines Glases Segenshefe
Weckt zwar meinen Durst; allein
Nicht zu kühn will ich erscheinen,
Und nicht überlästig sein.
Mir genügt der Wein des Hauses:
Hol' vom Wirthe keinen mir;
Nun der Trinkgenoss erschienen,
Freundin Reue, scheiden wir.
Wascht, um Gotteswillen bitt' ich,
Mir die Kutte rein mit Wein,

Denn ich sauge von der Tugend
Keine guten Düfte ein!
Sieh wie bei der Harfe Klagen
Tanzend sich der Mann bewegt,
Der das *Hören* selbst des *Reigens*
Zu verbieten sonst gepflegt.
Stirn und Angesicht *Hafisens*
Trenne der Allmächt'ge nie
Von dem Staub des hohen Thrones
Den er dem Schĕdschā' verlieh!

2.

Bei Schĕdschā', des Königs, Hofe
Der der Erde Glanz verleiht,
Schwör' ich es: Um Geld und Ehren
Bin mit Niemand ich in Streit.
Bringe Wein weil, wenn die Sonne
Ihre helle Fackel schwingt,
Auch der Segen ihrer Strahlen
In des Armen Hütte dringt.
Eine Flasche und ein Zechfreund
G'nügen mir in dieser Welt,
Weil bei And'rem nur Zerstreuung
Und nur Kopfweh mich befällt.
Weiser, geh' und gib dies Mitleid
Für ein Glas voll Weines hin,
Weil ich Unterthan und Sclave,
Und nicht Herr und Kaiser bin.
Aus dem Bethaus in die Schenke
Weist den Weg die Liebe mir:
Nun der Trinkgenoss erschienen,
Freundin Reue, scheiden wir.
Diese Zeit kauft Kunstsinn nimmer,
Und ich habe nichts als ihn:
D'rum, wo trag' ich diese Waare
Die nicht Absatz findet, hin?
Mich betrübt *Hafisens* Frömmeln

Und sein klösterliches Thun:
Stimm' die Saiten, singe Lieder:
Denn zum Reigen schreit' ich nun.

3.

Zur Morgenzeit, wenn aus dem Köschke,
Dem einsamstillen, der Natur,
Des Ostens Fackel Strahlen sendet
Nach allen Gegenden der Flur;
Wenn aus des Horizontes Busen
Der Himmel seinen Spiegel' zieht,
Worin in tausendfachen Formen
Man das Gesicht der Erde sieht;
Wenn in des Lustgebäudes Zellen,
Wo der Dschĕmschīd des Himmels lebt,
Söhrē die Orgeltöne stimmet
Und sich zum Reigentanze hebt,
Da scheint der Harfe Ton zu sagen:
»Wer läugnet was die Liebe thut?«
Und lachend scheint das Glas zu fragen:
»Wer hat zu hindern es den Muth?«
Betrachte des Geschickes Treiben,
Und greife nach der Lust Pocal,
Denn als die trefflichste der Thaten
Bewährt sich dies auf jeden Fall.
Ein Trug nur ist und eine Schlinge
Das Haar des Liebchens »Welt« genannt:
Das haben, fern von allem Streite,
Die Weisen alle schon erkannt.
Begehre dass der König lebe,
Ist dir das Heil der Erde werth:
Er ist ein gnadenreiches Wesen,
Das Huld und Vortheil nur gewährt;
Als Gegenstand der ew'gen Gnade,
Als Hoffnungsauge hell und klar,
Als Weltgeist strahlt voll Kraft und Wissen
Schĕdschā', der König, immerdar.

Hafis, verweil' an seinem Thore,
So wie ein Knecht bei seinem Herrn;
Er ist ein Fürst der Gott gehorchet,
Und ihm gehorchen alle gern.

4.

Die treue Liebe ist's, die bei den Schönen,
Der Kerze gleich, mir einen Namen macht;
Wo man sein Haupt auf's Spiel gesetzt und zechet
Leucht' ich, der Kerze gleich, in finst'rer Nacht.
Es kömmt bei Tag so wie bei Nacht kein Schlummer
Mir in das Auge das dem Gram nur fröhnt,
Denn deiner Trennung Schmerz hat, gleich der Kerze,
Mich an das Weinen gar zu sehr gewöhnt.
Durchschnitten durch die Schere deines Grames
Ward mir der Faden der Geduld, und doch
Kann ich im hellen Feuer deiner Liebe,
Der Kerze gleich, beständig lächeln noch.
O sende in der dunklen Nacht der Trennung
Den theuren *Freibrief* des Genusses mir,
Wo nicht, so setz' ich eine Welt in Flammen,
Der *Kerze* gleich, in heisser Lust nach dir.
Wenn meiner Thräne rosenfarbner Zelter
Nicht gar so hitzig trabte immerdar,
Wie würde denn, was ich so sorgsam berge,
Der Kerze gleich, den Leuten hell und klar?
Denn in des Wassers und des Feuers Mitte
Brennt immer nur für dich in heisser Gluth
Dies Herz das sich verzehret gleich der Kerze,
Und überströmt von einer Thränenfluth.
Es wurde mir in deines Grames Händen
Der Felsen der Geduld wie Wachs so weich,
Seit in der Fluth und Gluth ich deiner Liebe
Zu schmelzen anfing, einer Kerze gleich.
Mein Tag ist Nacht, getrennt von deiner Schönheit
Die dieser Welt die höchste Zier erst gab,
Und, bei der reichsten Fülle meiner Liebe,

Nehm' ich doch immer, gleich der Kerze, ab.
Lass einmal Nachts mich stolz das Haupt erheben
Halsstärriger! durch den Verein mit dir,
Auf dass dein holder Anblick diese Halle,
Gleich einer Kerze, hell erleuchte mir.
Es bleibt von mir, wenn ich dich nicht erblicke,
Dem Morgen gleich, nichts übrig als ein Hauch;
Zeig' mir dein Antlitz, Holder, und ich opf're,
Der Kerze gleich, dir meine Seele auch.
Ergriffen ist auf wunderbare Weise
Hafisens Haupt von deiner Liebe Gluth:
Wann werd' ich wohl des Herzens Feuer löschen,
Der Kerze gleich, durch meines Auges Fluth?

Der Buchstabe Ghain

Ich ging, gelockt vom Rosendufte,
Des Morgens auf die Flur um hier,
Dem herzberaubten Sprosser ähnlich,
Das kranke Hirn zu heilen mir;
Mit unverwandtem Auge blickt' ich
Der Rose *Sur*'s in's Angesicht,
Die in der Finsterniss der Nächte
Hell strahlet wie ein Fackellicht;
Sie war in Stolz auf ihre Schönheit
Und ihre Jugend so versenkt,
Dass sie durch *tausend*fache Kälte
Des armen *Sprossers* Herz gekränkt.
Auch der Narcisse Auge füllte
Mit Wasser sich im Sehnsuchtsschmerz.
Und hundert Maale brannt' die Tulpe
Aus Trauer sich in Seel' und Herz;
Die Lilie zog das Schwert der Zunge
Und führt' damit des Vorwurf's Streich:
Den Mund erschloss die Anemone,
Den schnöden Ohrenbläsern gleich,
Bald in der Hand die Flasche haltend,

Wie Jene, deren Gott der Wein.
Und bald das Glas, den Schenken ähnlich,
Die Trunk'nen sich als Diener weih'n.
Geniess' der Freude und der Jugend,
Wie Rosen thun, denn, o *Hafis*,
Verantwortlich ist kein Gesandter
Für das was man ihn künden hiess.

Der Buchstabe Fe

Sind mir die Gestirne günstig,
Halt' ich Ihn am Saum zurück;
Zieh' ich Ihn an mich, o Wonne!
Tödtet er mich dann, o Glück!
Meinem hoffnungsvollen Herzen
Brachte Niemand noch *Gewinn*,
Trägt mein Lied auch *allenthalben*
Das was mir begegnet, hin.
Nähr' ich marmorherz'ge Götzen
Länger noch mit Schmeichelei'n?
Diesen ungerath'nen Söhnen
Fällt wohl nie ihr Vater ein.
Deine hol*dgekrümmte* Braue
Öffnete mir nie ein Thor:
Weh, dass ich das theure Leben
In so *schiefem* Wahn verlor!
Nimmt des Freundes Brauenbogen
Je mich Schwachen bei der Hand?
Hat er Keinem doch die Pfeile
An des Wunsches Ziel gesandt!
In dem Wahne fromm zu werden
Sitze still im Winkel ich,
Doch verfolgt mit Harf' und Pauke
Wunderbar ein Wirthskind mich.
Dumm sind Frömmler, schweig' und falle
In die Tonart Naksch nun ein!
Trunken ist der Vogt, der Heuchler:

Fürchte nichts und bringe Wein!
Sieh doch nur: am Zweifelsbissen
Kaut der städt'sche Ssofi hier:
Einen langen Schwanzesriemen
Habe dies genährte Thier!
Schlägst du einst, *Hafis*, die Strasse
Nach dem Haus der Liebe ein,
Wird der Vogt *Nĕdschēf*'s dir gütig
Ein getreuer Führer sein.

Der Buchstabe Kaf

1.

Ein sich'rer Ort, ein laut'rer Wein,
Ein Freund, der Liebe nährt,
O des beglückenden Geschick's
Ist dies dir stets beschert!
Ein Nichts in Nichts nur ist die Welt
Und Alles was sie thut:
Wohl tausendmal erprobte ich
Dies Wort nur allzugut.
Such' eine sich're Stätte dir
Und nütze deine Zeit,
Denn im Versteck' des Lebens steh'n
Weglagerer bereit.
O Jammer und o Schmerz! Bis nun
Sah ich es nimmer ein,
Es könne nur ein Freund, ein Freund
Der Stein der Weisen sein.
Komm, denn dem Lächeln des Pocal's
Und Lippen von Rubin
Entsagen, ist ein eitler Wahn:
Vernunft missbilligt ihn.
Der Süsse, die der Brunnen hält
In deines Kinnes Rund,'
Kömmt hunderttausendfacher Witz

Wohl nimmer auf den Grund.
Wo weilt der mich zum Guten führt,
Der herzbegabte Mann?
Denn noch auf keinem Wege kam
165 Ich bei dem Freunde an.
Nie nahet deine *Lende* mir
Die zart ist wie ein Haar:
Und dieses *feine Wahngebild*
Entzückt mich immerdar.
Die Thrän' ist roth wie Karniol,
Was Niemand wundern soll:
Gleicht meines Auges Siegelring
Doch auch dem Karniol.
Er sagte lächelnd: »Dir zum Knecht,
Hafis, bin ich bestellt.«
Doch sieh nur bis zu welchem Grad'.
167 Er mich zum Besten hält.

2.

Des Rohres Zunge weigert sich
Den Schmerz der Trennung vorzutragen,
Denn ich erklärte dir wohl sonst
Was ich von Trennung weiss zu sagen.
Ich wand're mit des Wahnbild's Heer,
Und sitz' auf der Geduld zu Rosse;
Ich steh' dem Scheidungsfeuer nah',
Und bin der Trennung Bundsgenosse.
Weh, dass in Hoffnung auf Genuss
Mein Leben an sein End' gekommen,
Und doch der Trennung lange Zeit
Noch immer nicht ein End' genommen!
Ein Haupt das ich mit hohem Ruhm
Gerieben an des Himmels Wälle
– Ich schwör's bei der *Gerechten* Schaar –
Legt' hin ich auf der Trennung *Schwelle*.
Wie kann mit off'nem Flügel ich
In des Genusses Lüfte dringen?

Verlor mein Herzensvogel doch
Im Nest der Trennung seine Schwingen.
Kann meine *Seele* eine Gunst
Dir abzufordern sich erdreisten?
Dem Schicksal folgen muss mein *Herz*,
Mein *Leib*, ach, Trennungsbürgschaft leisten!
Am Sehnsuchtsfeuer ward mein Herz
Zum Braten und, vom Freund geschieden,
Ist immerdar am Trennungstisch
Nur Herzblut mir als Trunk beschieden.
Was nun, da auf des Grames Meer
Versank in eines Wirbels Wogen
Mein leichter Nachen der Geduld,
Vom Trennungssegel fortgezogen?
Gar wenig fehlte, dass nun gar
Mein Lebensschiff gescheitert wäre
Beim Wogenschwall der Lust nach dir
Im unbegrenzten Trennungsmeere.
Der Himmel, als er um mein Haupt
Den Reif der Liebe sah gewunden,
Hat um den Nacken der Geduld
Den Strick der Trennung mir gebunden.
Wer brachte auf die Welt, o Herr,
Der Trennung und des Scheidens Leiden?
In Schwarz soll sich des Scheidens Tag
Und Haus und Hof der Trennung kleiden!
Erreichte mit der Sehnsucht Fuss,
Hafis, man dieses Pfades Ende,
Dann gäbe wohl des Scheidens Zaum
Kein Mensch mehr in der Trennung Hände.

3.

Möge Niemand, gleich mir Krankem,
Je der Trennung Opfer sein!
Denn die ganze Zeit des Lebens
Schwand mir in der Trennung Pein.
Fremd, verliebt, beraubt des Herzens,

Arm und an mir selber irr,
Schleppe ich das Leid der Tage
Und der Trennung Maal mit mir.
Doch erhasche ich die Trennung,
Stirbt sie ganz gewiss durch mich,
Und mit meines Auges Wasser
Tilge dann die Blutschuld ich.
Wohin wend' ich mich, was thu' ich,
Wem vertraue ich mich an,
Dass er mir mein Recht verschaffe
Und die Trennung strafe dann?
Fühlen soll mir nun die Trennung
Deine Trennung, also zwar,
Dass ich Blut nur mache träufen
Aus der Trennung Augenpaar.
Stamm' ich etwa mit der Trennung
Und dem Gram aus Einem Land?
Scheint's doch dass ich nur zur Trennung
Mich dem Mutterschoss entwand.
Darum sing' ich, gleich *Hafisen*,
Von der Liebe Maal durchglüht,
Tag und *Nacht* mit *Morgen*sprossern
Immer nur der Trennung Lied.

Der Buchstabe Kief

1.

Du, auf dessen Salz' der Lippe
Rechte hat mein wundes Herz;
Achte sie! Ich ziehe weiter:
Gott bewahre dich vor Schmerz!
Jenes reine Wesen bist du
Das in heil'ger Geisterwelt
Engel im Gebete preisen
Das dein stetes Lob enthält.
Zweifelst du an meiner Treue,

Unterzieh' der Probe mich:
Auf des Goldes Werth verstehet
Niemand wie der Prüfstein sich.
»Mich berauschen will ich – sprachst du –
Geben dann zwei Küsse dir.«
Mancher Tag verstrich, doch gabst du
Weder zwei noch einen mir.
Lass die lächelnde Pistaze
Zucker streuen rings umher,
Dass das Volk an deinem Munde
Keinen Zweifel hege mehr.
Kühn will ich das Rad zertrümmern,
Dreht's nicht mir nach Wunsche sich:
Lass' ich doch vom Himmelsrade
Nimmer unterdrücken mich.
Weil du, Neider, Ihm verwehrest
Zu *Hafisen* hinzugeh'n,
O so bleibe du doch mind'stens
Ein paar Schritte von Ihm steh'n!

2.

Trinkst du Wein, so giess' ein wenig
Hefe auf den Boden hin!
Ist die Sünde wohl zu fürchten
Die da Ander'n bringt Gewinn?
Geh', und was du hast geniesse
Ohne Scheu' und ohne Reu':
Denn das Schwert des Schicksals tödtet
Ohne Reu' und ohne Scheu.
Ich beschwör' bei deinem Fussstaub,
Weichliche Zipresse, dich,
Zieh' den Fuss von meinem Staube
Nicht zurück, wenn ich erblich.
Höllengeist und Himmelsbürger,
Mensch und Engel, wer's auch sei,
Die Enthaltsamkeit gilt Allen
Nur für Ordensketzerei;

Und des Himmels Geometer
Schloss gar streng die Wege ab
Dieses würfelart'gen Klosters,
Und kein Weg läuft unter'm Grab.
Es vertritt die Rebentochter
Dem Verstand die Wege schlau;
Bis zur Auferstehung währe
Unzerstört des Weinstock's Bau!
Auf der Schenke Pfaden ging'st du
Schön, *Hafis*, aus dieser Welt:
Deinem reinen Herzen werde
Der Beherzten Wunsch gesellt!

3.

Wenn auch Tausende von Feinden
Mit dem Tode mich bedroh'n,
Bist nur du mein Freund geblieben,
Sprech' ich allen Feinden Hohn.
Leb' ich, ist es nur in Hoffnung
Der Vereinigung mit dir,
Denn mit hundertfachem Tode
Drohet deine Trennung mir.
Schafft der Wind mir deine Düfte
Nicht von Hauch zu Hauch herbei,
Reiss' ich, Rosen gleich, den Kragen
Mir von Zeit zu Zeit entzwei.
Lässt dein Wahnbild meine Augen
Wohl entschlummern? Nimmerdar!
Ist mein Herz bei deiner Trennung
Wohl geduldig? Gott bewahr'!
Lieber als von Ander'n Pflaster
Sind von dir die Wunden mir;
Lieber als Těrjāk von Ander'n
Ist mir Gift, gereicht von dir;
Sterb' ich, durch dein Schwert getödtet,
Leb' ich fort in Ewigkeit,
Denn, wenn sich mein Geist dir opfert,

Fühlt er hohe Seligkeit.
Wende nicht den Zaum, denn schlügest
Mit dem Schwerte du nach mir,
Machte ich mein Haupt zum Schilde,
Hing' mich an den Sattel dir.
Nicht ein jedes Aug' erblicket
Dich so reizend wie du bist:
Jeder übt sein Sehvermögen
Wie es ihm gegeben ist.
Es erscheint *Hafis* dem Volke
Dann erst wahrhaft werth und lieb,
Wenn im Staub' er deines Thores
Demuthvoll sein Antlitz rieb.

Der Buchstabe Lam

1.

Wird es einst mir möglich werden
Zu betreten deinen Gau,
Wird das Glück bei dir zu weilen
Erst begründen meinen Bau.
Die zwei schönen Hyacinthen
Trugen meine Ruhe fort,
Die geschminkten zwei Narcissen
Stahlen mir des Gleichmuth's Hort.
Da der Wetzstein deiner Liebe
Mir das Herz geglättet hat,
Lässt der Rost der Unglücksfälle
Es gewiss auch rein und glatt.
Ich, der elende Gebroch'ne
Leb' in *dem* Momente auf.
Wo du mit des Grames Schwerte
Endest meinen Lebenslauf.
Was verbrach, o Herz und Seele,
Ich von deiner Majestät,
Dass du dieses Herzberaubten

Huldigungen hast verschmäht?
Da an deinem Thor mir Armem,
Der so gold- als kraftlos ist,
Sich kein Ausgangsweg eröffnet
Und kein Eingangsweg erschliesst,
Sprich, wo soll ich hin mich wenden,
Helfen mir auf welche Art,
Da die Leiden des Geschickes
Mich verfolgen grausam hart?
Keinen Ort, der wüster wäre
Als mein Inn'res, fand der Gram,
Drum er auch zum Absteigsorte
Mein beklomm'nes Herz sich nahm.
Füge dich in Liebesleiden;
Dann verstumme, o *Hafis*,
Und verberge dem Verstande
Was verhüllt die Liebe liess.

2.

Ich schäme mich, dass ich dem Weine
Zur Zeit der Rosen hab' entsagt;
Mög' Niemand sich zu schämen haben
Weil Unrecht er zu thun gewagt!
Als Fallstrick auf der Bahn der Liebe
Erweiset meine Tugend sich,
Drum schäm' ich vor dem holden Schenken
In keinem Anbetrachte mich.
Des Blut's, das gestern Nachts geflossen
Aus meines Auges kleinem Haus,
Muss ich mich vor den Träumen schämen,
Die wandeln durch der Nächte Graus.
Weit schöner als die Sonne bist du.
Und Dank sei Gott gezollt dafür
Dass ich im Angesicht der Sonne
Mich nimmer schämen darf vor dir.
Es wird vielleicht der Freund aus Milde
Nicht fragen ob gesündigt ich:

Denn es betrübte mich die Frage,
Und einer Antwort schämt' ich mich.
Nie wandte ich im ganzen Leben
Von deiner Schwelle mein Gesicht.
Und schäme mich, durch Gottes Gnade.
Vor dieser Schwelle' sicher nicht.
Warum wohl unter deiner Lippe
So gifterfüllt der Becher lacht?
Weil deine Lippe, gleich Rubinen,
Den Rebensaft sich schämen macht.
Wohl hält die trunkene Narcisse
Mit vollem Grund gesenkt das Haupt:
Vor jenem vorwurfsvollen Auge
Ist sich zu schämen ihr erlaubt.
Es hüllet in des Dunkels Schleier
Sich stets nur desshalb Chiser's Quell,
Weil er sich vor *Hafisen* schämet,
Und diesem Lied, wie Wasser hell.
Es birgt im Schleier einer Muschel
Die Perle desshalb ihr Gesicht,
Weil sie sich vor den Perlen schämet
Die mir erglänzen im Gedicht.

3.

O du, mit Wangen, schön wie Eden,
Und Lippen gleich dem Sĕlsĕbīl!
Der Sĕlsĕbīl setzt dir zu Liebe
So Herz als Seele auf das Spiel.
Der junge Flaum um deine Lippe,
Gehüllt in grünliches Gewand,
Ist einer Schaar von Ämsen ähnlich
Rings um des Sĕlsĕbīles Rand.
O kühle, Herr, das helle Feuer
Das stets die Seele mir durchwühlt,
Auf gleiche Art wie du für Jenen
Den *Freund* du nanntest, es gekühlt!
Ich finde nicht in mir, o Freunde,

Die *Kraft* um Ihm zu widersteh'n,
Denn Er ist im Besitz von *Reizen*
Die reizender man nie geseh'n.
Lahm ist mein Fuss und von dem Ziele
Trennt mich ein himmelweiter Raum;
Kurz ist mein Arm und lockend winket
Die Dattel auf dem Dattelbaum.
Die Pfeile deines Auges haben
Bereits in jedem Winkel dir
Wohl hundert Leichen schon geopfert,
Die alle fielen, ähnlich mir.
Hafis der, durch die Macht der Liebe
Zum holden Liebling, ward besiegt,
Gleicht einer Ämse die zu Füssen
Des mächt'gen Elephanten liegt.
Dem Könige der Welt sei Dauer,
Glück und Zufriedenheit beschert:
Sammt allen Gütern dieser Gattung,
Die er sich wünschet und begehrt!

4.

Wanderern genügt die Liebe
Auf dem Pfad' als Führerin;
Nur das Wasser meines Auges
Leitete mich zu Ihm hin.
Kömmt die Welle meiner Thränen
Wohl bei Jenem in Betracht,
Der auf der Erschlag'nen Blute
Seine Schiffe segeln macht?
Nicht aus freier Wahl geschah es
Wenn mein guter Name litt:
Es verlockte mich zur Liebe
Wer als Führer vor mir schritt.
Wirf der Götzen Wangenfeuer
Doch nicht selber auf dich hin,
Oder schreite durch die Gluthen
Wie Chälīl, mit frohem Sinn.

Bau' entweder auf dich selber,
– Doch das Ziel verfehl'st du dann –
Oder wage ohne Führer
Keinen Schritt auf dieser Bahn.
Durch den Zeitraum vieler Jahre
Sinn ich jenem Verse nach
Den ein Elephantenwärter
Einst am Nilesufer sprach:
»Nimm des Elephantenwärters
Sitten und Gebräuche an,
Oder hole Elephanten
Nimmermehr aus Hindostan.«
Male dir das *Blau* der Liebe
Nimmer auf die Wange hin,
Oder lass das Kleid der Tugend
Mit dem *Nile* weiter zieh'n.
Lade ohne Wein und Sänger
In das Paradies mich nicht:
Nur im Wein find' ich die Wonne
Die dem Sēlsĕbīl gebricht.
Wenn du Sinniges besitzest,
Schaff' es, o *Hafis*, herbei:
Was du sonst noch magst behaupten,
Ist nur eitle Schwätzerei.

5.

Ein Wind der frohen Kunde
Bist, kühler Nordhauch, du!
Du führest des Genusses
Erwünschte Zeit mir zu.
O Bote Ihres Hauses,
Gott sei dir Schutz und Wehr'!
Willkommen denn, willkommen,
O eile, eile her!
Wie lebt *Sĕlmă* und Jeder
Der *Su Sĕlēm* bewohnt?
Wie steht's um uns're Nachbarn,

Hat sie das Loos verschont?
Ganz leer von Zechgenossen
Blieb des Gelages Saal;
So blieb auch ausgeleeret
Der volle Weinpocal.
Es wurde zur Ruine
Das erst so feste Haus:
Befragt die wüste Stätte.
Wie jetzt es sehe aus?
Auch warf nun finst're Schatten
Der Trennung grause Nacht:
Was wohl die nächt'gen Wand'rer
Für Spiele ausgedacht?
Das Mährchen von der Liebe
Währt ohne Abschnitt fort,
Und die beredt'ste Zunge
Verstummt an diesem Ort.
Auf keinen Menschen blicket
Mein Türke; – und darum
Weh über solche Grösse
Und solchen Stolz und Ruhm!
In Schönheit der *Vollendung*
Erstrebtest du dein Glück:
Gott möge von dir wenden
Kjĕmāl's verhassten Blick!
Liebst du, *Hafis*, noch länger
Mit so geduld'gem Sinn?
Doch schön sind Liebesklagen,
Drum klage immerhin!

6.

Der du durch Wuchs und Reize
Das Herz entwendet mir!
Du kümmerst dich um Keinen,
Und Alle huld'gen dir.
Bald deinen Pfeil, bald Seufzer
Zieh' aus dem Herzen ich:

Wie sag' ich dir, o Seele,
Was ich schon *litt* um dich?
Beschrieb' ich Nebenbuhlern
Die Lippen von *Rubin*?
Frommt nimmer doch den Thoren
Ein schön *gefärbter* Sinn.
Es mehrt sich deine Schönheit
So oft es wieder tagt,
Drum sich, dir gegenüber,
Der Mond hervor nicht wagt.
Du nahmst das Herz, ich gebe
Auch noch die Seele dir;
Hab' Gram's genug: was schick'st du
Den Gram als Zöllner mir?
Häfis, weil du betreten
Der Liebe Heiligthum,
So fasse Ihn beim Saume,
Entsagend Allem drum.

7.

Beim Zauber deines Aug's,
Du Püppchen, das entzückt,
Beim Räthsel deines *Flaum*'s,
Du *Wunder*, das beglückt;
Bei deinem süssen Mund,
Du meines Lebens Quell,
Bei deinem Schmelz und Duft,
Du Frühling schön und hell;
Beim Staube deiner Bahn,
Der Hoffnung Schattendach,
Bei deiner Füsse Staub,
Beneidet selbst vom Bach;
Beim anmuthvollen Gang,
Der Repphuhnsschritten gleicht,
Beim Blicke, dem der Blick
Selbst der Gaselle weicht;
Bei deines Odems Hauch,

Beim süssen Morgenduft,
Bei deiner Locke Weh'n,
Bei kühler Abendluft;
Bei jenem Onix, der
Mein Augensiegel heisst,
Bei jener Perle, die
Dein Redekästchen weist;
Bei jenem Wangenblatt,
Des Geistes Rosenbeet,
Und jenes Blickes Flur
Wo sich mein Wahn ergeht
Schwört dir *Hafis*, er wird,
Willst du Gehör ihm leih'n,
Dir nicht nur Hab' und Gut,
Nein, selbst das Leben weih'n.

8.

Du Weltmonarch, du *Glaubenshilfe*,
Du Fürst, vollendet ganz und gar,
Jăhjă Sohn Mūsäffēr's, du König,
Gerecht und thätig immerdar!
Du, dessen Thron der wahre Glaube
Zur Zufluchtsstätte sich erkor,
Weil er der Welt das Seelenfenster
Erschlossen und das Herzensthor,
Es schulden dir Verstand und Seele
Der innigsten Verehrung Schuld,
Und über Zeit und über Räume
Ergiesst sich deine hohe Huld.
Ein schwarzer Tropfen deines Rohres
Fiel schon von aller Ewigkeit
Hin auf das Angesicht des Mondes
Und löste aller Fragen Streit;
Und als die Sonne dann erblickte
Das schwarze Maal, sprach sie zu sich:
»O fügte es doch Gott, und wäre
Der glückbetheilte Inder ich!«

Der Himmel hüpft und tanzt, o König,
Blickt er auf dein Gelage hin:
Drum wolle du die Hand der Freude
Dem Saum des Jubels nicht entzieh'n!
Verschenk beim Weingenuss die Erde,
Da deine Locke immerdar
Um jedes Übelwollers Nacken
Als Kette fest geschlungen war.
Es kreist der Himmel unablässig
Auf des gerechten Handelns Bahn;
Glückauf! Wer Ungerechtes übet
Kömmt nimmermehr am Ziele an.
Hafis, am Thor des Weltmonarchen
Ist's, wo die Nahrung man vertheilt:
Drum werde von der eitlen Sorge
Für deinen Unterhalt geheilt!

9.

Der Liebe Duft hab' ich gerochen,
Und des Genusses Blitz geseh'n:
Komm, kühler Nord, und lass vor Wonne
Bei deinem Wohlduft mich vergeh'n!
Du Führer von des Freund's *Kamehlen*
Halt' an und komm in's Standquartier,
Denn die Geduld, die *schöne*, mangelt
Aus Sehnsucht nach der *Schönheit* mir!
Lass, o mein Herz, die Klage *fallen*,
Die dir der Trennung Nacht erpresst,
Zum Dank', dass des Genusses Morgen
Den Vorhang wieder *steigen* lässt;
Und weil der Freund den Frieden wünschet
Und die Vergebung will erfleh'n,
Kann man die Pein des Nebenbuhlers
In jeder Lage überseh'n.
Komm, denn den Vorhang meines Auges,
Wie Rosen roth und siebenfach,
Benützte ich um auszuschmücken

Der Wahngebilde Werkgemach.
Mir wohnt in dem beengten Herzen
Das Wahnbild deines Mundes nur;
O folgte Niemand doch, mir ähnlich,
Der Wahngebilde eitler Spur!
Betrübt, und zwar aus gutem Grunde,
Bin ob des Seelenfreundes ich:
Betrübt ja sonst ob seiner Seele
Kein Sterblicher mit Vorsatz sich.
Ermordet liegt, durch deine Liebe,
Hafis, der Fremdling, hier; allein
Kömmst du vorbei an meinem Grabe,
So soll mein Blut gerecht dir sein!

10.

Auf alles, was ich Zartes sagte
Zu jener Reize Preise,
Erwiederte, wer es vernommen:
»Gott lohn's auf jede Weise!«
Ich sprach: »Wann wird die schwache Seele
Erbarmen bei dir finden?«
Er sprach: »Wann einst die Scheidewände
Der Seelen werden schwinden.«
Die Liebe und die Kunst des Zechens,
Die Anfangs leicht geschienen,
Verbrannten endlich meine Seele,
Die heiss gestrebt nach ihnen.
Man hört vom Dache eines Hauses
Den Wollekrämpler singen;
Erkundigt Euch beim Schafiiten
Doch nicht nach solchen Dingen!
Ein Freund, ein Schelm, ein holder, zarter
War's, dem das Herz ich weihte.
Und der gar schöner inn'rer Gaben
Und äuss'rer sich erfreute.
Ich war, wie dein berauschtes *Auge*,
In *Winkeln* nur zu schauen;

Nun neig' ich mich zu den Berauschten,
Gleich deinen eig'nen Brauen.
Die Sündfluth hab' ich hundert Male
Im Augennass gefunden,
Doch ohne dass vom Blatt des Busens
Dein Bildniss wär' verschwunden.
Mir wehret, ach, der Herzensräuber
Die Gunst zu ihm zu kommen,
So sehr dazu von allen Seiten
Ich Anlass auch genommen!
O Freund, es schützt die Hand *Hafisens*
Vor Blicken, die verwunden:
Wann wird sie, Herr, um deinen Nacken
Als Amulet gebunden?

Der Buchstabe Mim

1.

Würde an des Holden Seite
Mir ein Platz gewährt vom Loose,
Tränk' ich aus des Glückes Becher,
Pflückte des Genusses Rose.
Bitt'rer Wein – der Ssofis Feuer –
Macht für meinen Bau mich beben:
Küsse mich, und nimm, o Schenke,
Lieber du mein *süsses* Leben!
Toll noch werd' ich, denn ich spreche
Nachts bis Früh vom Liebeskummer
Mit dem Monde nur, und sehe
Nur Pĕrīs in meinem Schlummer.
Zucker gab dein Mund dem Trunk'nen,
Wein dein Aug' dem Wirth des Weines:
Ich allein, der stets entbehre,
Hab' von Beiden leider Keines!
Aus dem Bett in's Köschk der Huris
Werd' ich in der Sterbnacht gehen,

Willst du in der Todesstunde
Mir am Pfühl als Kerze stehen.
Jedes windgetrag'ne Stäubchen
Ist ein Ausfluss deiner Güte:
Denke d'rum auch deines Knechtes,
Der sich lang im Dienste mühte!
Nicht ein Jeder, der da dichtet
Spricht in Worten, die gefallen:
Ich nur fing das selt'ne Repphuhn,
Denn *mein* Falk' hat flinke Krallen.
Geh' und frage China's Maler,
Glaubst du nicht was ich hier sage,
Ob Mănī nicht nach den Mustern
Meines Moschuspinsels frage?
»Guten Morgen!« rief der Sprosser;
Schenke! Auf! Wo weilst du wieder?
Denn es brausen noch von gestern
Mir im Kopf die Harfenlieder.
Hör' von mir, nicht von Hafisen
Was man Rausch und Liebe nenne,
Der ich Nachts bei Mond und Plejas
Gläser nur und Becher kenne.
Treue übt und Wahrheit redet
Wohl nicht Jedermann im Leben:
Sclavisch bin ich dem Ässāfe
Rechts- und Glaubensruhm' ergeben.

2.

Auf dem Heerweg nach der Schenke
Lass mich wandeln für und für:
Eines Schlückchens wegen brauchen
Wir ja alle diese Thür.
Als des Zechens und der Liebe
Ich am ersten Tag gedacht,
Ward nur diese Bahn zu wandeln
Zur Bedingung mir gemacht.
Dort wo Dschem sammt seinem Throne

Winden muss zur Beute sein,
Hätt' ich Unrecht Gram zu trinken:
Klüger ist's, ich trinke Wein.
Hoffend meine Hand berühre
Seines Gürtels theures Gut,
Sitze ich, wie rother Onix,
Mitten in des Herzens Blut.
Prediger, gib uns Verwirrten
Keine Lehre, denn wir schau'n,
Froh des Staub's im Freundesgaue,
Nicht auf Paradiesesau'n!
Geh'n im Tanze doch die Ssofis
Mir mit gutem Beispiel vor:
D'rum zum Gaukelspiele hebe
Ich auch eine Hand empor.
Erdenstaub hat deine Hefe
Kostbar in Rubin verkehrt,
Und vor dir bin ich, der Arme,
Weniger als Stäubchen werth.
Lass, noch eh' *vorüber gehe*
Dieses Leben, es gescheh'n.
Dass an dir ich freudig möge
Einmal nur *vorüber geh'n*!
Weil, *Hafis*, kein Weg mich führet
Nach dem Köschk genannt »Verein«,
Lass' mich mit dem Schwellenstaube
Dieser Thür zufrieden sein!

3.

Ist die Zeit noch nicht erschienen
Wo die Freunde sich erbarmen,
Und die Brecher der Verträge
Zum Gefühl der Reu' erwarmen?
Ist denn ihnen keine Kunde
Vom Entfernten zugekommen,
Dessen Busen von dem Feuer
Der Betrübniss ist entglommen?

Wenn mein Stamm nur erst erführe
Was mit *dem* sich zugetragen,
Dessen Hoffnung er gewesen,
Sicher würd' er ihn beklagen.
Es erschien der holde Frühling,
Und die Fluren grünen wieder;
Doch wo sind die zarten Mädchen?
Wesshalb schweigen ihre Lieder?
Schon erzählte meine Thräne
Was ich barg im Herzensgrunde:
O des wunderbaren Wesens,
Das da spricht mit stummem Munde!
Monde sind nun, wo die Jugend
Was sie wünscht sich sieht gewähren,
Und des Frühlings Lebenswonne
Muss nur ich allein entbehren!'
Wollt o Söhne meines Oheim's
Einen einz'gen Schluck mir reichen,
Denn erkennen lässt die Grossmuth
Sich an ihren edlen Zeichen!
Du, der du die Fürsten alle
Übertriffst an Edelmuthe,
Habe Mitleid! Gott wird's lohnen:
Denn Gewinn nur ist das Gute.
Jedem Freunde wurde Nahrung
Und was sonst ihm frommt gegeben:
Dennoch muss *Hafis*, der Arme,
Dürftig und verschuldet leben.

4.

Des Morgens sprach ich, Reue fühlend:
»Ich will das Loos befragen.«
Da kömmt der Lenz, der Reuebrecher:
Was soll ich nun wohl sagen?
Ein Wort, ein wahres, will ich sprechen:
»Ich kann's nicht länger sehen
Dass, während die Genossen trinken,

Ich müssig sollte stehen.«
Ihr mögt mich als erkrankt im Hirne
Zur Zeit der Tulpen heilen,
Wollt' ich, dem Lustgelag' entsagend,
In einer Ecke weilen.
Ich will auf einen Thron von Rosen
Den Götzenfürsten heben,
Und Hyacinthen und Jasmine
Um Hals und Arm ihm weben.
Weil mir des Wunsches Rose blühte
In dem Gesicht des Freundes,
Verweise ich auf Kieselsteine
Den Schädel meines Feindes.
Zwar bin ich nur ein Schenkenbettler,
Doch wenn ich mich betrinke,
Trotz' ich dem Himmel, und die Sterne
Gehorchen meinem Winke.
Ich, der ich mich nicht eines Bissens
Gewohnt bin zu enthalten,
Ich sollte gegen Weingeniesser
Die Tadelsucht entfalten?
Auf's Wohl des König's nehm' ich, lächelnd
Wie Knospen in der Fülle,
Den Becher, und im Sehnsuchtsschmerze
Zerreiss' ich meine Hülle;
Und wenn des Freund's Rubinenlippe
Mir einen Kuss gegeben,
Wird meine Jugend wiederkehren,
Und doppelt werd' ich leben.
Es will, nur heimlich Wein zu trinken
Hafisen nicht behagen:
Bei Barbiton- und Flöten-Klängen
Will ich es offen sagen.

5.

Komm, auf dass wir Rosen streuen,
Wein in uns're Becher giessen
Und, das Dach des Himmels spaltend,
Einen neuen Bau beschliessen!
Wollte kühn das Heer des Grames
Der Verliebten Blut verspritzen,
Eilten wir, ich und der Schenke,
Ihm zu rauben seine Stützen.
In den Wein, den erg'wanfarbnen,
Lasst uns Rosenwasser giessen,
Und des Rauchgefässes Düfte
Lasst mit Zucker uns versüssen!
Schön ist. Sänger, deine Laute:
Lass auch schön den Sang erklingen,
Dass wir klatschen, Lieder trillern,
Stampfen und die Häupter schwingen!
Ost! Wirf uns'rer Körper Erde
Auf den Hohen, dem wir fröhnen,
Dass wir Aug' in Auge schauen
Jenen König aller Schönen!
Dieser prahlt mit dem Verstande,
Jener spricht von frommen Dingen:
Komm, und lasst uns diese Streite
Vor der Streite Schlichter bringen!
Sehnst du dich nach Edens Gärten,
Nun so komm mit uns in Schenken,
Dass wir von des Kruges Fusse
In die Fluth Kiĕwsēr's dich senken!
Schlecht verstehen sich die Leute
In Schĭrās auf Wort und Lieder:
Komm, *Hafis*, in einem andern
Reiche lassen wir uns nieder!

6.

Oft schon hab' ich's ausgesprochen,
Und nun sag' ich's abermal:
»Diese Bahn wandl' ich, Entherzter,
Nimmermehr aus eig'ner Wahl.«
Wie den Papagei am Spiegel
So behandelte man mich:
Nur was mich der ew'ge Meister
Sprechen hiess, das spreche ich.
Sei ich Dorn nun oder Rose,
Einen *Gärtner* gibt's fürwahr,
Und so wie er mich genähret
So gedeih' ich immerdar.
Freunde, schimpft auf mich Entherzten,
Auf mich Blöden nimmer doch!
Schon besitz' ich eine Perle,
Nur den Kenner such' ich noch.
Schmählich auf belappter Kutte
Ist der rosenfarbe Wein:
Schmäle nicht, denn sieh, ich wasche
Sie von Gleissnerfarben rein.
Wer verliebt ist, weint und lachet
Aus gar unterschied'nem Grund:
Wird es Nacht, so sing' ich Lieder,
Und des Morgens klagt mein Mund.
Zu mir sprach *Hafis*: »O rieche
Nicht zum Staub der Schenkenthür!«
Nimmer schmäle er; ich rieche
Nur chŏtēn'schen Moschus hier.

7.

Du machtest mit den schwarzen Wimpern
Mir tausend Scharten in den Glauben;
Komm, lass aus deinem kranken Auge
Mich tausendfache Schmerzen klauben!
O du Gefährte meines Herzens,

Der seiner Freunde nie gedenket!
Die Stunde, wo ich dein nicht denke
Sei nimmer mir vom Loos geschenkt!
Die Welt ist alt und schwank; *Fĕrhäden*
Hat sie, o Schmerz, den Tod gegeben,
Und ihr Betrug und ihre Ränke
Verkümmern mir das *süsse* Leben!
Dem Schönen will ich und dem Schenken
Mit Freuden opfern beide Welten,
Denn als ein Anhang nur zur Liebe
Kann, was die Welt gewährt, mir gelten;
Und wählt der Freund statt mir sich And're,
Ist er der Herr und mag befehlen:
Doch *sterben* soll ich, wollt' ich jemals
An Freundesstatt das *Leben* wählen!
In Schweiss getaucht bin ich, gleich Rosen.
Vom Trennungsfeuer unterwühlet:
D'rum bringe, Nachtwind, mir ein Lüftchen
Von Jenem, der den Schweiss mir kühlet!
Der Sehnsucht fromme Überlief'rung,
Die diese Blätter hier bewahren,
Scheint keinen Irrthum zu enthalten,
Da ich sie von *Hafis* erfahren.

8.

Ausser dass sich Glaub' und Einsicht
Los von meiner Hand gemacht
Komm und sag' ob deine Liebe
Andern Vortheil mir gebracht?
Zwar, die Garbe meines Lebens
Ward, durch Gram, des Windes Raub,
Doch betheur' ich meine Treue
Dir bei deiner Füsse Staub.
Nichtig bin ich, gleich Atomen,
Doch das Glück der Liebe trug,
In der Lust nach deiner Wange,
Bis zur Sonne meinen Flug.

Bringe Wein, weil eines Lebens
Lange Frist bereits verfloss,
Seit ich in des Heiles Ecke
Keiner sichern Lust genoss.
Hast du dir, o Rathertheiler,
Nüchtern stets bewahrt den Sinn,
O so wirf kein Wort zu Boden,
Weil ich ein *Berauschter* bin.
Wie erhebe ich zum Freunde
Dieses Haupt, gebeugt von Schlam,
Da kein Dienst noch, Seiner würdig,
Jemals aus der Hand mir kam?
Schon verbrennt *Hafis*, doch jener
Holde Freund sprach nimmer noch:
»Senden will ich ihm ein Pflaster
Schlug ich ihm die Wunde doch!«

9.

Kehre wieder heim, o Schenke,
Da ich gern im Dienst dir stehe,
Mich nach deiner Knechtschaft sehne
Und um Glück für dich nur flehe!
Dort wo dein beglückter Becher
Überläuft aus vollem Rande,
Lehre du heraus mich treten
Aus des Staunens finster'm Lande!
Zwar in's Meer der Sünden ward ich
Eingetaucht aus hundert Gründen;
Doch die Liebe lernt' ich kennen
Und Erbarmung werd' ich finden.
Schilt nicht, Rechtsfreund, weil durch Zechen
Mir ein übler Ruf geblieben,
Stand's im Buche meines Looses
Doch als Aufschrift so geschrieben!
Trinke Wein! Es kömmt die Liebe
Ohne Wahl und ohne Streben:
Als ein angebornes Erbtheil

Ward mir dies Geschenk gegeben.
Ich, der durch die Zeit des Lebens
Nie verliess der Heimath Gauen,
Sehne nun mich nach der Fremde,
Bloss aus Liebe dich zu schauen.
Zwar im Bild von dir geschieden,
Dir, des Glückes Zufluchtsorte,
Weil' ich doch im Geist und Herzen
Immerdar an deiner Pforte.
Meer und Berg liegt mir im Wege,
Und es schwächt mich meine Wunde:
Chiser, der du Segen bringest,
Steh' mir bei, dass ich gesunde!
Wagt's dein Mund vom Moschushaare
Jenes holden Bild's zu sprechen,
Ostwind, so bedenk' es werde
Meine Eifersucht sich rächen!
Auf dem Bogen deiner Braue
Brachte ich des Blickes Pfeile
Bis zu des Verstandes Ohre,
Lauernd auf die Gunst der Weile.
Seinen Geist vor deinem Auge
Sehnt *Hafis* sich aufzugeben!
Und dies wähn' ich zu erreichen,
Friste ich nur erst mein Leben.

10.

O der frohen Botschaft! *Heil* und Segen
Stieg nunmehr auf *Su Sĕlēm* herab;
Wer die Grösse dieser Huld erkannte
Lobt und preist den Schöpfer, der sie gab.
Doch wo weilt der Bote, der durch Kunde
Solchen Sieges uns so hoch erfreut?
Denn zu Füssen streu' ich ihm die Seele,
Wie man sonst nur Gold und Silber streut.
Wer ein Bündniss brach, der wird erfahren
Wie in Baldem auch sein Glück zerbricht:

Ist doch die Erfüllung der Verträge
Dem Verständ'gen eine Glaubenspflicht.
Wie so günstig Alles sich *gestaltet*,
Weil nunmehr *zurück* der König *kam*,
Und sein Widersacher eine Reise
Nach dem *Zelt* des Nichtseins *unternahm*!
Er begehrte von der Hoffnungswolke
Einen Regen der Barmherzigkeit:
Aber nur aus seinem eig'nen Auge
Träufelte die klare Feuchtigkeit;
Und er stürzte in den Nil des Grames,
Und der Himmel sprach zu ihm mit Hohn:
»Du bereu'st in diesem Augenblicke,
Doch zu spät kömmt deine Reue schon.«
Komm, o Schenke, weil die Rose blühet
Und die Zeit nun hohe Lust verspricht;
Bring' den vollen Becher her, und sorge
Um das Mehr dich und das Minder nicht!
Höre was der Weinpocal erzählet:
»Diese Braut, die hochbejahrte, hat
Vielen Freiern schon den Tod gegeben,
Mächtig einst wie Dschem und Kējkŏbād.«
Ford're nicht, o Herz, was Dschem besessen,
Ford're nur das Glas gefüllt mit Wein!
Ganz in gleichem Sinne sang der Sprosser
Dort in Dschem's palastgeschmücktem Hain.
Einen Winkel in der Schenke wählte
Sich *Hafis* zum steten Aufenthalt.
Wo er lebt wie in der Au der Vogel,
Und der Löwe in dem stillen Wald.

11.

Was thue ich, o wandelnde Zipresse,
Mit Rosenbeet und Rose, ohne dich?
Was tändle ich mit Hyacinthenlocken,
Was thu' mit liliengleichen Wangen ich?
Ach, weil der Übelwoller mich getadelt,

Erblickte ich dein holdes Antlitz nicht:
Was thue ich? Ich habe ja mit nichten,
Dem Spiegel gleich, ein stählernes Gesicht.
Zieh' hin, du Rathertheiler, und betrachte
Die Trinker nicht mit der Verachtung Blick!
Was thue ich? Der mächtige Gebieter
Der dieses thut, er heisset: das Geschick.
Wenn aus dem Hinterhalt, dem unsichtbaren,
Die Eifersucht als Blitzstrahl auf mich fährt,
Was thue ich? Nur du hast zu gebieten:
Hat meine Garbe doch der Brand verzehrt.
Da es dem Türkenkönig so gefallen,
Und er mich tief in einen Brunnen warf,
Was thue ich, wenn Tĕhĕmtĕn's Erbarmen
Mir nicht die Hand zur Hilfe reichen darf?
Will mir das Feuer, das auf Sina lodert,
Mit einer Fackel nicht zur Seite steh'n,
Was thue ich, der ich im nächt'gen Dunkel
Mir nicht zu rathen weiss im Thal Eïmēn?
Hafis, den hohen Paradiesesgarten
Betrachte ich als mein ererbtes Haus:
Was thu' ich denn und suche zur Behausung
Mir diese öde, wüste Stätte aus?

12.

Will Er mit dem Schwert mich tödten,
Fall' ich nicht Ihm in die Hand;
Will Er mit dem Pfeil mich treffen,
Nehm' ich's an als Gnadenpfand.
Sag' dem Bogen deiner Braue
Pfeile drück' er auf mich ab:
Denn der Tod ist mir willkommen,
Wenn ihn *deine* Hand mir gab.
Wenn mein Fuss im ird'schen Grame
Aus dem Gleichgewichte weicht.
Wer erscheint als nur Becher
Der die Hand mir helfend reicht?

Du, des Hoffnungsmorgens Sonne,
Steig' empor in deiner Pracht!
Da ich ein Gefang'ner lebe
In der Hand der Trennungsnacht!
Komm herbei, o Greis der Schenke,
Ruf' ich dich um Hilfe an,
Und verjüng' mich durch ein Schlückchen,
Denn ich bin ein greiser Mann.
Einen Eid hab' ich geschworen
Gestern Nacht bei deinem Haar.
Dass mein Haupt an deinem Fusse
Liegen solle immerdar.
Weihe du, *Hafis*, den Flammen
Dieses Frömmigkeitsgewand
Dass ich es nicht selbst entzünde,
Werd' ich einst zum Feuerbrand!

13.

Bist der Morgen, und ich bin die Kerze
Die da brennt in stiller Morgenzeit;
Lächle Einmal nur und, sieh', die Seele
Bin für dich zu opfern ich bereit.
Deine spröde *Locke* hat mit Maalen
Mir das Herz so reichlich übersä't,
Dass mein Grab, bin ich einst heimgegangen,
Sich verwandelt in ein *Veilchenbeet*.
Deiner Hoffnungsschwelle zugewendet,
Öffnete mein Augenpförtchen sich,
Dass nur Einen Blick *auf* mich du werfest:
Doch du warfst, ach, *aus* dem Blicke mich!
Welche Art von Dank soll ich dir zollen,
Heer des Gram's? Der Schöpfer lohn' es dir!
Selbst am Tag, wo alle uns verlassen,
Weichst du nimmer von der Seite mir.
Meinen Augenstern muss ich beloben,
Denn, besitzt er gleich ein schwarzes Herz,
Weint er doch, aus Mitleid, tausend Thränen:

Wenn ich rechne mit des Herzens Schmerz.
Jeder Blick aus meines Götzen Auge
Strahlt zwar hold und freundlich immerdar,
Aber Niemand sieht dies Spiel der Augen,
Und nur mir erscheint es hell und klar.
Geht der Freund, dem schnellen Winde ähnlich,
An *Hafisen*'s Staube einst vorbei,
Reiss' ich in des engen Grabes Herzen
Sehnsuchtsvoll das Leichentuch entzwei.

14.

Seit dein segenreicher Schatten
Meinen Scheitel traf,
Wurde das Geschick mein Diener
Und das Glück mein Sclav'.
Jahre sind's dass aus dem Haupte
Mir entwich das Glück:
Doch die Wonne deiner Liebe
Bracht' es mir zurück.
Nimmer hätte irgend Jemand
Wachend mich erblickt,
Hätte mich nur erst im *Schlafe*
Dein Gebild entzückt.
Wenn im Gram um dich mein Leben
Auch verfliesst; allein
Glaubst du ohne dich verfliesse
Mir ein Stündchen? Nein.
Mittel meinen Schmerz zu heilen
Gab kein Arzt mir kund:
Krank ist *ohne* Freund mein Inn'res,
Und *mit* ihm gesund.
»Bringe dein Gepäck – so sprachst du –
In mein Dorf nicht hin!«
Doch ich schwur's, an diesem Dorfe
Nicht vorbei zu zieh'n.
Einem König und Ässāfe
Fröhnet Jeder gern:

Ich *Hafis*, der nied're, diene
Meinem Landesherrn.

15.

Ŏrīon' legt' am frühen Morgen
Sein Wehrgehänge vor mich hin,
Als spräche er: »Ich will's beschwören
Dass ich des Königs Sclave bin.«
O Schenke, komm, weil mir die Hilfe
Des thät'gen Glückes ward gewährt
Zu der Erfüllung eines Wunsches
Den von dem Schöpfer ich begehrt.
Gib mir ein Glas: denn bei der Freude
Des Königs Angesicht zu seh'n,
Fühl' ich die jugendlichen Triebe
Im alten Haupte frisch ersteh'n.
Tritt aus dem Weg' mir und beschreibe
Mir Chiser's Quelle nimmermehr,
Denn aus des Königs Glase labt mich
Ein Schlückchen aus der Fluth Kjĕwsēr.
O König! Höb' ich auch zum Himmel
Den Thron der Trefflichkeit empor,
Blieb ich doch Sclav an deiner Schwelle
Und Bettelmann an deinem Thor.
Durch tausend Jahre ward mit Hefe
An deiner Tafel ich betreut;
Verlass' ich, d'ran gewohnt, die Stelle
Die freundlich Trank und Kost mir beut?
Und wenn du nimmer Glauben schenktest
Dem was der Knecht gesprochen hier,
So will ich aus Kjĕmāl's Gedichten
Nun den Beweis auch liefern dir:
Sollt' ich dir je mein Herz entreissen
Und meine Liebe dir entzieh'n,
»*An wen vergäb' ich diese Liebe*,
Und jenes Herz, wo trüg' ich's hin?«
Denn meine Liebe zu dem König

Fing mit dem Urvertrage an,
Und, dem Vertrage treu, durchwand'le
Ich meines Lebens Königsbahn.
Mănssūr Sohn Mōhămmĕd's, der Sieger,
Ist mein Beschirmer in Gefahr,
Und durch den Segen dieses Namens
Besiege ich der Feinde Schaar;
Und weil der Himmel selbst gedichtet
Die hohe Plejas auf den Schah,
So dicht' auch ich nun helle Perlen:
Denn, wahrlich, Keinem steh' ich nach.
Da ich, wie Falken, meine Nahrung
Stets aus des Königs Hand empfing,
Muss nicht die Beute einer Taube
Mir schlecht erscheinen und gering?
O König, der du Löwen zähmest!
Was kann es dir für Schaden thun,
Wollt' ich, geschützt von deinem Schatten,
Im Reiche stiller Musse ruh'n?
Mir fehlt der Flügel und der Fittich,
D'rum ist's in Wahrheit sonderbar,
Dass ich nach einem Ort mich sehne
Nur von Sīmūrgh bewohnt, dem Aar.
Es nahm mein Lied, weil's *dich* besinget,
Schon hundert Herzensländer ein,
Und meine so beredte Zunge
Scheint nur *dein tapf'res* Schwert zu sein.
Wenn ich, dem Morgenwinde ähnlich,
Am Rosenhain vorüber zog,
War's weder Fichte noch Zipresse
Die freundlich mich dazu bewog:
Dein süsser Duft war's der mich lockte,
Und, in Erinnerung an dich,
Betheiligten der Wonne Schenken
Mit ein paar vollen Bechern mich.
Das Nass von ein paar Traubenbeeren
Ist's nicht was mich berauschen kann!
Ich bin ein Greis, ich bin ein alter

In Schenken grossgezog'ner Mann;
Und mit den Sternen und dem Himmel
Leb' ich in stetem Zank und Streit,
Und richten soll in diesem Falle
Mich meines Königs Billigkeit.
Gottlob dass wieder auf dem Giebel
Der diese Pforte schmückt, der Ton
Den mein Gefieder weckt, vernommen
Vom Pfaue wird am Himmelsthron.
Es drang, mein Herz sich zu erbeuten,
Der Sohn des Löwen auf mich ein:
Doch, mager oder nicht, ich werde
Des Löwen*helden* Wild nur sein;
Und in der Werkstatt der Verliebten
Verwische ganz mein Name sich,
Beschäftig' ich mit ander'n Dingen
Als nur mit deiner Liebe mich.
Du, der du mehr Verliebte zählest
Als diese Welt Atome hält,
Wirst du wohl jemals *mich* beglücken
Der wen'ger als Atome zählt?
Zeig' mir den Mann der deine Reize
Frech abzuläugnen wär' versucht,
Dass in die Augen ich ihm bohre
Das Messer meiner Eifersucht.
Auf mich herab warf seinen Schatten
Der Herrschaft helles Sonnenlicht,
Und um das Sonnenlicht des Osten
Bekümm're ich mich fürder nicht.
Die Absicht dieser Handlungsweise
Ist nicht mir höher'n Werth zu leih'n:
Denn nicht verkauf ich Liebesblicke,
Noch handl' ich süsse Winke ein.
Es liebt *Hafis* mit ganzer Seele
Den Gottgesandten und sein Haus:
Darüber stellt mein Herr und Richter
Mir wahrlich selbst ein Zeugniss aus.

16.

Wesshalb sollt' ich mich nicht sehnen
Bald das eig'ne Land zu schauen,
Wesshalb nicht zum Staube werden
In des eig'nen Freundes Gauen?
Unvermögend zu ertragen
Fremdlingsleiden und Beschwerden,
Will, die eig'ne *Stadt* betretend,
Ich mein eig'ner *Kaiser* werden.
In's Geheimniss des Genusses
Und der Liebe will ich dringen,
Und mich als ein treuer Diener
Nur dem eig'nen Herrn verdingen.
Ungewiss ist unser Leben:
Darum kann nur Ein's mir frommen:
Vor dem eig'nen Bild zu weilen
Wenn mein Todestag gekommen.
Weil von Liebe und vom Zechen
Ich bisher nicht konnte lassen,
Will ich künftighin mit meinen
Eig'nen Thaten mich befassen.
Heisst des Glückes fester Schlummer
Und ein tolles Thun mich klagen,
Will ich, was ich heimlich leide,
Meinem eig'nen Ich nur sagen.
Wirst, *Hafis*, die ew'ge Gnade
Du zur Führerin nicht nehmen,
Will ich bis in ew'ge Zeiten
Vor dem eig'nen Ich mich schämen.

17.

Wie kannst von mir du fromme Werke fordern?
Rief ich doch selbst die trunk'nen Männer her.
Als deine trunkene Narcisse herrschte,
Fühlt' ich, es gäbe keine Rettung mehr.
Erschliesse freundlich mir das Thor der Schenke,

Denn Nichts erschloss sich mir durch's Klosterhaus;
Das glaube mir; wo nicht, so bleibt es immer
Ein wahres Wort, und muthig sprach ich's aus.
Durch deine Augen liege ich? o Schenke,
Zerstört und in Ruinen da; allein
Ein Unglück das vom Freunde mir gekommen
Soll tausend Male mir willkommen sein!
Dein Wuchs – so sprach ich – ist dem Buchse ähnlich:
Doch trug es vielfach der Beschämung Frucht
Dass ich ein solches Gleichniss ausgesprochen,
Und eine Lüge dieser Art versucht.
Wenn du dich huldvoll meiner nicht erbarmest,
Empfindest du zuletzt der Reue Schmach:
Bewahre dr'um den Ort dir im Gemüthe
An dem ich dir von meinen Diensten sprach.
Dem Moschus ähnlich schwimmt mein Herz im Blute:
Geringeres hab' ich wohl nicht verdient,
Weil ich so stark mich *irrte*, und von China
Mit Seinem Haar zu sprechen mich erkühnt.
Zu Feuer bist du, o *Hafis*, geworden,
Allein den Freund ergriff es leider nicht:
Es ist als ob dem Ostwind ich erzählte
Dass keine Rose hält was sie verspricht.

18.

Vierzig Jahre und darüber
Prahle ich mit stolzem Sinn
Dass ich von des alten Wirthes
Dienern der Geringste bin.
Durch des alten Weinverkäufers
Segensvolle Huld geschah's,
Dass von glänzend reinem Weine
Niemals leer sich fand mein Glas.
Hoch in Würde durch die Liebe,
Glücklich durch der Zecher Schaar,
Sitz' ich auf dem Ehrenplatze
In den Schenken immerdar.

Gib doch, weil ich Hefe trinke,
Keiner üblen Meinung Raum!
Denn befleckt ist meine Kutte,
Aber rein bewahrt mein Saum.
Herr! Da ich ein edler Falke
Auf der Hand des Kaisers bin,
Wesshalb trieb man mir die Sehnsucht
Nach dem Neste aus dem Sinn?
Schade ist es, lebt ein Sprosser,
Ähnlich mir, auf dieser Flur:
Trotz der süssen Zunge muss ich,
Gleich der Lilie, schweigen nur.
Persiens Luft und Wasser nähret
Wunderbar gar manchen Fant;
Wer begleitet mich? Ich schaffe
Mein Gezelt aus diesem Land.
Leerst du unter'm Mönchsgewande
Länger noch das Glas, *Hafis*,
Lüft' ich deiner Thaten Schleier
Bei des Meisters Fest gewiss,
Tūränschāh's, des Hochbeglückten,
Dessen Huld auf eine Art
Sich gesteigert, dass zum Ringe
Sie an meinem Halse ward.

19.

Bewahre Gott! Zur Zeit der Rosen
Leist' auf den Wein ich nicht Verzicht;
Ich, der ich mit Verstande prahle,
Ich thue dies ganz sicher nicht.
Wo weilt der Sänger? Was das Wissen
Mir eintrug und ein frommer Sinn,
Geh' ich der Harfe und der Zither
Und dem Gesang der Flöte hin.
Der Schule nichtiges Geschwätze
Schafft mir zur Stunde nichts als Pein:
Ich will ein Wenig dem Geliebten

Nun gleichfalls dienen und dem Wein.
Wo ist die Treue heut zu finden?
Bring' den gefüllten Becher mir!
Von Dschem, Kjäwūs und Kej erzähle
Ich alsbald die Geschichte dir.
Es schreckt das schwarze Buch mich nimmer,
Weil ich, bricht der Gerichtstag an,
Durch Gottes Huld von solchen Büchern
Wohl Hunderte beseit'gen kann.
Wo weilt denn nur des Morgens Bote?
Die Klage ob der Trennung Nacht
Hätt' ich so gern ihm, dem Beglückten,
Dem Freudenbringer, vorgebracht.
Weil schon im Urbeginn der Zeiten
Mein Staub geknetet ward mit Wein,
So sprich zu meinem Widersacher:
»Warum soll Wein verwehrt mir sein?«
Doch diese Seele, die *Hafisen*
Der Freund als Darlehn nur vertraut,
Geb' ich an jenem Tag ihm wieder
An dem ich sein Gesicht geschaut.

20.

Es hält dem Seelenangesichte
Mein Körperstaub den Schleier vor;
O Wonne, heb' ich einst den Schleier
Von diesem Angesicht empor!
Und da für mich, den holden Sänger,
Kein solcher Käfig passen kann,
Eil' ich – ein Vöglein jener Wiese –
In's Rosenfeld hin zu Rïswān.
Warum ich kam, wo ich gewesen,
Nicht klar erfasste es mein Sinn:
O Schmerz, dass ich in eig'nen Dingen
So ganz und gar unwissend bin!
Wie sollte pilgernd ich umkreisen
Die weite Flur der heil'gen Welt,

Da meinen Leib im Erdenhäuschen
An Brettern man befestigt hält?
Ich, der den Schauplatz nur der Huris
Für meine Heimath anerkannt,
Soll nun den Gau der wüsten Zecher
Betrachten als mein Vaterland?
Wenn aus dem Blute meines Herzens
Des Moschus süsse Düfte weh'n,
So staune nicht: verwandt durch Leiden
Bin ich dem Rehe von Chŏtēn.
Sieh auf das gold'ne Stickwerk nimmer
Das reich mir ziert des Hemdes Rand,
Denn innerhalb des Hemdes nähr' ich,
Der Kerze gleich, geheimen Brand.
O komm und nimm *Hafisen*'s Leben,
Wie sich's vor ihm entfaltet, hin,
Denn Niemand hört, bist *du* am Leben,
Das kühne Wort von mir: *Ich bin*.

21.

Wird der *Fuss*staub meines Liebling's
Seine *Hand* mir nicht entzieh'n,
Male ich die *Schrift des Staubes*
Auf das Brett des Blickes hin.
Käme, fordernd meine Seele,
Ein *Befehl* von Ihm mir zu,
Übergäbe, gleich der *Kerze*,
Ihm die Seele ich im Nu.
Scheint dem Freund mein *Herz ein falsches*,
Das nicht Probe hält beim Kauf,
Zähle ich aus meinem Auge
Silber das cursirt ihm auf.
Schüttle nicht den Saum des Kleides,
Nah' ich, Sohn des Staubes, dir:
Denn kein Wind kann, nach dem Tode,
Meinen Staub verweh'n von hier.
Untersinkend, hofft' ich immer

Mich *umschlinge* deine Hand:
Doch die Welle meiner Thräne
Bringt vermuthlich mich an's *Land*.
Deine schwarze Doppellocke
Die Verliebter Leidenschaft
Kraft und Festigkeit gegeben,
Nahm mir Festigkeit und Kraft.
Sei mir treu am heut'gen Tage,
Und gedenke jener Nacht
Die voll Gram's ich im Gebete
Werde haben zugebracht.
Bringe mir von jenem Weine
Nur ein Düftchen, holde Luft!
Von des Rausches Folgen heilet
Mich dann sicher jener Duft.
Mit dem Lobe deiner Locke
Stets beschäftigt ist mein Wort,
Und tatar'sche Moschusdüfte
Haucht es d'rum auch immerfort.
Weil Sein Mund, *Hafis*, mir theuer
Wie die eig'ne Seele ist,
Gibt mir *der* Moment das Leben
Wo mein Mund die Seele küsst.

22.

Als der Zeit ganz angemessen
Seh' ich's gegenwärtig an
Nach der Schenke auszuwandern,
Und da froh zu weilen dann.
Nur ein Buch und eine Flasche
Sei dort freundlich mir gesellt,
Dass ich listige Genossen
Nie erblicke auf der Welt.
Nach dem Weinpocale greifend,
Such ich Heuchlern fern zu sein,
Wähle nämlich mir hienieden
Nur ein reines Herz allein.

In befleckter Kutte prahlte
Gar zu sehr mit Tugend ich,
Schäme d'rum vor Schenkenwangen
Und vor färb'gem Weine mich.
Alle werd' ich überragen,
Frei wie der Zipressenbaum,
Glückt es mir von Weltgelüsten
Abzuziehen meinen Saum.
Unbild deckt mein Herz mit Staube;
Doch, o Gott, gestatte nicht
Dass sich je mein Spiegel trübe,
Der da glänzt wie Sonnenlicht.
Viel zu eng' ist ja mein Busen
Um zu tragen Seinen Schmerz;
Nicht gewachsen solcher Bürde
Ist mein gramerfülltes Herz.
Sei ich Zecher in der Schenke,
Sei ich in der Stadt *Hafis*,
Bin die Waar' ich die du schauest;
Und noch schlechter überdies.
Beim Ässāf steh' ich in Diensten:
Mich zu kränken hüte dich!
Denn, wenn ich ein Wort nur spreche,
Rächt er selbst am Himmel mich.

23.

Auf! Lasst uns der Ssofis Kutte
Tragen in der Schenke Haus,
Tragen frommer Bräuche Mantel
Auf den Trödelmarkt hinaus!
Wir verstopften uns die Ohren
Vor des Pred'gers Fabelwort!
Tragen wir die Schmach der Possen,
Thoren gleich, noch länger fort?
Dass die Siedler alle greifen
Nach dem Glas voll Morgenwein,
Tragen wir die Morgenharfe

Zu des Wirthes Thor hinein.
Als Geschenk der Reise tragen
Für den trunk'nen Cālĕndēr
Wir den Teppich frommer Bräuche
Und den woll'nen Mantel her.
Pflanzt' auf uns'ren Weg ein Frömmler
Desshalb Tadelsdorne hin,
Tragen wir aus Rosengärten
In der Strafe Kerker ihn.
Unser Wollkleid, das befleckte,
Bringe uns nur Spott und Hohn,
Tragen wir, bei solcher Tugend,
Noch der Wunder Ruhm davon.
Wenn das Herz, die Zeit nicht schätzend,
Sich enthält der Thätigkeit,
Tragen wir nur Scham von hinnen,
Als die einz'ge Frucht der Zeit.
Immer regnet es nur Tücken
Von dem hohen Himmelsdach:
Auf! Dem Weinhaus übertragen
Wir den Schutz vor Ungemach.
Werden wir im Feld der Lüste
Lang noch irren, und bis wann?
Lasst uns um die Strasse fragen,
Die zum Ziel uns führen kann.
Jenen Bund den wir geschlossen
In dem *sicher'n Thal* mit dir,
– Sprichst du: »*Zeige dich*:« wie Moses –
Tragen zur Erfüllung wir;
Schlagen deines Ruhmes Pauke
Auf des Himmelsthrones Knauf,
Tragen deiner Liebe Fahne
Auf das Himmelsdach hinauf,
Und die Erde deines Gaues,
Uns zum Ruhme allzumal,
Tragen morgen auf dem Scheitel
Wir in's Auferstehungsthal.
Giess' *Hafis*, dein Wangenwasssser

Nicht vor jedes Nied'ren Thor:
Tragen wir dem Herrn der Nöthen
Lieber uns're Nöthen vor!

24.

Auf! Und lasst uns von der Schenke Pforte
Die Eröffnung uns'rer Lust verlangen;
Lasst uns sitzen auf des Freundes Strasse,
Und verlangen das wornach wir bangen!
Auf dem Weg zum Heiligthum der Liebe
Mangelt uns das Zehrgeld für die Reise!
Lasst ein Zehrgeld von der Thür der Schenke
Uns verlangen nach der Bettler Weise!
Zwar in stetem Laufe ist begriffen
Uns're ganz mit Blut befleckte Zähre:
Doch verlangen wir dass sich ein Bote,
Den an *Ihn* wir senden, *rein* bewähre.
Nach dem Wohlschmack deines Kummermaales
Mögen fruchtlos uns're Herzen bangen,
Wenn vom herben Kummer deiner Liebe
Jemals wir Gerechtigkeit verlangen!
Deines Maales Pünktchen lässt sich nimmer
Auf des Blickes Zeichnerbrettchen malen,
Wenn dazu wir Tinte nicht verlangen
Von den Männchen die im Auge strahlen.
Fleht mein Herz dass um den Preis der Seele
Ihm dein Mund ein Küsschen nicht verweig're,
Spricht dein Mund, so süss wie Zucker lächelnd:
»Wir verlangen dass den Preis man steig're.«
Dass ein *duft'ges Exemplar* besitze
Dieses Herz, von schwarzem Gram befangen,
Wollten wir die holde schwarze Farbe
Von dem *Moschus deines Flaum's* verlangen.
Weil der Gram, den wir um dich erdulden,
Nur im frohen Herzen ist zu finden,
So verlangen Frohsinn wir, in Hoffnung
Gram um dich und Kummer zu empfinden.

Bis wie lang bist du, *Hafis*, gesonnen
Noch zu sitzen an der Schule Thüren?
Auf! Verlangen wir dass nun der Schenken
Off'ne Thüren uns zur Freude führen!

25.

Geht dein Traumgebild vorüber
An der Augen Rosenau'n,
Tritt das Herz an's Augenfenster
In der Absicht es zu schaun'n.
Komm, denn Perlen und Rubine
Streu' ich dir zu Füssen hin,
Schaffe aus des Herzens Schatze
Sie in's Augenmagazin.
Keinen Wohnort, deiner würdig,
Schau' ich rings in der Natur:
Ich nur bin's und dieses Auges
Heller Winkel ist es nur.
Als ich dich zuerst erblickte,
Sprach das Herz: »Wenn allenfalls
Unglück d'raus entsteht, so büsse
Für mein Blut des Auges Hals!«
Mich zerstören wollte Morgens
Meiner Thränen wilder Lauf:
Doch es hielt am Saum des Auges
Meines Herzens Blut ihn auf.
Weil ich deine Ankunft hoffte
Legt' ich, bis der Tag erschien,
Gestern Nachts des Auges Fackel
Auf die Bahn des Windes hin.
Habe Mitleid mit dem Harren
Jenes, der die ganze Nacht
Herzensblut durch's Augenfenster
Auf die Wange strömen macht!
Wenn du *menschlich* bist, so schiesse
Auf *Hafis* den Pfeil nicht ab;

Jenes Aug's das, herzdurchbohrend,
Manchem *Mann* den Tod schon gab!

26.

O froher Tag an dem ich scheide
Von diesem wüsten Wohngebäu',
Und, Seelenruhe nur verlangend,
Dem Seelenfreunde folge treu!
Wohl weiss ich es, den Fremdling führe
Sein Weg nach keinem Ruhort zwar;
Doch jenes wirren Haares Düfte
Folg' ich voll Hoffnung immerdar.
Dem Oste gleich, mit krankem Herzen,
Mit einem Leibe matt und schwach,
Folg' ich der wandelnden Zipresse
In luftiger Begierde nach.
Der düst're Kerker Alexander's
Erfüllt mein Herz mit Grauen schon;
D'rum reise ich, mein Bündel schnürend,
Bis in das Reich des Salomon.
Es kümmern nicht sich flinke Reiter
Um den der schwer beladen schleicht:
Kommt mir zu Hilfe, fromme Leute,
Auf dass ich wandle froh und leicht!
Wenn auf dem Haupte, gleich dem *Rohre*,
Ich wandeln muss auf Seiner Bahn,
So schreite ich mit *wundem Herzen*
Und *thränenvollem Aug'* heran,
Werd' ich einst frei von diesem Grame,
Thu' ich wie ich gelobt zuvor,
Und gehe, frohe Lieder singend,
Gerade bis zum Schenkenthor,
Und tanze, so wie Sonnenstäubchen,
In luft'ger Leidenschaft für Ihn,
Und wandle bis zum Quellenrande
Der strahlenreichen Sonne hin.
Führt mich die Strasse, gleich *Hafisen*,

Heraus nicht aus dem wüsten Ort,
So ziehe mit dem Heereslager
Des herrschenden Assāf's ich fort.

27.

In dem Schenkenraum der Maghen
Stellt sich Gottes Licht mir dar;
Sieh' dies Wunder, *welch'* ein Licht ist's,
Und *wo* werd' ich es gewahr?
Herr! Wer sind die Hefentrinker
Dieser Schenke, deren Thür
Eine Kibla aller Nöthen,
Ein Altar geschienen mir?
Liebe, Rausch und Spiel mit Schönen
Gleichen einem hohen Amt,
Und dem Wirken deiner Gnade
Dank' ich selbe insgesammt.
Krame nicht, o Pilgerkönig,
Deinen Hochmuth vor mir aus,
Denn du schau'st das Haus, ich aber
Schaue froh den Herrn im Haus.
Niemand hat von China's Düften
Und vom Moschus aus Chōtēn
Das geseh'n was jeden Morgen
Ich vom Morgenwind geseh'n.
Um den Mittelpunkt der Einheit
Läuft, gleich fern, der Kreis herum,
Und ich schau' es ohne Frage
Um das Wie und das Warum.
Moschusdüfte will ich lösen
Von des Götzen *Lockenhaar*:
Doch zu *fern* liegt der Gedanke!
Irrthum nur werd' ich gewahr.
Herzensgluthen, Thränenströme,
Seufzer Morgens und bei Nacht
Seh' ich sämmtlich durch die Blicke
Deiner Huld hervorgebracht.

Der Gedanken *Wege* sperret
Stets dein *Bild*, dein holdes, mir:
Wem entdeck' ich was ich schaue
Hinter diesem *Vorhang* hier?
Freunde, scheltet nicht *Hafisen*
Weil er Augenspiele trieb:
Denn ich seh's, er ist von Jenen
Denen werth Ihr seid und lieb!

28.

Freunde, lasst die Zeit der Rosen
Uns der Lust und Freude weihen,
Lasst dem Wort des alten Wirthes
Uns das Ohr der Seele leihen!
Grossmuth wohnt nicht bei den Menschen,
Und da Freuden schnell vergehen,
Frommt's den Teppich zu verkaufen,
Und dafür Wein zu erstehen.
Wonnig wehen holde Lüfte;
Sende, Gott, uns einen Zarten,
Dass wir Rosenwein geniessen,
Schauend seiner Wange Garten!
In den Weg verdienten Leuten
Tritt des Himmels *Orgelbauer*:
D'rum, wie sollten wir nicht *klagen*,
Brausen nicht bei solcher Trauer?
Als die Rose sott, begossen
Wir sie nicht mit Weinesfluthen:
Darum sieden wir in Sehnsucht,
Und in der Entbehrung Gluthen.
Lasst vermeinten Wein uns trinken
Aus der Tulpe Glas! – Von hinnen,
Böse Blicke! denn wir kamen
Ohne Lied und Wein von Sinnen.
Wem, *Hafis*, kann man das Wunder
Jemals mitzutheilen wagen,

Dass wir Sprosser sei'n und schweigen
In der Rose Wonnetagen?

29.

Gestern Nachts lenkt' ich den Strom der Thränen
In des Schlummers Weg und hemmte ihn,
Und, des Flaum's gedenkend deiner Lippe,
Malt' auf Wasser ein Gemäld' ich hin;
Und, des Freundes Braue vor dem Blicke,
Und mit angebranntem Mönchsgewand,
Trank ich auf das Wohl der Altarnische
Einen Becher aus, der vor mir stand;
Und das Antlitz des Geliebten zeigte
Meinem Blicke sich im Strahlenlicht,
Und ich sandte Küsse aus der Ferne
Nach des Mondes hellem Angesicht;
Auf des Schenken Antlitz lag mein Auge,
An dem Klang der Harfe hing mein Ohr,
Und dem Auge sagt' ich und dem Ohre
Künftig noch ein gröss'res Glück bevor.
Deines Angesichtes Traumgemälde
Malt' ich Nachts bis hin zur Morgenzeit
Auf die Künstlerwerkstatt meines Auges,
Das sich leider nie des Schlaf's erfreut.
Bei den Worten dieses schönen Liedes
Griff der holde Schenke nach dem Glas;
Er begann dies Lied mir nachzusingen,
Und ich trank vom reinsten Rebennass;
Und ein jedes Vöglein der Gedanken,
Das vom Lust*zweig* aufgeflattert war,
Fing ich wieder, da ich sanft es lockte
Mit dem Saitenschwinger, deinem Haar.
Fröhlich ging *Hafisen's* Zeit vorüber,
Und ein wunscherfüllendes Geschick
Hab' ich d'rum den Freunden auch verkündet
In Bezug auf Leben und auf Glück.

30.

Gestern Abends sagte ich: »Der Sehnsucht
Ihn zu schauen will ich mich erwehren.«
»Wo sind Ketten? – sprach Er – den Verrückten
Will ich eines Anderen belehren.«
Seine Hochgestalt nannt' ich *Zipresse*;
Da im Zorne wandt' er sich von hinnen!
Wird mein Bild durch *Wahrheit* schon beleidigt,
Freunde, sagt, was soll ich dann beginnen?
Sprach ich Worte, die ich schlecht gewogen,
O mein Herzensräuber, so verzeihe!
Sei auch freundlich, dass ich dem Gemüthe
Das verlorne Gleichgewicht verleihe!
Jenem Zarten hab' ich es zu danken
Dass ich schuldlos an der Gelbsucht leide;
Schenke, gib ein Glas mir, dass ich wieder
Mein Gesicht in's Roth der Rose kleide!
Sage, Lüftchen, du von Leila's Stätte,
Ob's um Gotteswillen lang noch währe
Dass ich Fluren in des Oxus Fluthen,
Und in Trümmer Wohnungen verkehre?
Ich, der zu des Freundes Schönheitsschatze
Bin gelangt, dem unermesslich reichen,
Will in Zukunft zu Cărūnen machen
Hunderte von Bettlern die mir gleichen.
Mond, beglückter Herrscher, lass *Hafisen*,
Deinen Knecht, dir im Gedächtniss leben,
Dass für's Glück ich jener Reize bete
Die sich täglich strahlender erheben!

31.

Zum Meer mach' ich das Aug' und werfe
Auf's Feld hinaus den Duldermuth,
Und werfe unter solchem Treiben
Das Herz tief in die Meeresfluth.
Aus sündigem, beklemmten Herzen

Seufz' ich nur Einmal auf; allein
In Adam's und in Eva's Sünde
Werf' ich dadurch den Brand hinein.
Des Himmels Pfeil hab' ich empfunden;
Gib Wein mir, dass, vom Rausch entbrannt.
Ich einen Knoten möge schürzen
Hoch auf Oriōn's Köcherband!
Den Bodensatz des Glases spritz' ich
Hinauf auf diesen Wanderthron
Und fülle diese blaue Kuppel
Mit einer Harfe Jubelton.
Man trifft des Herzensglückes Summe
Nur wo der Herzensräuber weilt;
Auch will ich keine Mühe sparen
Bis dass ich jenen Ort ereilt.
Mond mit der Sonnenhaube, löse
Doch deines Kleides Schleifenzier!
Ich werfe dann, gleich deinem Haare.
Das düst're Haupt zu Füssen dir.
Hafis, ein Irrthum und ein Fehler
Ist's, sich zu stützen auf die Zeit;
Warum verschieb' ich denn auf morgen
Die Wonne die das Heut' mir leiht?

32.

Deines Auges Krankheit raubte
Mir die Sinne gestern Nacht;
Doch die Anmuth deiner Lippe
Hat sie mir zurückgebracht.
Deinen Flaum, den moschusgleichen,
Liebe ich nicht erst seit heut:
Dieses Neumondglas berauschet
Mich bereits seit langer Zeit.
Meinen festen Sinn belob' ich,
Weil, bist du auch hart und rauh,
Doch mein Fuss nie müd' geworden
Aufzusuchen deinen Gau.

Hoffe nicht dass ich gesunde
Ich, der stets in Schenken weilt:
Zechern – sagt' ich – will ich dienen,
Bis der Tod mich einst ereilt.
Hundert Fährlichkeiten drohen
Jenseits auf der Liebe Bahn:
Sage nicht: »Mein Leben endet,
Und geborgen bin ich dann.«
Künftig kümmert mich kein Neider
Der mit Marter *pfeilen* naht:
Bin ich doch bei dem Geliebten
Der da *Bogen*brauen hat.
Küsse auf dein Onixkästchen
Sind wohl nimmer mir verwehrt,
Denn die Lieb' und Treue liess ich,
Warst du hart auch, unversehrt.
Ein gar kriegerischer Götze
Plünderte mein Herz, und schwand;
Wehe, fasst des König's Gnade
Mich nicht hilfreich bei der Hand!
Bis zum Himmel hebt *Hafisen*'s
Stufe der Gelehrtheit sich:
Doch der Gram den du mir schaffest,
Hoher Buchs! erniedrigt mich.

33.

All' mein Leiden kömmt vom Freunde,
Und so auch die Arzenei;
Und mein Herz ward ihm zum Opfer,
Wie es auch die Seele sei.
Das was schöner ist als Schönheit
– *Anmuth* nennt man's insgemein –
Das besitzt mein Vielgeliebter,
Und auch *jene* nennt er sein;
Nur ein Abglanz seiner Wangen
Scheinen beide Welten mir:
Offen hab' ich's dir verkündet,

Sagte es auch heimlich dir.
Hinter'm Vorhang, theure Freunde,
Sagt ein Wörtchen Euch mein Mund:
Aber das was man gesprochen
Wird durch Weitersagen kund.
Jene trunkene Narcisse
Sie vergoss, ach, all' mein Blut,
Während jene wirre Locke
Grausam auch ein Gleiches thut.
Kein Vertrauen lässt sich fassen
Zu den Dingen dieser Welt;
Ja, auch mit dem Lauf des Himmels
Ist es Anders nicht bestellt.
Denk' an Jenen der da grausam
Meinem Blute stellend nach,
Kühn den Bund den er geschlossen
Und auch die Verträge brach.
Wie jetzt an ihr Ziel gekommen
Des Vereines frohe Nacht,
Schwinden auch die bösen Tage
Die die Trennung hat gebracht.
Seines Maales Bild, verspritzte
Schon gar oft mein Augenblut,
That es klar und unverhohlen,
Wie es auch es heimlich thut.
Keine Furcht kennt der Verliebte
Vor dem Richter. Bringe Wein!
Auch Verbote eines Herrschers
Schüchtern nimmermehr ihn ein.
Dass *Hafis* der Liebe fröhne
Ist dem Vogte wohlbekannt,
Ist es selbst auch dem Assäfe
In der Salomonen Land.

34.

In heimlichen Hause der Wonne
Da wohnet ein Götze, mir theuer,
Für dessen *Gesicht* ich und *Locke*
Ein *Hufeisen* halte in's *Feuer*.
Ich bin ein Verliebter, ein Zecher
Und trinke, wenn Lieder ertönen,
Und diese erhabenen Würden
Verdank' ich der Huri, der schönen;
Und glaubst du in diesem *Bezuge*
Mir fehl' es an *Kopf* und Verstande,
So bin ich des Morgens durch Seufzer
Das Haar dir zu kräuseln im Stande;
Und wenn in das Lusthaus der Zecher
Die Füsse du wünschest zu setzen,
So will ich mit zuck'rigen Liedern
Und lauterem Weine dich letzen;
Und seh' ich den Flaum des Geliebten
In grünlichem Farbenschein prangen,
So will ich mit blutigem Wasser
Mir färben die eigenen Wangen.
Doch bringe mir Pfeile der Wimpern
Und Panzer aus Lockengeflechten,
Denn mit dem verwundeten Herzen,
Dem leidenden, hab' ich zu fechten!
Hafis, weil der Gram und die Freude
Vergänglicher Art sind hienieden,
So ist es das Beste, ich wahre
Mir in dem Gemüthe den Frieden.

35.

Beschauung ward gestattet,
Umarmung auch und Kuss:
D'rob dank' ich meinem Glücke
Und auch dem Schicksalsschluss.
Geh', Frömmler; wenn der Glücksstern

Mein wahrer Glücksstern war,
Fasst meine Hand den Becher
Und auch des Holden Haar.
Ich tadle nicht das Zechen
Noch das Betrunkensein;
Schön ist des Götzen Lippe,
Doch auch der süsse Wein.
Herz! Frohe Kunde bring' ich:
Es lebt der Vogt nicht mehr;
Wein füllt die Welt, auch füllt sie
Ein trunk'nes Götzenheer;
Nun schaut kein böses Auge
Mich aus verstecktem Ort,
Fort ist der Widersacher,
Und auch die Thrän' ist fort.
Sich das Gemüth zu trüben
Ist nicht der Klugheit Brauch:
Begehr' ein Liederbüchlein,
Bring' eine Flasche auch!
Begiess' der Liebe Opfer
Mit Seiner Lippe Wein:
Der Staub wird dann rubinfarb
Auch moschusduftend sein.
Es lebet was da lebet
Durch Hoffnung nur auf dich:
D'rum wirf nun deinen Schatten,
O Sonne, auch auf mich!
Da deiner Schönheit Segen
Den Blumen Schimmer gab,
So regn' auch, Gnadenwolke,
Auf mich, den Staub, herab!
Du fingst zwar selbst den Klügsten:
Doch fürchte Gott! Nebstdem
Auch den Assäf, der rechtlich,
Und mächtig ist wie Dschem.
Ein Hort des Reich's und Glaubens,
Macht seine Herrscherhand
Das Meer zum Reichthumsschachte,

Zum Glückesschacht das Land.
Der Himmel, zur Erinn'rung
An seinen lichten Sinn,
Weiht Morgens ihm die Seele,
Streut Sterne auch auf ihn.
Mit Rechtsinn, deinem Schlägel,
Fängst du der Erde Ball,
Ja auch den weitgedehnten,
Den blauen Himmelswall.
Nach deinem raschen Willen
Bewegt sich auch behend
Auf seinem Mittelpunkte
Das hohe Firmament.
So lang der Zweck des Himmels
Und seines Kreisens Brauch
Die Jahr' und Monde wechselt,
Und Herbst und Frühling auch,
Fehl's deines Ruhm's Pallaste
An grossen Männern nicht,
Auch nicht an schlanken Schenken
Mit rosigem Gesicht!
Hafis, der viele Perlen
Zum Lob dir streute, stand
Beschämt und auch erröthend
Vor deiner Grossmuth Hand.

36.

Ich weihe mich dem Dienst der Schenke
Bereits seit langer Zeit,
Und handle wie ein Reicher handelt,
Gehüllt in's Armuthskleid.
Es sog der Wahrheit edle Düfte
Mein Prediger nicht ein;
Horch! In's Gesicht will ich's ihm sagen,
Doch kein Verläumder sein.
Das Repphuhn mit dem holden Gange
Im Liebesnetz zu fah'n,

Erwarte ich im Hinterhalte
Der günst'gen Stunde Nah'n,
Und eile, gleich dem Ost, zum Freunde
Hin über Stock und Stein,
Und Königskraut und Rose bitt' ich
Behilflich mir zu sein.
Ein Netz ist meines Liebling's Locke,
Sein Blick ein Unglückspfeil:
Vergiss nicht, Herz, was ich ermahnend
Hier spreche dir zum Heil.
Es trägt die Erde deines Gaues
Mich künftighin nicht mehr:
Hold warst du, Götze, mir; nun mach' ich
Die Bürde minder schwer.
Verhüll' das Aug' das Böses schauet,
Du, stets zur Huld bereit,
Bei dem was ich mit Frechheit übe
In stiller Einsamkeit!
Ich sollte – Gott bewahr's! – die Rechnung
Des jüngsten Tag's nicht scheu'n?
Das Loos will *morgen* ich befragen,
Doch *heut'* will ich mich freu'n.
Ein Amen ruft der Geist, der treue,
Der Gott zur Rechten steht,
Wenn für des Reich's und Volkes Kaiser
Ich flehe im Gebet.
O Fürst! Das Höchste zu erreichen
Hoff' ich nur aus dem Grund
Weil, o Erhab'ner, deine Schwelle
Zu küssen wünscht mein Mund.
Hafis benennt mich dieses Kränzchen,
Und *Säufer* jener Kreis;
Sieh wie ich durch ein freches Wesen
Das Volk zu täuschen weiss!

37.

Meine eig'ne Hand, die *kurze*,
Lastet schwer auf mir,
D'rum erröth' ich vor den schlanken
Hochgestalten hier.
Fasst kein Freund mit Kettenhaaren
Meine Hand, o dann
Heb' das Haupt ich in die Höhe
Wie ein toller Mann.
Frag' mein Auge, willst du wissen
Was der Himmel macht,
Denn des Nachts zähl' ich die Sterne
Bis der Tag erwacht.
Dankbar küsse ich des Bechers
Vollgefüllten Rand,
Denn mit des Geschickes Räthsel
Macht er mich bekannt.
Meinem eig'nen Arme bin ich
Minder dankbar nicht,
Weil zur Peinigung der Menschen
Mir's an Kraft gebricht.
Wenn ich für die Weinverkäufer
Fromme Wünsche sprach,
Komm' ich nur – was ist es weiter? –
Schuld'gem Danke nach.
Mich vom Boden aufzuheben
Bist du nicht gewillt,
Wenn mir auch statt jeder Thräne
Eine Perl' entquillt.
Trink' ich Blut auf diesem Felde,
O so schilt mich nicht!
Denn tatar'schen Moschusrehen
Geb' ich Unterricht.
Ein berauschtes *Haupt* besitz' ich,
Gleich *Hafisen*, zwar,
Doch auf jenes *Hohen* Gnade
Hoff' ich immerdar.

38.

Komm' ich abermals vorüber
An dem wüsten Maghenhaus
Spiel' ich den Ertrag der Kutte
Und des Teppich's eilends aus.
Klopf' ich mit der Reue Thorring,
Frömmlern ähnlich, heute an,
Wird vom Schenkenwächter morgen
Mir das Thor nicht aufgethan.
Wäre doch die Flügelfreiheit
Eines *Falters* mir verlieh'n!
Nur nach jener Wange *Lichte*
Eilte ich im Fluge hin.
Lässt du mich, der Harfe ähnlich,
Nicht im Schosse ruhen dir,
O so schmeichle, wie der Flöte,
Mit dem Hauch der Lippen mir!
Umgang selbst mit Huris meid' ich,
Denn ich fehlte wahrlich sehr
Hätte ich, bei *deinem* Bilde,
Noch mit Anderen Verkehr.
Keinem Menschen will ich klagen
Was mein blutend' Herz erfuhr,
Ist mein einziger Vertrauter
Deines Grames Schwert ja nur.
Das Geheimniss meiner Trauer
Hätte gern die Brust bewahrt;
Doch das nassbesäumte Auge
Hat es nun geoffenbart.
Aus des Staubes Käfich schwang' ich
In die *Luft*, wie Vögel, mich:
Hoffend dass der Königsfalke
Mich zur Beute mache sich.
Würde auf *Hafisen*'s Leibe
Jedes Haar zum Haupt; fürwahr
Alle legt' ich dir zu Füssen,
Wie dein eig'nes Lockenhaar.

39.

Überlass die Locke nicht dem Winde
Weil du *mich* dem Wind' sonst überliessest;
Unternimm den Bau nicht des Gekoses,
Weil du *meinen* Bau sonst niederrissest.
Lass die Wange hell im Feuer glühen,
Und du machst auf Rosen mich vergessen;
Lass empor den schlanken Wuchs sich heben,
Und du machst mich *frei* von den *Zipressen*.
Suche nicht *Berühmtheit* in den *Städten*,
Denn du machst mich sonst durch Berge streichen;
Sei nicht spröde, wie Schïrīn gewesen,
Denn du machst mich sonst Fĕrhāden gleichen.
Trink' nicht Wein in Anderer Gesellschaft,
Denn sonst würde Herzblut *mein* Getränke;
Denke nicht an alle Stammgenossen,
Dass ich deiner künftighin gedenke.
Lass dein Haar sich nicht zu Ringen formen,
Dass du mich nicht anzuketten strebest;
Gib dem Antlitz nicht des Wassers Schimmer,
Dass du nicht dem Wind' mich übergebest.
Werde nicht zum Freunde Unbekannter,
Weil du sonst mich von mir selber scheidest;
Kümm're dich um And'rer Leiden nimmer,
Weil du sonst mir jede Lust verleidest.
Werde nicht zur Kerze jeden Saales,
Dass du mich nicht gar verbrenn'st am Ende;
Wende nicht das Haupt, dass meine Klage
Nicht empor ihr Haupt zum Himmel sende.
Habe Mitleid mit mir armem Manne,
Und erschein', wenn Hilfe ich verlange,
Dass mein lauter Hilferuf nicht etwa
Bis zum Thürstaub des Ăssāf's gelange!
Sei nicht immer grausam, wie der Himmel,
Denn du tödtest sicher sonst *Hafisen*:
Füge dich, dass mir die Gunst der Sterne
Das verleih' was sich als Recht erwiesen.

40.

Wie mach' ich es möglich, o Götze,
Den Gram deiner Liebe zu tragen,
Und soll ich den Gram wohl noch länger
Ergiessen in nächtlichen Klagen?
Mein Herz, wie von Diwen besessen,
Ist, ach, durch kein Mittel zu retten,
Es sei denn ich machte zur Stelle
Dein lockiges Haar ihm zu Ketten.
Das Ganze der eig'nen Verwirrung,
Mit der deines Haares verbunden,
Im Einzelnen treu zu beschreiben
Hat Niemand noch möglich gefunden;
Und wollte ich, was ich gelitten
Seitdem du mich grausam verlassen,
Dir schildern – vergebliche Mühe! –
Kein Buch wär' im Stand' es zu fassen;
Und wenn ich die eigene Seele
Begierig zu schauen verlange,
So mal' ich mir treu vor die Blicke
Das Bild deiner lieblichen Wange;
Und wüsst' ich das Mittel gelänge
Dich mir zu vereinen in Liebe,
Verspielt' ich das Herz und den Glauben,
Wobei ich im Vortheil noch bliebe.
O Prediger, bleib' mir vom Leibe,
Und sprich nicht vergebens, gleich Thoren!
Denn Jener nicht bin ich der wieder
Den Lügen verschliesset die Ohren.
Die Hoffnung, *Hafis*, ist entschwunden
Der bösen Gewalt zu entrinnen;
So hat es das Schicksal beschlossen:
Was kann ich dagegen ersinnen?

41.

Wird das Haar dir zu berühren
Nochmals meiner Hand erlaubt,
Schlage ich mit deinem Schlägel
Manches ballengleiche Haupt.
Als mein langes Leben hab' ich
Stets dein Lockenhaar erkannt:
Doch von diesem langen Leben
Liegt kein Haar in meiner Hand.
Gibt den *Machtbefehl* der Ruhe
Heute Nacht, o *Kerze*, mir,
Denn im Herzensfeuer schmilz' ich,
Einer Kerze gleich, vor dir!
Übergeb' ich einst, gleich Flaschen,
Laut auflachend, meinen Geist,
Sollen Jene für mich beten
Die man deine Trunknen heisst.
Ein Gebet von mir, Beflecktem,
Kann kein wahrhaft frommes sein;
Darum schmelze ich und brenne
Tret' ich in die Schenke ein.
Lässt in Tempeln und in Schenken
Sich dein Wahngebilde schau'n,
Mach' ich zu Altar und Zither
Deine beiden Augenbrau'n.
Wenn einst Nachts mir deine Wange
Meine Einsamkeit erhellt,
Hebt mein Haupt sich, wie der Morgen,
Hoch empor in alle Welt.
Löblich wird auf diesem Wege
Meinem Thun ein End' gemacht,
Wenn die *Liebe* zu Äjāsen
Mich um meinen *Kopf* gebracht.
Wem, *Hafis*, soll ich des Herzens
Gram vertrau'n, da heut zu Tag
Mir als innigster Vertrauter
Nur der Becher taugen mag?

42.

Jahrelang folgt' ich dem Pfade
Zechender Gesellen hier,
Bis ich, auf's Fĕtwā der Weisheit,
Eingekerkert die Begier.
Nach Āncā's entfernter Stätte
Ging ich nicht auf eig'nes Glück:
Mit des weisen König's Vogel
Legt' ich diese Bahn zurück.
Sich enthalten, sich berauschen
Hängt nicht von uns Beiden ab:
Ich gehorchte dem Befehle
Den der ew'ge Fürst mir gab.
Durch die ew'ge Gnade hoff' ich
Einzugeh'n in's Paradies,
Wenn ich auch als Schenkenpförtner
Mich gar häufig brauchen liess.
Wenn ich alter Mann genossen
Joseph's theurer Gegenwart,
War's, weil ich im Trauerstübchen
So geduldig ausgeharrt.
Schatz der Wünsche! Deinen Schatten
Wirf auf's Herz, das wunde, mir,
Denn dies Haus hab' ich *verwüstet*
In der Leidenschaft zu dir.
Schenkenlippen nicht zu küssen
Nahm ich mir gar reuig vor:
Nun zerbeiss' ich mir die Lippe
Weil ich Thoren lieh mein Ohr.
Suche nur bei Gegensätzen
Die Frfüllung; denn, fürwahr,
Sammlung des Gemüthes fand ich
Nur durch jenes *wirre* Haar.
Sitz' ich auf des Lieder-Diwan's
Ehrenplatz, was wundert's dich?
Diente doch durch viele Jahre
Einem Herrn des Diwan's ich.

Lass den ersten Strahl dich wecken,
Suchend, wie *Hafis*, das Heil:
Denn an Allem was ich wirkte
Hat das Glück des Coran's Theil.
Am gewölbten Himmelsaltar
Fühlet kein *Hafis* die Lust
Die ich, durch das Glück des Coran's,
Zu erwerben mir gewusst.

43.

Erhitzt ist mir der Kopf vom Weine,
Und laut tönt meiner Stimme Schall:
»Den Hauch, der Leben mir verleihet,
Den fordr' ich nur von dem Pocal!«
Es setzt der finst're Trotz des Frömmlers
Auf kein berauschtes Antlitz sich:
Ein Kuttenjünger nur der Zecher,
Der immer frohen, bleibe ich.
Erschliesst mir freundlich nicht die Pforte
Des alten Wirthes güt'ger Sinn,
An welche Pforte soll ich pochen,
Wo wend' ich mich um Beistand hin?
Wirf mir nicht vor, dass ich von selber
Auf dieser Wiese spross empor:
Denn nur wie man mich nährt und pfleget,
Nur eben so spriess' ich hervor.
Erblicke hier kein Haus der Andacht,
Und keine Schenkenstube dort:
Denn Gott mag selber es bezeugen:
Ich bin bei ihm an *jedem* Ort.
Es ist der Wegstaub des Verlangens
Die Alchymie der Seligkeit;
Dem Glücke jener Ambraerde
Hab' ich zum Sclaven mich geweiht.
Von Lust nach eines schlanken Schönen
Berauschender Narciss' entbrannt,
Lieg' ich, den Becher in den Händen,

Wie Tulpen an des Baches Rand.
Als Schwindelkopf ward ich zum Mährchen:
Es zogen mich des Freundes Brau'n
In ihren zartgeschweiften *Schlägel*,
Und als ein *Ball* bin ich zu schau'n.
Bring' Wein, denn auf's Fětwā *Hafisen*'s
Wasch' ich vom reinen Herzen flugs,
Durch des Pocales reichen Segen
Den Staub mir ab des Gleissnertrug's.

44.

Komm, Ssofi, lass vom Leib uns ziehen
Das Mönchsgewand der Gleissnerei;
Lass, als unbrauchbar, uns durchstreichen
Dies schnöde Bild der Heuchelei!
Wir geben das Gelübd' des Klosters
Und seine Spenden hin für Wein,
Und tauchen in der Schenke Wasser
Den Mantel des Betruges ein.
Berauscht geh'n wir hinaus und tragen
Von uns'res Gegners Tafelschmaus
Den Wein als Beute fort, und schleppen
Den Liebling an das Thor hinaus;
Und dem Geheimniss des Geschickes,
Das nie aus seiner Hülle bricht,
Dem ziehen wir in uns'rem Rausche
Den Schleier von dem Angesicht.
Lass uns ein edles Werk vollbringen,
Weil sonst uns Schande überfällt
Wenn wir, mit dem Gepäck der Seele,
Einst wandern in die and're Welt;
Und räumet morgen man nicht willig
Die Gartenflur Rīswān's uns ein,
Zieh'n wir die Knaben aus den Sälen,
Die Huris aus dem Himmelshain.
Wo winkt uns freundlich Seine Braue?
Dem Neumond ähnlich, wollen wir

Den *Ball* des Firmaments berühren
Mit eines *Schlägels* gold'ner Zier.
Hafis! Auf solche Art zu prahlen
Steht uns fürwahr gar übel an:
Was strecken wir die Füsse weiter
Als uns're Decke reichen kann?

45.

Durch Lebensfrist schon schreit' ich rüstig
Voll Sehnsucht täglich durch das Land,
Und poch' an eines Edlen Pforte
Beständig mit des Fürspruch's Hand.
Fern meinem *Mond*, der *Liebe* wecket,
Soll mir kein Tag vorüberzieh'n:
D'rum stell' ein Netz ich auf die Strasse
Und setz' in's Netz ein Vöglein hin.
Weil des Cypressenbaumes Schatten
Ich Hoffnung nähre zu erspäh'n,
Richt' ich der Liebe Ruf an Jeden
Den holden Gang's ich nah'n geseh'n.
Ich weiss, die Trauer nimmt ein Ende
Und die Geschichte färbt sich *bunt*
Durch's Ach, das täglich Früh und Abends
So *blutig* steigt aus meinem Mund.
Ĕwrēnk und *Gūltschehrē*, wo weilt Ihr?
Wo ist der *Treu'* und *Liebe* Bild?
Jetzt bin nur *ich's* der in der Liebe
Als Muster der Vollendung gilt.
Zwar weiss ich, jener Trost des Herzens
Weist meinen Herzenswunsch zurück,
Und dennoch mal' ich Wahngebilde
Und loose auf beständ'ges Glück!
Und hab' ich auch mich selbst verloren,
Verschwörend, wie *Hafis*, den Wein,
So trink' ich manchmal doch ein Gläschen
In einem geistigen Verein.

46.

Der Festtag erschien, und d'rum lasse
Ich heute den Plan in mir reifen,
Des Fastenmond's Werke zu opfern,
Und nach dem Pocale zu greifen.
Schon leb' ich durch mehrere Tage
Von Wein und von Bechern geschieden;
Doch brachte mir viele Beschämung
Der Umstand, dass ich sie gemieden.
Das Leben in einsamer Stille
Vermag ich nicht länger zu tragen,
Und sollte der Frömmler der Zelle
Den Fuss auch in Ketten mir schlagen.
Der Pred'ger der Stadt zwar ertheilet
Mir väterlich heilsame Lehren;
Ich aber bin Keiner von Jenen
Die Jemand noch könnte bekehren!
Wo weilt wer dem Thorstaub der Schenke
Die Seele zum Opfer gegeben?
Ich lege diess Haupt ihm zu Füssen
Und nehme vor ihm mir das Leben.
Wein trink' ich und hab' auf die Schulter
Der Gottesfurcht Teppich gehangen;
Doch weh, wenn das Volk je erführe
Ich sei nur in Lügen befangen.
»*Hafis* – sagt das Volk – o bedenke
Das was ein Betagter dir sagte!«
Nein; heut ist ein Wein mir, ein alter,
Viel lieber als hundert Betagte.

47.

Liebesspiele, jugendliche Reize,
Wein, an Farbe dem Rubine gleichend,
Traute Kränzchen, gleichgesinnte Zecher,
Eine Trinklust, nie ihr Ziel erreichend;
Holde Schenken mit dem Zuckermunde,

Frohe Sänger, süss zu sprechen wissend,
Tischgenossen redlichen Gemüthes,
Laut're Freunde, guten Ruf's geniessend;
Ein Geliebter der durch Mild' und Reinheit
Selbst den Lebensquell zum Neid bewegte,
Und ein Herzensräuber dessen Schönheit
Selbst des Vollmond's Eifersucht erregte;
Ein Gelag das jedes Herz erfreuet,
Wie ein Köschk im hohen Paradiese,
Rings umhegt von einer Rosenlaube,
Wie des Heilgebäudes Gartenwiese;
Eine Reihe gutgesinnter Gäste,
Feine Männer auf den Ehrenplätzen,
Freunde die Geheimes treu bewahren,
Zechgesellen die die Freunde schätzen;
Wein, so roth wie Rosen, kräftig, bitter,
Und verdaut mit Leichtigkeit und Schnelle,
Dem, als Kost, sich der Rubin des Holden,
Und der Onix der da schwätzt geselle;
Schenkenwimpern die die Schwerter zücken,
Und zur Beute die Vernunft verlangen,
Schöne Locken die als Netze dienen
Um die Herzen schlau darin zu fangen;
Ein gar feiner, launiger Geselle
Wie *Hafis*, der süsse Lieder singet,
Und ein Edler der verzeihen lehrt
Wie Käwām, des Geistesfackeln schwinget;
Wer sich solchen Umgang nicht verlanget,
Dessen Lust soll sich in Leid verkehren;
Wer nach solchem Hochgenuss nicht strebet,
Dessen Leben soll nicht länger währen!

48.

Vor den Staub den deine Füsse treten
Legt' ich hundertmal das *Antlitz* hin,
Hielt mich stets in gänzlicher Entfernung
Von des Volkes *heuchlerischem* Sinn.

Allen Ruhm der tugendhaften Ahnen,
Der hinauf durch viele Jahre reicht,
Weihte ich dem Glase und dem Schenken,
Dessen Antlitz einem Monde gleicht;
Und der Schule Bogengang und Kuppel,
Und was streitend Weisheit dort bespricht,
Weihte ich den Freuden dieses Lebens
Und des Lieblings Rosenangesicht;
Und ich legte keine schwere Bürde
Auf ein Herz das baar an Kräften war,
Und ich knüpfte das Gepäck des Lebens
Jederzeit nur an ein einz'ges Haar;
Und des Heiles Königreich bezwang ich
Nimmermehr durch einen Kriegerschwarm,
Und den Grund zum Herrschaftsthrone legt' ich
Nimmermehr durch einen starken Arm.
Jenem Paar bezaubernder Narcissen
Brachte willig ich die Seele dar,
Und das Herz auch legte ich mit Wonne
Hin vor jenes ind'sche Sünbülhaar.
Welch' ein Spiel treibt wohl des Freundes Auge
Das die Macht der Zauberei besitzt,
So dass ich auf seines Blickes Zauber
Meines Lebens ganzen Bau gestützt;
Und, gelagert in der Hoffnung Ecke,
Jenen gleich, die nach dem Neumond schau'n,
Richtete ich des Verlangens Auge
Hin auf jene hold geschweiften Brau'n.
Fern von Seiner lieblichen Narcisse
Legte ich, mit schwermuthvollem Sinn,
Wie berauscht, mein Haupt, dem Veilchen ähnlich,
Auf die Spitze meines Kniees hin.
Nur Genuss, *Hafis*, sei dein Bestreben
Denn die Barschaft »Einsicht und Verstand«
Für den Freund mit kettengleicher Locke
Hinterlegte ich als Unterpfand.
Und du sprachst: »*Hafis*, an welchem Orte
Mag dein Herz, das irrende, nun sein?«

In die Ringe jener zarten Häkchen
Deiner Locken legt' ich es hinein.

49.

Ich lieb' einen reizenden Jungen
Der neu erst erblühte zum Leben,
Und flehte zu Gott im Gebete,
Die Lust dieses Gram's mir zu geben.
Ich liebe und zeche und äugle,
Und will es vor Niemand verschweigen;
D'rum wisse auch du es: mir seien
So zahlreiche Tugenden eigen.
Mir treibt die besudelte Kutte
Die Röthe der Scham auf die Wangen,
Indem ich durch hundertlei Künste
Die Kutte mit Lappen behangen.
Hoch brenne dein Licht, durch den Kummer
Den *Er* dir geschaffen, o Kerze!
Sieh, ich auch stand auf, mich umgürtend
Zu einem ganz ähnlichen Schmerze.
Bei solchem Erstaunen der Liebe
Ist aller Gewinn mir entronnen:
An Herz und an Seele verlor ich
Das was ich an Kummer gewonnen.
Ich will, wie *Hafis*, in die Schenke,
Zerschlitzten Gewand's, mich begeben:
Dann herzt mich vielleicht jener Holde
Der neu erst erblühte zum Leben.

50.

Für den Weltschmerz, dessen Grenzen
Ich stets weiter sehe weichen,
Seh' ich wohl kein and'res Mittel
Als den Wein, den erg'wangleichen.
Ich entsage nicht des Wirthes
Mir so freundlichem Verkehre,

Denn ich seh' in dieser Sache
Nichts was Nutzen mir gewähre.
Niemand gibt bei diesem Rausche
Mir nur Eines Schlückchens Labe;
Sieh, ich seh' hienieden Keinen
Der ein Herz im Busen habe.
Miss an des Pocales Sonne
Deiner Lebensfreuden Höhe,
Weil ich das Gestirn der Zeiten
Nicht beharrlich günstig sehe.
Für ein Herz zeugt nur die Liebe:
Halte dich an sie für immer;
In der Stadt bei uns'ren Scheïchen
Seh' ich dieses Zeichen nimmer.
Um das Härchen Seiner *Mitte*,
D'ran das Herz ich fest gebunden,
Frag' mich nicht: denn selber seh' ich
Aus der Mitte mich verschwunden.
Über die zwei nassen Augen
Ruf' ich tausend Male Wehe!
Weil ich, ach, trotz zweier Spiegel,
Sein Gesicht nicht deutlich sehe.
Seit dein schlanker Wuchs dem Bache
Meines Auges ward entrissen,
Seh', an der Cypresse Stelle,
Ich nur Wasserströme fliessen.
Mir genügt das Schiff *Hafisens*:
Denn auf keinem and'ren Meere
Seh' ich eine Redewaare
Die so herzerfreund wäre.

51.

Ich sprech' es offen aus vor Allen,
Und was ich sprach macht mich zufrieden:
»Ich bin der Liebe Knecht; es fesselt
Kein Jenseits mich und kein Hienieden.«
Ein Vogel bin ich heil'ger Haine;

Erklär' ich dir der Trennung Bangen,
Und wie ich den Begebenheiten
In's aufgestellte Netz gegangen?
Ein König war ich und bewohnte
Erhab'ne Paradiesesauen;
Mich brachte Adam in dies Kloster,
Wo nur Ruinen sind zu schauen.
Doch Thuba's Schatten, holde Huris,
Und Teiche mit beblümtem Rande
Sind aus dem Sinne mir entschwunden
In Lust nach deinem Heimathlande.
Kein Astrolog hat noch ergründet
Ob mich mein Stern zum Glück erkoren;
Herr, unter welchem Sternenbilde
Hat Mutter Erde mich geboren?
Seit, Sclaven ähnlich, ich im Ohre
Der Liebesschenke Thorring trage,
Muss stets ein neuer Gram erscheinen
Der spottend: »Wohl bekomm' es!« sage.
Mein Herzblut trinkt das Augen*männchen*,
Und das mit Recht, wird Jeder denken;
Musst' an der *Männer* Herzenswinkel
Ich selber denn das Herz verschenken?
Nur das Elīf des Freundeswuchses
Erscheint auf meines Herzens Blatte;
Was soll ich thun, da mich der Meister
Kein Zeichen sonst gelehret hatte?
Mit deiner Locke wisch' *Hafisen*
Die Thränen aus dem Angesichte,
Auf dass ihr Strom nicht unaufhaltsam
Den Lebensbau zu Grunde richte.

52.

Ein Fĕtwā des Wirth's besitz' ich,
Und ein Wort, ein altes, spricht:
»Dort nur ist der Wein verboten
Wo's an einem Freund gebricht.«

Ich zerreisse diesen Mantel,
Denn er hüllt nur Falschheit ein:
Umgang mit Nichtgleichgesinnten
Ist dem Geiste Höllenpein.
Dass mit Hefe mich besprenge
Des Geliebten Lippenpaar,
Weile ich am Schenkenthore
Schon durch manches lange Jahr.
Weil mein alter Dienst Ihm etwa
Schon aus der Erinn'rung schwand,
So erinn're, Morgenlüftchen,
Ihn an's alte Freundschaftsband!
Sollte, selbst nach hundert Jahren,
Meinen Staub dein Duft umweh'n,
Würde mein Gebein, mein morsches,
Tanzend wieder aufersteh'n.
Hundert Hoffnungen mir gebend
Stahl mein Herz der Herzensdieb:
Doch gewiss hält sein Versprechen
Wem ein edler Sinn verblieb.
Ängstige dich nicht! o Knospe,
Schmachtest du in Banden auch,
Denn dir werden Hilfe bringen
Morgenluft und Abendhauch.
Sorge auf ganz ander'n Wegen
Für dein Wohlergeh'n, o Herz,
Denn des Arztes Mittel heilen
Nimmer des Verliebten Schmerz.
Strebe nach des Wissens Perle:
Trägst nach Jenseits sie mit dir:
Doch mit Gold und Silber wurden
Andere betheiligt hier.
Unzerreissbar sind die Netze
Wenn's an Gottes Huld gebricht,
Denn den steinbeworf'nen Satan
Überwält'gen Menschen nicht.
Fehlt, *Hafis*, dir Gold und Silber,
Danke Gott für dein Geschick:

Rechtlichkeit und Sängergaben
Sind sie nicht das höchste Glück?

53.

Wenn ich als Diener auch
Des Kaisers mich bekunde,
So bin ich Kaiser doch
Im Reich der Morgenstunde.
Im Ärmel einen Schatz,
Den Beutel leer gelassen,
Bin ich das Wunderglas
Und bin der Staub der Strassen
Von Ruhe nüchtern zwar,
Allein von Hochmuth trunken,
Bin ich der Einheit Meer
Und bin in Schuld versunken;
Und lässt das Liebchen »Glück«
Den Blick hold auf mir hangen,
Bin ich, dem Monde gleich:
Der Spiegel seiner Wangen.
Bei'm König wachen Glück's
Bin ich durch alle Nächte
Als Wächter aufgestellt
Für seine Kronenrechte.
Sag' ihm: »Zu Nutze mög'st
Mein Streben du dir machen,
Denn ruhig schlummerst du,
Und meine Augen wachen.«
Mănssūr, der König, ist
Vom Orte unterrichtet
Nach dem ich das Gesicht
Des Strebens hingerichtet.
Aus Blut ein Leichentuch
Bestimme ich den Feinden;
Doch der Erob'rung Kleid
Bereite ich den Freunden.
Die Farbe des Betrug's

Befleckt nicht meine Wange:
Ich bin der rothe Leu
Und bin die schwarze Schlange.
Sprich: »Was Ihr ausgeborgt
Das gebt zurück *Hafisen!*«
Du selbst gestand'st es ja
Und ich, ich hab's bewiesen.

54.

Jenem, dessen Fuss mich grausam,
Gleich dem Strassenstaub zertrat,
Küsse ich den Staub, nicht ruhend
Bis sein Fuss verzieh'n mir hat.
Bin von Jenen nicht die klagen
Dass du hart sei'st: Gott bewahr'!
Bin ein treuer Knecht und Diener,
Glück dir wünschend immerdar.
An dein *Locken*häkchen knüpfte
Ich ein *langes* Hoffnungsband,
Und es möge ja mir nimmer,
Kürzen des Verlangens Hand!
Bin ein Stäubchen, dem die Stunden
Froh im Gau bei dir vergeh'n;
Doch mich wird, o Freund – so fürcht' ich –
Unverhofft der Wind verweh'n;
Bin ein Ssofi aus der Klause
Einer heil'gen Welt; allein
In dem Kloster nur der Wirthe
Kehr' ich gegenwärtig ein.
Morgens gab der Greis der Schenke
Mir das Glas das Welten weist,
Zeigend mir in jenem Spiegel
Wie du gar so reizend sei'st.
Auf! Mit mir, dem Strassenbettler,
Eile nach der Schenke hin,
Und dann sieh' wie hoch an Würde
Ich in jenem Kreise bin!

Trunken zögst du fort, der Sorge
Um *Hafis* gabst du nicht Raum
Ach, wenn um mein Ach ergriffe
Deiner holden Reize Saum!
Froh vernahm ich's als des Morgens
Der Monarch des Ostens sprach:
»Bin ich Kaiser auch, so dien' ich
Doch als Knecht dem Tūrănschāh.«

55.

Macht mich auch des Herzens Feuer
Einem Weinfass ähnlich gähren,
Muss ich doch, *verschloss'nen Mundes*,
Schweigend mich mit *Blute* nähren.
Wer des Liebling's Lippe wünschet,
Trachtet nach dem eig'nen Leben:
Sieh, mit aller Kraft der Seele
Richtet sich darauf mein Streben!
Wird vom Grame *frei* zu werden
Meinem Herzen je gelingen,
Wenn der Götzen Locken-Inder
Stets *mein Ohr* versieht mit *Ringen*?
Mein Bekleiden mit der Kutte
Soll nicht Frömmigkeit bedeuten;
Hundert gar geheime Fehler
Berg' ich d'runter vor den Leuten.
Ich, der nur den reinsten Inhalt
Einer Humpe will geniessen,
Könnte eines Wirthes Worten
Freventlich mein Ohr verschliessen?
Eig'ner Tugend zu misstrauen? –
Gott soll mich davor bewahren!
Nur dass ich zuweilen trinke
Mögt ihr als gewiss erfahren.
An dem Tage der Vergeltung
Hoffe ich, dass Gottes Gnade,
Trotz der Feinde, meine Schulter

Nicht mit Sünden überlade.
Für zwei Körner gab mein Vater
Eden's Glück und seine Ruhe;
Ungerathen will ich heissen,
Wenn ich nicht um Ein's es thue.
Wenn auf diese Art der Sänger
Einfällt in den *Ton der Minne*,
Raubet mir das Lied *Hafisen's*
Bei dem Reigentanz die Sinne.

56.

Wenn mich auch die Sorge quälet,
Dass die Gegner auf mich schmähen,
Werd' ich doch des Rausches Reize
Nie vor mir verschwinden sehen.
Schnöd ist selbst die Tugend Jener
Die im Zechen Schüler heissen;
Kann da ich, der Weltverruf'ne,
Frommer Werke mich befleissen?
Nenne mich Vernunftberaubten,
Einen König wirrer Köpfe:
Bin ich auf der ganzen Erde
Doch der grösste aller Tröpfe.
Mal' mit Herzblut mir ein Zeichen
Auf die Stirn, damit man wisse
Dass ich, ein bestimmtes Opfer,
Dir, o Ketzer, fallen müsse.
Traue mir; dann aber ziehe
Eilends fort, um Gotteswillen!
Wüsstest sonst dass diese Kleider
Einen Nicht-Děrwīsch verhüllen.
Eile, Wind, mein blutend' Liedchen
Einem Freunde vorzutragen
Der mir in die Seelenader
Wimpernflieten eingeschlagen.
Heb' den Saum auf vor dem Blute
Meines Herzens; du begreifest

Dass du selber dich besudelst
Wenn du an die Wunde streifest.
Hab' als Scheïch und hab' als Zecher
Nichts zu schaffen mit den Leuten:
Selbst bewahr' ich mein Geheimniss
Und begreife meine Zeiten.

57.

Geh' aus dieser Fremdlingsstätte
Ich zurück in's eigne Haus,
Geh' ich, wo ich hin auch gehe,
Künftig mit Bedacht nur aus.
Komme ich von dieser Reise
Glücklich in der Heimat Schoss,
Geh' ich, wie ich es gelobte,
Schnurstracks auf die Schenke los.
Um zu künden was die Wand'rung
Mir gebracht für einen Lohn.
Geh' ich an das Thor der Schenke
Mit Pocal und Barbiton.
Zwar der Liebesbahn *Bekannte*
Trinken stets mein Blut; allein,
Geh' ich klagend je zu *Fremden*,
Will ein schlechter Mann ich sein.
Nur des Liebling's Lockenkette
Fessle meine Hand; doch ach,
Geh' ich länger noch den Wünschen
Eines tollen Herzens nach?
Seh' ich Seine Braue wieder,
Hochgewölbt wie ein Altar,
Geh' ich hin und niedersinkend,
Bring' ich Dankgebete dar.
O des Glück's wenn, gleich *Hafisen*,
Ich dem Reichswesir vereint,
Trunken aus der Schenke gehe
In das Lusthaus mit dem Freund!

58.

Schürzte auch mir Seine Locke
Einen Knoten in mein Thun,
Hoff' ich doch, durch Seine Gnade,
Eine frohe Lösung nun.
Halte meiner Wangen Röthe
Für der Freude Zeichen nicht:
Denn, wie durch ein Glas, so schimmert
Herzblut mir durch's Angesicht.
Durch des Sängers Weisen werde
Aller Fassung ich beraubt;
Ach, mir ist in diese Weisen
Einzustimmen nicht erlaubt!
Vor das Heiligthum des Herzens
Stell' ich Nachts mich wachend hin,
Einlass in dies Zelt gewährend
Dem Gedanken nur an Ihn;
Und es schlief durch Seinen Zauber
Meines Glückes Auge ein;
Doch das Lüftchen, das mich gnädig
Wieder weckt, wo mag es sein?
Jener Zauberdichter bin ich,
Dem aus seinem Schreibe-Rohr,
Durch die Wundermacht des Wortes,
Zucker quillt und Kand hervor.
Ich betrat der Liebe Wüste,
Hoffend hundertfält'ges Glück;
Führer des verirrten Herzens,
Lass mich ja nicht hier zurück!
Niemals *kann* ich Ihn erblicken:
Gleich dem Winde eilt Er fort!
D'rum, wem sage ich, er sage
Meinem *Freund* ein holdes Wort?
»Alles trägt – so sprach Er gestern –
An *Hafis* der Falschheit Spur.«
Sprich, mit wem hab' ich zu schaffen
Als mit deinem Thürstaub nur?

59.

Ich liebe ein freundliches Antlitz
Und herzenanziehendes Haar;
Ein trunkenes Auge entzückt mich,
Auch Wein, ist er lauter und klar.
Du sagtest ich solle dir deuten
Das Räthsel vom *ewigen Bund*;
Erst wenn ich zwei Becher geleeret,
Da thu' ich es willig dir kund.
Wer Liebe empfindet, der leiste
Auf Rettung aus Flammen Verzicht;
Hoch rag' ich empor wie die Kerze:
D'rum schrecke durch Feuer mich nicht!
Ein Mensch bin ich, stammend aus Eden;
Allein ich besuchte die Welt,
Wo Liebe zu mondgleichen Jungen
Zur Stunde gefangen mich hält.
Gewährt mir das Glück seine Hilfe,
Und ziehe beim Freunde ich ein,
So fegen die Locken der Huris
Das Lager vom Staube mir rein.
Schīrās ist ein Fundort der Reize,
Für Lippenrubine ein Schacht:
Dies kränkt mich, den Edelsteinhändler,
Der leider schon Bankbruch gemacht;
Und weil mir manch' trunkenes Auge
Gar oft in der Stadt hier erschien,
So bin ich berauscht, wenn in Wahrheit
Ich jetzt auch kein Trinker mehr bin.
Es ist diese Stadt von sechs Seiten
Erfüllt mit der Schönen Gekos,
Und sämmtliche Sechs wollt' ich kaufen,
Wär' leider nicht Armuth mein Loos.
Hafis, mein Gemüth hat, wie Bräute,
Im Glanze zu zeigen sich Lust;
Doch mangelt mir leider ein *Spiegel*:
D'rum fährt mir ein *Ach* aus der Brust.

Hafisen versetzt der Gedanke
An Thoren in flammende Gluth:
Wo weilet der Schenke? er giesse
Auf's Feuer mir kühlende Fluth!

60.

Ich erhebe Nachts die Hände
Im Gebete himmelwärts,
Um ein Mittel aufzufinden
Gegen Deiner Trennung Schmerz.
Schon erliegt das Herz, das kranke; –
Weggefährten, steht mir bei,
Dass ich einen Arzt ihm bringe
Und ihm reiche Arzenei!
Jenen der mich schuldlos kränkte,
Mit dem Schwerte schlug und floh,
Bringt mir heim, um Gotteswillen,
Dass ich wieder werde froh!
Bitte das Gemüth der Zecher,
O mein Herz, dir beizusteh'n,
Denn die Sache ist gar schwierig:
Fehler könnte ich begeh'n.
Lass mich auf der Bahn der Lüste,
Aus dem Götzenhaus der Brust
Seufzer, Pfeilen gleich, entsenden
Und geniessen Siegeslust!
Dürr schon ward der Freude Wurzel:
Doch wo ist der Schenke Bahn,
Dass ich dort durch Luft und Wasser
Wachse blühender heran?
Eines schwachen Vogels Schatten
Lässt kein grosses Werk gescheh'n:
Lasst mich denn um eines Huma
Glückbetheilten Schatten fleh'n!
Es entfloh mein Herz; wo aber
Kam *Hafis*, der Sänger, hin?

Lasst mich denn mit Instrumenten,
Wenn er singt, begleiten ihn!

61.

Von geliebten Freunden
Hofft' ich Freundschaft nur:
Doch im Wahn verfolgte
Ich die falsche Spur.
Ob der Baum der Freundschaft
Je wohl Früchte beut,
Jetzt, wo ich geschäftig
Samen ausgestreut?
Manches ward gesprochen;
Hat sich wer beklagt;
Auch dem Anstand habe
Niemals ich entsagt.
Viel zu schwätzen pflegen
Die Děrwīsche nicht:
Denn mit dir zu streiten
Würde sonst mir Pflicht.
Eine List des Krieges
Barg dein holder Blick,
Doch ich hielt ihn leider
Für des Friedens Glück.
Nicht von selbst gefällst du,
Schöner Rosenstrauch:
Ich ja übermachte
Dir des Segens Hauch.
»Warst, *Hafis*, es selber
Der das Herz mir gab;«
– Sprach Er – »Zöllner sandte
Ich an Niemand ab.«

62.

Sei gegrüsset, Vogel du des Glückes,
Du, der stets als Freudenbot' erscheint,
Sei willkommen! Welche Kunde bringst du,
Wohin willst du? Führt der Weg zum Freund?
Herr! Es leite diese Karawane
Deine Huld, die ewige, an's Ziel,
Weil durch sie das Liebchen glücklich wurde,
Und der Gegner in die Schlinge fiel.
Zwischen mir und zwischen dem Geliebten
Endet nie der zänkische Verkehr:
Denn was keinen Anfang hat genommen,
Das gelangt auch nie zum Ende mehr.
Weil des Holden Sonnargleiche Locke
Es gebieterisch von mir begehrt,
Nun so ziehe ruhig fort, o Meister:
Eine Kutte bleibt mir streng verwehrt.
Meinen Geist, den Vogel dessen Lieder
Man von Sidra's hohem Wipfel hört,
Hat das Körnchen deines Maales endlich
In das Netz gelockt und schlau bethört.
Allzu stolz geberdet sich die Rose:
Lass denn gnädig *du* die Wange schau'n!
Unschön ist die Haltung der Zipresse:
Schreite *du* denn zierlich durch die Au'n!
Meinem Auge, dem nur Blut entträufet,
Ist der Trost des Schlummers nicht gewährt:
Wen ein Schmerz, ein tödtender, befallen
Hat des Schlafes Wohlthat stets entbehrt.
Dass du meiner niemals dich erbarmest
Hab' ich Herzberaubter dir gesagt;
Auch behaupt' ich's, und die Zeit wird kommen,
Wo dich reut was du zu thun gewagt.
Wenn *Hafis* zu deinen holden Brauen
Hin sich neigt, so thut er wohl daran,
Denn es siedeln die beredten Männer
In dem Winkel sich des Altar's an.

63.

Wir sorglose, trunkene Männer,
Wir gaben das Herz aus der Hand;
Wir sind die Vertrauten der Liebe
Und geistig dem Weinglas verwandt.
Man schoss aus den Bogen des Tadels
Auf uns schon gar häufig und viel,
Seitdem durch des Seelenfreund's Braue
Wir glücklich getroffen das Ziel.
Das Brandmaal des Morgens, o Rose,
Du trägst's erst seit gestriger Nacht:
Wir aber, wir sind Anemonen,
Die mit auf die Welt es gebracht.
Gesetzt uns're Reue erweckte
Im Wirthe Betrübniss und Leid,
So heiss' ihn den Rebensaft klären:
Zum Widerruf sind wir bereit.
Durch dich nur wird Alles gefördert,
Ein Blick nur, o Führer, von dir,
Und unsere Ohnmacht zu allem
Erkennen, wie billig, dann wir.
Erblicke nicht stets wie an Tulpen
An uns nur Pocale und Wein;
Nein, blick' aufs Maal auch; wir brannten
Dem blutenden Herzen es ein!
Du sprachst: »All' die Farben und Bilder,
Hafis, was bedeuten sie dir?«
So lies doch nicht falsch und nicht irrig:
Ein Blatt, ein ganz reines, sind wir.

64.

Ziele mit dem Wimpernpfeile
Nimmer nach dem Herzen mir,
Denn vor deinem kranken Auge
Sehn' ich mich zu sterben hier.
Deiner Schönheit Summe reichet

Zur Vollendung schon hinan:
Gib denn mir davon den Zehent,
Mir, dem gar so armen Mann.
Jener Vogel, der sein Liedchen
Morgens und allabendlich
Von des Himmelsthrones Dache
Laut erschallen lässt, bin ich.
Fülle mir mit Wein den Becher,
Denn, da Liebe mich beglückt,
Bleibt mein Glück ein ewig junges,
Wenn mich auch das Alter drückt.
Meines Busens Räume füllten
Also mit dem Freunde sich,
Dass das Denken an mich selber
Mir aus dem Gemüthe wich.
Nur der Wein und nur der Sänger
Sei'n in Rechnung mir gebracht,
Wenn das Rohr des Schreiberengels
Sich zum Schreiben fertig macht;
Und in jenem Streit, wo Keiner
Freundlich um den Andern frägt,
Werde ich zu grossem Danke
Für des Wirthes Huld bewegt.
Wirst du wohl noch lang, o Frömmler
Mich bethören, wie ein Kind,
Dessen Köder Gartenäpfel
Oder Milch und Honig sind?
Mit den Weinverkäufern habe
Ich geschlossen den Vertrag
Mich nur an das Glas zu halten,
Nahet einst des Grames Tag.
O des frohen Augenblickes
Wo der Stolz des Rausches mir
Unabhängigkeit gewähret
Von dem König und Wesir!
Denn in meinem Busen bergen
Mannigfache Schätze sich,
Blicket auch der Widersacher

Mit Verachtung nur auf mich.
Abgewandt hat von *Hafisen*
Sich mein Herz in dem Moment
Wo zum Freund mir ward der Schenke,
Er, von dem mich nichts mehr trennt.

65.

Lieb' und Schöne meid' ich nimmer.
Nimmer auch den Weinpocal;
Hundertmal hab' ich's verschworen,
Nimmer thu' ich's abermal.
Thuba's Schatten, Hurisköschke
Und des Paradieses Reich
Stelle ich dem Staub im Gaue
Meines Freundes nimmer gleich.
Schon ein Wink genügt dem Manne
Dem's an Einsicht nicht gebricht,
Und verblümt hab' ich gesprochen
Und ich wiederhole nicht.
Zornig sagte mir der Alte:
»Geh' und lass die Liebe ruh'n!«
Es bedarf nicht erst des Streites,
Bruder, nimmer werd' ich's thun.
Mir genügt ja schon als Tugend
Dass mit Schönen in der Stadt
Auf der Kanzel liebzukosen
Stets mein Blick vermieden hat.
Wo der eig'ne Kopf mir stehe,
Weiss ich wahrlich selber kaum,
Bis ich nicht den Kopf erhebe
Mitten in der Schenke Raum.
Tadelnd sprach der Rathertheiler:
»Meide den verbot'nen Wein!«
Und ich sprach: »Nicht jedem Esel
Wünschte ich mein Ohr zu leih'n.«
Nur vernünftig sind die Dinge
Die der alte Wirth bespricht;

Doch du sagst Unmöglichkeiten
D'rum verzeih', dir glaub' ich nicht.
Des betagten Wirthes Schwelle
Ist, *Hafis*, ein sel'ger Ort.
Und den Staub an dieser Pforte
Werd' ich küssen immerfort.

66.

Ich gab den Unterricht des Morgens
Für Sehnsucht nach dem Weinhaus hin,
Und opferte dem Seelenfreunde
Der Andacht heiligen Gewinn.
Die Garbe hundert weiser Männer
Wird lichterloh in Brand gesetzt
Durch jenes Maal das ich, der Tolle,
Mir in das eig'ne Herz geätzt.
Der ew'ge Herrscher hat die *Schätze*
Des Liebesgrames mir beschert.
Seit den *Ruinen* dieses Hauses
Das Angesicht ich zugekehrt.
Nie wurde noch ein gröss'rer Heuchler
Bedeckt von einem Ordenskleid,
Dem ich als Grundbau unterlegte
Das Mienenspiel der Trunkenheit.
Ich öffne keiner Götzenliebe
Die Herzensbahn wie einst zuvor,
Denn Seiner Lippe Siegel legte
Ich nun an dieses Hauses Thor;
Und jenen Kuss, um dessentwillen
Der Frömmler mir gereicht die Hand,
Ich legte ihn mit reinem Sinne
Hin auf des Weinpocales Rand.
Gottlob, des Herzens und des Glaubens
War, wie ich selber, auch beraubt
Der Mann, an dessen Weisheitspflege
Und helle Einsicht ich geglaubt.
Dies Schiff, stets hin und her getrieben,

Wie fördert es den ferner'n Lauf?
Ich opferte ja meine Seele
Für diese selt'ne Perle auf.
Ich war, *Hafisen* gleich, zufrieden,
Erschienst du mir im Bilde nur;
O Herr, wie dürftig ist mein Streben
Und wie befremdender Natur!

67.

Auf des Auges Werkstatt malte
Dich mir hold die Phantasie,
Und von einem Bild, dir ähnlich,
Hört' ich nie und schaut' es nie.
Als ich *Herr* zu werden hoffte,
Sucht' ich deine *Knechtschaft* mir;
Als ich Lust zu *herrschen* fühlte,
Wählte ich den *Dienst* bei dir.
Mit dem Nordwind um die Wette
Dich verfolgend, kam ich doch
Bis zum Staube der Zipresse
Deines Wuchses nimmer noch.
An des Lebens Tag verzweifeln
Hiess mich deiner Locken Nacht,
Und dem Herzenswunsch entsagen
Deines Mundes Herrschermacht.
Nur dein *schwarzes Auge* klag' ich
Und den *schönen Nacken* an,
Wenn ich, gleich dem scheuen *Rehe*
Fliehen muss vor Jedermann.
Wie viel Tropfen schon entlockte
Mir dein Quell, so süss und rein,
Und wie täuschte dein Rubin mich,
Der da Handel treibt mit Wein!
Und wie viele Wimpernpfeile
Schoss'st du auf mein wundes Herz,
Und wie trug nach deinem Gaue
Ich so viele Lasten Schmerz!

Bringe mir vom Gau des Freundes
Nur ein Stäubchen, Morgenluft!
Hoffnung gab dem blut'gen Herzen
Immer jener Erde Duft.
Wie an Knospen glitt ein Lüftchen
Seines Gau's an mir vorbei,
Und des armen Herzens Hülle
Riss bei seinem Duft entzwei.
Bei dem Staube deiner Füsse
Und *Hafisen's* Augenlicht!
Ohne deine Wange strahlte
Meines Auges Fackel nicht.

68.

Ich kam ja nicht an diese Pforte
Auf dass ich Rang und Ruhm begehre:
Ich kam auf dass vor Missgeschicken
An diesem Ort ich sicher wäre.
Ich wandle nach dem Haus der Liebe,
Und fernher von des Nichtseins Strande
Kam ich den weiten Weg gegangen
Bis in des Daseins frohe Lande.
Ich sah den Flaum auf deiner Wange
Im frischen Grün, gleich einer Wiese.
Und kam, um dieses *Kraut der Liebe*
Zu holen, her vom Paradiese.
Mit einem solchen Schatz des Wissens,
Bewacht vom *treuen Geist*, dem Horte,
Kam ich, so dürftig wie ein Bettler.
Zu eines Königshauses Pforte.
Wo ist der Anker deiner Milde,
O Segensschiff, lass mich ihn finden!
Denn auf dies Meer der Gnade kam ich
Ganz eingetaucht in meine Sünden.
Der Glanz vergeht. O Wolke, tilge
Das Unrecht das ich mochte üben!
Ich kam ja, in das Buch der Thaten

Mit schwarzen Lettern eingeschrieben.
Hafis, befreie dich für immer
Von diesem wollenen Gewande:
Denn dieser Karawane folgend,
Kam ich mit einem Feuerbrande.

69.

Ich spreche Böses nicht, und neige
Mich nicht zur Ungerechtigkeit;
Ich schwärze keiner Menschen Wange,
Und bläue nicht das eig'ne Kleid.
Schlecht ist es, Arme oder Reiche
Mehr oder weniger zu schmäh'n,
Und das Gerathenste ist immer,
Nie böse Thaten zu begeh'n.
Ich schreite schön einher zu Fusse
In aller Wand'rer Angesicht,
Und kümm're mich um schwarze Pferde
Und um geschmückte Sättel nicht.
Ich schreibe in das Buch des Wissens
Nie eine falsche Stelle ein,
Und füge das Geheimniss Gottes
Nicht zu dem Blatt der Gaukelei'n.
Am Klügsten ist's, dass, wenn der Frömmler
Mir den Genuss des Weines wehrt.
Ich ihn mit keinem Weine ehre,
Der lauter ist und rein geklärt;
Und setzt der König ohne Achtung
Die Zecherhefe an den Mund,
So gebe ich in keinem Falle
Ihm Lauterkeit und Treue kund.
Den Schiffbruch der verdienten Männer
Begünstiget der Himmel sehr:
Am Klügsten ist, mich nicht zu stützen
Auf dieses aufgehang'ne Meer;
Und sprach ein Neider irgend Böses,
Und zürnet der Gefährte dann,

So sprich zu ihm: »Sei guten Muthes!
Wir hören keinen Dummen an.«
Hafis, hat sich der Feind geirret,
Lass mich darum ihn schelten nicht,
Und sprach er wahr, lass mich nicht streiten
Mit Einem der da Wahrheit spricht.

70.

Ich versprach dem Holden, dass, so lange
Seel' und Leib in mir vereinigt blieben,
Ich die Freunde seines theuren Gaues
Wie die eig'ne Seele würde lieben.
Freuden, die ich einsam still geniesse,
Hat mir jenes Licht Tschĭgīl's gewähret;
Augenschimmer so wie Herzenshelle
Hat mir jener Mond Chŏtēns bescheret.
Da ich nun, nach Wunsch und Lust des Herzens,
Die ersehnte Einsamkeit errungen,
Acht' ich's nicht, wenn in des Haufens Mitte,
Mich verläumden böse Lästerzungen.
Wenn auf mich auch hundert Heere Schöner
Hinterlistig einen Angriff wagen,
Preis' ich Gott; mir wurde ja ein Götze
Der im Stand ist jedes Heer zu schlagen.
Neider! Schliess' heut Nacht um Gotteswillen
Deine Augen nur für Eine Stunde,
Denn zu sprechen hab' ich hundert Worte
Insgeheim mit Seinem stummen Munde.
Wenn ich Seines Glückes Rosengarten
Froh durchwandle, dann, Gottlob, vermisse
Ich die Tulpe und die weisse Rose
Und das zarte Blatt nicht der Narcisse.
Kluger Greis, du darfst mir nicht verwehren
In der Schenke fürder einzusprechen,
Denn mein Herz, entsagt' ich dem *Pocale*,
Würde schmählich die *Verträge* brechen.
Wein besitz' ich, den man leicht verdauet,

Einen Freund, der einem Bilde gleichet;
Traun, kein Sterblicher ist im Besitze
Eines *Freund*'s, der an den Meinen reichet!
Ein Zipressenbaum schmückt meine Wohnung,
Und in seines hohen Wuchses Schatten
Kann des Hain's Zipresse ich entbehren
Und des Buchses auf den grünen Matten.
Mir gebührt's, durch Sein Rubinensiegel,
Eine Macht wie Salomon zu üben:
Im Besitz des allergrössten Namens
Kann kein Ahriman die Lust mir trüben.
Zwar berüchtigt ist *Hafis* als Zecher,
Er, der mässig pflegte sonst zu leben;
Doch was fürcht' ich? Ward mir ja hienieden
Ein Ĕmīnĕddīn Hăssān gegeben.

71.

Wer bin ich denn, dass deine Seele,
Die duftende, mich nicht vergisst?
Du Gnädiger, du, dessen Thürstaub
Die Krone meines Hauptes ist!
Wer lehrte dich dem Diener schmeicheln?
O sag' es, Herzensräuber du!
Ich traue ähnliche Gefühle
Den Nebenbuhlern nimmer zu.
Lass deine Huld, o heil'ger Vogel,
Mich freundlich leiten auf der Bahn!
Lang ist der Weg; ich aber trete
Die allererste Reise an.
O Morgenlüftchen überbringe
Den Ausdruck Ihm der Dienstbarkeit!
Er möge meiner nicht vergessen
In dem Gebet der Morgenzeit.
Des frohen Tag's, an dem ich endlich
Von diesem Orte scheiden kann,
Und mich die Weggefährten fragen
Ob deinem Gaue schon wir nah'n!

O wolle mir die Pfade zeigen
Nach deiner trauten Einsamkeit,
Auf dass ich Wein nur mit dir trinke,
Und nimmer trinke Erdenleid!
Erhaben ist der Dichtkunst Würde,
Und sie besiegt das Erdenrund:
Es fülle d'rum des Meeres Kaiser
Mit hellen Perlen mir den Mund!
Willst du der Liebe Perle fischen,
Hafis, so habe auch den Muth
Das Aug' zum Thränenmeer zu machen,
Und dann zu tauchen in die Fluth.

72.

Du blick'st auf mich, und *meine Leiden*
Vermehr'st du *augenblicklich* mir.
Ich blick' auf dich, und augenblicklich
Vermehrt sich meine Lust nach dir.
Du frägst nicht nach, wie es mir gehe?
Was hast du denn im Sinne? sprich!
Du müh'st dich nicht um meine Heilung:
Wie? weisst du denn nicht leidend mich?
Ist's Recht, mich in den Staub zu schleudern?
Und dann vorbei zu geh'n an mir?
O komm' und frage wie's mir gehe!
Dann werde ich zum Wegstaub dir.
Ich lasse deinen Saum nicht fahren
Als nur im Grabe, und auch dann
Hängt – kömmst am Grabe du vorüber –
Mein Staub sich deinem Saume an.
Dein Liebesgram hemmt mir den *Athem*:
Sprich, bis wie lang *bethörst* du mich?
Du liessest mich zu *Grunde* gehen
Und sagest nicht: »*Erhole dich!*«
Ich forderte von deiner Locke
Zur Nachtzeit einst mein Herz zurück,
Da sah ich dein Gesicht, und schlürfte

Aus deines Mundes Glas das Glück;
Flugs zog ich dich an meinen Busen:
Da kräuselte sich hold dein Haar,
Und, meine Lippe an der deinen,
Bracht' ich dir Herz und Seele dar;
Und als du auf die *grünen* Felder
Lustwandeln gingest *ohne mich*,
Da löste eine *rothe* Thräne
Von meiner *gelben* Wange sich.
Sei *du* nur freundlich mit *Hafisen*,
Mag dann der Feind erblassen auch:
Wenn nur bei *dir* ich Wärme finde,
Was liegt am kalten Feindeshauch?

73.

Bin nicht der Zecher der's vermöchte
Dem Wein und Schönen zu entsagen;
Auch weiss der Vogt dass ich wohl nimmer
Solch' eine Handlung würde wagen.
Ich, der so lang auf Jene schmähte
Die es verschworen Wein zu trinken,
Ich wäre toll, verschwör' ich selber
Den Wein zur Zeit wo Rosen winken.
Die Liebe gleicht dem Perlenkorne: –
Ich tauche d'rum in's Meer der Schenke;
Wo wird das Haupt zum Vorschein kommen,
Das Haupt, das ich darein versenke?
Ich, der ich einen Schatz besitze
An Perlen- und Rubinenthränen,
Ich sollte mich nach Segensspenden
Der hochgestirnten Sonne sehnen?
Ich, der, als Bettler, Schätze habe
Die eines Herrschers würdig wären,
Ich sollte auf den Himmel hoffen
Der nur Gemeine pflegt zu nähren?
Narcissen zechen, Tulpen bechern!
Und *mich, mich* will man Wüstling nennen?

Ich hab', o Herr, der Händel viele:
Wen soll als Richter ich erkennen?
»Sei fromm!« sprichst du zur Zeit der Rosen;
»Von ganzem Herzen« würd' ich sagen,
Müsst' ich nicht erst um ihre Meinung
Die Schönen und den Becher fragen.
Wenn Freundesgnade die Verliebten
Zur Feuerqual verdammen sollte,
Soll ich erblinden, wenn mein Auge
Nach Himmelsquellen spähen wollte;
Und würd' ich plötzlich eine Weide,
Und leer wie sie, die Früchtelose!
Wie sollt' ich dann das Haupt erheben
Aus Scham vor dem Gesicht der Rose!
Und wusch das *Sammelbuch* der Rose
Der Morgenwind im Gnadenthaue,
So soll mein Herz ein falsches heissen:
Wenn ich auf *Bücher*blätter schaue.
Zwar mich befleckt der Staub der Armuth;
Doch müsst' ich vor mir selbst erröthen,
Hätt' ich, um mir den Saum zu netzen,
Das Nass des Sonnenquell's vonnöthen;
Und weil Vertrag und *Bund* des Himmels
Nicht die gehoffte Achtung finden,
Schliess' ich mit dem *Pocal* Verträge,
Und will mich mit dem Glas verbinden.
Den Zaum ein wenig angehalten,
Mein Türke, Aufruhr du der Städte,
Dass Wangengold und Thränenperlen
Ich auf die Reisebahn dir bette!
Ein Minnspiel, nach Art der Zecher,
Kann meinem Handeln jetzt nicht frommen:
Doch sollt' ich – einmal d'rein verfallen –
Auf andere Gedanken kommen?
Aus dem Rubin – so sprach man gestern –
Strömt Kandel dir; allein bedenke
Dass, bis mein Mund ihn nicht verkostet,
Ich jenem Wort nicht Glauben schenke.

Die Altarnische deiner Braue
Begehr' ich von der Gunst der Sterne,
Damit ich dort so Früh als Abends
Die Wissenschaft der Liebe lerne.
Ich, der des wahren Paradieses
Schon *heute* freudig kann geniessen,
Ich sollte einem Pred'ger glauben
Der mir's erst *morgen* will erschliessen?
Ein Sclav' bin ich Mänssūr's, des König's,
Doch dürfte es ganz nahe liegen,
Dass ich des Ostens lichten König
Durch Kraft vermöge zu besiegen.
Gescherzt hat gestern mit *Hafisen*
Dein Mundrubin; allein bedenke
Ich sei es nicht der solchen Mährchen
Von seiner Seite Glauben schenke.
Zur Zeit der Rosen Tugend üben?
– Sei klug *Hafis* – welch ein Beginnen!
Ein »*Zu dir flücht' ich*« will ich beten,
Und eines Ander'n mich besinnen.

74.

Wo weilt die frohe Kunde deiner Liebe,
Dass ich beseligt ihr entgegen ziehe
Und, als ein Vogel heiliger Gefilde,
Dem Netze dieser Erdenwelt entfliehe?
Bei deiner Liebe sei es hier geschworen!
Willst du als deinen Diener mich erkennen,
So will ich freudig dem Gelüst entsagen
Gebieter mich von Zeit und Raum zu nennen.
Dass du den *Regen* deiner Leitungswolke
Herab mir sendest, Herr, ist meine Bitte,
Eh der Moment erscheint wo ich, als *Stäubchen*
Empor mich schwinge aus der Menschen Mitte.
Nie ohne Wein und nie auch ohne Sänger
Verfüge auf mein Grab dich zum Besuche,
Auf dass ich mich, bei deinem süssen Dufte,

Zum Tanz erhebe aus dem Leichentuche.
Bin ich gleich alt, so magst du doch nicht minder
Mich einmal Nachts mit Innigkeit umfangen,
Auf dass ich jung mich deinem Arm entwinde
Wenn in der Früh die Sonne aufgegangen.
Erhebe dich, lass deinen Wuchs mich schauen,
O Götze du von lieblicher Geberde,
Auf dass, *Hafisen* ähnlich, ich entsage
Der eig'nen Seele und der Lust der Erde!

75.

Beginn' ich beim Abendgebete
Der Fremdlinge weinend zu stöhnen,
Erzähl' ich gar selt'ne Geschichten
In fremden und klagenden Tönen;
Und weine, des Freund's in der Heimath
Gedenkend, so stark, dass auf Erden
Der Brauch und die Sitte des Reisens
Durch mich zur Unmöglichkeit werden.
Ich bin ja dem Lande des Freundes,
Nicht fremdem Gebiete, entsprossen:
D'rum sende, allmächt'ger Beschützer,
Mich wieder zu meinen Genossen!
Beim einigen Gotte beschwör' ich
Dich, Führer, mir Hilfe zu bringen,
Um wieder im Gaue der Schenke
Die Fahne der Freude zu schwingen!
Wie könnte der rechnende Scharfsinn
Mich unter die Greise versetzen?
Ich spiele ja Spiele der Liebe
Mit einem noch kindischen Götzen.
Mich kennt nur der Ost und der Nordwind,
Und sonst kennt mich Niemand hienieden:
Mein Theurer, denn ausser dem Winde
Ward, ach, mir kein Trauter beschieden!
Die *Luft* in der Wohnung des Freundes
Ist *Wasser*, das Leben mir spendet:

O bringe mir, Ostwind, ein Düftchen
Schĭrăsischer *Erde* entwendet!
Die Thräne erschien, um die Schande
Mir offen in's Antlitz zu sagen:
Ein Hausfreund war's, der mich verrathen:
Wen soll ich nun diesfalls verklagen?
Die Harfe Sŏhrē's liess am Morgen
– Ich hört' es – die Worte erklingen:
»Ich bin aus der Schule *Hafisens*,
Der lieblich kann sprechen und singen.«

76.

Obgleich ich alt geworden bin
Und herzenskrank und schwach,
So ward ich doch stets wieder jung
Sobald ich von dir sprach.
Gottlob, dass noch ein jedes Ding
Das ich von Gott begehrt,
Wenn ernstlich ich darnach gestrebt,
Mir immer ward gewährt!
Am *Heerweg* ew'gen Glückes stieg
Ich auf des Glückes *Thron*,
Und, wie die Freunde es gewünscht,
Mit einem Weinglas schon.
Geniesse, junger Rosenbaum,
Des Glückes Frucht, denn ich
Erhob zur Nachtigall der Welt
In deinem Schatten mich!
Bekannt war von der Welt mir einst
Kein Buchstab' und kein Laut:
In *deines* Grames Schule erst
Ward ich damit vertraut;
Und seit dein Schelmenblick mich traf,
Seit jener frohen Zeit,
Ward ich von jeder Schelmerei
Der künft'gen Zeit befreit.
Seit *jenem* Tag erschloss sich mir

Des Sinnes hohes Thor,
An dem des Wirthes Wohnhaus ich
Zum Aufenthalt erkor.
Das Schicksal weiset unbedingt
Mich an die Schenke an,
So sehr dagegen und dafür
Ich auch bisher gethan.
Mich macht' nicht Jahr und Monat alt,
Der falsche Freund allein
Der, gleich dem Leben, mir entflieht,
Gab mir des Alters Schein.
Die Huld des Herrn gab gestern Nacht
Die frohe Kunde mir:
Hafis, bereue! für der Schuld
Vergebung bürg' ich dir.

77.

Welche Verwirrung wohl ist's die im Laufe des Mondes ich sehe?
Voll ist von Tücke – ich seh's – so auch von Bosheit die Welt.
Mit den Müttern im Krieg und im Streite sind immer die Töchter,
Und den Vätern – ich seh's – wollen die Söhne nicht wohl.
Dumme nur trinken sich voll mit Sorbet aus Rosen und Zucker
Und die Weisen – ich seh's – nähren mit Herzblut sich nur.
Der arabische Zelter ward unter dem Sattel verwundet,
Und der Esel – ich seh's – trägt einen Halsring aus Gold.
Meister! Vernimm nun den Rath *Hafisen's*: »Geh' hin und thu'
    Gutes!«
Ist dieser Rath doch – ich seh's – mehr als ein Perlenschatz werth.

Der Buchstabe Nun

1.

Der gekrönte Fürst der Rosen
Ist am Wiesenrand erschienen;
Herr, er möge Segen bringen
Den Zipressen und Jasminen!
Schön ist und so ganz am Platze
Dieses König's Thronbesteigen;
Jeder wird sich wieder setzen
Auf die Stelle die ihm eigen.
Gib dem *Siegel* Dschem's die Kunde
Von dem freudenvollen *Ende*:
Denn es band der Namen grösster
Ahriman's verruchte Hände.
Dieses Haus soll ewig blühen,
Denn vom Staube seiner Pforte
Trägt die Düfte des Erbarmers
Jemen's Wind an alle Orte!
Was der Sohn Pĕschĕnk's geleistet.
Wie sein Schwert die Welt bezwungen.
Hat in den gesell'gen Kreisen
Manches Königsbuch besungen.
Deinen Sattel hat des Himmels
*Schlägel*schimmel selbst getragen;
Auf den Rennplatz kamst du, Reiter,
Sollst nun kühn den *Ball* auch schlagen!
In des Reiches breitem Strome
In dein Schwert ein fliessend Wasser:
Pflanze dr'um den Baum des Rechtes
Und entwurzle seine Hasser!
Künftig wird man nicht mehr staunen,
Wenn, bei'm Wohlduft deiner Milde,
Moschusduft Ĭrēdsch durchwehet,
Wie nur sonst Chŏtēn's Gefilde.
Deiner freundlichen Geberde

Harrt der stille Klausner bange:
Nimm die Mütze von dem Haupte
Und entschlei're deine Wange!
Den Verstand zog ich zu Rathe,
Der »*Hafis* trink' Wein!« mir sagte;
Schenke, gib mir Wein! *Vertrauen
Heischet der um Rath Befragte.*
Ost! Ersuche doch den Schenken
An des Atabeg's Gelage,
Dass er jenes gold'nen Bechers
Bodensatz mir nicht versage.

2.

Will dir jetzt ein Wörtchen sagen,
Hör' es an, mein Augenlicht:
»Ist dein Glas gefüllt so trinke;
Doch verwehr's auch Ander'n nicht!«
Alte sprechen aus Erfahrung
Und so sprach auch ich zu dir;
Dass du alt auch werdest, Knabe,
Horche, wenn ich rathe, mir!
Den Verständigen schlug in Ketten
Nimmer noch der Liebe Hand:
Willst du Freundeslocken streicheln,
So entsage dem Verstand!
Rosenkranz und Kutte bieten
Dir die Lust des Rausches nie:
Willst du sie erstreben, ford're
Von dem Weinverkäufer sie.
Sparen darf man bei den Freunden
Gut und Leben nimmermehr;
Weih' dem Freunde hundert Seelen,
Hört auf die Ermahnung er.
Auf der Liebe Bahn versuchet
Ahriman uns oft; allein
Merke dir's, nur Engelkunden
Darfst des Herzens Ohr du leih'n!

Blatt und Frucht sind ganz verdorben,
Und der Freude Ton blieb aus:
Harfe, lass die Klage schallen,
Pauke, schalle mit Gebraus!
Dessen Glas von reinem Weine
Leer nie werde, Schenke du,
Sende mir, dem Hefentrinker,
Einen Blick der Gnade zu!
Zieh'st du trunken hin, im Kleide
Reich mit Golde ausgelegt,
So gelobe nur Ein Küsschen
Dem *Hafis*, der Wollstoff trägt!

3.

Mein schlankes Lieb, das freundlich koset,
Und das zu spielen pflegt mit Bildern,
Hat *abgekürzt* mir die Geschichten
Die meine *lange* Tugend schildern.
Sah'st du, o Herz, als Alter, Tugend!
Und selbst Verstand zu Ende gingen,
Was mir gethan ward von den Augen,
Die stets an der Geliebten hingen?
Ich sitze, durch der Augen *Wasser*
Nunmehr an eines *Feuers* Rande:
Dies Wasser war's das mein Geheimniss
Verkündet hat durch alle Lande.
Ich sagte: »Mit der Gleissnerkutte
Will decken ich die Spur der Liebe«:
Doch es verrieth mich meine Thräne,
Enthüllend die geheimen Triebe.
Der Freund ist trunken, und erinnert
Sich seiner Trinkgenossen nimmer;
Da lob' ich mir den holden Schenken
Er tröstet ja die Armen immer.
Ich werde – fürcht' ich – meinen Glauben
In Baldem als Ruine schauen,
Denn des Gebetes Ruhe raubte

Der Hochaltar mir deiner Brauen;
Und über mich vergiess ich Thränen,
Indess ich, gleich der Kerze, lache;
Ob wohl auf dich, du Herz von Kiesel,
Mein Glüh'n und Schluchzen Eindruck mache?
Ich mal' in diesem Augenblicke
Ein Bild auf Wasser, durch mein Weinen:
Wann wird was ich nur *bildlich* schaue
Als volle *Wahrheit* mir erscheinen?
Und wann, o Herr, fängt jener Ostwind
Zu wehen an, er, dessen Lüfte
Mein Unternehmen fördern sollen
Durch ihre süssen Gnadendüfte?
Und da, o Frömmler, durch dein Beten
Die Dinge nimmer vorwärts gehen,
Halt' ich den nächt'gen Rausch für besser
Und mein verliebtes Glüh'n und Flehen.
Der Gram verbrannte schon *Hafisen*,
D'rum wolle, Ost, dies offenbaren
Dem König, der die Freunde nähret
Und schmelzen macht der Feinde Schaaren!

4.

So oft ich auch den Ärzten
Mein Leiden mitgetheilet,
Die Fremdlinge, die armen,
Hat Keiner noch geheilet.
Des Liebeskästchens Siegel
Blieb nimmer unversehret:
Nie werde Nebenbuhlern,
O Herr, ein Wunsch gewähret!
Zur Rose die stets weilet
In eines Dornes Krallen
Sprich: »Mögest du erröthen
Vor holden Nachtigallen!«
O Herr, lass mich nicht früher
Erliegen dem Geschicke

Als auf der Freunde Wange
Der Freunde Auge blicke!
Woran ich heimlich leide
Musst' ich dem Freund erzählen:
Unmöglich ist's dem Arzte
Sein Leiden zu verhehlen.
Soll länger noch, o Prasser,
Am Tische, der mit Gaben
Besetzt ist deiner Liebe,
Ich keinen Antheil haben?
Es hielten nicht die Menschen
Hafisen für bethöret,
Hätt' er auf die Ermahnung
Gebildeter gehöret.

5.

Du dessen Antlitz, das dem Monde gleichet,
Den jungen Lenz der Schönheit in sich schliesst,
Und dessen Maal der Mittelpunkt der Anmuth,
Und dessen Flaum der Schönheit Schwerpunkt ist
Ein wahres Zaubermährchen liegt verborgen
In deinem weinberauschten Augenpaar;
Es macht in deiner *unbeständ'gen* Locke
Sich der *Bestand* der Schönheit offenbar.
Nie blickte aus dem Sternenhaus der Reize
Ein voller Mond so hell wie du hervor,
Und schlank wie du ragt' an der Schönheit Strome
Noch niemals ein Zipressenbaum empor.
Mit hoher Lust erfüllte deine Süsse
Den Lebenslauf der Liebenswürdigkeit,
Und deine Huld und Lieblichkeit erfüllte
Mit Seligkeit der Schönheit frohe Zeit;
Und durch die holden Netze deines Haares,
Und deines Maales Korn, so süss und zart,
Blieb auf der Welt kein Herzensvogel übrig
Der deiner Schönheit nicht zur Beute ward.
Die Veilchen, die die Lippe dir beschatten,

Sind desshalb nur beständig frisch und zart,
Weil sie das Wasser ew'gen Lebens trinken
Das deiner Schönheit reicher Quell bewahrt;
Und immer lässt die Amme des Gemüthes
Aus ihrer Seele Mitte, liebewarm,
Mit zartem Sinn dir Nahrung angedeihen
Und wiegt dich freundlich auf der Schönheit Arm.
Dass nimmer er dir Gleiches würde schauen,
Das hat *Hafis* verzweifelnd schon erkannt:
Gibt es doch *Keinen* der sich deiner Wange
Vergleichen liesse in der Schönheit *Land*. 421

6.

Vergnügen wecken Lenz und Rose,
Und brechen der Gelübde Macht;
Reiss' dir den Kummer aus dem Herzen,
Und freue dich der Rosenpracht!
Schon kam der Ostwind, und die Knospe
Trat in verliebter Schwärmerei
Heraus aus ihrem eig'nen Wesen,
Und riss sich selbst das Kleid entzwei.
Der Treue Pfad zu wandeln lerne,
O Herz, vom reinen Wasser nur;
Den *Gradsinn* und die *Freiheit* suche
Nur bei Zipressen auf der Flur.
Die Knospenbraut, so schön geschminket,
So freundlich lächelnd und so zart,
Raubt Glaub' und Herz vor aller Augen,
Und thut es auf gar schöne Art.
Der liebevollen Sprosser Klage;
Der Nachtigallen Wirbelton
Erschallt, in Sehnsucht nach der Rose,
Aus ihrem Trauerhause schon.
Sieh wie des Ostes Hand die Rose
Mit krausen Locken rings umflicht,
Und wie das Haar der Hyacinthe
Sich wiegt auf des Jasmin's Gesicht.

Der Zeitgeschichte Überlief'rung
Verlange vom Pocal, *Hafis*,
So wie es dich das Wort des Sängers
Und das Fĕtwā des Weisen hiess.

7.

Stets zerreiss' ich, gleich der Rose
– Weil's an deinen Duft mich mahnt –
Mir vom Kragen bis zum Saume
An dem Leibe das Gewand.
Deinen Leib erblickt' die Rose,
Und im Garten schien sie nun
Sich das Kleid vom Leib zu reissen,
Wie es die Berauschten thun.
Schwer entzieh' ich meine Seele
Deiner Hand, der Quälerin;
Du hingegen, du vermochtest
Leicht das Herz mir zu entzieh'n.
Auf die Rede schnöder Feinde
Wandtest du dich ab vom Freund;
Werde nie ein Mensch hienieden
Seinem Freunde so zum Feind!
Mache nicht dass, herzverbrennend,
Meiner Brust ein Seufzerhauch
Auf dieselbe Art entsteige
Wie dem Schornstein heisser Rauch!
Und dein Leib, so zart *umhüllet*,
Gleicht dem Wein im *Glaspocal*,
Und dir ruht das Herz im Busen
Wie in Silber harter Stahl.
Träufle, Kerze, aus dem Auge
Thränen, wie die Wolke thut.
Denn schon wurde klar dem Volke
Deines Herzens heisse Gluth!
Brich das Herz mir nicht in Stücke,
Wirf's nicht vor die Füsse gar:
Seinen Wohnsitz aufgeschlagen

Hat es ja in deinem Haar.
Da *Hafis* sein Herz gebunden
An dein Haar, mit treuem Sinn.
O so wirf *auf gleiche Weise*
Nicht zu deinen Füssen ihn!

8.

Werd' ich zum Staub des Weges den Er wandelt,
Ermangelt Er mich abzuschütteln nicht,
Und sage ich: »Du sollst das Herz verwenden«
Verwendet Er – von mir das Angesicht.
Stets zeigt Er Seine holdgefärbte Wange,
Der Rose ähnlich, allen Leuten hier,
Und sag' ich Ihm: »Du solltest sie verhüllen«
Verhüllt Er sie – doch immer nur vor mir;
Und sterbe ich vor Ihm, gleich einer Kerze,
Lacht meines Gram's Er, wie der Morgen lacht;
Und zürn' ich d'rob, so wird sein zartes Wesen
Nun gegen mich zum Zorne angefacht.
»Blick' hin auf Ihn« – sprach ich zu meinem Auge –
»Bis du dich endlich satt an Ihm geseh'n!«
Und es erwiederte: »Du scheinst zu wollen
Es mög' aus mir ein blut'ger Bach ersteh'n.«
Nach meinem Blute dürstet Er; ich aber
Nach Seiner Lippe. Wer entscheidet hier?
Nehm' ich von Ihm mir das was ich verlange,
Wie, oder nimmt Er Rache gar an mir?
Ich opferte die Seele Seinem *Munde*;
O theure Freunde, seht es selbst mit an,
Wie wegen eines *winzig kleinen Dinges*
Er nimmer sich mit mir vergleichen kann.
Was liegt daran wenn mich, wie einst Ferhaden,
Dem Tode weiht ein *bitteres* Geschick?
Es bleibt dafür so manches *süsse* Mährchen
In der Erinnerung von mir zurück.
Doch ende nun, *Hafis*; denn gibst du ferner
Auf diese Art in Liebe Unterricht,

Erzählt in jedem Winkelchen die Liebe
Ein Zaubermährchen das von mir nur spricht.

9.

Weile doch, um Gotteswillen,
Bei den Kuttenträgern nicht;
Doch den unverständ'gen Zechern
Zeige frei dein Angesicht!
Denn auf dieser Kutte haftet
Gar so viel Unreinigkeit;
Doch das off'ne Kleid der Zecher
Lebe hoch für alle Zeit!
Bist du doch ein zartes Wesen,
Und erträgst es nimmermehr,
Dass ein Haufe Kuttenträger
Dich belaste drückend schwer.
Diese *ssofi*gleichen Männer
Hab' ich nie *betrübt* geseh'n;
Doch nur *Hefen*trinkern möge
Reine Lust zur Seite steh'n!
Komm und sieh wie die Verruchtheit
Dieser Heuchlerrotte schon
Bluten macht das Herz der Flasche,
Brausen macht das Barbiton!
Nun du mich ganz trunken machtest,
Setz' dich nicht so nüchtern her;
Nun du Süsses mir gegeben,
Reich' mir keinen Gifttrank mehr!
Öffne das berauschte Auge
Und die Lippe, roth wie Wein,
Denn schon gährt der Wein aus Sehnsucht
Bald mit dir vereint zu sein.
Vor *Hafisen*'s heissem Herzen
Nimm gar sorgsam dich in Acht!
Seine Brust gleicht einem Topfe
Der zum Sude ward gebracht.

10.

Gibt es frohere Gedanken
Als an Becher und an Wein?
Und durch sie möcht' ich ergründen
Was das Ende werde sein?
Soll das Herz noch lang sich grämen
Weil die Tage schnell vergeh'n?
Mögen Herz und Tage schwinden!
Doch was wird wohl dann gescheh'n?
Trinke Wein, nicht Gram, und höre
Auf den Rath des Gauklers nicht;
Soll man auf die Worte achten
Die der nied're Pöbel spricht?
Sag' dem kraftberaubten Vogel:
»Gräme selbst dich über dich!«
»Wird, wer Netze aufgerichtet,
Deiner je erbarmen sich?«
Klug ist's, wenn du nach Gewünschtem
Strebest mit der Mühe Hand:
Dass dann Ungewünschtes folge,
Ist dir nur zu wohl bekannt.
Gestern las der Greis der Schenke
Uns dies Räthsel vor; – im Glas
War es deutlich eingegraben –:
»Welches Ende nimmt wohl das?«
Mittels Pauke, Lied und Harfe
Ward *Hafis* durch mich verführt:
Welcher Lohn mir, dem Verruf'nen,
Für dies Treiben wohl gebührt?

11.

Weisst du wohl was Glück man nenne?
Das Gesicht des Freundes schau'n;
Lieber, als ein König heissen,
Bettler sein in seinen Gau'n!
Seine Seele aufzugeben

Fällt dem Menschen *leicht*; allein
Trennung von den Seelenfreunden
Kann nur *schwer* erduldbar sein.
Herzbeklommen; gleich der Knospe,
Eil' ich in den Garten fort,
Und das Hemd des guten Rufes
Will ich mir zerreissen dort;
Will bald, wie der West, der Rose
Das Verborg'ne machen kund,
Bald des Liebesspiel's Geheimniss
Hören aus des Sprossers Mund.
Drück' erst auf des Freundes Lippe
Einen Kuss, wenn du's *vermagst*,
Weil du sonst im Schmerz der Reue
Hand und Lippe dir zernag'st.
Nütze die gesell'gen Freuden,
Denn wir bleiben vom Moment
Wo wir dieses Haus verlassen
Von einander stets getrennt.
Aus Mănssūr's, des Königs, Sinne
Schwand *Hafis*, behauptest du;
Führ', o Herr, des Bettlers Pflege
Wieder seinem Sinne zu!

12.

Tritt zur Thür herein, erhelle
Uns're Nacht durch deinen Strahl,
Und mit Wohlgeruch erfülle
Dann die Luft im Geistersaal.
Seel' und Herz weiht' ich des Lieblings
Augenpaar und Augenbrau'n;
Komm, o komm die hohen Bogen
Und die Fenster anzuschau'n!
Trag' ein Stäubchen uns'res Saales,
Du des Himmelsgartens Luft,
Hin in's Paradies, durchräuchernd
Es mit süssem Aloëduft.

Schönheitsschimmer fällt als Schleier
Vor das Auge des Verstand's:
Komm und mach' das Zelt der Sonne
Lichter noch durch deinen Glanz!
Sterne in der Nacht der Trennung
Leuchten und erhellen nicht!
Steig' denn du auf's Dach des Schlosses
Statt des Mondes Fackellicht!
Deiner Reize Macht erkennen
Alle Schönen auf der Flur:
Blick auf Pinien und Jasmine
D'rum mit sprödem Trotze nur.
Aufgeblasenheit erzählet
Mährchen ohne Unterlass;
Thu' indess was deines Amtes,
Schenke! giessend Wein in's Glas.
Nimmer wag' ich's zu begehren
Deiner Liebe bares Geld:
Gib mir auf die Zuckerlippe
Einen Wechsel ausgestellt!
Küsse erst des Glases *Lippe*;
Gib's dem Trunk'nen in die Hand,
Und mit dieser *Zartheit* würze
Das Gehirn du dem Verstand!
Räth der Liebe Spiel zu meiden
Dir der rechtsgelehrte Mann,
Reiche ihm den Becher, sprechend:
»Feuchte das Gehirn dir an!«
Mögest du durch edle Gaben
Und durch Reize immerdar
Hoch empor als Kerze ragen
In der Trinkgenossen Schaar!
Dieser Kopfbund, diese Kutte,
Sie beengen mich gar sehr:
Durch den Blick, der Ssofis tödtet,
Mache mich zum Cālĕndēr!
Wenn der Liebe Lust genossen
Du mit einem Mondgesicht,

Dann erlerne und behalte
Ein hafisisches Gedicht.

13.

Sieh, wenn du Rubinenwein geniessest,
Mondesstirnigen in's Angesicht,
Und, der Secte *Jener* widerstrebend;
Sieh nur stets auf *Dieser* Schönheitslicht!
Sie verbergen schlau gar manche Schlinge
Unter'm abgeflickten Mönchsgewand:
Sieh wie diese Träger *kurzer* Aermel
Werke üben einer langen *Hand*!
Um die reichen Garben beider Welten
Neigen sie ihr Haupt zu Boden nicht:
Sieh den Stolz und Hochmuth der aus Bettlern,
Der aus armen Ährenlesern spricht!
Nimmer löst der holde Freund den Knoten
Der auf seiner falt'gen Braue ruht:
Sieh wie herzbegabte Männer bitten,
Und wie *spröd* die Schaar der *Zarten* thut!
Ist denn Niemand der vom Freundschaftsbunde
Die Erzählung mir zu hören gibt?
Sieh wie alle Freunde und Genossen
Der gehofften Treue Pflicht geübt!
Das Gefangenwerden durch die Liebe
Gibt mir Mittel mich befreit zu seh'n:
Sieh wie Jene auf ihr Heil nur denken
Die mit Vorsicht stets zu Werke geh'n!
Liebe ist's die, ähnlich einer Feile,
Frei von Rost gemacht *Hafisens* Brust:
Sieh wie rein der Spiegel Jener glänzet,
Die sich reinen Glaubens sind bewusst.

14.

Ein gar zartes Wort will ich nun sprechen:
»Sieh das Maal auf jenen Mondeswangen,
Sieh wie fest geknüpft Verstand und Seele
An den Ketten jenes Haares hangen!«
Und ich schalt das Herz, indem ich sagte,
Dass sein wildes Schüchternsein nicht tauge;
Und es sprach: »O sieh nur jenes Hirschen
Halbberauschtes, türkengleiches Auge!«
Jener Ring, geformt aus Seinem Haare,
Dient zum Schauplatz sanften Morgenwinden:
Sieh wie Hunderte von Herzbesitzern,
Dort die Seel' an jedes Härchen hingen!
Meinen Liebling kennt nicht wer die Sonne
Anzubeten nähret das Verlangen:
Sieh, o Tadler, doch um Gotteswillen
Nicht auf ihre, sieh auf *seine* Wangen!
Bande legte um des Ostes Nacken
Sein gelocktes Haar, das Herzen raubet:
Sieh das schlaue Spiel das sich der Inder
Mit dem luft'gen Wanderer erlaubet!
So ein Lieb wie ich's so eifrig suche,
Dass ich d'rüber aus mir selber schreite,
Schaute Keiner, wird auch Keiner schauen:
Sieh dich kühn nur um nach jeder Seite!
Reibt *Hafis* sich an des *Altar's* Ecke
Das Gesicht, so muss man Recht ihm geben:
Sieh, o Tadler! doch um Gotteswillen
Jener *Braue Wölbung* dort sich heben!
Himmel, weig're dich nicht zu erfüllen
Das was Schah Mănssūr von dir begehret!
Sieh die scharfe Klinge seines Schwertes,
Und die Kraft die seinen Arm bewehret!

15.

Der Monarch der buchsbaumgleichen Schönen,
Der *Chŏsrĕw süss*lipp'ger Kinder, er
Dessen Wimper stets das Herz durchbrochen
Auch dem kühnsten Reihdurchbrecherheer,
Warf, indem berauscht vorbei er eilte;
Einen Blick mir, dem Dĕrwīsche, zu,
Sprechend: »Aller süssberedten Männer
Augenlicht und helle Fackel du!
Bis wie lange sollte noch dein Beutel
Leer von Gold und blankem Silber sein?
Werde erst *mein* Diener, und die Schönen
Mit dem Silberleib sind *alle* dein!
Nied'rer bist du nicht als Sonnenstäubchen:
Auf! und wenn du treu geliebet hast,
So erhebst du dich im Radeschwunge
Zu der Sonne einsamen Palast.
Lass die Welt dir nicht zur Stütze dienen,
Sondern trinke, hast im Glas du Wein,
Auf das Wohl der Reizenden mit Stirnen
Wie Söhrē und Leibern zart und fein!«
Unser Greis, der gern den *Becher* leeret,
– Seiner Seele mög' es wohl ergeh'n! –
Sprach: »Vermeide Jene die sich schmählich
Einen *Bund* zu brechen unterseh'n!«
Zu dem Oste auf der Tulpenwiese
Sprach ich, als der Morgen kaum gegraut:
»Wem zum Opfer fielen alle Jene
Die im blut'gen Leichentuch man schaut?«
»Ich und du, *Hafis* – so sprach er – wissen
Nicht zu deuten dieses Räthsels Sinn:
Darum sprich nur vom Rubinenweine
Und von Schönen mit dem Silberkinn!«
Greife nach dem Saume deines Freundes,
Doch dem Feinde hange nimmer an;
Werde Gottes Mann; und sicher wandelst
Du vorüber selbst an Ahriman.

16.

In Moschushyacinthen hülle
Das zarte Blatt der Rose ein,
Das heisst: Verbirg die holde Wange,
Und mach' aus Welten Wüstenei'n!
Lass Schweiss vom Angesichte träufeln,
Und mach' der Fluren weites Reich
Von Rosenwasser überfliessen,
Den Flaschen meiner Augen gleich!
Erschliesse freundlich die Narcisse
Die voll von Schlummer ist und Wein
Und schläf're der Narcisse Auge,
Das Eifersucht ermattet, ein!
Dem Leben eines Menschen ähnlich
Ist schnell die Rose auch verblüht:
D'rum gib, o Schenke, rasch im Kreise
Den Wein herum, der rosig glüht,
Und labe dich am *Veilchen*dufte,
Und greife nach des Liebling's *Haar*,
Und blicke auf der *Tulpen Farbe*,
Und *Wein* verlange immerdar!
Wirf auf das Angesicht des Glases
Das Auge, wie's das Bläschen thut,
Und schliess' vom Bläschen auf die Stützen,
Auf welchen dies Gebäude ruht;
Und weil die Liebenden zu morden
Zum Brauch dir und zur Sitte ward;
So leer' ein Gläschen mit den Feinden,
Und tadle dann mich streng und hart!
Es fleht auf des Gebetes Wege
Hafis um des Genusses Glück:
Das Fleh'n der herzenskranken Männer,
O weise, Herr, es nicht zurück!

17.

Morgen ist's; darum, o Schenke,
Fülle mir mit Wein ein Glas!
Spute dich, denn auch der Himmel
Kreiset ohne Unterlass!
Lass, bevor die Welt, die schnöde,
Gänzlich wird verwüstet sein,
Mich auch ganz verwüstet werden
Durch den rosenfarben Wein!
Aus dem Orient des Bechers
Stieg des Weines Sonnenlicht:
Willst du des Genusses Früchte,
Leiste auf den Schlaf Verzicht!
Wenn dereinst aus meinem Thone
Krüge formt des Himmels Hand,
O dann fülle mir den Schädel
Voll mit Weine bis zum Rand!
Nein, ich bin kein tugendhafter,
Bin kein reuig frommer Mann:
Sprich darum nur mit dem Becher
Voll von reinem Wein mich an!
Eine fromme Handlung übet
Wer, *Hafis*, den Wein verehrt;
Auf denn! Einer frommen Handlung
Sei dein Vorsatz zugekehrt!

18.

Trittst du hin zum Haupte des Erkrankten
Bete fromm ein Fātĭhā für ihn,
Und erschliess den Mund, denn neues Leben
Spendet Todten deines Mund's Rubin!
Dem der zum Besuche kam und gehet
Wenn zuvor ein Fātĭhā er sprach,
Sage du, er zög're noch ein wenig,
Denn ich *sende* schnell den *Geist* ihm nach.
Der ein Arzt du heissest der Erkrankten,

O besehe meine Zunge dir,
Denn, als Herzenslast, belegt die Zunge
Dieser Hauch und Rauch des Busens mir!
Mehr als *sonnen*heiss durchglühte Fieber
Mein Gebein, bis dass es endlich schwand;
Doch es schwindet mir aus dem Gebeine,
Gleich dem Fieber, nicht der *Liebe* Brand.
Deinem *Maal* gleicht meines Herzens *Lage*,
Denn das Feuer ist ihr Vaterhaus:
Krank und schmachtend, deinem Auge gleichend,
Sieht darum mein ganzer Körper aus.
Lösche denn, durch beider Augen Wasser,
Jene Gluth die mir im Innern wühlt,
Greife dann den Puls mir, um zu sehen
Ob man d'rin ein Lebens*zeichen* fühlt.
Jener der beständig mir die Flasche
Sonst gereicht mit lusterfülltem Sinn,
Warum trägt er alle Augenblicke
Meine Flasche jetzt zum Arzte hin?
Mir, *Hafis*, mir gossen deine Lieder
Die Arznei des Lebenswassers ein:
Lass den Arzt denn fahren, komm und lese
Die Recepte *meiner* Arzenei'n!

19.

Bin's, der durch verliebtes Treiben
Ruhm erlangte in der Stadt;
Bin's, der durch den Blick auf Böses
Nie sein Aug' besudelt hat.
Treu bin ich, ertrage Tadel,
Und bin wohlgemuth dabei:
Denn nach meiner Satzung heisset
Menschen quälen – Ketzerei.
Zu dem alten Wirthe sprach ich:
»Wie gelangt zum Heile man?«
Und, den Becher fordernd, sprach er:
»Wenn man weislich schweigen kann.«

Wesshalb wandle ich beschauend
Auf der Erde Blumenland?
Deiner Wange Rosen pflücken
Will ich mit des Auges Hand.
Weinverehrend malt' auf Wasser
Desshalb nur mein Bild ich hin,
Weil das Bild der Selbstverehrung
Ich zu tilgen Willens bin.
Auf das Mitleid deiner Locke
Baue ich mit Zuversicht:
Wenn nicht *sie* mich angezogen,
Nützt mir alles Streben nicht.
Liebe zu der Schönen Wangen
Lerne von des Freundes Flaum,
Denn gar herrlich ist's zu kreisen
Rings um Schöner Wangensaum.
Hin zur Schenke will die Zügel
Lenken ich aus diesem Kreis:
Pflicht ist's, nicht auf *den* zu hören
Der da nicht zu handeln weiss.
Küsse nur des Liebling's Lippe
Und den Weinpocal, *Hafis*!
Denn der Gleissner Hand zu küssen
Wäre Sünde ganz gewiss.

20.

Einen besser'n Blick als diesen
Schleud're auf der Zecher Chor.
Und mit besser'm Schritt als diesem
Geh' vorbei am Schenkenthor!
Was an Huld mir deine Lippe
Freundlich bietet, ist gewiss
Ganz vortrefflich; doch ein wenig
Bess'res wünscht' ich noch als dies.
Jenem, dessen Scharfsinn löset
Das verworrene Geschick,
Sage du: »In diesem Punkte

Wünscht' ich einen besser'n Blick.«
Wie? ich gäb' mich nicht vom Herzen
Jenem theuren Knaben hin?
Nie gebiert ja Mutter Erde
Einen besser'n Sohn als ihn.
Mein Ermahner sprach: »Nur Kummer
Trägt die Kunst der Liebe ein.«
Und ich sagte: »Weiser Lehrer!
Welche Kunst kann besser sein?«
Sag' ich: »Nimm das Glas und drücke
Küsse auf des Schenken Mund«
O dann höre mich, o Seele!
Bess'res thut dir Niemand kund!
Zuckerfrüchte trägt *Hafisens*
Schreibe-Rohr; d'rum pflücke sie:
Bess'res Obst erblickt dein Auge
Wohl in diesem Garten nie!

21.

Ich verbrenne, weil du mich verlassen;
Wende ab von Grausamkeit den Blick!
Trennung ward mein Missgeschick hienieden:
Wende ab, o Herr, das Missgeschick!
Auf dem grünen Gaul des Firmamentes
Glänzet hell der Mond in seinem Lauf;
Doch, damit er schnell zu Boden stürze,
Schwinge du dich auf dein Pferd hinauf!
Tritt, um Glauben und Verstand zu plündern,
Aus dem Haus in holder Trunkenheit;
Setze schief dir auf das Haupt die Mütze,
Und verschiebe auf der Brust das Kleid!
Schüttle das gelockte *Haar*! ich meine:
Trotze selbst den *Hyacinthen* dreist,
Mit dem Rauchfass kreisend um die Wiese
Wie um sie das Morgenlüftchen kreist.
Du o Licht der Augen der Berauschten!
Ich verschmachte in des Harrens Qual:

Streichle denn die Harfe, die betrübte,
Oder mache kreisen den Pocal!
Da der Zeitlauf auf die holde Wange
Eine schöne Schrift geschrieben dir,
O so wende, Herr, der Bosheit Lettern
Ab von Jenem, der so theuer mir!
Nur so viel, nicht mehr ist's, was die Schönen
Dir, *Hafis*, bestimmten als dein Loos;
Bist du aber nicht damit zufrieden,
Änd're denn was das Geschick beschloss.

22.

Brich mit Einem holden Blicke
Flugs den Markt der Zauberei,
Schlage mit dem Wimpernwinke
Allen Ruhm Sämīr's entzwei!
Weih' den Winden Haupt und Turban
Einer ganzen Welt, das heisst:
Setz', wie Schöne thun, die Mütze
Unternehmend auf und dreist!
Sprich zu deinem Lockenhaare:
»Sträube dich nicht länger mehr!«
Sprich zu deinem Wimpernschwerte:
»Schlage das Tirannenheer!«
Komm heraus, und über alle
Trag' der Schönheit Ball davon;
Nimm den Peris ihren Schimmer,
Gib den Huris ihren Lohn!
Mit den Hirschen deiner Blicke
Bändige den Sonnenleu;
Brich dem Mūschtĕrī den Bogen
Mit der Doppelbrau' entzwei!
Wenn das Haar der Hyacinthe
Duftet durch den Hauch der Luft,
So beraub' es allen Werthes
Durch des Haares Ambraduft!
Wenn, *Hafis*, der Sprosser prahlt,

Dass sein Lied so lieblich klang,
So besiege und beschäme
Ihn durch persischen Gesang!

23.

Es ist mein Herz ein heil'ger Vogel
Der nistet auf dem Himmelsthron;
Des Körpers Käfich macht ihm bange
Und satt ist er der Erde schon;
Und fliegt dereinst der Seelenvogel
Aus diesem Staubgefäss empor,
So wählet er zum zweiten Male
Ein Plätzchen sich an jenem Thor;
Und fliegt empor der Herzensvogel,
So sitzt er auf dem Sidra auf:
D'rum wisse, uns'res Falken Stelle
Ist nur des Himmelsthrones Knauf.
Der Schatten ist's des höchsten Glückes
Der auf das Haupt der Erde fällt,
Wenn unser Vogel seinen Fittich
Ausspreitet über diese Welt;
Er hat nur über'm Himmelsrade
In beiden Welten seinen Stand;
Sein Leib entstammt dem Geistersschachte,
Und seine Seele kennt kein Land.
Der Ort, wo unser Vogel glänzet,
Sind höh're Welten nur allein,
So wie ihm Kost und Trank nur bietet
Des Paradieses Rosenhain.
Hafis, du Wirrer, du der immer
Von Einheit nur gesprochen hat,
Durchstreiche mit der Einheit Rohre
Der Menschen und der Geister Blatt!

24.

Bring', o Herr, doch jenen Moschushirschen
Wieder auf Chŏtēn's Gebiet,
Bringe jene wandelnde Zipresse
Wieder auf das Wiesenrieth!
Schmeichle sanft mit einem Abendlüftchen
Meinem welkgeword'nen Glück,
Bringe – sag' ich – die entfloh'ne Seele
Wieder in den Leib zurück!
Mond und Sonne kommen an am Ziele
Auf ein Machtgebot von dir!
Bringe meinen vollmondgleichen Liebling
Wieder gütig her zu mir!
Meine Augen, schon ganz blutig, suchen
Den Rubin aus Jemen nur:
Bringe, Herr, den glänzendsten der Sterne
Wieder heim auf Jemen's Flur!
Ohne dich – dies Wort bleibt ausgesprochen –
Wünsch' ich nicht zu leben mehr:
Bringe – hör' es, du o kund'ger Bote –
Wieder eine Nachricht her!
Eile, sel'ger Vogel, dessen Spuren
Deuten auf der Herrschaft Glück?
Bring' das Wort der Krähe und des Raben
Wieder dem Ăncā zurück!
Jenen, Herr, der in *Hafisens* Auge
Seine stete Heimath fand,
Bring' nach seinem Wunsche aus der Fremde
Wieder in der Heimath Land!

25.

Bēdăchschān ist's, wo aus Steinen
Der Rubin zum Vorschein kömmt,
Wie der Rokna, gleich dem Zucker,
Einem engen Sack entströmt,
In Schīrās tritt allenthalben

Schelmisch, hold und wunderlieb
Aus dem Thore jedes Hauses
Ein gar schöner Herzensdieb.
Aus des Richters und des Mufti's,
Aus des Scheïch's und Vogtes Haus
Kommen unverfälschte Weine,
Rosenroth gefärbt, heraus.
Wenn Begeist'rung auf der Kanzel
Sich mit Gleissnerei verband,
Kömmt das Kräutchen Beng zum Vorschein
An des Pred'gers Mützenrand.
In der Gärten inner'm Raume
Tönet durch des Sängers Sang
Früh und spät des Sprossers Klage
Zu der Harfe sanftem Klang;
Und, in einer Stadt wie diese,
Tritt *Hafis* aus seinem Haus,
Traurend ob des Freundes Trennung,
Ach, und herzbeengt, heraus!

Der Buchstabe Waw

1.

Du, dessen hohem, schlankem Wuchse
Gar trefflich passt das Kaiserkleid!
Die Hoheit deines Wesens ist es
Die Schmuck dem Thron und Ring' verleiht.
Es lockt in jedem Augenblicke
Dein vollmondgleiches Angesicht
Aus deiner königlichen Krone
Des Sieges helles Sonnenlicht.
Heisst gleich das Sonnenlicht am Himmel
Die Fackel und das Aug' der Welt,
Ist's doch der Staub nur deiner Füsse
Der strahlend ihr das Aug' erhellt.
Voll Glanz erscheint des Glückes Vogel

An jedem Orte den zuvor
Der Huma deines Zelt's beschattet,
Das bis zum Himmel reicht empor.
Es gibt; bei tausend Widersprüchen
In Weisheit und Gesetz, kein Ding,
Und wär' es noch so fein gesponnen,
Das deiner Einsicht je entging'.
Auch strömt aus dem beredten Schnabel
Ein wahrer Lebensquell hervor
Dem Psittich mit der süssen Zunge,
Ich meine: deinem Zuckerrohr.
Wonach einst Alexander strebte,
Und was das Loos ihm nicht gewährt,
War Hefe nur aus deinem Glase,
Dess' süsse Fluth das Leben mehrt.
In deiner Hoheit heil'gen Räumen
Bedarf's der Bittgesuche nicht,
Da keines Sterblichen Geheimniss
Sich birgt vor deiner Weisheit Licht.
O Fürst! Das alte Haupt *Hafisens*
Erfüllt ein jugendlicher Geist,
Wenn du, beseelend und voll Milde,
So wie er hoffet, ihm verzeih'st.

2.

Du, dem der Moschushirsch von China
Den Strassenstaub bezahlt mit Blut,
Und unter dessen schiefer Mütze
Der Sonnenball im Schatten ruht!
Zu arg ward der Narcisse Äugeln;
So komm denn huldvoll *du* herbei,
Du, dessen schwarzen Auges Blicke
Die Seele selbst geopfert sei!
Trink' immerhin mein Blut; kein Engel
Ist, bei dem Anblick solcher Huld,
Im Stand es über's Herz zu bringen,
Und aufzuzeichnen deine Schuld.

Durch dich erfreut das Volk der Ruhe,
Erfreut des Schlummers sich die Welt:
D'rum wurde auch in Herz und Auge
Ein Ruheplätzchen dir bestellt.
Ich mache mir gar viel zu schaffen
Mit jedem Stern in jeder Nacht,
Aus Sehnsucht dein Gesicht zu schauen,
Das einem Monde gleicht an Pracht,
Die Freunde, die beisammen weilten,
Sie trennten sammt und sonders sich:
Nur ich verblieb an deiner Schwelle,
Dem Zufluchtsort des Glück's für mich.
Hafis, nie mögest du verzweifeln
An Gottes Gnade, weil zuletzt
Der Seufzerrauch aus deinem Busen
Die Garben Gram's in Flammen setzt.

3.

Du dessen Reizen sich die Sonne
Als Spiegelhälterin verdingt,
Vor dessen Maal der schwarze Moschus
Das Rauchgefäss im Kreise schwingt!
Ich wusch den Hofraum meines Auges:
Doch hat's mir Nutzen wohl gewährt?
Des Heeres deiner Wahngebilde
Ist so ein Winkel ja nicht werth.
Und jener schwarze Punkt im Auge,
Des Lichtes Ausfluss, ist wohl nur
Ein Widerschein von deinem Maale
In meines Sehvermögens Flur.
Um vor dem Schicksal zu erscheinen
Glückwünschend, wie ich's sonst wohl that,
Fehlt leider noch die frohe Kunde
Dass deiner Liebe Fest genaht;
Und um den Himmel selbst als Sclaven
Mit einem Ring im Ohr zu schau'n,
Fehlt leider noch das holde Winken

Von deinen neumondgleichen Brau'n.
O Schönheitssonne! Du beherrschest
Der Anmuth und der Gnade Höh'n;
Herr, bis zum *Auferstehung*stage
Verspäte sich dein *Untergeh*'n!
Wie lebst du, armes Herz, gefangen
In Seinem *krausen* Lockenhaar?
Denn mir, mir stellte deine Lage
Der Ostwind gar *verworren* dar.
Ein hold'res Bild als deine Züge
Liess jener Künstler nie uns schau'n,
Der das Thůgrā dir ausgefertigt
Der moschus *gleichen* Augenbrau'n.
Schon heben sich der Rose Düfte:
So tritt denn freundlich bei mir ein,
Du dessen Wange, Glück verheissend,
Mein Frühling ist, mein Blumenhain!
Worüber soll ich Klage führen
Tret' ich vor den Gebieter hin?
Erklär' ich ihm die eig'ne Ohnmacht,
Wie, oder deinen harten Sinn?
Hafis, es war der Liebe Schlinge,
In die schon mancher Staarkopf ging:
Lass falschen Wahn dich nicht bethören:
Ist deine Kraft doch zu gering.

4.

Bei des alten Wirthes Seele
Und dem Dankgefühl für ihn!
And're Lust als ihm zu dienen
Kam mir niemals in den Sinn.
Bringe – wohnt auch nie ein Sünder
In des Paradieses Au'n –
Wein herbei! Auf Gottes Milde
Will ich d'rum nicht minder bau'n.
Strahlen könne jener Wolke
Blitzesfackel nie genug

Die das Feuer Seiner Liebe
Hin auf meine Garbe trug!
Bringe Wein, denn frohe Kunde
Hat ein Engel gestern Nacht
Mir von Gottes Allerbarmen
Aus der Geisterwelt gebracht.
Kömmt an einer Schenke Schwelle
Dir ein Schädel zu Gesicht,
Tritt ihn ja nicht mit den Füssen:
Kennst ja seine Absicht nicht.
Blick' mit der Verachtung Auge
Nicht auf meine Trunkenheit,
Denn nicht ohne Gottes Willen
Ist die Sünd' und Frömmigkeit.
Nicht zur Tugend noch zur Reue
Neiget sich mein Herz; allein
Durch des Meisters Glück und Namen
Tracht' ich ihnen mich zu weih'n.
Herz, verzweifle an des Freundes
Unbegrenzter Gnade nie!
Diese unbegrenzte Gnade
Über Alle waltet sie.
Weil das Mönchsgewand *Hafisens*
Stets verpfändet ist dem *Wein*,
Scheint es, nur aus Schenkenstaub
Könne er gebildet sein.

5.

Das Veilchen kräuselt sich aus Neid
Schaut es dein Moschushaar;
Die Knospe, wenn du lachst, zerreisst
Sich ihren Schleier gar.
Gib, duft'ge Rose, nicht der Gluth
Mich, deinen Sprosser, preis,
Mich, der die Nacht, die ganze Nacht
Für dich nur betet heiss!
O sieh wie selig Liebe macht,

Denn, stolz und ruhmbeglückt,
Ist es dein Bettler, der sich kühn
Auf's Ohr die Krone drückt.
Ich, den sonst schon ein Engelshauch
In Ungeduld versetzt,
Ertrage dir zu Liebe gern
Der Welt Gerede jetzt.
Dein Thürstaub ist mein Paradies,
Die Liebe mein Geschick,
Dein Wangenlicht mein Element,
Dein Beifall all' mein Glück.
Zwar passt der Tugend Kutte nicht
Zu vollen Gläsern Wein's,
Allein, in Leidenschaft zu dir,
Verschmelz' ich sie in Eins.
Des Liebesbettlers Kutte birgt
Im Ärmel einen Schatz,
Und, wer *dein* Bettler ist, besteigt
Im Nu den Herrscherplatz.
Der Wohnsitz deines Bildes ist
Mein Augen-*Schähnischīn*:
Ein Betort ist es, o mein *Schah*;
Nie fehle du darin!
Mir schwinden Rausch und Liebes*lust*
Nicht aus dem *Haupt*, bevor
Dies heisse Haupt als Staub nicht ruht
An deines Hauses Thor.
Dein Antlitz ist ein Wiesenfeld,
Besonders wenn *Hafis*
Im Lenze deiner Schönheit dich,
Als Sprosser, singend pries.

6.

Der Flaum um meines Freundes Wange,
Verfinsternd selbst des Mondes Licht,
Ist zwar ein schöner Hof zu nennen,
Doch einen Ausweg beut er nicht.

Des Freundes Braue ragt als Nische
Des Glücksaltares hoch empor:
An ihr nur reibe deine Wange
Und ihr nur trage Bitten vor.
Bewahre dir, du Hefentrinker
An Dschem's Gelag, den Busen rein:
Dem Wunderglase, diesem *Spiegel*
Kann, *ach*, kein Ding verborgen sein,
Dem Thun der Zellenmänner dank' ich's
Dass ich ein Weinverehrer bin;
Betrachte diesen Rauch: es schwärzte
Mein Buch des Lebens sich durch ihn.
Nun treibe was er immer könne
Der böse Feind, genannt: der Gram,
Weil, Rettung suchend, meine Zuflucht
Ich zu den Weinverkäufern nahm.
O Schenke, mit des Weines Lichte
Beleuchte hell der Sonne Bahn,
Und sprich zu ihr: »An ihr nur zünde
Der Morgenstunde Fackel an.«
Begiess das Tagbuch meiner Thaten
Mit Wasserfluthen; weil nur dann
Die Menge eingeschrieb'ner Sünden
Vielleicht daraus verschwinden kann.
Ob wohl bei jenen Träumereien,
In die der Bettler sich versenkt,
Ein Tag am Ende noch erscheine
An dem der Kaiser sein gedenkt?
Hafis hat zu dem Fest *Verliebter*
Die Instrumente *aufgestellt*,
D'rum möge er auch niemals fehlen
Auf dieses Lustgelages Feld!

7.

Der Rosenbaum der Wonne blühet:
Wo ist der Rosige, der Schenke?
Des Frühlings laue Lüfte wehen:
Wo ist der Wein, dies Kraftgetränke?
An eine Rosenwange mahnet
Zwar jedes Röschen auf den Auen:
Doch, wo sind Ohren dies zu hören,
Und wo sind Augen dies zu schauen?
Es mangelt dem Gelag der Wonne
Der Zibet der den Wunsch durchdüfte:
Wo ist des Freundes Moschuslocke?
O sagt es mir, Ihr Morgenlüfte!
Der Rose Prahlerei mit Schönheit
Soll mich in Zukunft nicht mehr drillen:
In's Herzensblut taucht' ich die Hände:
Wo ist das Bild, um Gotteswillen!
Die Morgenkerze hat – verblendet –
Mit deiner Wange Reiz geprahlt:
Der Feind verlängerte die Zunge:
Wo ist der Dolch der glänzend strahlet?
Er sprach: »Du scheinest kein Verlangen
Nach meiner Lippe Kuss zu hegen.«
Mich hat die Lust darnach getödtet:
Wo ist die Wahl und das Vermögen?
Hafis steht in der Kunst des Wortes
Als Hüter bei dem Weisheitshorte:
Doch, durch die nied're Zeit gekränket,
Wo fände wer noch Lust zum Worte?

8.

Das Auge blutet mir durch Jenen
Der einen Bogen hat zur Braue,
Und jene Brau' und jenes Auge,
Sie droh'n Gefahr dem Weltenbaue.
Das Auge lieb' ich jenes Türken:

Wenn Schlaf sich seinem Rausch gesellte,
Wird ihm zum Rosenbeet die Wange,
Die Braue ihm zum Moschuszelte.
Zum Neumond ward mein Leib aus Kummer
Dass sich der Himmelsmond getraue,
Sein duftendes Thŭgrā nicht achtend,
Uns kühn zu zeigen seine Braue.
Du, Ketzerherz, willst dich nicht hüllen
In deine Locken, und ich zitt're,
Dass jene hochgewölbte Braue
Nicht meinen Hochaltar erschütt're.
Sein Stirnblatt hat den frommen Klausnern
Ein zartes Rosenbeet geschienen,
An dessen Wiesenrand die Braue
Lustwandeln geht mit stolzen Mienen.
Den Schönheitsbogen halte immer
Dein trunk'nes Aug' straff angezogen:
Auf dass mit seinem Pfeil du treffest
Den Mond, der Brauen hat gleich Bogen.
Die Nebenbuhler merken nimmer,
Dass tausend Winke ich erschaue
Von jener Stirn' und jenem Auge,
Durch die Vermittlerin, die Braue.
Wer wär' es, der bei solchen Reizen
Noch Huris oder Peris priese?
Denn haben jene solche Augen,
Und eine solche Braue diese?
Stets war *Hafis* ein flinker Vogel
Wenn er der Liebe Luft durchflogen:
Doch traf ihn jetzt ein Pfeil aus Augen,
Die Brauen haben, ähnlich Bogen.

9.

Sprich vom Freunde mir, o Bote,
Der nur wahre Kunde bringt;
Von der Rose sprich dem Sprosser
Der so schöne Lieder singt!

Sorge nicht; in das Geheimniss
Bin ich ja schon eingeweiht:
D'rum mit dem vertrauten Freunde
Sprich ein Wort der Traulichkeit!
Lies die Briefe jenes Reichen
Diesem armen Manne vor,
Und von jenem hohen Kaiser
Sprich zu dieses Bettlers Ohr!
Als Er aus dem Lockennetze
Herzen streute auf die Bahn,
Sprich wie's meinem armen Fremdling
In der Luft ergangen dann?
Führt an jenes Thor des Glückes
Wieder einst die Strasse dich,
So bezeig' erst deine Ehrfurcht,
Bringe Wünsche dar und sprich:
»Gleich sind Arme sich und Reiche
Wandelnd auf der Liebe Bahn:
Sprich darum, o Schönheitskaiser,
Immerhin den Bettler an.«
Jedem, der als Augenschminke
Seines Freundes Thürstaub preist,
Sage: »Sprich denn diese Worte
Offen mir in's Aug' und dreist!«
Und dem Ssofi, der die Thore
Zu den Schenken mir verschliesst,
Sage: »Sprich von solchen Dingen
Wenn mein Wirth zugegen ist.«
Jener Wein, der in dem Kruge
Jetzt des Ssofi Herz bestrickt,
Schenke, sprich, wann kömmt die Stunde
Wo er durch die Gläser blickt?
Als Er in Verwirrung brachte
Jenes moschusduft'ge Haar,
Ostwind, sprich was mich betreffend
Damals Seine Absicht war?
Gestern weinte, als ich klagte,
Auch der Vogel auf der Flur;

Ostwind, sprich was vorgefallen?
Endlich weisst ja *du* es nur.
Die Erzählung weiser Männer
Ist es, die die Seele nährt:
Geh' und frag' und, wiederkehrend,
Sprich von dem was sie gelehrt.
Wäre ich auch noch so böse,
Schilt mich desshalb nicht zu hart:
Sprich von eines Bettlers Sünde
Nachsichtsvoll, nach Königsart!
Gibt, *Hafis*, man dir Erlaubniss
Ihm zu nah'n, so trinke Wein,
Und zum Trug sprich Gott zu Liebe:
»Nichts mehr haben wir gemein!«

10.

Auf das grüne Saatenfeld des Himmels
Und des Neumond's Sichel fiel mein Blick,
Und ich dachte an die eig'nen Felder
Und die frohe Erntezeit zurück;
Und ich sprach: »O Glück, du liegst im Schlummer,
Und doch strahlet schon der Sonne Licht!«
Und er sprach: »Trotz allem Vorgefall'nen
Nähre Hoffnung und verzweifle nicht!«
Wenn du dich zum Himmel aufgeschwungen,
Dem *Messias* ähnlich, *frei* und rein,
Dann verleiht dein Fackellicht der Sonne
Einen hundertfachen Strahlenschein.
Baue nicht zu sehr auf die Gestirne,
Diese nächt'gen Diebe, die geraubt
Ke Wchŏsrēwens königlichen Gürtel,
Und die Krone von Kjăwūsens Haupt.
Nicht so stolz gebehrde sich der Himmel,
Denn der Liebe sind für ihren Theil
Um ein Körnlein – lichte Mondesgarben,
Um zwei Körnlein – Plejasähren feil.
Zwar es lastet hindernd auf dem Ohre

Ein Gehäng von Gold und von Rubin:
Doch vergänglich ist die Zeit der Schönheit:
Rath ertheil' ich, und du höre ihn!
Deinem Maale nah' kein Bosheitsauge,
Denn, wo Schach um Schönheit wird gespielt,
Hat's den Stein so siegreich vorgeschoben,
Dass als Pfand es Sonn' und Mond erhielt.
Der Verstellung und der Falschheit Feuer
Setzt des Glaubens Garbe bald in Brand:
Zieh' denn hin, *Hafis*, doch früher schleud're
Weit von dir dies woll'ne Mönchsgewand!

11.

»Aus dem Hause tratst du – sprach Er –
Um den Neumond zu erspähen;
Sollst vor meiner Brauen Monde
Schämen dich und weiter gehen.
Schon durch Lebensfrist *gefangen.*
Weilt dein Herz in meinen Haaren:
Lass es nicht an Sorge fehlen
Deine Freunde gut zu *wahren!*«
Gib für's Inder-Haar des Freundes
Nicht des Geistes duft'ge Gaben:
Dort sind hundert Moschusnabel
Um ein halbes Korn zu haben!
Auf dem alten Feld der Erde
Wird der treuen Liebe Samen
Wohl erst dann zum Vorschein kommen,
Wenn der Ernte Tage kamen.
Schenke, bringe Saft der Reben,
Denn ich will dir etwas sagen
Von des alten Stern's Geheimniss,
Und des Neumond's Reisetagen.
»Am Beginne jeden Monats
Lässt der neue Mond uns sehen
Was mit Sīămēk's Tiare
Und der Krone Schew's geschehen.«

Eine sich're Burg der Treue
Ist, *Hafis*, des Wirthes Schwelle:
Geh' und lies der Liebe Kunden,
Er erklärt dir jede Stelle.

Der Buchstabe He

1.

Du, der du kamst mit Ketten
Des Lockenhaar's, des langen!
Glück auf! du kamst um schmeichelnd
Den tollen Mann zu fangen.
Sei nur Ein Stündchen freundlich,
Und änd're deine Sitte:
Du kamst ja um zu fragen
Wer dürftig sei und bitte?
Im Frieden wie im Kriege
Will ich dir, Hoher, dienen:
Denn, kamst du, bist du immer
Holdselig nur erschienen.
Dein Mund eint Gluth und Wasser
Mit seltenem Geschicke:
Du kamst als wahrer Gaukler;
Entfernt Euch, böse Blicke!
Dein weiches Herz belob' ich:
Wohl nur der Andacht wegen
Kamst du für *die* zu beten
Die deinem Blick erlegen.
Was gilt dir meine Tugend?
Zum Herzensraub, o Jammer,
Kamst du, verwirrt und trunken,
In meine stille Kammer.
Er sprach: »Wein ist's, der wieder,
Hafis, dein Kleid befleckte:
Du kamst zurück – so scheint es –
Vom Pfade dieser Secte.«

2.

Ich schrieb an meine Freundin
Mit meines Herzens Blute:
»Mir ist wie am Gerichtstag,
Getrennt von dir, zu Muthe.
Mein Aug' hat hundert Zeichen
Die Trennung zu bewähren:
Das einz'ge Zeichen leider
Sind nicht die vielen Zähren;«
Und was ich auch versuchte,
Es wollte nicht gelingen:
Versucht man schon Versuchtes,
Wird es nur Reue bringen.
Mit einem Arzt berieth ich
Mich meiner Freundin wegen;
Er sprach: »Qual bringt die Nahe,
Doch die Entfernte – Segen.«
Jäh hob der Ost den Schleier
Von meines Mondes Wangen:
Da schien die frühe Sonne
Aus Wolken aufgegangen.
Ich sprach: »Man wird mich tadeln,
Wenn ich dein Dorf umschleiche.«
Bei Gott! wo ist die Liebe,
Die Tadel nicht erreiche?
Gib was *Hafis* begehrte:
Ein Glas. Bei'm süssen Leben!
Es wird ihm die Genüsse
Der Wunderschale geben.

3.

Verlasse du mich nimmer,
Bist ja mein Augenlicht,
Bist meiner Seele Ruhe,
Der Trost, der mir gebricht.
Kein böser Blick der Menschen

Verwunde jemals dich,
Denn auf die höchste Stufe
Schwang deine Schönheit sich.
Es geben die Verliebten
Dir deinen Saum nicht frei,
Denn ihnen riss'st das Hemde
Du der Geduld entzwei.
Nur Muth! der Tag wird kommen,
Wo der Genuss dir lacht,
Weil du das Gift der Trennung
Verkostet manche Nacht.
Verwehre Ihn zu lieben,
O Mufti, nimmer mir;
Doch mag ich dir verzeihen,
Denn nie erschien Er dir.
Hafis, wenn du im Freunde
Den Vorwurf hast geweckt,
War's, weil du aus der Decke
Zu weit den Fuss gestreckt.

4.

Du, der durch der Wangen Schimmer
Meines Auges Licht erhellt!
Ein berauschtes Aug', wie deines,
Schaute nie das Aug' der Welt.
Einen Zarten der dir gliche,
Schön vom Haupt zum Fusse, fand
Niemand noch auf dieser Erde,
Nie noch schuf ihn Gottes Hand.
Blutdurst hat dein trunk'nes Auge
Und die Braue übermannt:
Jenes lauert im Verstecke
Während *diese* Bogen spannt.
Soll noch lang mein Herzenstäubchen,
Wie ein wunder Vogel thut,
Von der Trennung Pfeil getroffen,
Wälzen sich in Staub und Blut?

Immer steigt mir Rauch zum Kopfe
Aus des Busens hellem Brand:
Halt' ich, gleich dem Aloëholze,
Länger noch dem Feuer Stand?
Wenn mein Glück, das *aufgeschreckte*,
Sich gehorsam mir bewährt,
Wird mir jener Mund bescheren
Was mein *scheues* Herz begehrt.
Neigung fühlt für deine Wange
Deine Braue ganz bestimmt:
Wesshalb wäre sie sonst immer
Meinem Wuchse gleich gekrümmt?
Leg'st du deine Lipp' an meine,
Werd' ich wieder neu belebt,
Wenn mir schon die süsse Seele
Auf der welken Lippe schwebt.
Lässt du wohl mein Herz noch länger,
Ähnlich deinem eig'nen Haar,
Ganz verwirrt zu Boden fallen,
Du mein helles Augenpaar?
An den Fuss des Trennungsdornes
Sank es hin, sich sträubend; doch
In dem Rosenhain der Liebe
Pflückt' es keine Rose noch.
Dieses hier ist meine Waare;
Sollte sie genehm dir sein,
Trag' *Hafisen*'s Perlenworte
In dein Liederbüchlein ein!
Wenn du meine Hand nicht fassest
Klag' dem Meister ich den Schmerz,
Dass du elenden Verliebten
Durch das Auge stahl'st das Herz.

5.

Selig ist das holde *Lüftchen*,
Das mit Ambra schwanger geht,
Und, von *Lust* nach dir getrieben,
Schon am frühsten Morgen weht.
Eile, o beglückter Vogel,
Als mein Führer mir voran,
Denn mein Auge schmolz aus Sehnsucht
Jenem Thürstaub bald zu nah'n.
Meiner *Harmgestalt* gedenkend,
Die da schwimmt im Herzens*blut*,
Blickt man auf zum *neuen Monde*
Dort am Rand der Abend*gluth*.
Kömmt dereinst mit deiner Liebe
An sein Ziel mein Lebenslauf,
Spriesst, statt Gras, aus meinem Grabe
Eine rothe Rose auf.
Athm' ich noch, von dir geschieden?
O der Schmach! Doch du verzeih'st:
Denn was wäre sonst die Tugend,
Die man Schuldvergebung heisst?
Nur allein von deinen Freunden
Lernt die Luft was Liebe sei,
Denn sie reisst am weissen Morgen
Sich das schwarze Kleid entzwei.
Ruf' in deinem zarten Sinne
Nicht so schnell den Unmuth wach,
Weil ja dein *Hafis* so eben
Erst: »Im Namen Gottes!« sprach.

6.

Der Wirthe Hausthor ward gescheuert
Und ward gewaschen rein;
Es sitzt der Greis davor und ladet
So Alt als Jung hinein.
Zu seinem Dienst gegürtet, prangen

Die Trinker aufgestellt;
Er aber, der der Kron' entsagte,
Hat im Gewölk sein Zelt.
Der Gläser Glanz und der Pocale
Bedeckt des Mondes Licht,
Und selbst den Lauf der Sonne hemmet
Der Knaben Angesicht;
Der holde Trotz der süssen Schenken
Und ihre Zänkerei
Zerbricht den Zucker, knickt Jasmine
Und schlägt die Laut' entzwei;
Die Glück'sbraut, trotz der tausend Reize,
Holt dort im Kämmerlein
Die Brauenschminke sich, und reibet
In's Moschushaar sie ein;
Ein holder Engel der Erbarmung
Ergreift der Wonne Glas,
Und giesst auf Huris und auf Peris
Der Hefe Rosennass.
Ich grüsste ihn, da sprach er also
Mit lächelndem Gesicht:
»Der du des Rausches Folgen fühltest,
Betrunk'ner, armer Wicht!
Wer handelt je wie du gehandelt,
Dem Muth und Einsicht fehlt?
Du floh'st des Hauses *Schatz*, und bautest
In *Wüsten* dir ein Zelt.
Die Gunst des wahren Glückes – fürcht' ich –
Wird stets verwehrt dir sein,
Denn, von dem eingeschlaff'nen Glücke
Umarmet, schliefst du ein.« –
Der Himmel selber lenkt den Zelter
Des Schah Nŭssrētĕddīn:
Komm, sieh, es heben Engelshände
Zart in den Bügel ihn.
Sich selbst zu adeln, hat die Weisheit,
Der Nichts verborgen ist,
Vom Himmelsthore seine Schwelle

Schon hundertmal geküsst. –
Komm nun, *Hafis*, mit in die Schenke,
Dort zeig' ich ungestört
Dir tausend Reihen frommer Wünsche,
Die Gott gewiss erhört.

7.

Schlafbefleckt naht' ich der Schenke
Gestern als die Sonne schwand;
Weinbefleckt war schon mein Teppich,
Und durchnässt mein Mönchsgewand.
Doch des Weinverkäufers Knabe
Trat, indem er schalt, heran,
Und dann sprach er: »O erwache,
Schlafbefleckter Wandersmann!
Erst nachdem du dich gewaschen,
Schreite auf die Schenke zu,
Denn die Trümmer dieses Klosters
Könntest sonst beflecken du.
In des Greisenalters Wohnung
Trachte nur nach Reinigkeit,
Und mit Jugendlust beflecke
Nicht des Alters Ehrenkleid!
Wirst nach Lippen süsser Schönen
Du noch fürder lüstern sein,
Und das Kleinod ›Geist‹ beflecken
Mit dem flüss'gen Onyxstein?«
Wer den Weg der Liebe *kennt*
Tauchte zwar in dieses *Meer*
Tief hinab, allein es wurde
Nie befleckt vom Wasser er.
Sei stets rein und *klar*, und steige
Aus dem Brunnen der Natur,
Denn das staubbefleckte Wasser
Es erregt ja Un*lust* nur.
Und ich sprach: »O Weltenseele!
Keine Schande dürft' es sein,

Wär im Lenz das Buch der Rose
Auch befleckt von meinem Wein.«
Und Er sprach: »*Hafis*, mit Freunden
Sprich nicht räthselhaft verdeckt!«
Wehe über jene Güte
Die vom Vorwurf wird befleckt!

8.

Er ging dahin mit langer Schleppe
Im dünnen, golddurchwirkten Kleid,
Und hundert Mondgesicht'ge rissen
Sich das Gewand entzwei aus Neid.
Das Feuer des genoss'nen Weines
Trieb Ihm den Schweiss in's Angesicht,
Und schöner prangt des Thaues Tropfen
Auf einem Rosenblatte nicht.
Beredt und süss ist Seine Sprache,
Gewandt Sein hoher Körperbau,
Sein Antlitz sanft und herzgewinnend,
Und schelmisch ist Sein Blick und schlau.
Entsprungen ist dem Anmuthwasser
Sein Onyx, der das Leben mehrt;
Sein Buchs mit dem so holden Gange
Gar zart gepfleget und genährt.
Sieh jenen Mund der, Herzen fesselnd,
Den Aufruhr weckt wenn hold er lacht;
Sieh jenen Gang, so voll von Anstand,
Und jenen Schritt, voll von Bedacht!
Und jener *Hirsch* mit schwarzen Augen
Entwischte meinem Netze hier:
Wie rath' ich diesem *scheuen* Herzen,
O sagt es, theure Freunde, mir!
Sei wohl auf deiner Huth, und quäle,
So lang du kannst, Verliebte nicht,
Denn Treue wohnt ja nicht hienieden,
Du meiner beiden Augen Licht!
Soll ich noch lang den Vorwurf tragen,

Womit dein holdes Aug' mich quält?
O blick' nur Einmal freundlich wieder,
Du, den zum Freunde ich gewählt!
Und hat *Hafis* dich je beleidigt,
Und deinen edlen Sinn verletzt,
So komm zurück, denn was ich hörte
Und was ich sprach bereu' ich jetzt.
Ich will dem Meister, dem ich diene,
Gar reichlich zollen meinen Dank,
Wenn jene Frucht mir, die gereifte,
In die erhob'nen Hände sank.

9.

Als, weinberauscht von vor'ger Nacht,
Bei'm früh'sten Morgenstrahl
Ich nach dem Tamburine griff,
Nach Harfe und Pocal,
Da gab ich dem Verstande Wein
Als Reiseproviant,
Und nach die Stadt der Trunkenheit
Hab' ich ihn abgesandt.
Der schöne Weinverkäufer sah
Mich dann gar freundlich an,
So dass ich, vor des Schicksal's List
Nun sicher, leben kann.
Vom Schenken mit den Bogenbrau'n
Vernahm, was folgt, mein Ohr:
»O du, den sich des Tadels Pfeil
Zum Ziele auserkohr!
Dir schlingt, gleich Gürteln, kein Gewinn
Um jene Mitte sich,
Erblickest in der Mitte du
Nur stets dein eig'nes Ich.
Geh', halte Vögel and'rer Art
In diesem Netze fest:
An gar zu hohe Stellen baut
Sich ein Äncā sein Nest.

Vertrauter, Schenke, Liedermund,
Dies alles ist nur Er:
Des Wassers und des Thones Bild
Sind Mittel, und nicht mehr.«
So gib mir denn des Weines Schiff:
Ich steu're wohlgemuth
Aus diesem Meer, das uferlos
Vor meinem Blicke ruht!
Wem frommt es wohl, wenn er um Gunst
Bei jenem König freit,
Der mit sich selber Liebe spielt
Von aller Ewigkeit?
Hafis, ein dunkles Räthsel ist
Die menschliche Natur,
Und wer es zu ergründen meint,
Berichtet Mährchen nur.

10.

Um die Fackel deiner Wange
Kreist, ein *Falter*, selbst das *Licht*,
Und, dein *Maal* erblickend, *kümmert*
Mich die eig'ne *Lage* nicht.
Der Verstand, nach dessen Urtheil
Man Verliebte fesseln soll,
Ward vom Dufte jener Ringe
Deiner Locken selber toll.
Seine Seele gab dem Oste
Flugs als Botenlohn das Licht,
Als vom *Lichte* deiner Wange
Es durch ihn erhielt *Bericht*.
Müsste ich für deine Locke
Auch dem Wind' die Seele weih'n,
Sei's! Selbst tausend Edle mögen
Des Geliebten Opfer sein!
Hat auf Seiner Wangen Gluthen
Irgend wer ein Rautenkraut
Wirkungsreicher als das Körnchen

Seines schwarzen Maal's geschaut?
Gestern konnt' ich, Eifersücht'ger,
Nimmer auf dem Fusse steh'n,
Als ich an der Hand des Fremden
Mein geliebtes Bild geseh'n.
Was ersann ich nicht für Listen?
Fruchtlos war, was ich erdacht:
Er behandelte als *eitel*
Alle meine *Zaubermacht*.
Nun des Freundes Lippe blühet,
Band ich mich durch diesen Schwur:
Mährchen, die von *Bechern* handeln
Bring' ich auf die Zunge nur.
Lass von Schule und von Kloster
Die Erzählung unberührt,
Weil *Hafis* im Haupte wieder
Sehnsucht nach der Schenke spürt.

11.

Jenem lieblichen Rubine
Dank' ich dauernden Genuss;
Alles fügt sich meinem Wunsche:
Wesshalb Gott ich preisen muss.
Widerspenst'ges Glück, o drücke
Fest an deinen Busen ihn;
Herze bald den gold'nen Becher,
Bald den lieblichen Rubin!
Weil ich mich berauscht, so haben
Mährchen sich von mir erzählt
Unerfahr'ne alte Männer,
Greise die den Weg verfehlt.
Ich bereue, dass ich jemals
Horchte auf der Frömmler Rath,
Und mich möge Gott bewahren
Vor so schnöder Diener That!
Seele, soll ich dir erklären,
Was da sei der Trennung Schmerz?

Hundert Thränen und Ein Auge,
Hundert Seufzer und Ein Herz.
Selbst wer Gott verläugnet, bleibe
Stets von einem Leid verschont
Wie dein Wuchs es der Zipresse
Und dein Antlitz schuf dem Mond!
Schön'res kann es nimmer geben
Als des Liebenden Geduld:
Ford're sie von Gottes Gnade,
Ford're sie von Gottes Huld!
Das geflickte Kleid der Mönche
Gleicht dem Christengürtel nur:
Ssofi, meide diese Sitte,
Meide dieses Pfades Spur!
Wie so froh die Tage schwanden
Die mich einst mit Ihm vereint!
Hundertmal sei Gott gepriesen,
Bringt er mich zum Seelenfreund!
Nie verwende ich das Antlitz
Von der Bahn der Dienerpflicht,
Und empor vom Pfortenstaube
Hebe ich den Scheitel nicht.
Weil *Hafis* nach deiner Wange
Lüstern ward, so denket er
Weder an die Nachtgebete
Noch die Morgenandacht mehr.

12.

Wenn im Gaue jenes Mondes
Es auch Schwerter sollte regnen,
Will den Nacken hin ich legen,
Und die Fügung Gottes segnen.
Ich auch kenne, so wie And're,
Wie man Gottesfurcht beweise:
Doch was frommt's bei einem Glücke
Das das Ziel verlor der Reise?
Prediger und Scheïche kommen

Mir fast niemals zu Gesichte:
Gib mir einen vollen Becher,
Oder kürze die Geschichte!
Ich, ein Zecher, ein Verliebter,
Sollte Reue offenbaren?
Gott soll mich davor beschützen,
Gott soll mich davor bewahren!
Nie noch sind auf mich gefallen
Deiner Sonne Gegenstrahlen:
Ach, du *Spiegel*wange schaff'st mir
Durch dein hartes Herz nur Qualen!
Die Geduld schmeckt gar so bitter,
Gar so schnell vergeht das Leben:
Wann – o könnt' ich es erfahren! –
Wird Er mir zurückgegeben?
Sprich, *Hafis*, warum du klagest?
Willst der Liebe du geniessen,
Musst du auch zu allen Zeiten
Blut zu trinken dich entschliessen.

13.

Festtag ist, und Rosen blühen:
Schenke, halte Wein bereit!
Sah man jemals leere Becher
Aufgestellt zur Rosenzeit?
Dieses Frömmeln und Enthalten
Greift bereits mein Inn'res an:
Schenke, gib mir Saft der Rebe!
Öffnen wird mein Herz sich dann.
Jener Ssofi, der noch gestern
Jeden warnte, der geliebt,
Ist's der, trunken, seine Tugend
Heut den Winden übergibt.
Freue dich der Rosenblüthe
Durch der kurzen Tage Frist;
Suche Lust bei glatten Schenken,
Wenn du ein Verliebter bist!

Brüder! Schon entschwand die Rose:
Warum weilt Ihr allzumal
Ohne Töne einer Harfe,
Ohne Freund und Weinpocal?
Weisst du was gar schön erscheinet
Bei des Morgenweines Fest?
Wenn der Schenke seine Wange
Sich im Glase spiegeln lässt.
Greift der Sänger in die Saiten
In des Prinzen Gegenwart,
Soll dazu ein Lied er singen
Nach *Hafisen*'s Liederart.

14.

Vorbestimmt zur Schenke
Hat der Schöpfer mich:
Ob die Schuld *mich* treffe
Frag' ich, Frömmler, dich.
Wer bestimmt zum Becher
Ward vom Urbeginn,
Wirft am jüngsten Tage
Man die Schuld auf ihn?
Sprich zum Heuchler-Ssofi
In dem Mönchsgewand,
Dem im kurzen Ärmel
Steckt die lange Hand:
»Nur zur Täuschung zieh'st du
Mönchsgewänder an,
Dass du Gottes Diener
Lockest von der Bahn.«
Echter Zecher Streben
Hab' ich stets geehrt:
Ihnen sind kein Gräschen
Beide Welten werth.
Weil mir nur in Schenken
Wunscherfüllung lacht,
Hat mir Schul' und Kloster

Schwarz das Herz gemacht.
Bettle nicht an jeder
Bettlerthür, *Hafis*!
Nur durch *Gott* erreichst du
Deinen Wunsch gewiss.

15.

Du hob'st den Schleier plötzlich von den Wangen;
Doch was bedeutet das?
Und kamst, wie trunken, aus dem Haus gegangen,
Doch was bedeutet das?
Dein Haar lag in des Morgenwindes Händen,
Dem Neider horcht' dein Ohr:
So nährtest du in Allen das Verlangen;
Doch was bedeutet das?
Du bist ein König in dem Reich der Schönen,
Und Bettler seh'n auf dich:
Verkannt hast du, was du an Glück empfangen;
Doch was bedeutet das?
Gabst du mir nicht die Spitzen deiner Haare
Der Erste in die Hand?
Nun soll ich wieder dir zu Füssen bangen;
Doch was bedeutet das?
Das Wort verrieth mir deines Mund's Geheimniss,
Der Gürtel mir den Wuchs:
Du zog'st das Schwert, das du dir umgehangen;
Doch was bedeutet das?
Mit deiner Liebe Würfeln trachtet Jeder
Nach einem guten Wurf:
Du hast im Spiel sie Alle hintergangen;
Doch was bedeutet das?
Als in dein enges Herz der Freund gezogen,
Hafis, da leertest du
Von Fremden nicht das Haus in das sie drangen;
Doch was bedeutet das?

16.

Ihm vereint zu sein ist besser
Als Unsterblichkeit erstreben;
Herr der Welten, wolle immer
Das was besser ist mir geben!
Zwar Er schlug mich mit dem Schwerte;
Doch kein Mensch soll es erfahren;
Besser ist's, des Freund's Geheimniss
Nicht dem Feind zu offenbaren.
Sei, o Herz, in Seinem Gaue
Stets ein Bettler und begehre!
Denn es heisst ja: »Besser ist es
Dass ein Glück beständig währe!«
Fruchtlos würdest du, o Frömmler,
Mich im Paradies erwarten:
Ist der Apfel *dieses* Kinnes
Besser doch als *jener* Garten.
Mit der Knechtschaft Maal bezeichnet
Hier an diesem Thore sterben,
Ist – bei Seiner Seele! – besser
Als das Reich der Welt erwerben.
Eine Rose die mit Füssen
Mein Zipressenbaum getreten,
Ist, zu Staub verrieben, besser
Als das Blut von Ergwan-Beeten.
Wollt – ich bitt' um Gotteswillen –
Freundlich meinen Arzt befragen!
Wann denn endlich dieser Schwache
Besser werde, mög' er sagen.
Wende dich nicht ab, o Jüngling,
Räth dir eines Alten Zunge:
Denn es ist der Rath des Alten
Besser als das Glück, das junge.
Nachts einst sprach Er: »Hat doch sicher
Nie ein Sterblicher geschauet
Eine bess're Perl' als jene
Die mir auf das Ohr gethauet.«

Worte aus dem Mund des Freundes
Gleichen zwar den Edelsteinen:
Aber was *Hafis* gesprochen
Muss als besser noch erscheinen.

Dritter Band

Der Buchstabe Je

1.

Herz, am Gaue deines Freundes
Wandelst nimmer du vorbei,
Hast was nöthig ist zum Glücke
Weisst doch nicht was handeln sei;
Hältst den Schlägel »Wunsch« in Händen,
Schlägst damit den Ball doch nicht,
Thust mit einem solchen Falken
Auf die Lust der Jagd Verzicht!
Dieses Blut, das dir durchwoget
Deines Herzens Ocean,
Wendest du nicht zu der Färbung
Eines schönen Bildes an.
Deiner Kehle Odem wurde
Nicht durchwürzt von Moschusduft,
Denn du geh'st am Gau des Freundes
Nicht vorbei, wie Morgenluft.
Heim von dieser Wiese – fürcht' ich –
Bringst du keinen Rosenstrauss,
Denn du hältst im Rosengarten
Nicht den Stich der Dorne aus.
Einem vollen Becher gleichst du;
Doch du wirfst zu Boden ihn,
Und des Rausches böse Folgen
Kommen nicht dir in den Sinn.
Es enthält dein Seelenärmel
Hundertfält'gen Moschus zwar,
Doch du bringst ihn nicht der Loke
Eines Freund's zum Opfer dar.
Ziehe hin, *Hafis;* denn üben
Alle auch des Dienstes Pflicht,

An des Freundes hohem Throne
Üb'st du sie der Einz'ge nicht.

2.

Herz, sobald du wüst geworden
Durch den rosenfarben Wein,
Wirst du ohne Geld und Schätze
Hundertfach ein Chores sein.
Dort, wo man nur arme Leute
Für den Ehrensitz erkohr,
Rag'st an Würde – wie ich hoffe –
Über Alle *du* empor.
Auf dem Weg nach Leïla's Wohnung,
Der gefährlich sich erweist,
Ist des ersten Schritt's Bedingung,
Dass du ein Mĕdschnūn nur sei'st.
Irre nicht; den Punkt der Liebe
Zeigt' ich dir, d'rum habe Acht,
Denn sonst wirst du, um dich blickend,
Aus dem Zirkelrund gebracht!
Weiter zog die Karavane,
Und du schläfst wenn Wüsten nah'n?
Wohin gehst du, wen befrägst du
Um den Weg? Was fängst du an?
Leer' ein Gläschen Wein und schleud're
Seine Hefe himmelwärts:
Soll im Grame des Geschickes
Länger bluten noch dein Herz?
Reizt dich eine Königskrone,
Zeig' die inn're Perle uns,
Mögst du aus Dschĕmschīd's Geschlechte
Stammen oder Fērĭdūn's.
Klag', *Hafis,* nicht über Armuth,
Denn, sind diese Lieder dein,
Billigt es kein Frohgestimmter
Dass du traurig solltest sein.

3.

Lob sei Gott, weil meinem Herrscher
Er Gerechtigkeit beschieden,
Ihm, Ăhmēd Ōwēis, dem Scheiche,
Sohn Hässān's, des Ilchaniden!
Chan ist er und Sohn der Chane,
Fürst aus fürstlichem Geschlechte;
Und die Seele dieser Erde
Nennst du ihn mit vollem Rechte.
Blind vertraute jedes Auge
Deinem glücklichen Geschicke:
Sei gegrüsst du, den der Schöpfer
Würdig hielt der Gnadenblicke!
Wagt der Mond es aufzugehen
Ohne dich, wird er gespalten:
O Ăhmēd's und o des Schöpfers
Glück und wundervolles Walten!
Bettler- und Monarchenherzen
Raubet deines Glückes Schimmer,
Und der Bosheit Auge nahe
Seel' und Seelenfreund, dir nimmer!
Kräusle nach der Türken Weise
Dir das Haar; denn dir gegeben
Ward die Grossmuth der Chăkāne
Und der Dschingischane Streben
Auch entfernt, leer' ich den Becher
Dir zum Wohle und zum Preise,
Denn es schwindet jede Ferne,
Macht der Geist sich auf die Reise.
Nimmer hat auf Persiens Boden
Mir die Knospe »Lust« geblühet;
O wie schön ist Bagdad's Tigris,
Und sein Wein der duftend glühet!
Wer zum Thürstaub des Geliebten
Nicht gemacht sein Haupt, aus Liebe,
Konnt' er hoffen, dass vom Schwindel,
Der in quält, verschont er bliebe?

Bringe mir, o Morgenlüftchen,
Staub von meines Freundes Schwelle,
Dass durch ihn *Hafis* das Auge
Seines Herzens sich erhelle!

4.

Rette mich, o Fürst der Schönen,
Aus dem Gram der Einsamkeit!
Ohne dich bin ich verloren:
Kehre heim, schon ist es Zeit!
Hat doch Sehnsucht mich und Trennung,
Fern von dir, so übermannt,
Dass mir zur Geduld die *Kräfte*
Gleiten werden aus der *Hand.*
Der du auf dem Leidenpfühle
Mich durch deine Schmerzen heilst,
Und in einsam stiller Ecke
In Erinn'rung bei mir weilst!
Nur das Pünktchen eines Zirkels
Bin ich in dem Schicksalskreis:
Was du sinnest ist mir Gnade,
Was du willst ist mir Geheiss.
Keinen Dünkel, keine Selbstsucht
Kennt man in der Zecher Welt,
Weil man Eigensinn und Dünkel
Dort für Ketzerglauben hält.
Herr, wem mache ich begreiflich
So Unfassliches wie dies:
Dass der üb'rall Gegenwärt'ge
Keinem noch die Wange wies?
Über Seine *Locke* klagt' ich
Gestern *Nachts* bei'm Ost; doch er
Sprach: »Du irr'st; in Zukunft denke
An so Schwarzes nimmermehr!«
Hundert Morgenwinde führen
Hier in Ketten Tänze auf:
Herz, es ist ja der Geliebte;

13 Folg' d'rum nicht des Windes Lauf!
Farblos ist die Rosenwiese,
Weilst du, Schenke, nicht auf ihr;
Setz' den Buchsbaum in Bewegung,
Du, der Fluren schönste Zier!
Keine Rose dieses Gartens
Wahret stets den frischen Saft:
D'rum erbarme dich der Schwachen
In der Zeit der vollen Kraft!
Bluten macht der blaue Himmel
Mir das Herz; d'rum bringe Wein!
Schnell gelöst im blauen Glase
Wird dies schwere Räthsel sein.
Nun der Trennung Nacht entschwunden,
Bricht, *Hafis,* der Morgen an;
Deine Wonne sei gesegnet,
15 Du verliebter, toller Mann!

5.

Der Aloëduft kommt näher;
Mein Sehnen wächst durch ihn:
Wer bringet zu Sŭāden
Nun meine Grüsse hin?
Von Freunden Kunde hören
Ist Heil, ist Seligkeit:
Die theure Seele werde
Der Freundin Staub geweiht!
Komm *Abends* zu den Fremden,
Und sieh der Thränen Nass
Gleich einem Weine glänzen
In einem *Syrer*-Glas
Und sehnt' ich mich nach Eden,
Und gäb' dem Treubruch Raum,
Erquicke mich kein Schlummer,
Erfreue mich kein Traum!
Und singt des Glückes Vogel
Im Dornenstrauche schon,

So schweig' in Ihrem Garten
Der Taube Klageton.
Der Trennungstag der Freundin
Wird bald zu Ende geh'n:
Ich kann vom Waldeshügel
Die Zelte schon erspäh'n.
O Lust wenn, dich begrüssend,
Ich zu dir sagen kann:
»Du bist mit Glück gewandert,
Und kamst mit Glück auch an!«
Ich hoffe dich in Baldem
Erfreut zu schauen hier:
Du, froh mir zu gebieten,
Und *ich,* zu dienen dir.
Nimm, bin ich gleich nicht würdig
Den Königen zu nah'n,
Des frommen Werkes wegen
Mich doch als Sclaven an!
Ich ward, durch deine Trennung,
Zum schwachen *Neumondslicht,*
Und sah doch, gleich dem Monde,
Nie *ganz* dein Angesicht.
Hell glänzt, wie Perlenschnüre,
Dein reines Lied, *Hafis,*
Und übertrifft an Anmuth
Die Lieder Nīsămī's.

6.

Kömmst aus jenes Kinnes Brunnen
Du dereinst heraus, o Herz,
Kommst du, wo du hin auch gehest,
Nur heraus mit Reueschmerz.
Nicht mit Einem Tropfen Wassers
Labe dich des Himmels Hand,
Kommst du mit noch durst'ger Lippe
Von des Lebensquelles Rand.
Sei auf deiner Hut, denn horch'st du

Auf der Sinne Schmeichelwort,
Kommst du, wie einst Vater Adam,
Aus Rĭswān's Gefilden fort.
Sterben will ich in der Sehnsucht
Dich zu schau'n, dem *Morgen* gleich,
Hoffend, dass hervor du kommest
Wie die *Sonne* strahlenreich.
Mit dem Athem des Bestrebens
Hauch' ich, gleich dem Ost, dich an,
Und, wie Rosen aus der Knospe,
Kommst heraus du lächelnd dann.
Auf den Mund trat mir die Seele
In der finster'n Trennungsnacht:
Zeit ist's, dass hervor du kommest,
Gleich dem Mond, in lichter Pracht.
Wohl zweihundert Thränen*bäche*
Leitete ich an dein Thor,
Denn, als wandelnde *Zipresse* –
Hofft' ich – kämest du hervor.
Bis wie lang wirst du noch weilen
In des Gram's und Kummers Haus?
Zeit ist's, dass du, von des Herrschers
Glück begünstigt, komm'st heraus.
Sorge nicht, *Hafis;* dein Joseph
Kehret heim, schön wie der Mond,
Und du kömmst aus jenem Stübchen
Wo du trauernd hast gewohnt.

7.

Schrieb mir jener Zibethflaum'ge
Nur ein *Briefchen* freundlich hold,
Hätte mir das *Blatt* des Lebens
Nicht der Himmel zugerollt.
Hätte doch – obgleich die Trennung
Des Vereines Früchte beut –
Nie der Ackersmann der Welten
Solchen Samen ausgestreut!

Deinem Schreibrohr – nimmer nütze
Sich sein Zuckerzünglein ab! –
Hast du Neigung nie bewiesen,
Weil es sonst mir Antwort gab.
Schuf nicht nach dem Bild der Liebe
Dich des Körpers Architekt,
Lägen liebende Atome
Nicht im Menschenthon versteckt.
Frömmler, du *versprichst* nur immer,
Doch ich habe ganz gewiss
In der Freundin eine Huri,
Und im Haus ein Paradies.
Der Erbarmung seines Schöpfers
Ist derjenige gewiss,
Dessen Freundin eine Huri,
Dessen Haus ein Paradies.
Gib nicht für Irēm's Gefilde
Und den Hochmuth des Schēdād
Volle Flaschen, süsse Lippen,
Und die Lippe einer Saat.
Meine Thorheit und dein Wissen
Scheint dem Himmel gleich an Werth:
Was ist dort wohl schön, was hässlich
Wo der Sehkraft man entbehrt?
Nicht nur *ich* schuf zur Pagode
Meines Herzens Ca'ba um;
Nein, auf jedem Schritt begegnet
Kirche man und Heiligthum.
Auf der harten Bank der Liebe
Ruht man wohl nicht sehr bequem:
Aber fehlt ein gold'nes Kissen,
Sei ein Ziegel uns genehm.
Macht die nied're Welt noch lange,
Kluges Herz, dich so betrübt?
Zu beklagen ist der Schöne
Wenn den Hässlichen er liebt.
Das Befleckhsein einer Kutte
Ist der Untergang der Welt:

Wo verweilt der weise Wand'rer
Der sein Inn'res rein erhält?
Sprich warum die Hand *Hafisens*
Deine Locke fahren liess?
Wenn's das Schicksal so beschlossen,
Konnt' er And'res thun als dies?

8.

Du, der Liebende zu trennen
Nur gerecht und billig nennt,
Und der Jene die ihn lieben
Grausam von sich selber trennt!
Komm mit einem süssen Trunke
Her zum durst'gen Wüstensohn,
Wenn du auf dem Pfad der Liebe
Hoffnung nähr'st auf Gottes Lohn!
Dass du mir das Herz entwendet
Will ich, Seele, dir verzeih'n:
Aber lass es mit mehr Güte
Als mich selbst behandelt sein.
Fremde Trinkgenossen leeren
Den gefüllten Becher mir:
Doch ich will es gern ertragen,
Scheint es nur erst billig dir.
Mücke! Ein Sīmūrgh schickt nimmer
Sich zum Tummelplatz für dich:
Du verlierst dabei die Ehre,
Und belästigest auch mich;
Wegen deiner eig'nen Mängel
Schloss man dieses Thor dir zu:
Über wen hast du zu klagen,
Und worüber jammerst du?
O *Hafis*, man spricht von *Kaisern*
Würden nur für Dienste an:
Doch was hoffest du auf Gnaden
Eh' du etwas noch gethan?

9.

Der du immer nur mit Hochmuth
Blickest auf dein eig'nes Ich,
Wenn du keine Liebe fühlest,
So entschuldiget man dich.
Drehe um verliebte Thoren
Dich im Kreise nicht herum,
Du, der durch Verstandesadel
Dir erwarbest hohen Ruhm!
Von der Trunkenheit der Liebe
Trägt dein Haupt wohl keine Spur:
Ziehe hin, denn trunken bist du
Von dem Wein der Beere nur!
Eine gelbgefärbte Wange
Und ein leiderfülltes Ach
Weisen, als bewährte Zeugen,
Der Verliebten Krankheit nach.
Ohne Glanz und Schimmer wäre
Selbst der ew'ge Gartenhain,
Fehlte ihm der Huris Lippe
Und der reingeklärte Wein.
Um die *Liebe* jenes *Mondes*
Dich zu mühen sei dir Pflicht,
Glichest du an Weltberühmtheit
Selbst dem hellen *Sonnen*licht.
Über eig'ne Ehr' und Schande
Setze dich hinaus, *Hafis;*
Ford're einen Becher Weines,
Denn berauscht bist du gewiss.

10.

Der du in dem Gau der Schenke
Ein bestimmtes Plätzchen hast,
Bist der *Dschem* der eig'nen Zeiten
Hast den *Becher* du erfasst.
Der du *Tag* und *Nacht* verbringest

Mit des Freundes *Wang'* und *Haar,*
Freue dich: schön ist dein *Morgen*
Und dein *Abend* schön fürwahr!
Du auch der bei'm Herzgeliebten
Dir erkohrst die Einsamkeit,
Nütze den Moment, den kurzen,
Der was du gewünscht, dir beut!
Ostwind, die Verbrannten fragen,
Harrend an des Weges Rand,
Ob vom Freunde, dem verreis'ten,
Kunde ward durch dich gesandt?
Sag' ihm: »Wenn zur Zeit der Treue
Du auch nimmer standhaft bliebst,
Will ich dankbar doch erkennen
Dass du treulich Härte üb'st.«
Ein gar schönes Korn der Wonne
Ist dein grünes Maal; allein
Was, ach, hast du denn für Netze
Dort an seinem Wiesenrain?
Aus des Glases Lächelmunde
Weht ein Seelenduft mich an:
Saug' auch *du* ihn ein, o Meister,
Hast du ein Geruchsorgan.
Wenn ein Fremder einen Namen
Von dir wünscht, wird's unrecht sein?
Hast in dieser Stadt doch heute
Einen Namen *du* allein.
Schützen wird es deine Seele
Betest viel am Morgen du:
Bringt ja auch *Hafis,* dein Sclave,
Wachend seine Nächte zu.

11.

Der du des Flaumes Moschusschleier
Warfst auf das holde Mondsgesicht!
Du übtest Gnade nur: denn Schatten
Warfst hin du auf der Sonne Licht.

Was wohl die Farbe und das Wasser
Auf deiner Wange noch mir thut,
Da nur erst Skizzen deines Bildes
Du hinwarfst auf die Wasserfluth?
Glück auf! Du rangst den Ball der Schönheit
Den Schönen dieser Erde ab;
Lass Kējchōsrēw's Pocal dir reichen:
Warfst nieder ja den Ēfräsjāb.
Du legtest in das Herz, das wüste,
Mir deiner eig'nen Liebe Schatz;
Hold warfst du der Erbarmung Schatten
Auf dieses Winkels öden Platz.
Mit deiner Wange *Licht* spielt Jeder
Ein Liebesspiel nach eig'nem Sinn,
D'rum warfst du nun den armen *Falter*
In ängstliche Verwirrung hin.
Gestatte mir dich anzubeten,
Bin ich auch wüst vom Rausche nun:
Du warfst mich ja in dieses Treiben,
In Hoffnung Löbliches zu thun.
Nur Einmal hobst in deiner Kammer
Den Schleier von der Wange du,
Und warfst die Hülle der Beschämung
Den Huris und den Peris zu.
Du stahlst den Wachenden den Schlummer
Und warfst, im irrigen Verdacht,
Die Schuld davon auf jene Heere,
Die wandernd schreiten durch die Nacht.
Durch die Narcisse, schlau und trunken,
Und den berauschenden Rubin,
Warfst *du Hafis,* den stillen Klausner,
Der Weineslust zum Raube hin,
Und warfst ihm um den Hals, als Kette,
Das Lockenhaar, zum Herzensfang,
Wie ein Monarch – ein Herr der Nacken –
Zu thun gewohnt ist mit dem Strang.
O Schah Jăhjā, des Glaubens Hilfe,
Der du durch deines Schwertes Gluth,

Des Reiches Feinde, gleich dem Feuer,
Verlöschend warfst in eine Fluth;
O Fürst, so mächtig wie Darius,
Du, der der Sonne Kronenzier,
Auf dass sie sich erhöhet fühle,
Tief in den Staub warfst deiner Thür!
O trinke aus dem Wunderglase,
Denn du, auf Dschem's erhab'nem Thron,
Warfst ja dem Liebchen deiner Wünsche
Den Schleier vom Gesichte schon.
Man fürchte deines Schwertes Wasser,
Da du dadurch des Durstes Gluth
In Löwen wecktest und die Helden
Hin warfest in des Wassers Fluth!

12.

O du, auf dessen Angesichte
Der Herrschaft Licht sich offenbart,
Und dessen Geist die Weisheit Gottes
Bezeugt auf hundertfache Art!
Dein Schreibrohr – möge Gott es segnen! –
Erschloss dem Glaubensreiche schnell,
Mit einem einz'gen schwarzen Puncte,
Verhundertfacht den Lebensquell.
Auf einen Ahriman fällt nimmer
Des grössten Namens lichter Strahl;
Dein ist die Herrschaft, dein das Siegel:
D'rum ord'ne an nach eig'ner Wahl!
Wer einen Zweifel wagt zu setzen
In Salomon's erhab'ne Macht,
Der wird vom Vogel wie vom Fische
Mit seiner Weisheit ausgelacht;
Und setzt von Zeit zu Zeit der Falke
Auf's Haupt sich eine Krone auch,
So weiss doch nur des Kafes Vogel,
Was Herrchersitte sei und Brauch.
Ein Schwert das von des Himmels Segen

Das Wasser seines Stahl's erhält,
Setzt, ohne Hilfe eines Heeres,
Allein sich in Besitz der Welt.
Es schreibt dein Rohr mit schönen Lettern
– Auf Freund und Gegner nimmt's Bedacht –
Die Formel die das Leben mehret,
Den Zauberspruch, der's schwinden macht.
Der du im Urstoff eine Schöpfung
Der Alchimie der Ehre bist,
Und dessen Glück vor allen Stürmen
Des Missgeschick's gesichert ist!
Fällt nur ein Schimmer deines Schwertes
Auf Schachte und auf Minen hin,
So färbt er mit des Strohes Farbe
Den hochrothwangigen Rubin.
Mein Glas ist leer von Wein, o Kaiser,
Ist's durch ein Menschenleben schon!
Sieh, dies behaupte ich, der Diener,
Und Zeuge ist der Vogt davon.
Ich weiss gewiss, dein Herz erbarmet
Der armen Nachtdurchwacher sich,
Im Falle du um meine Lage
Beim Morgenwind erkundigst dich.
Bring' hurtig Wasser uns, o Schenke,
Doch soll's vom Weinhausquelle sein,
Auf dass vom eitlen Klosterstolze
Wir uns die Kutten waschen rein.
Seitdem in der Familie Adam's
Die Herrschaft ihr Beginnen fand,
Hat Keiner noch, wie du, hienieden
Dies Wissen nach Gebühr erkannt.
Dir thut der Himmel nichts zu Leide,
Du bist den Engeln gleichgestellt;
Die Welt ist frei von Grausamkeiten,
Seit du die Zuflucht bist der Welt.
Wenn schon der Blitzstrahl der Empörung
Selbst Adam traf, war er gleich rein,
Ziemt's uns so minder zu behaupten,

Wir könnten frei von Sünden sein.
Hafis, mit Achtung spricht zu Zeiten
Der Kaiser deinen Namen aus:
D'rum schmolle nicht mit dem Geschicke,
Und kehre reuevoll nach Haus!
O Zufluchtsort der Unterthanen,
O edler Gabenspender du,
Sei diesem armen Manne gnädig,
Denn schon viel Unglück stiess ihm zu!

13.

Erzählt man von dem Paradiese
Ist's die Geschichte *deines* Gau's,
Und schildert man der Huris Schönheit,
Spricht *deiner* Wange Reiz man aus.
Ein Scherz nur ist der Odem Issa's
Gen deine Lippe von Rubin,
Und Chiser's Lebenswasser deutet
Auf deines Mundes Süsse hin.
Ein jedes Theilchen meines Herzens
Erzählt vom Leid das ich erfuhr,
Und jede Zeile deiner Güte
Ist ein Erbarmungsverslein nur.
Durchwürzte wohl mit Wohlgerüchen
Den Sitzungssaal der Geisterschaar
Die Rose, wenn von *deinem* Dufte
Sie früher nicht durchdrungen war?
Aus Sehnsucht nach dem Strassenstaube
Des Freundes bin ich ganz verbrannt;
Erinn're dich, o Morgenlüftchen,
Dass keinen Schutz ich bei dir fand.
Erblicke ich im Feuerpfuhle
Als Traumgebild dein Angesicht,
Dann, Schenke, komm, dann reizt zur Klage
Die Hölle mich ganz sicher nicht.
Mein schon gebrat'nes Herz erfüllet
Mit seinem Duft den Horizont,

Und dieser Feuerbrand des Innern
Lässt nichts, was sich ihm naht, verschont.
O Herz, die Weisheit und das Leben
Entschwanden dir im Selbstbetrug;
Du hattest hundert Capitale,
Und hattest nimmer noch genug.
Ist dir bekannt, aus welchem Grunde
Hafis hier trauernd klage? – Ei.
Damit du freundlich auf ihn blickest,
Und der Monarch ihm gnädig sei.

14.

Besser ist es diese Kutte
Zu verpfänden für den Wein,
Besser, in den Wein zu tauchen
Dieses Buch der Faselei'n.
Weil das Leben ich vergeudet,
Denk' ich nach und finde nun,
Besser sei's im Schenkenwinkel
Trunken hingestreckt zu ruh'n.
Die Gedanken an Geschäfte
Liegen dem Dĕrwīsche fern:
Besser ist's, der Busen glühe
Und das Auge weine gern.
Von des Frömmlers Stand und Lage
Sagt dem Volke nichts mein Mund;
Solche Dinge geb' ich besser
Harfen oder Zithern kund.
Handlungen des Schicksals pflegen
Ohne Kopf und Fuss zu sein:
Besser Schenkenlieb' im Kopfe,
Oder in den Händen Wein.
Nie entreiss' ich einem Holden,
Ähnlich dir, mein Herz; fürwahr!
Glüh' ich, so geschieht dies besser
Nur für jenes *krause* Haar.
Weil, *Hafis,* du alt geworden,

Trolle aus der Schenke dich:
Trunkenheit und Lüste schicken
Besser für die Jugend sich.

15.

O du der, mich ermordend,
Die Menschlichkeit nicht kennt,
Und sorglos sammt den Zinsen
Das Capital verbrennt!
Ein Gift das tödtet führen
Die Leidenden bei sich:
Gefahr bringt's diesem Volke
Zu nah'n; ich warne dich.
Leicht macht von meiner Krankheit
Ein einz'ger Blick mich frei:
Doch schonungslos verweigerst
Du mir die Arzenei.
Mein Auge ward zum Meere
In Hoffnung dich zu seh'n:
Willst du am Meeresufer
Denn nicht vorüber geh'n?
Was man von deiner Härte,
Du Mildgesinnter, spricht,
Sind nur der Neider Worte:
Du üb'st dergleichen nicht.
O Frömmler, zeigt mein Schöner
Sich dir im hellen Schein,
Begehrest du vom Schöpfer
Ein Liebchen nur und Wein.
Hafis, anbetend weile
Am Altar Seiner Brau'n:
Du betest ja sonst nirgends
Mit grösserem Vertrau'n.

16.

Der du baar bist alles Wissens,
Strebe nach des Wissens Licht:
Bis du nicht die Bahn durchwandelt,
Taugest du zum Führer nicht.
In der Schule hehrer Wahrheit,
Wo die Liebe dich belehrt,
Strebe, Sohn, dich auszubilden,
Bis man dich als Vater ehrt.
Dich entfernte Schlaf und Nahrung
Von der Liebe Stufenbahn:
Doch nur ohne Kost und Schlummer
Kömmst du bei der Liebe an.
Wenn das Licht der Gottesliebe
Dir in Herz und Seele fällt,
Dann, bei Gott! erscheinst du schöner
Als die Sonn' am Himmelszelt.
Von des Körpers Kupfer wasche,
Gleich den Wanderern, dich rein:
Durch die Alchimie der Liebe
Wirst dann eitel Gold du sein;
Und vom Fusse bis zum Haupte
Wird dich Gottes Licht umfah'n,
Wenn du haupt- und fusslos wandelst
Auf des Ruhmbegabten Bahn.
Tauch' in Gottes Meer ein Weilchen,
Und dann zweifle nicht daran,
Dass der sieben Meere Wasser
Dir kein Härchen nässen kann.
Wenn als Schauplatz deines Blickes
Gottes Antlitz sich dir weist,
Bleibt fortan kein Zweifel übrig,
Dass du Herr des Blickes sei'st.
Wird der Grundbau deines Lebens
Auch dereinst in Trümmer geh'n,
Soll dein Herz doch nimmer wähnen,
Gleiches werd' auch dir gescheh'n.

Weilt die Hoffnung des Genusses
Dir im Haupt, musst du zuvor,
O *Hafis,* zum Staube werden
An der Einsichtsvollen Thor.

17.

Weiht den Gegner in die Liebe
Und die Trunkenheit nicht ein,
Dass er, sie nicht kennend, sterbe
In der Eigenliebe Pein.
Sei getrost, sank'st du auch kraftlos,
Wie ein Abendlüftchen, hin:
Denn auf dieser Bahn ist Krankheit
Der Gesundheit vorzuzieh'n.
Kann ich in des Heiles Ecke
Üben die Enthaltsamkeit,
Wenn mir deines Aug's Narcisse
Immer spricht von Trunkenheit?
Fühle Liebe! denn zu Ende
Wird dies ird'sche Treiben geh'n,
Eh' du in des Daseins Werkstatt
Der Erfüllung Bild geseh'n.
Auf des Seelenfreundes Schwelle
Denke an kein Himmelsglück:
Von der hohen Zinne fällst du
Sonst in nieder'n Staub zurück.
Sticht der Dorn, so fleht die Rose
Um Entschuldigung für ihn:
Leicht nimmt man den Wein, den bitter'n,
Für den Rausch, den süssen, hin.
Aus Pocalen trinkt der Ssofi
Und *Hafis* aus Flaschen Wein;
Männer mit den kurzen Ärmeln,
Zieht die langen Hände ein!

18.

Sei, o Herz, auch nicht ein Weilchen
Leer von Lieb' und Trunkenheit;
Zieh' dann freudig hin, vom Leben
Bist du und vom Tod befreit!
Sah'st du einen Kuttenträger,
Wolle dann dir selbst misstrau'n.
Ist doch jeder Kibla besser
Als sich selbst Altäre bau'n!
Trägheit auf dem Ordenspfade
Deutet auf Ungläubigkeit:
Ja, gar flink und gar behende
Wandelt die Betrunkenheit.
Wähnst du dich gelehrt und weise,
Bist du jedes Wissens baar:
Selbstverläugnung – lass dir's sagen –
Macht dich frei für immerdar.
Was mich traf an Missgeschicken
Das *erhob* am Tage sich
Wo aus Starrsinn nicht ein Weilchen
Du *gesetzt* dich neben mich.
Mein Monarch! Bei Gott, in Trümmer
Schlug mich nur dein Lockenhaar;
Droht mir länger noch ein Neger
Mit so langer Hand Gefahr?
Wie so schön sprach jener Götze
Abends in der Maghen Kreis:
»Was bekümmern dich die Ketzer,
Dich, der nichts von Götzen weiss?«
Seit *Hafis* das Niedersinken
Deiner Haare ward gewahr,
Trat ihn Niedrigkeit mit Füssen,
So erhöht sein Haupt auch war.

19.

Horch auf diese kluge Lehre,
Willst du dich von Gram befrei'n:
»Blut verschlingst du, wenn du wünschest
Was dir nicht bestimmt mag sein.
In gemeine Töpfererde
Wirst verwandelt du zuletzt:
D'rum den Krug mit Wein zu füllen
Sei dein stetes Sinnen jetzt.
Bist ein Mensch du der sich sehnet
Nach des Paradieses Flur,
So vergnüge dich an Menschen,
Die von Peris stammen, nur.
Auf der Würden Platz zu sitzen
Ist für dich Unmöglichkeit,
Wenn du früher nicht die Mittel
Dieser Würden hieltst bereit.
Ist dein Inn'res schon empfänglich
Für des Segens Schrift? O nein!
Mache von zerstreuten Bildern
Früher seine Blätter rein.«
O *Chŏsrēw* süsslipp'ger Schönen,
Vielfach lohnet dich das Glück,
Wirfst du auf *Fĕrhād,* den Armen,
Freundlich einen Blick zurück!
Überläss'st du Gottes Gnade
All' dein Handeln, o *Hafis,*
Schafft das Loos, das gottverlieh'ne
Viele Wonne dir gewiss.
Bei Dschelālĕddīn, dem Meister,
Tritt in Dienst, o Morgenluft,
Füllst die Welt dann mit Jasminen –
Und mit freier Lilien Duft.

20.

Kannst du, wenn die Turteltaube girret
Und der Sprosser singt, vom Wein dich trennen,
Kann ich dich nur durch das Brennen heilen:
Ist der Mittel Letztes doch das Brennen.
Lüftete die Rose ihren Schleier,
Liess der Vogel sein Hu Hu ertönen,
O dann gib das Glas nicht aus den Händen:
Wesshalb willst du stets Heï Heï nur stöhnen?
Fliesst der Lebensquell in deiner Nähe,
Sollst du dürstend mit dem Tod nicht ringen;
Nein, Unsterblichkeit sei dir beschieden:
Wasser gibt ja Leben allen Dingen.
Von der Farbe und dem Duft des Frühlings
Mach' dir einen Vorrath zum Genusse,
Denn die Wegelag'rer Herbst und Winter
Folgen Beiden leider auf dem Fusse.
Das Geschick pflegt kein Geschenk zu machen
Das es nicht gar bald zurück begehrte:
Ford're Hochsinn nicht vom nied'ren Manne;
Ohne Werth ist das was er bescheerte.
Hat das Anseh'n, das die Macht verleihet,
Hat die Herrschaft je Bestand gefunden?
Von dem Throne Dschem's blieb nur der Name,
Und die Krone *Keï's* auch ist verschwunden.
Wer da Schätze sammelt für die Erben,
Der verfällt des Ketzerglaubens Fluche
Nach dem Wort des Sängers und des Schenken,
Nach der Pauke und der Flöte Spruche.
Auf dem Lustgebäu des Paradieses,
Wo die Frommen wohnen, steht geschrieben:
»Wehe Jedem der von Leidenschaften
Ward zum Kaufe ird'scher Lust getrieben!«
Es verschwand die Grossmuth; doch ich *schweige;*
Wo verweilst du mit dem Saft der Rebe?
Bring' ihn mir, auf dass ich Geist und Seele
Hatem *Thaï's* durch ihn mit Lust belebe.

Gottes Duft erquickt den Kargen nimmer;
Komm, *Hafis,* lass uns nun weiter gehen,
Nimm den Becher, übe edle Thaten,
Und für alles will ich Bürge stehen.

21.

Ein Weilchen auf ein Mondgesicht
Mit Seelenruhe blicken,
Ist besser als sich lebenslang
Mit Königskronen schmücken.
Ich eifre mit dem eig'nen Aug',
Bei Gott! ob deiner Wange,
Dass ja kein Blick dies Huldgesicht
Zu schau'n sich unterfange.
Mein Herz entwich, nicht weiss ich wo
Mein Fremdling hingekommen:
Mein Leben schwand, und nirgendher
Hab' Kunde ich vernommen.
Schon sterbe ich, und hab' an dir
Mich noch nicht satt gesehen;
Kein and'rer Wunsch erübrigt mir,
Nur ihn will ich erflehen.
Zerstreu' nicht jener Peri Haar,
Du Ostwind! Tausend Leben
Will für ein Härchen nur von dir
Hafis zum Opfer geben.

22.

Unerreicht ist deine Schönheit,
So wie mein Gefühl für dich;
Freue dich: denn es vermindert
Nimmer diese Schönheit sich.
Mir erscheint es unbegreiflich,
Wie des Denkvermögens Kraft
Sich in irgend einer Weise
Schön'res als dies Schöne schafft.

Weile ich in deiner Nähe,
Wird ein Jahr zum Tage mir,
Und zum Jahr wird die Minute,
Weile ich getrennt von dir.
Was an Lust das Leben bietet
Ernte ich in Fülle ein,
Ist nur *Einen* Tag des Lebens
Mir *vergönnt* bei dir zu sein.
Wie, o Seele, soll ich schlafend
Dein so holdes Bild erspäh'n,
Wenn bisher mein Aug' vom Schlafe
Nichts nur als ein Bild geseh'n?
Hab' Erbarmen, denn aus Liebe
Für dein schönes Angesicht
Ward ich kraftberaubtes Wesen
Schmächtig wie des Neumond's Licht.
Klage nicht, *Hafis;* begehrst du
Mit dem Freund vereint zu sein,
Musst du noch in höh'rem Grade
Tragen der Entfernung Pein.

23.

Gestern Abends gab der Sprosser
– Pĕhlĕwī nur sprach sein Mund –
Hoch vom Zweige der Zipresse
Lehren hohen Sinnes kund:
»Komm, denn wie das Feuer Moses«
– Sprach er – »glüht die Rose auch;
Merke dir was über Einheit
Dich hier lehrt der Rosenstrauch.«
In gereimten Tönen scherzen
Vogel in dem Gartenhain:
Bei altpersischen Ghaselen
Trinke denn der Meister Wein!
Es geniesst auf grober Matte
Sichern Schlaf der Bettelmann:
So ein Glück trifft man nicht immer

Auf dem Fürstenthrone an.
Nur das Mährchen von dem Glase
Liess Dschĕmschīd der Welt zurück;
Hüte dich dein Herz zu binden
An das eitle Erdenglück!
Treffend sprach zum Sohn der Bauer
Den gebeugt der Jahre Last:
»O mein Augenlicht! Du erntest
Nur was du gesäet hast.«
Deines *Auges* Blicke haben
Schwarz gefärbt der *Menschen Haus;*
Mög' der Hochmuthsrausch dir schwinden,
Denn noch triebst du ihn nicht aus.
Lass ein Wunder dir erzählen
Vom verkehrten Menschenloos:
»Jener Freund mit Issa's Hauche
Gab mir, ach, den Todesstoss!«
Gab der Schenke denn *Hafisen*
Mehr als was gebührend war?
Denn dem Mĕwlĕwī-Turbane
Hängt verwirrt herab das Haar.

24.

Komm und behandle nimmer
Mit solchem Grolle mich;
Es binden ja die Pflichten
Der alten Freundschaft dich!
Horch meinem guten Rathe,
Der eine Perle ist,
Weit schöner als die Gemme
Die du im Schatz verschliess'st.
Komm armen Trunkenbolden
Zu Hilfe, Gott zu Lieb',
Wenn dir noch Saft der Rebe
Von gestern Abends blieb!
Allein, wann zeig'st den Zechern
Du deiner Wange Spur,

O du, dem Mond und Sonne
Als Spiegel dienen nur?
Sprich nicht von Zechern übel,
Sei klug, o alter Mann:
Für gottgeliebte Leute
Empfändest Groll du dann.
Wie? fürchtest du dich nimmer
Vor meiner Seufzer *Brand?*
Du weisst ja doch, dich decket
Ein *wollenes* Gewand.
Hafis, nie hört' ich Lieder
Wie deine schön und zart;
Dies schwöre ich beim Koran,
Den deine Brust bewahrt!

25.

Gezeichnet hab' ich in mein Auge
Die Brauen einer Mondgestalt,
Das Traumbild eines grünen Flaumes
Mit reichen Farben ausgemalt;
Und hoffen will ich, dass der Freibrief
Den meine Liebe ausgestellt,
Durch jenen kleinen Brauenbogen
Die Weihe des Thŭgrā erhält.
Mein Haupt entrann der Hand; mein Auge
Ist aus Erwartung brennend heiss,
Aus Lust nach Haupt und Auge dessen,
Der Schmuck verleiht dem Freundekreis.
Mein Herz ist tiefbetrübt, und Feuer
Will schleudern ich auf's Ordenskleid:
O komm, o komm es anzuschauen:
Ein Schauspiel ist's voll Herrlichkeit!
Dort wo die Schaar der holden Schönen
Ihr Wimpernschwert gezogen hält,
Dort darf es dich nicht Wunder nehmen
Wenn manches Haupt zu Füssen fällt,
Ich, dem in nächtlichstiller Kammer

Als Mond erscheint Sein Wangenlicht,
Ich kümm're mich um die Gestirne
Und ihren hellen Schimmer nicht.
Ich Armer hab' des Herzens Zügel
Gelegt in eines Wesens Hand,
Das nie noch wegen Thron und Krone
Vor Jemand eine Scheu empfand.
Was ist Verein und was ist Trennung?
Streb' nach des Freund's zufried'nem Sinn,
Denn Schade wär' es zu begehren
Von Ihm noch Anderes als ihn.
Am Todestag lasst eine Bahre
Mir machen aus Zipressenholz,
Denn ich verscheid' am Brandmal dessen
Der hoch empor sich hebt und stolz.
Es holen sich die Fische Perlen
Und streu'n aus Sehnsucht sie auf's Land,
So oft das Liederschiff *Hafisens*
Erscheint an eines Meeres Strand.

26.

Ich schwöre es bei Seiner Seele:
Hätt' ich die Seel' in meiner Macht,
Ich hätte als geringste Gabe
Sie Seinen Dienern dargebracht;
Und hielten Seiner Locken Bande
Den Herzensfuss mir nicht zurück,
In diesem dunkeln Staubgefässe
Verweilt' ich keinen Augenblick.
O trät' Er doch zu meiner Pforte
Als Licht herein, erglänzend hell,
Und über meine beiden Augen
Ergösse sich sein Machtbefehl!
Sein Angesicht ist, wie die *Sonne*,
Mit nichts vergleichbar auf der Welt;
Doch über's Herz muss, ach, ich klagen,
Das nicht ein *Stäubchen Lieb'* enthält.

Ich kann Ihn selbst im Schlaf nicht schauen:
Was sprech' ich vom Genusse hier?
Erschiene, da mir *dieser* mangelt,
Doch mindestens nur *jener* mir!
Dass Seinem Wuchs sie huld'gen müssen
Gestanden selbst Zipressen ein,
Wenn eine Zunge sie besässen,
Der freien Lilje gleich im Hain.
Wie träte je *Hafisens* Klage
Aus der Verborgenheit hervor,
Wenn er nicht mit den Vögeln sänge,
Die Morgens beten ihren Chor.

27.

Was wär's, wenn jenes Freundes Herz
Geneigt zur Liebe wär'?
Ich wär' in *dieser* Lage nicht,
Wär' erst in *jener* er;
Und höbe des Geschickes Gunst
Mich noch so hoch empor,
Wär' immer doch mein Ehrenthron
Der Staub an jenem Thor;
Und wie geschätzt Sein Fussstaub sei
Erschien' im hellsten Licht,
Gebräche es an Ewigkeit
Dem theuren Leben nicht;
Und was des Freundes Lockenduft
Wohl gelte, sagt' ich klar,
Hätt' ich der Seelen Tausende
An einem jeden Haar.
Herr! Wär' der Freibrief meines Glück's
Wohl weniger geehrt,
Wär' mit dem Zeichen er verseh'n
Das jedem Unglück wehrt?
O trät' Er aus dem Vorhang doch
Hervor, gleich Thränen klar,
Und flösse dann Sein Machtbefehl

Auf meiner Augen Paar!
Verschlösse nicht der Liebe Kreis
Die Strasse zum Entflieh'n,
So stände nicht *Hafis,* entherzt,
Als Mittelpunkt darin.

28.

Du sitzest wohl gefühllos nur
An eines Baches Rand:
Du hättest alle Bosheit sonst
Als eigen dir erkannt.
Bei Gott! weil du ein Diener bist
Den er sich auserkohr,
So ziehe mir, dem alten Knecht,
Nicht and're Menschen vor!
In Zukunft will ich betteln geh'n,
Denn auf der Liebe Post
Gewährt ja stets die Demuth nur
Dem Wandersmanne Trost.
Zum Kaiser aller Schönen hat
Dich Zucht und Sitt' erklärt;
D'rum Heil dir, solcher Ehre bist
Du hundertfältig werth!
Rett' ich nur erst des Glaubens Pfand,
Sorg' ich mich weiter nicht:
Leicht lebt sich's ohne Herz, wenn nur
Der Glaube nicht gebricht.
Ich dulde – denn was kann ich sonst? –
Des Nebenbuhlers Pein:
Das Mittel der Verliebten ist
Die Demuth nur allein.
Hör' auf ein unbefang'nes Wort
Von deinem treuen Knecht,
O du, auf den die Grossen schau'n,
Die selber seh'n auf Recht!
»Ein Wesen zarter Art, wie du,
An Herz und Sitte rein,

Thut besser, lässt es nimmer sich
Mit bösen Menschen ein.«
Dass du auf Wiesen wandeln geh'st
Kann ich bedauren nur:
Sind doch so schön und frisch wie du
Die Blumen nicht der Flur.
Gar freundlich Rose, weilest du
Bei'm Dorn; wie sonderbar!
Es stellt sich dies ganz sicherlich
Als zeitgemäss dir dar.
Ach, meiner Thränen Flaschenspiel,
Zeigt links und rechts sich dir,
Sitz'st auf dem Fenster des Gesicht's
Du erst ein Weilchen hier.
Der Thränenstrom riss die Geduld
Hafisens fort mit sich;
Mir fehlt die Kraft, o Augenstern!
Verlass du selbst denn mich!
Du Kerze aus Tschĭgīls Gefild,
So hold und zarten Sinn's,
Bist werth zu leuchten bei dem Fest
Chŏdschā Dschĕlālĕddīn's.

29.

Am Tage, wo um Recht du strittest,
Half dir der Himmel wunderbar:
Wie wirst du nun dafür ihm danken?
Was bring'st du ihm zum Danke dar?
Im Gau der Liebe kauft man nimmer
Das was der Prunk der Fürsten heisst:
Erkenne, dass du Gottes Diener,
Gestehe dass sein Knecht du sei'st.
Sprich zu dem Manne der gefallen,
Und dem Gott selbst gereicht die Hand:
»Dir sei es Pflicht den Gram zu lindern
Der die Gefall'nen übermannt.«
O Schenke, tritt mit froher Kunde

Der Lust, zu meiner Thür herein,
Um aus dem Herzen mir zu bannen
Ein Weilchen nur die Erdenpein!
Wer auf der Würden Strasse wandelt
Hat viel Gefahren zu besteh'n:
D'rum frommt es dir an solchen Hügeln
Nur leichtgeschürzt vorbei zu geh'n.
Auf Kriegerheere sinnt der Herrscher,
Und *Schatz* und Kron' ist sein Begehr;
Doch Seelenruh g'nügt dem Dĕrwīsche,
Im Winkel eines Kālĕndĕr.
Nur nach dem Maass des Muth's und Strebens
Wird das was man gewünscht erreicht,
Und was ein König fromm gelobte,
Dazu verhilft die Gnade leicht.
Ein weises Wort will ich dir sagen,
Gibst du Erlaubniss mir dazu:
»Weit besser ist als Krieg und Händel,
O Augenlicht! die Friedensruh'.«
Den Staub zufried'ner Armuth wische,
Hafis, dir nimmer vom Gesicht,
Denn Besseres als diese Erde
Erzeugt die Alchimie wohl nicht!

30.

Ein paar witzbegabte Freunde,
Ein paar Men voll alten Wein's,
Ungestörte Musse, Bücher,
Und der Winkel eines Hain's;
Nicht um beider Welten Güter
Tauscht' ich einen solchen Ort,
Wenn auch schaarenweis die Menschen
Mich verhöhnten immerfort.
Wer den *Winkel* des Genügens
Hingab um den *Schatz* der Welt,
Der verkauft' Egyptens Joseph
Um ein gar geringes Geld.

Komm, denn es verengen nimmer
Dieser Werkstatt Räume sich,
Lebt ein Frömmler d'rin, dir ähnlich,
Lebt ein Sünder d'rin, wie ich.
Naht der Tod, soll seinen Kummer
Man dem Weine anvertrau'n,
Ist ja doch in solchen Zeiten
Gar auf Niemand mehr zu bau'n.
Setze dich in eine Ecke
Ruhig hin, und blick' um dich:
Denn kein Sterblicher erinnert
Solcher selt'nen Bosheit sich:
Seh' ich doch mein Bild beständig
In gar nied'rer Menschen Hand:
Hat auf *solche* Art der Himmel
Meine Dienste anerkannt?
Doch Geduld nur sei dein Streben,
Herz, da Gott nicht wollen kann,
Dass ein *solcher* Ring den Finger
Schmücke eines Ahriman.
Des Geschickes rauhe Winde
Hindern jedes Aug' zu schau'n
Wo die Rosen und Jasmine
Hingekommen dieser Au'n.
Doch, o Wunder, dass der Giftwind
Der vorbei am Garten blies,
Dennoch Rosen ihre Farbe,
Ihren Duft Narcissen liess.
O *Hafis,* die Zeit erkrankte,
Bei so unglücksvoller That:
Doch wo ist des Arztes Meinung,
Oder des *Brahmanen Rath?*

31.

Wohl lebt in allen Maghentempeln
Kein einz'ger toller Mann, gleich mir,
Denn für den Wein hab' ich verpfändet
Die Kutte dort, die Bücher hier.
Mein Herz – der Spiegel eines König's –
Ist wie mit dichtem Staub bestreut:
Gott sende mir den Umgang dessen
Der heller Einsicht sich erfreut!
Es flossen meines Auges Bäche
Hinab auf meines Kleides Saum,
In Hoffnung, dass vielleicht man pflanze
An's Ufer einen hohen Baum.
O bringe mir das Schiff des Weines:
Wenn ich den Freund nicht schauen kann,
Wird jeder Winkel meines Auges
Aus Herzensgram zum Ocean.
Dem Götzen, der da Wein verkaufet,
Gelobt' ich es, ich sei bereit
Nie Wein zu trinken fern von Jenem
Der dem Gelage Schmuck verleiht.
Es gibt wohl nur der Kerze Zunge
Was Liebe sei gar sinnig kund:
Dem armen *Falter* schliesst dagegen
Die rücksichtsvolle *Scheu* den Mund.
Mit mir, der ich die Mädchen liebe,
Sprich ja von etwas And'rem nie,
Denn ich beküm̄'re mich um Niemand
Als um das Weinglas nur und sie.
Wenn die Narcisse prahlt, sie äugle
So hold wie du, so zürne nicht:
Denn einem Blinden folgt ja nimmer
Wer da besitzt sein Augenlicht.
Wie lieblich tönten mir die Worte
Die bei der Pauk' und Flöte Klang,
Am Thore einer Schenke weilend,
Ein Christ am frühen Morgen sang:

»Nennt man des Muselmanes Glauben
Das was *Hafis* beständig übt,
Dann wehe, wenn es nach dem Heute
Ein Morgen der Vergeltung gibt!«

32.

Ich sah im Traume gestern Abends
Wie sich ein Mond erhob in Pracht,
Der durch den Abglanz seiner Wange
Ein Ziel gesetzt der Trennungsnacht.
Wie deut' ich dies? Zurückgekommen
Muss der verreis'te Freund wohl sein;
O träte er – der Himmel geb' es –
Im Augenblick zur Thür herein!
Ich preise ihn, o du mein Schenke,
Der Frohes stets verkündet mir!
Denn mit *Pocalen* und mit *Bechern*
Trat *immer* er herein zur Thür.
Schön wäre es, erblickt' im Traume
Die heimathlichen Fluren er:
Erinn'rung an die Freundschaft führte
Ihn dann die Strasse zu mir her.
Doch wer dein Führer war und wollte,
Dein Herz sollt' hart wie Kiesel sein,
Der stosse sich bei jedem Schritte
Den Fuss an einen Kieselstein.
O liesse sich der ew'ge Segen
Durch *Gold* erwerben und durch *Kraft*,
Es hätte Chiser's Lebenswasser
Sich Alexander wohl verschafft.
Ich hätte jenem Herzensschmeichler
Die Seele hingestreut mit Lust,
Wenn er, verklärt gleich einem Geiste,
Gesunken wär' an meine Brust.
Nie werde ich der Zeit vergessen
Wo mir vom Dach und durch die Thür
Vom Freund und Liebling Brief und Kunde

91 War zugekommen für und für!
Wo fände wohl der Nebenbuhler,
Die Möglichkeit so hart zu sein,
Trät' einmal Nachts ein Hartbedrängter
Zu seines Richters Thür herein?
Der Rohe, der noch nie gewandert,
Kennt nicht der Liebe Seligkeit:
Such' dir ein Herz, so weit wie Meere,
Voll Starkmuth und Vollkommenheit.
Und hätt' ein Anderer gedichtet
So zart und lieblich wie *Hafis,*
Er war des Beifalls eines Königs,
93 Der die Verdienste schätzt, gewiss.

33.

Mancher Tag ist schon verflossen
Seit ich fruchtlos dein geharrt:
Du behandelst deine Diener
Nicht nach aller Ander'n Art.
Deines Beifalls Augenwinkel
Hast du nie erschlossen mir:
Werden, die auf dich nur blicken,
Also hochgeschätzt von dir?
Keine Rose und kein Sprosser
Ist von deinem Maale frei:
Du zerreissest ihre Kleider
Und erregst ihr Wehgeschrei.
Deinen Arm, o birg ihn lieber,
Weil, so oft du Schminke brauchst,
Du die Hände in das Herzblut
Der verdienten Leute tauchst.
Bist ja der Erfahrung Vater,
O mein Herz; aus welchem Grund
Hoffest du von solchen Söhnen
Auf der Treu' und Liebe Bund? –
Deinen Gold- und Silberbeutel
Müsstest du erst leeren rein,

Hofftest du, dass Silberbrüst'ge
Dir gewogen könnten sein.
Herz und Glaube ging verloren;
Doch gesteh' ich nicht der Welt,
Du nur sei'st's der mich Entherzten
Stets in dieser Lage hält.
Zwar es heissen meine Sünden
Trunkenheit und wüster Sinn;
Doch behauptet ein Verliebter
Du erhieltest mich darin.
Der du bei geflickten Kutten
Die Genüsse suchst der Ruh'!
Wie? Von Jenen die nichts wissen
Hoff'st auf ein Geheimniss du?
Bist des Blickesflur Narcisse
Du, o Aug' und Fackellicht!
Zeige mir, dem Herzenswunden,
Ein so schweres Haupt doch nicht.
Seit der Ost vor Ros' und Sprosser
Deiner Schönheit Blätter las,
Bringst du Alle in Verwirrung,
Und ihr Harren kennt kein Mass.
Der Juwel in Dschem's Pocale
Stammt aus and'rer Welten Schacht,
Du hingegen forderst einen
Nur aus Töpferthon gemacht.
O *Hafis,* im Tadel schwinde
Nicht der Tag des Heiles dir:
Ist die Welt doch nur vergänglich:
Was erwartest du von ihr?

34.

Morgens ging ich in den Garten.
Eine Rose mir zu pflücken,
Als die Töne eines Sprossers
Plötzlich mir das Ohr durchzücken.
Liebesschmerz um eine Rose

Fühlet, so wie ich, der Arme,
Und erfüllt die ganze Wiese
Nun mit seinem lauten Harme.
Jenes Gartens grüne Wiesen
Hab' ich öfters schon durchschritten,
Überdenkend was der Sprosser
Für die Rose hat gelitten.
Hold dem Dorne ist die Rose,
Während sie die Sprosser lieben:
Diese wechseln nicht; auch jene
Ist sich immer gleich geblieben.
Als mein Herz ergriffen wurde
Von des Sprossers lauten Klagen,
Fehlten bald mir alle Kräfte
Es noch länger zu ertragen.
Freilich blüh'n gar viele Rosen
Hier in diesem Erdenhaine:
Doch, vom Dorne unverwundet,
Pflückte d'rin noch Keiner eine.
Hoffe nicht, *Hafis,* auf Freuden
Von dem wechselnden Hienieden
Dem, bei Tausenden von Mängeln,
Nicht Ein Vorzug ist beschieden.

35.

Durch den Strich, den auf die Rosenwange
Du dir ziehest zart und fein,
Zieh'st du einen Strich durch's Blatt der Rose,
So wie durch den Rosenhain.
Meine Thräne, die verborgen weilet
In des Auges stillem Haus,
Zieh'st du nun durch siebenfache Schleier
Auf den off'nen Markt heraus.
Durch der *Locken* Duft zieh'st du den Trägen,
Einem Morgenlüftchen gleich,
Immer wie in *Ketten* und in *Banden*
In der Thätigkeit Bereich.

In Erinn'rung an's berauschte Auge
Und die Lippe roth wie Wein,
Zieh'st du immer aus der stillen Klause
In die Schenke mich hinein.
»Festgebunden sei an deinen Riemen
Stets mein Haupt!« sprachst du zu mir,
Leicht ist dieses, ziehst du nur die Bürde
Dieser Mühe erst nach dir.
Ob vor deinem Aug' und deiner Braue
Ich mein Herz wohl retten kann?
O des Bogens den du zieh'st und spannest
Straff auf mich, den kranken Mann!
Kehre wieder! denn von deiner Wange
Wend' ich ab den bösen Blick,
Frische Rose! doch von mir, dem Dorne,
Zieh'st du ja den Saum zurück.
Was von allen Gütern dieser Erde
Forderst, o *Hafis,* du noch?
Wein verkostend, zieh'st du freundlich spielend
An des Holden Locke doch.

36.

Nun, wer bringt vom Herzensräuber
Mir ein Schmeichelbriefchen her?
Wo verweilt der Ost, der Bote?
Ist wohl so gefällig er?
Nimmer klag' ich; doch des Freundes
Wolke der Erbarmung hat
Keinen Tropfen noch gethauet
Auf der durst'gen Herzen Saat.
Des Verstandes Rath erwog ich
Auf dem Weg den Liebe nimmt,
Fand, dem Nachtthau sei er ähnlich
Der im Ocean verschwimmt.
Komm, denn wenn auch stets, als Stiftung,
Meine Kutt' in Schenken ruht,
Lautet doch auf meinen Namen

Keine Drachme Stiftungsgut.
Wesshalb man kein Zuckerröhrchen
Für den Kauf des Mannes beut,
Der aus seinem Schreibe-Rohre
Hundertfältig Zucker streut?
Gleissnerei und Falschheit riefen
Ekel schon in mir hervor:
Komm, denn meine Fahne pflanz' ich
Offen auf der Schenke Thor.
Nimmer kennt der Arzt am Wege
Was der Schmerz der Liebe sei,
Todtes Herz, geh', ruf' mir einen
Mit Messias' Hauch herbei!
Das Warum und Wie besprechen,
Herz, nur Kopfweh macht dir das:
Ruh' ein wenig aus vom Leben,
Doch erst greife nach dem Glas!
Komm, denn die die Zeit begreifen
Tauschen beider Welten Hort
Um ein Glas voll reinen Weines
Und um eines Götzen Wort.
Eine Dauer des Genusses
Kennt die Liebe leider nicht:
Fühle – bist du Meinesgleichen –
Wie des Grames Fliete sticht!
Nichts besitzt *Hafis,* o König,
Was entspräche deiner Macht,
Als nur Wünsche früh am Morgen,
Und Gebete in der Nacht.

37.

Es sind des Frühlingswindes Hauche,
Die von des Freundes Gau'n weh'n:
Du wirst mit Hilfe dieses Windes
Die Herzensfackel lodern seh'n.
Hast du, wie Rosen, Gold, so kaufe
Um Gotteswillen Freude dir!

Denn dass *Kărūn* in's Unglück stürzte,
Kam von des Golderwerbens Gier.
Mein Wein ist *lauter* wie die Seele,
Mag auch der *Ssofi* auf ihn schmäh'n;
Gott, mög' es einem weisen Manne
In keiner Lage schlimm ergeh'n!
Wie kann man seinen Wunsch erreichen?
Wenn man, was man gewünscht, entbehrt:
Die wahre Krone ist nur jene,
Die dies Entbehren dir beschert.
Ich weiss es nicht warum am Bache
Die Turteltaube klagen mag?
Auch sie vielleicht nährt einen Kummer,
Wie ich ihn nähre Nacht und Tag.
Dein süsser Freund, er ging von hinnen,
Bleib' nun allein, o Fackellicht!
So lautet der Beschluss des Himmels,
Du mögst nun wollen oder nicht.
Verhüllt will ich ein Wort dir sagen:
»Tritt aus dir selbst, der Knospe gleich,
Denn nur fünf kurze Tage herrschet
Die Fürstin in des Frühlings Reich.«
Des Wissens Stolz beraube nimmer
Dich dessen was dir Freude macht:
Komm', Schenke: ist ja doch nur Dummen
Das grösste Glück stets zugedacht.
Geh' hin, geniesse Wein und schwelge,
O Herz, und meide Gleissnerei!
Ich staunte, wolltest du mich lehren
Ein Mittel das noch besser sei.
Komm auf die Flur, und von dem Sprosser
Vernimm wie zart die Liebe spricht;
Komm in den Saal und von *Hafisen*
Nimm in der Dichtkunst Unterricht.

38.

Reich' von jenem Wein der Liebe
– Jeden Rohen kocht er gahr –
Sind wir gleich im Fastenmonde,
Ein gefülltes Glas mir dar!
Tage schwanden seit ich Armer
Nicht berührte zärtlich warm
Eines Buchsgestalt'gen Wade
Eines Silberleib'gen Arm.
Es erscheint, o Herz, die Faste
Als ein Gast hochangeseh'n:
Ein Geschenk ist sein Verweilen,
Eine Huld sein Weitergeh'n.
Auf die Klosterpforte flieget
Wohl kein kluger Vogel jetzt,
Weil man ihm in jeder Predigt
Eine Falle hingesetzt.
Wenn ein Frömmler mich verfolget,
Klag' ich nicht: es will der Brauch,
Dass, wenn erst der Morgen graute,
Ihm der Abend folge auch.
Setzt mein Freund um lustzuwandeln
Auf die Wiese hin den Fuss,
Bote Ostwind, o dann bringe
Du von mir ihm einen Gruss;
Sag' ihm: »Wird, wer Früh und Abends
Stets nur reinen Wein geniesst,
Sich des Mannes wohl erinnern,
Der nach Hefe durstig ist?«
Wird, *Hafis,* dir vom Ässäfe
Deines Herzens Recht verwehrt,
Dann erreichst durch Eigenwillen
Du gar schwer was du begehrt.

39.

Des Morgens sprach am Rain ein Wandersmann
In Räthselart den Nachbar also an:
»Es wird der Wein, o *Ssofi*, dann erst *klar*,
Wenn vierzig Tag' er in der Flasche war.«
Im Finger Salomon's nur liegt die Kraft:
Dem Ringe selbst fehlt jede Eigenschaft.
Schon hundertmal hat Gottes Zorn geweckt
Ein Mönchsgewand das hundert Götzen deckt.
Die Herzen dunkeln: doch vielleicht erhellt
Ein Klausner sie durch Licht aus jener Welt.
Die Grossmuth ist ein Wort zwar ohne Sinn;
Doch zu dem Zarten flehe immerhin!
Dein Lohn, o Herr der Garbe, findet sich,
Erbarm'st du eines Ährenlesers dich.
Bei Niemand kann ich Lust und Freude schau'n,
Auch Tröstung nicht und gläubiges Vertrau'n.
Auf hohe Würden hofft der Muth nicht mehr,
Vom Bild der Liebe ist das Stirnblatt leer.
Hafisen fehlt die Ruh' bei'm Unterricht,
Und Sich'res weiss selbst der Gelehrte nicht.
Zeig' mir der Schenke Thür, um mein Geschick
Dort zu erforschen durch des Sehers Blick.
Zwar sind die Schönen hartgesinnt; allein
Kannst du nicht mild mit dem Betrübten sein?

40.

Seit sich Suleïma nach Ĭrāk begeben
Liess Lust nach ihr mich manches Leid erleben.
Der du die Sänfte meiner Freundin leitest,
Wie gern bestieg' das Thier ich, das du reitest!
Der Freundin fern, quillt Blut mir aus dem Herzen;
O Fluch den Tagen bitt'rer Trennungsschmerzen!
Lass' den Verstand im Sīndĕrūd begraben,
Und trinke Wein bei'm Sang ĭrāk'scher Knaben!
Du Sänger, dessen Lied und Wort wir preisen,

Sing' pers'sche Verse zu ïrāk'schen Weisen!
Es heisst der Jugend wieder mich gedenken
Der Harfenton, der Tactschlag holder Schenken.
Reich' mir den Rest vom Wein; den Rest vom Leben
Will ich, berauscht und froh, den Freunden geben.
Komm, gib den schweren Becher mir, o Schenke,
Damit dich Gott aus voller Schale tränke!
Vereint mit Jenen die dir sind ergeben,
Erkenn' und nütze das vereinte Streben!
Mir grünt des Lebens Lenz auf deinen Weiden:
Gott schütze dich, du Zeit der Liebesfreuden!
Nie nützte ich die Stunde der Genüsse,
Wofür ich nun im Quell der Trennung büsse.
Du Rebentochter bist zwar schön zu nennen,
Doch muss man sich von dir zuweilen trennen.
Messias nur mit seiner freien Seele
Verdient, dass er der *Sonne* sich vermähle.
Der Jungfrau Gunst muss ich, der Greis, entsagen:
Umarmung nur und Küsse darf ich wagen.
Verschmäh' sie nimmer, die dir folgt, die Zähre:
Denn kleine Bäche bilden grosse Meere.
Von Freunden trennt das Los mich immer wieder:
So singe denn, *Hafis*, ïrāk'sche Lieder!

41.

Von meiner Sehnsucht gab ich Kunde
Dem Wind in früher Morgenzeit,
Und eine Stimme rief: »Vertraue
Auf göttliche Barmherzigkeit!«
Der Liebe Räthsel auszusprechen
Vermag des Rohres Zunge nicht:
Des Ausdruck's Grenzen überschreitet
Was aus der Sehnsucht Blicken spricht.
Dein Herz an Leïla's Locke knüpfend,
Nimm dir ein Beispiel an Mědschnūn,
Da alle Worte des Verstandes
Dem Liebenden nur Abbruch thun.

O du mein Joseph aus Ägypten,
Beschäftigt nur mit Reich und Thron,
Den Vater frage wo die Grenze
Der Liebe sei zu seinem Sohn!
Durch deines Schelmenblickes Zauber
Heil'st und erweckest du den Schmerz;
Durch deines Moschushaares Ringe
Beglück'st und fesselst du das Herz.
Die Welt, die zweigesicht'ge Alte,
Empfand des Mitleids Regung nie:
Was forderst du von ihrer Liebe?
Was knüpf'st dein Streben du an sie?
Nur dem zufried'nen Armen blühet
Auf diesem Markte ein Gewinn:
Gott! wolle d'rum mir Reichthum geben
An Armuth und zufried'nem Sinn!
Ein Frühgebet, ein Abendseufzer
Schliesst aller Wünsche Schätze auf,
Und du verein'st dich dem Geliebten,
Verfolg'st du dieses Pfades Lauf.
Wie lang noch nähr'st du, hoher Huma,
Dich gierig mit der Äser Kost?
Weh' über jenes Glückes Schatten,
Den du auf Unverdiente goss'st!
Hafis, gib nicht dein Herz den Schönen,
Und sieh wie schändlich treulos war
Was an den Charesmiten übte
Die samarkand'sche Türkenschaar.
Tönt aus Schïrās ein Lied *Hafisens,*
So tanzt und wälzet sich sogar
Der schwarzbeaugte Kischmirite,
Die samarkand'sche Türkenschaar.

42.

Wolkenschatten sind, o Schenke,
Lenz und Bachesufer hier:
Was du thun sollst, sag' ich nimmer,
Sag', Beherzter, selbst es dir!
Auf! denn dies Gemälde duftet
Nimmer nach Einfärbigkeit:
Wasche denn in reinem Weine
Das befleckte Ssofikleid!
Niedrig ist die Welt: misstraue
Dieser Gnadenspenderin;
Welterfahrner, von der nieder'n
Ford're nicht beständ'gen Sinn!
Doch erschliess' dein Ohr und höre
Wenn der Sprosser klagend spricht:
»Rieche zu der Gnade Rose,
Meister, und versäum' es nicht!«
Horch'st du meinem Doppelrathe,
Nennst du hundert Schätze dein:
»Tritt herein zum Thor der Freude,
Schlag' der Schande Pfad nicht ein!«
Willst den Seelenfreund du schauen,
Halte ihm den Spiegel vor,
Denn es keimt Narciss' und Rose
Nicht aus Stahl und Erz empor;
Und bevor an Weinhausthüren
Du zu Staub geworden bist,
Weile hinter'm Schenkenvorhang
Durch zwei kurzer Tage Frist;
Und, zum Danke dass du wieder,
Athmetest des Frühlings Luft,
Pflanz' des Wohlthuns Baum, dich labend
An der Gnadenrose Duft!
»Von *Hafis*« – so sprachst du – »wehet
Stets ein Gleissnerduft uns an.«
Deine Sinne muss man *loben:*
Fein ist dein Geruchsorgan!

43.

Gottes Heil, so lang die Nächte
Immer wiederkehren,
Und der Laute und der Zither
Zwiegespräche währen!
Ferner Heil dem Dornenthale,
Ihm auch der's bewohnet,
Und dem fahnenreichen Zelte
Das auf Sande thronet!
Jedem Fremdlinge hienieden
Wünsch' ich Glück und Segen:
Darum bet' ich unablässig,
Bete allerwegen.
Lass, o Gott, wohin auch immer
Er sich möge wenden,
Deinen Schutz ihm angedeihen,
Und ihn nimmer enden!
Ruhig, Herz! denn die die Ketten
Seiner Locken tragen,
Finden in der wirr'sten Lage
Ordnung und Behagen.
Ich erliege noch der Sehnsucht;
Hätt' ich doch nur Kunde,
Wann mir Nachricht vom Genusse
Wird aus Botenmunde?
Deine Lieb' ist meine Wonne,
Ist's an jedem Tage,
Und dein Nam' ist mein Gefährte,
Ist's in jeder Lage.
Bis zum Aufersteh'n der Todten
Sollen heisse Triebe,
Dir geweiht, mein Herz erfüllen,
Und die höchste Liebe.
Find' ich irgendwo Genüsse,
Wie bei dir, o König?
Mir, dem Zecher, dem Verruf'nen,
Liegt am Ander'n wenig.

Weil dir hundert neue Reize
Hat dein Flaum gegeben,
Soll durch hundert Ruhmesjahre
Währen auch dein Leben!
Jenem Maler, dem allmächt'gen,
Muss man Beifall zollen,
Der des Neumonds Strich gezogen
Um den Mond, den vollen.
Wenn nur *du* dein Dasein fristest,
Kann die hohen Ehren
Und des Reichthums Capitale
Man gar leicht entbehren.
Weiss der Herr doch, was *Hafisens*
Absicht sei hienieden;
Kennt erst Gott, was ich verlange,
Bin ich schon zufrieden.

44.

Grüsse, lieblich wie der Freundschaft Düfte,
Send' ich jenem hellen Augenstern;
Wünsche, leuchtend wie das Herz der Frommen,
Send' ich jenem Tugendlichte gern.
Keinen Freund erblick' ich mehr; es blutet
Mir das Herz; wo weilst du, Schenke? sprich:
Wo verkauft man Wein, der Ssofis meistert?
Denn in Gluth versetzt das Heucheln mich.
Die Gefährten, als ob niemals Freundschaft
Uns verbunden, brachen schnöd ihr Wort.
Wende dich nicht ab vom Schenkengaue:
Schlüssel gibt's, die Alles öffnen, dort.
Diese Welt ist zwar ein schönes Bräutchen,
Doch verletzt sie arg der Treue Pflicht,
Und mein wundes Herz, voll edlen Muthes,
Heischt von Felsenherzen Balsam nicht.
Will des Glückes Alchimie dich lehren:
Lass, o lass mit Bösen dich nicht ein!
Gier'ge Seele! Lässt du mich gewähren,

Werd' ich Bettler bald ein Kaiser sein.
Klage nicht, *Hafis,* gib dich zur Ruhe:
Weiss der Knecht was der Gebieter thue?

45.

Eine Stimme in der Schenke
Rief mir Morgens diese Worte
Freundlich zu: »O kehre wieder,
Dien'st ja lang an dieser Pforte!
Trinke Wein, wie Dschem; – vom Jenseits
Wirst du, was es birgt, erfahren
Aus dem Glase, dessen Strahlen
Diese Welt dir offenbaren.«
Man erblickt am Schenkenthore
Trunk'ne Kălĕndēre weilen,
Sie, die Kronen von Monarchen
Nach Belieben dort vertheilen.
Unterm Haupte einen Ziegel,
Ruht ihr Fuss auf sieben Sternen!
Schaue sie, willst du die Grösse
Und die Würde kennen lernen!
Von dem Thor der Schenken trennet
Sich mein Haupt nun nimmer wieder:
Denn ihr Dach stösst an den Himmel,
Ist ihr Wall auch noch so nieder.
Bettler an dem Schenkenthore
Musst du hoch in Ehren halten,
Wandersmann, wenn du begriffen
Gottes räthselhaftes Walten!
Macht man dich, o Herz, zum Herrscher
In der Armuth weiten Reichen,
Wird dein kleinstes Land vom Monde
Bis hinab zum Fische reichen.
Unternimm die Reise nimmer,
Geht nicht Chiser dir zur Seite:
Finster ist die Bahn; ich fürchte,
Dass dein Fuss dich irre leite.

Schäme dich, *Hafis,* der Worte,
Du, in roher Gier befangen:
Denn was that'st du, um zum Lohne
Beide Welten zu verlangen?
Kannst an's Armuthsthor nicht klopfen,
Halte denn für alle Fälle
Dich an Tūrănschāh's Gesellschaft
Und an seine hohe Stelle.

46.

Voll von Schmerz ist meine Brust:
Gebt, ach, was sie heile mir!
Einsamkeit entseelt mein Herz:
Wär', o Gott, ein Trauter hier!
Hofft vom schnellen Himmelsrad
Irgend wer der Ruhe Glück?
Schenke, bring' ein Glas; ich will
Ruhen einen Augenblick.
Auf! Dem Türken Sāmărkănd's
Weihe ich mein Herz fortan,
Denn es bringt sein sanfter Wind
Düfte mir vom Mūlĭān.
Einem Klugen sagt' ich einst:
»Sieh, so ist es hier bestellt!«
Lachend sprach er: »Schwierig ist's:
Wirr und seltsam ist die Welt.«
Hab' im Brunnen der Geduld
Für das Licht Tschĭgīl's gebrannt;
Doch der Schah der Türken schläft:
Ist denn kein Rŭstēm zur Hand?
Misslich auf der Liebe Pfad
Ist die Ruh' und Sicherheit:
Darum blute jedes Herz
Das zu heilen sucht dein Leid.
Kein Verwöhnter schlägt die Bahn
Zu dem Gau der Zecher ein:
Wer d'rauf wandelt muss verbrannt,

Darf nicht roh und schmerzlos sein.
Trifft man auf der ird'schen Welt
Doch nicht Einen Menschen an!
Eine neue Welt thut Noth,
Und ein neuer Adam dann.
Stolze Liebe kümmert's nicht,
Weint *Hafis* auch noch so sehr:
Dieser Sündfluth, ach, erscheint
Nur als Thau das Siebenmeer.

47.

Schenke, komm! Das Glas der Tulpe
Ist bereits gefüllt mit Wein:
Bis wie lang noch Mönchsgebräuche,
Und bis wann noch Faselei'n?
Lass denn Stolz und Sprödsinn fahren:
Sah die Zeit doch oft zuvor
Wie ein Kaiser seinen Mantel,
Seine Kron' ein Fürst verlor.
Werde nüchtern, denn schon trunken
Ist der Vogel auf der Flur;
Werde wach, denn Todesschlummer
Ist bereits dir auf der Spur.
Wie du dich so reizend schaukelst,
Holder Zweig des Lenzes du!
Fügten doch des Winters Stürme
Nie ein Ungemach dir zu!
Auf des Himmels Liebesblicke
Darf man keine Hoffnung bau'n:
Zu beklagen sind die Menschen
Die dem Listigen vertrau'n.
Morgen werd' ich durch die Huris
Und den Wein Kjĕwsēr's erfreut;
Durch den mondgesicht'gen Schenken
Und das volle Weinglas heut.
An der *Kindheit* Tage mahnet
Mich der laue *Morgenwind;*

Gib der Seele doch ein Mittel
Das den Gram verscheucht, o *Kind!*
Sieh nicht auf den Prunk und Schimmer
Den zur Schau die Rose trägt:
Wird doch jedes ihrer Blätter
Von dem Winde weggefegt.
Gib zu Hatem Thai's Erinn'rung
Einen schweren Becher her;
In der Geiz'gen schwarzem Buche
Blätt're ich dann nimmermehr.
Jenen Wein, der Farb' und Anmuth
Mitgetheilt dem Ergwanstrauss,
Schwitzt die Anmuth seines Innern
Nun durch seine Wange aus.
Trag' das Kissen in den Garten,
Denn zum Dienste stellt sich an
Die Zipresse, und den Gürtel
Hat das Rohr schon angethan.
Horch, die Sänger auf der Wiese
Stimmten zu der Liebe Sang
Harfe, Barbiton und Laute
Und der Flöte sanften Klang!
Schon gelangt, *Hafis,* die Kunde
Deiner holden Zauberei
Bis nach China und Egypten
Und bis weit nach Rum und Rai.

48.

Eine Stadt voll Zarter gibt es,
Üb'rall prangt daselbst ein Bild:
Freunde, hört den Ruf der Liebe,
Seid zu handeln Ihr gewillt!
Einen Jüngling frisch wie diesen
Schaut wohl nie das Aug' der Welt,
Wie auch keine schön're Beute
Je in Menschenhände fällt.
Sah man jemals einen Körper,

Der so ganz aus Geist bestand?
Hänge nie von Staubgebornen
Sich ein Staub an sein Gewand!
Wesshalb weisest du so grausam
Mich Gebrochenen von dir?
Einen Kuss nur, ein Umarmen
Mehr erwart' ich nimmer mir.
Lauter ist der Wein, d'rum eile,
Schon die Zeit, d'rum freue dich!
Wer verlässt wohl auf den Frühling
In dem nächsten Jahre sich?
Gleich der Tulpe und der Rose
Halten Zecher in dem Hain,
Eingedenk der Freundeswange
Einen Becher voll von Wein.
Kann ich diesen Knoten lösen?
Mach' ich dieses Räthsel klar?
Ist es doch ein hartes Leiden
Und ein schweres Werk fürwahr!
Jedes Haar *Hafisens* fesselt
Eines Schelmes Lockenhand;
Misslich ist es d'rum geworden
Zu bewohnen solch ein Land.

49.

Düfte jener Moschuslocke
Hauch'st du aus, o Morgenluft:
Bleibe mir als Angebinde,
Denn du mahn'st an Seinen Duft.
Dies mein Herz, worin der Schönheit
Und der Liebe Perle ruht,
Konnte ich gar leicht dir schenken,
Wahrtest du es nur auch gut.
Das Gewand der stolzen Reize
Passt nur deinem Wuchs allein,
Denn die Eigenschaft der Rose:
Duft und Farbe, nennst du dein.

Anspruch machen wie die Sonne
Auf der Schönheit weites Reich
Kömmt dir zu, denn Diener hast du
An Gesicht dem Monde gleich.
Deine holden Eigenschaften
Trifft der einz'ge Vorwurf nur,
Dass du Wächter um dich duldest
Von gar trotziger Natur.
Rose, kannst du Lust empfinden
Bei des Sprossers Melodien,
Du, die plauderhaften Vögeln
Des Verstandes Ohr gelieh'n?
Mich berauschte deine Hefe;
Deinem Wohle einen Toast!
Doch aus welchem Kruge fliesset
Was du in der Kanne hast?
Trotze nicht auf deine Spröde,
Du Zipresse dort am Bach,
Denn in Seiner Nähe neigest
Du das Haupt bedeckt mit Schmach!
Als ich für Sein Wohl gebetet,
Lacht' er schlau und sprach zu mir:
»Du, wer bist du und was hast du
Denn mit mir zu reden hier?«
Such', *Hafis,* der Liebe Perle
In der Zelle Winkeln nicht:
Tritt heraus, wenn sie zu suchen
Es an Lust dir nicht gebricht.

50.

Dem gelad'nen Gast: der Liebe, folget
Ungeladen Mensch und Perisohn;
Lass es nicht am eig'nen Willen fehlen,
Und als Lohn trägst du das Glück davon.
Suche nicht die Wonne des Genusses,
Wenn des Sehens Gabe dir gebricht:
Denn der Becher den einst Dschem besessen,

Nützt dir ja, bist du erblindet, nicht.
Wirst du lang noch Morgenwein geniessen
Und des Morgenschlummers Süssigkeit?
Flehe Mitternachts um Schuldvergebung
Und um Thränen in der Morgenzeit!
Komm und kaufe alle meine Länder
Um der Schönheit reiches Capital:
O versäume diesen Handel nimmer,
Denn du fühltest sonst der Reue Qual.
Lass es dein Bestreben sein, o Meister,
Theil zu haben an der Liebe Glück:
Denn es kauft ja Niemand einen Sclaven,
Dem Talente mangeln und Geschick.
Alles was von Liebe ich erfahren,
Führt hinaus auf der Verwund'rung Flur.
Darum will ich künftig mich berauschen
Und als Unerfahr'ner handeln nur.
Welch' ein Püppchen bist du denn, o Zarter,
Der durch Gaukeleien mich bestrickt?
Steh'st du doch dem Aug' nicht gegenüber
Und bist dennoch nie dem Blick entrückt.
Tausende von frommen, heil'gen Seelen
Sind bereits aus Eifersucht verbrannt.
Weil man jede Nacht und jeden Morgen
Dich als Licht in ander'n Sälen fand.
Durch Gebete frommer Winkelsitzer
Wendet sonst man Unglück ab von sich:
Wesshalb blickst du also freundlich nimmer
Mit dem Winkel nur des Aug's auf mich?
O wer ist es der in meinem Namen
Einen Gruss hin zum Ǎssāfe trägt?
Diesen Vers von mir in pers'scher Sprache
Halt' er im Gedächtniss eingeprägt:
»Komm, und hast du dieses ird'sche Treiben
So erprobt, wie es mein Blick geschaut,
Nun, so machst du nur mit Bechern Weines,
Nicht mit Sorgenbechern dich vertraut.«
Auf dem anmuthsvollen Haupte sitze

Nimmer schief der Herrschaft Mütze dir,
Denn des reichsten Glückes bist du würdig,
Und des Thron's und gold'ner Kronen Zier.
Jede Strasse die zur Liebe führet
Birgt Gefahren wunderbarer Art;
Vor dem Schmerze kein Asyl zu finden
Halte Gott in Gnaden dich bewahrt!
Sich nach deiner Lock' und Wange sehnend
Müssen rastlos hin und wieder zieh'n
Morgenwinde die nach Bisam duften,
Rosen die in holder Anmuth blüh'n.
Durch den Segen von *Hafisens* Muthe
Nähre ich die Hoffnung, abermal
Mährchen meiner *Leïla* zu vernehmen
In der *Nacht* erhellt vom Mondesstrahl.

51.

O du, mit dessen Grame mich
Vereint ein ew'ges Band!
Ich klage nicht, wenn fruchtlos auch
Um dich mein Leben schwand.
Das Glück der Hunde deines Gau's
Begreift nicht wer's nicht kennt;
O wär' in jener Gegend doch
Zu wohnen mir vergönnt!
Mein nasses Auge gab, o Freund,
Dir mein Geheimniss Preis:
Erbarm' dich meiner Thränen, du
Der was mir mangelt weiss!
Kein Schöner kennt der Treue Pflicht:
Ihr mit dem reinen Sinn,
Erwartet Treue nicht von dem,
Dem Schönheit ward verlieh'n!
Vorbei am Lebensquelle ging
Mit durst'ger Lippe ich:
So labe denn, o Schenke, du
Mit süssem Wasser mich!

Verlassen hab' ich dir zu Lieb'
Den Glauben und die Welt,
Aus Leidenschaft für dich entsagt
Der Ruhmsucht und dem Geld;
Und wenn auf deiner Schwelle Staub
Hafis sein Leben schliesst,
So lebt ein neues Leben er
Das unvergänglich ist.

52.

O du, vor dessen holder Wange
Vom Nass der Scham die Rose träuft,
Und dessen Onix gegenüber
Von Schweiss das Weinglas überläuft!
Ist es nicht Morgenthau auf Tulpen,
Auf Rosen Rosenwasser nicht?
Ist's Wasser nicht auf Feuer, oder
Ist's Schweiss auf deinem Angesicht?
Der Holde mit den Bogenbrauen
Entschwand dem Auge, und mein Herz,
Indem es seine Spur verfolgte,
Verlor die eig'ne Spur im Schmerz.
Ich trenne heute Nacht die Hände
Von seiner Locke nimmermehr;
Geh' Mūĕsīn, und ruf' die Worte:
»Der Alllebendige ist Er!«
Vertrau' die Harfe nur ein Weilchen
Der zarten Hand des Sängers an,
Dass er die *Ader* wund ihr reisse
Und seinen Sang beginne *dann!*
Leg' Aloe auf des Feuers Flamme,
Thu' Gluth in den Mănkāl hinein,
Und lass dann alle Sorge fahren,
Mag noch so kalt der Winter sein!
Gibt dich der ungerechte Himmel
In Zukunft der Verachtung Preis,
Magst bei'm Dără du dich beklagen,

Dem Herrscher im Gebiete Rai's,
Dem Fürsten, der die Welt verschenket,
Und Grossmuth übt in solchem Mass,
Dass man bereits Hătēm's Geschichte
Und seinen Namen *d'rob vergass.*
Dem Mann, dem für ein Bischen Hefe
Die Seele nicht zu theuer war,
Dem raube denn auch du die Seele,
Und reich' ihm einen Becher dar!
Nimm dir ein Glas, gefüllt mit Weine!
Hafisen gleich, soll's im Genuss
Dich nimmer stören, zu ergründen
Wann Dschem gelebt und wann Kjăwūs?

53.

O bringe Wein, befreiend mich
Von seiner Folgen Qual!
Es heilet ja die Krankheit nur
Ein voller Weinpocal.
Kein Licht erhellt mit solchem Glanz
Den traulichen Verein
Wie eines Schönen Angesicht
Und wie der Traubenwein.
Sei nicht so stolz auf deines Blick's
Geheime Zauberkraft:
Hat doch Erfahrung mich gelehrt,
Dass Stolz nie Nutzen schafft.
Du Mann von Bildung, warnest du
Noch lang vor Liebe mich?
In solchen Worten – mit Verlaub –
Zeigt keine Bildung sich.
Die Seele des Beherzten lebt
Durch Liebe nur allein:
Zieh' hin, wenn du sie nie gefühlt!
Entschuldigt magst du sein.
Ich gab für einen einz'gen Blick
Dass eig'ne Heil schon hin;

Weh über Heil und Frömmigkeit
Und über Tugendsinn!
Schon nahte des Genusses Glück
Und Trennungsleid verschwand,
Und eine neue Blüthenzeit
Brach an im Herzensland.
Hafis, du kannst nicht Jedermann
Vertrau'n den Schmerz um Ihn:
Doch dem, der Trennungsleid empfand,
Vertrau' ihn immerhin.

54.

Des Freundes Wohlgeruch
Verhauchst du, sanfte Luft:
Hauchst du wohl desshalb nur
So süssen Moschusduft?
Hab' Acht und strecke doch
Nicht immer aus die Hand!
Was hast du denn zu thun
Mit seinem Lockenband?
Was bist, o Rose, du
Vor seinem Angesicht?
Er ist an Moschus reich;
Du trägst den Dorn, der sticht;
Was bist du, Königskraut,
Vor seines Flaumes Grün?
Er blühet zart und frisch,
Du welkst im Staube hin.
Was bist, Narcisse, du
Vor seinem Augenpaar?
Es hat ein Räuschchen nur,
Doch du besäuf'st dich gar;
Und du, Cipressenbaum?
Wenn seinen schlanken Bau
Man dir entgegenstellt,
Wer schätzt dich in der Au?
Wo's *seine* Liebe gilt,

O klügelnder Verstand,
Bleibt da die freie Wahl
Dir ferner in der Hand?
Du kommst an's Liebesziel
Einst sicher noch, *Hafis,*
Wenn dich nur Kraft und Muth
Beim Harren nicht verliess.

55.

Die Sitte ungetreu zu sein
Zeigt klar sich jedem Blick,
Und keine Spur von Freundschaft blieb
Bei Menschen mehr zurück.
Es hält der hochverdiente Mann
– Denn Armuth dränget ihn –
Jetzt jedem niederträcht'gen Wicht
Die Hände bettelnd hin;
Und Keiner, den ein Vorzug schmückt,
Sieht in der jetz'gen Zeit
Sich einen einz'gen Augenblick
Von Kümmerniss befreit;
Allein der Thor lebt immerdar
Im Überfluss und Glück,
Und seine Waare ist gesucht
In diesem Augenblick;
Und wenn ein Dichter Lieder singt,
Klar wie ein Bach nur fliesst,
So dass dadurch stets gröss'res Licht
Sich in das Herz ergiesst,
So reicht doch Sparsamkeit und Geiz
Kein Körnchen Lohn's ihm dar,
Gesetzt er wär' ein Dichter auch
Wie Sünajī es war.
Es raunte in des Sinnes Ohr
Mir gestern der Verstand:
»Geh' hin und leide mit Geduld
In deinem dürft'gen Stand;

Und mache dir ein Capital
Aus der Genügsamkeit,
Und weil du leider dürftig bist,
So trage denn dein Leid!«
Komm, horche diesem Wort, *Hafis,*
Mit deiner Seele Ohr:
»Erst wenn dein Fuss gestrauchelt hat,
Hebt sich dein Haupt empor.«

56.

Geh', o Frömmler, mit der Hoffnung
Die da lebt in dir:
Eine Hoffnung, gleich der deinen,
Lebt ja auch in mir.
Tulpenhände halten Becher,
Halten sonst nichts mehr:
Komm, und bring' auch du, o Schenke,
Was du hast mir her!
An die Schnur der Liebestollen
Magst auch mich du reih'n,
Denn die Trunkenheit ist besser
Als das Nüchternsein.
Hüte dich vor mir, o Ssofi,
Hüte sorgsam dich!
Denn mich selber nicht zu hüten
Das gelobte ich.
Komm, um fest das Herz zu knüpfen
An sein Lockenhaar,
Wenn Befreiung und Errettung
Dein Verlangen war.
Brich die Reu', um Gotteswillen,
In der Rosenzeit,
Denn der Zeit der Rosen mangelt
Die Beständigkeit!
Fortgezogen, theure Freunde,
Ist des Lebens Mai:
Also ziehen Frühlingswinde

An der Flur vorbei.
Komm, *Hafis,* um Wein zu trinken
Roth wie ein Rubin!
Wesshalb lässt du deine Tage
Sorglos weiterzieh'n?

57.

Du, der Alles schon besitzet,
Was man auf der Welt begehrt!
Grämt dich wohl der Menschen Lage
Deren Kraft sich aufgezehrt?
Heisch' vom Diener Herz und *Seele,*
Nimm sie beide *schnell* ihm ab,
Weil ja Gott selbst freien Häuptern
Zu gebieten Macht dir gab.
Du besitzest keine Mitte,
Desshalb wundert es mich sehr
Wie du denn die Mitte haltest
Mitten in der Schönen Heer?
Keine Malerei entweihe
Je dein weisses Angesicht,
Wo das Schwarz des Moschusflaumes
Ergawane zart durchbricht.
Trinke *immer Wein,* du Zarter,
Denn du bist ein *leichter* Geist,
Vollends in dem Augenblicke
Wo dein Haupt sich *schwer* erweist.
Tadle doch mein Herz nicht immer,
Quäl' es nicht, lass es in Ruh'!
Nein, behandl' es nach Belieben:
Hast ja doch das Recht dazu.
Deines Bogens Unglückspfeile,
Hunderttausend an der Zahl,
Auf mich wunden Mann zu schnellen
Steht in deiner freien Wahl.
Dulde stets mit frohem Muthe
Deiner Wächter Tirannei:

Alles wird dir leicht erscheinen
Liebt ein Freund dich heiss und treu.
Ward dir der Genuss des Freundes
Auch nur kurze Zeit gewährt,
Geh', denn du besitzest Alles
Was man auf der Welt begehrt.
Thu'st du freundliche Erwähnung
Seiner Lippe von Rubin,
Hast du ein gar süsses Mährchen
Mitten in dem Munde d'rin.
Trägst, *Hafis,* aus diesem Garten
Rosen du im Saum davon,
Nun, was kümmert dich des Gärntners
Wehgeschrei und Klageton?

58.

Lustwandelst du, gleich der Cipresse,
Ein Weilchen nur im Rosenhain,
So drückt, aus Neid auf deine Wange,
Sich jede Rose Dorne ein.
Ein jeder *Ring* ist in Verwirrung
Durch deiner *Locke* Ketzerei;
In jedem *Winkel* weilt ein Kranker,
Durch deines *Auges* Zauberei.
Entschlumm're, trunk'nes Aug' des Freundes,
Gleich meinem Glücke nicht; denn ach,
Es folget dir von jeder Seite
Der Seufzer eines Wachen nach.
Die Baarschaft meiner Seele werde
Auf deines Weges Staub gestreut,
Obwohl der Seele Baarschaft nimmer
Sich eines Werth's bei dir erfreut.
Mein Herz, o denke nicht beständig
An holder Schönen *Lockenhaar,*
Denn bei so *finsteren* Gedanken
Stellt sich nichts Heiteres dir dar.
Mein *Haupt* verlor ich, und zu *Ende*

Ging diese Sache nimmer doch:
Ergriffen ist mein Herz, doch kümmert
Dich der Ergriff'ne nimmer noch!
»Begib dich in des Kreises Mitte,
Gleich einem Punct!« rief ich Ihm zu;
Doch: »O *Hafis,* – sprach Er mit Lachen –
In welchem Zirkel lebest du?«

59.

Sei dir die Seele geweiht, du Seele und Seelengeliebter,
Sei dir das Haupt auch geweiht, soll nicht mir schwindeln das
    Haupt.
Taumelnd, vermag ich es nicht von deinem Gaue zu scheiden:
Schwierige Dinge gescheh'n nimmer so schnell und so leicht,
Rohe entbehren der Kraft des flügelversengenden Falters,
Zärtlingen kömmt es nicht zu, Opf'rer der Seele zu sein.
Ruhe bei Trennung von dir, kann immer aus Zwang nur
    entspringen;
Kühnes Verweilen bei dir, hat nur Verblendung zum Grund.
Was ich im Herzen verbarg ward von den Neidern verrathen:
Denn ein verborgenes Wort bleibt ja nicht lange geheim.
Willst du, es bleibe stets frisch und grünend der Zweig deines
    Wuchses,
Frommt es, du pflanzest ihn mir an das befeuchtende Aug'.
Als ich mein Herz einst erblickt im Ring deines lockigen Haares,
Sprach ich: »Gefang'ner, wie geht's, sage wie lebest du hier?«
Und es entgegnete: »Ja, wie solltest nicht du mich beneiden?
Wird doch nicht fürstlicher Rang jeglichem Bettler zu Theil.«
Wahrlich, dir kömmt es nicht zu mit mir, o *Hafis,* zu verkehren:
Wächter der Hunde zu sein sei hier im Gau dir genug.

60.

Weil dir in der Welt der Schönheit
Alles heut' nach Wunsche geht,
Gib denn du auch, durch die Lippe,
Das, warum die Liebe fleht.

Bis wie lang wirst du noch spröde
Gegen die Verliebten sein,
Und die armen Herzberaubten
Grausam der Verachtung weih'n?
Soll ich länger krank noch bleiben,
Ähnlich deinem Augenpaar?
Länger Kraft und Ruh' entbehren,
Ähnlich deinem Lockenhaar?
Welchen Schmerz du mir bereitest,
Wie du hart verfährst mit mir,
Ahntest du es im Geringsten,
Ganz gewiss erbarmt' ich dir.
Grosse Capitale sammle
Wer zu lieben hat den Muth:
Herzen, brennend wie das Feuer,
Augen, strömend wie die Fluth.
Stets getrennt war ich geblieben; –
Sieh, da schickt die Morgenluft
Mir aus deiner Liebe Garten
Einer Hoffnung süssen Duft.
Wenn mich auch der Liebe Hoffnung
Neu belebt bei'm Weltgericht,
So erhebt sich, aus Beschämung,
Doch mein Haupt vom Boden nicht.
Hat vom Weine deiner Liebe
Nur ein Schlückchen mich erfreut,
Thue ich, so lang ich lebe,
Nicht was Nüchternheit gebeut.
Nur ein Knecht und schwach nur bin ich.
Herr und mächtig nennt man dich:
Magst du nun mich an dich *ziehen*
Oder schmählich *tödten* mich!
Mitleid flösse dir *Hafisen's*
Jammervolle Lage ein:
Soll er länger noch verzweifeln,
Länger noch verachtet sein?

61.

Hast du für den Wein, o Schenke,
Eine Leidenschaft,
Ei, so bringe mir nichts weiter
Als nur Rebensaft,
Und verkaufe Kutt' und Teppich
In dem wüsten Haus,
Und ein Bischen Hefe bringe
Mir dafür heraus!
Lebt's im Herzen dir, so höre
Wie der Trunk'nen Heer
In den Rosenhain der Seele
Ruft: *O Lebender!*
Bringe Schmerzen, wenn du Heilung
Von dem Schmerz begehrst:
Sieh', wie klein ist vor der Liebe
Beider Welten Werth!
Ein Geheimniss, das dem Herzen
Liebe nur vertraut,
Ist der Flöte sanfte Klage
Und der Zither Laut.
An den Reinen, den Verarmten
Auf der Liebe Bahn
Reichen tausend Hatem Thaie
Nimmermehr hinan.
Jener perigleiche Götze,
Wie ein Potentat
Schreitet er einher; gefolgt
Von dem Volk der Stadt;
Auf sein schönes Antlitz blicket
Der Bewohner Schaar,
Und der Schweiss träuft dem Verschämten
Von dem Wangenpaar.
Hat *Hafis* noch lang zu klagen
Über deinen Schmerz,
Und bis wann soll ich noch tragen
Ein gebroch'nes Herz?

62.

Schöner als der Gau der Schenke
Ist fürwahr kein Ort:
Fände doch mein greiser Scheitel
Ein Asyl einst dort!
Was mit Inbrunst ich verlange,
– Wesshalb bärg' ich's dir?
Ist ein Fläschchen Wein, ein Schöner,
Und ein Lustrevier.
Meine Heimath ist der Schenke
Frohes Vaterland,
Und mein *Rai* ein Rai der Götzen:
Hab' ich nicht *Verstand?*
Was behauptest du, im Tempel
Sei kein Thor gleich mir?
Nur ein zweigesicht'ger Wüstling
Äussert so sich hier.
Sei bescheiden, da nicht Jeder
Altklug sprechen kann:
Nur ein *Rai* ist es im Stande
Oder ein Brăhmān.
Du nur füllest mir, o Götze,
Des Gemüthes Raum;
Du allein bist meine Sorge:
And'rer acht' ich kaum.
Habe Mitleid mit dem wüsten,
Leidenden *Hafis,*
Denn es folget ja ein Morgen
Auf das Heut' gewiss.

63.

Morgen ist's und Thau fällt nieder
Aus der Wolke des Bĕhmēn:
Bringe Morgenwein im Glase,
Das da hält ein volles Men!
Labe dich am Blut des Bechers,

Denn gerecht ist ja sein Blut;
Habe nur mit Wein zu schaffen,
Weil diess löblich ist und gut.
Lässt der Rausch am frühen Morgen
Nicht dein Haupt von Schmerzen frei,
Schlage denn – das Beste ist es –
Diesem Rausch die Stirn entzwei!
Schenke, sei zur Hand! Es lauert
Im Versteck der Gram mir auf;
Liedermund, lass jener Weise,
Die du eben spiel'st, den Lauf!
Gib mir Wein, denn in die Ohren
Raunte mir die *Harfe* leis:
»Freu' des Lebens dich, und horche
Diesem *tiefgekrümmten* Greis«!
Um des Zecherstolzes willen
Trink', *Hafis,* nur immer Wein,
Dass des *Sängers* Ton dir sage:
»Wahrhaft *reich* ist Er allein.«

64.

Zwecklos und in Leidenschaften
Ist die Lebenszeit entfloh'n;
Junge! reiche mir den Becher,
Und das Alter sei dein Lohn!
Es erglänzt ein Blitz auf Sina,
Strahlenklar erschien er mir,
Und mit einem Feuerbrande
Komme ich vielleicht zu dir.
Wie enthält doch so viel Zucker
Diese Stadt in ihrem Schoos,
Wo des Pfades Königsfalken,
Schon genügt der Mücke Loos.
Als ich gestern kam geschritten
Stolz in Seiner Diener Reih'n,
Sprach Er: »O verlass'ner Armer,
Sage doch, wer magst du sein?«

Um des Lieblings Saum zu fassen,
Flüchtig wie's das Rauchfass thut,
Legt' ich, dass es lieblich dufte,
Auch mein Herz mit auf die Gluth.
Fröhlich sei – träuft wie dem Hirsche
Blut ihm aus dem Nabel auch –
Jeder der berühmt auf Erden,
Ward durch süssen Moschushauch.
Weiter zog die Karawane,
Und du schläfst im Hinterhalt?
Wehe dir, für den vergebens
Oft die Glocke schon geschallt!
Singe mit gespanntem Flügel
Auf des Thuba Himmelsbaum:
Vogel deinesgleichen schliesse
Man in keines Käfigs Raum!
Rennt *Hafis,* nach dir verlangend,
Lange noch so hin und her?
Gott erleichtre ihm die Strasse
Hin zu dir, du mein Begehr!

65.

Die Geschichte meiner Sehnsucht schrieb ich
Unter Thränen auf:
Komm, denn Gram droht, fern von dir, zu enden
Meinen Lebenslauf.
Mit dem eig'nen Augenpaare sprach ich
Viel von Sehnsuchtspein;
Wo wird jetzt, Ihr Stätten meiner Selma,
Eure Selma sein?
Wunderbar ist, was sich zugetragen,
Unerhört sogar:
Ich, das Opfer, schweige, und es klaget
Wer mein Mörder war.
Wer vermöcht' es deinen Saum, den reinen,
Einer Schmach zu zeih'n?
Ist der Tropfen auf dem Rosenblatte

Nimmer doch so rein!
Um mit Glanz die Tulpe und die Rose
Zu verseh'n, erkor
Deinen Fussstaub, als auf Staub und Wasser
Schrieb das Schöpfungsrohr.
Morgenwinde hauchen Ambradüfte:
D'rum, o Schenke, auf!
Bring' die reine dufterfüllte Traube
Mir in schnellem Lauf!
Säume nicht den Augenblick zu nützen,
Denn ein Sprüchwort lehrt:
»*Die Gewandtheit ist's, von der ein Wand'rer*
Auf dem Wege zehrt.«
Ohne dich und deine Güte schwände
Meine Spur. *Fürwahr,*
Nur in deinem Angesichte *seh' ich*
Meine Werke klar.
Ist *Hafis* zu schildern deine Schönheit
Jemals wohl im Stand?
Fasst dich doch, wie Gottes Eigenschaften,
Nimmer der Verstand.

66.

Wer trägt zu Königen die Kunde
Von mir, dem Bettler, hin und spricht:
»Im Gau der Wirthe gilt ein *Becher*
Das, was zweitausend *Dscheme* nicht.«
Ein Wüstling ward ich, ward verrufen
Und dennoch hoff' ich immerdar
Zu gutem Rufe zu gelangen,
Begünstigt mich der Frommen Schaar.
Der du mit Alchymie dich brüstest,
Wirf auf mein Herz nur Einen Blick!
Zwar hab ich keine Capitale,
Doch Netze werf' ich aus mit Glück.
Durch deines Rosenkranzes Körner,
O Scheïch, verlocke nimmer mich:

Denn ist ein Vogel schlau und listig,
Fängt er in keinem Netze sich.
O geht, Ihr tugendhaften Männer!
Fort ist mein tugendhafter Sinn;
Ich habe lautern Wein genossen,
Und Ehr' und Name sind dahin!
Mich wundert des Geliebten Treue
Der nicht um Nachricht zu mir schickt,
Mir durch das Rohr nicht Grüsse sendet,
Noch durch ein Schreiben mich beglückt.
Ich sehne mich nach deinem Dienste;
Kauf gnädig mich, verkauf' mich nicht:
So einen segenreichen Sclaven
Bekämest du ganz sicher nicht.
Wohin soll ich mich klagend wenden,
Wem mache ich den Umstand klar,
Dass deine Lippe zwar mein Leben,
Doch leider ohne Dauer war?
Ist dieser Zechfreund ein *gekochter*
Und ist ein *roher* dieser Wein,
Wird tausendmal ein Roher besser
Als Tausende Gekochter sein.
Entsende kühn der Wimpern Pfeile,
Vergiess auch selbst *Hafisen's* Blut:
Hat doch an einem *solchen* Mörder
Kein Mensch zu rächen sich den Muth!

67.

Dass du ein zweiter Joseph seiest
Behaupteten die Leute dreist:
Bei'm Licht betrachtet aber fand ich,
Dass du bei Weitem schöner sei'st.
Du übertriffst ja durch dein Lächeln,
Das süsser ist als Seines, ihn,
Und glänzest, o *Chŏsrēw* der Schönen,
Als des Jahrhundertes Schīrīn!
Vergleichen lässt mit deinem Munde

Die Knospe sich wohl nimmermehr:
Es war ja nie ein Mund der Knospe
So eng und kleingeformt wie er.
Erstaunen fesselt die Cypresse
Bei deinem Wuchs und deinem Gang;
Bewege dich! denn wenn du gehest,
Läufst du ihr vollends ab den Rang.
Durch diesen Mund mich zu beglücken,
Versprachst du hundert Male zwar:
Doch wesshalb, gleich der freien Lilie,
Bist du nur Zunge ganz und gar?
Du sprachst: »Ich werde dich beglücken,
Und auch die Seele rauben dir.«
Doch fürcht' ich, du beglück'st mich nimmer,
Und raubest nur die Seele mir,
Die scharfen Pfeile deines *Auges*
Durchbohren mir der Seele Schild:
Wer sah wohl jemals einen *Kranken*
Der mit so straffem Bogen zielt?
Du schleuderst aus der Menschen Auge,
Gleich einer Thräne, jenen Mann,
Den du, und wär's nur auf Momente;
Durch deine Blicke leg'st in Bann.
Es geht *Hafis,* gleich einem Rohre,
Auf seinem Haupte zu dir hin;
Sprich, willst du gütig nicht ein wenig,
Gleich einem Brief, durchlesen ihn?

68.

Ich küsse Seine Lippe
Und trinke fröhlich Wein,
Und schlug somit die Strasse
Zum Lebenswasser ein.
Wie mein Geheimniss laute
Kann Keinem ich vertrau'n,
Noch kann ich and're Menschen
An Seiner Seite schau'n.

Das Glas küsst Seine Lippe,
Und trinket Blut dafür;
Die Rose schaut Sein Antlitz,
Und Schweiss entträufet ihr.
Die Einsamkeit verlassend,
Thront sie im Garten nun:
Der Frömmelei entsage
Auch du, wie Knospen thun!
Vergiss auf Dschem, und reiche
Mir einen *Becher* Wein!
Wer kann es wohl ergründen
Wo Dschem und *Këj* nur sei'n?
Nimm in die *Hand* die *Harfe,*
Mond aller Sänger du!
Und *ritze* ihr die Ader:
Ich *stöhne* dann dazu.
Berauscht, gleich Seinem Auge,
Soll kein Betrunk'ner sein;
D'rum, seines Mund's gedenkend,
Gib mir, o Schenke, Wein!
Es will von jenem Leibe
Nicht trennen sich der Geist,
Weil ihm das Blut des Glases
In allen Adern kreist.
Lässt erst der Morgenvogel
Ertönen sein Hu, Hu,
Hei, hei! dann leg' den Becher
Nicht aus den Händen du.
Mach' dir, *Hafis,* das Schweigen
Ein Weilchen nur zur Pflicht,
Und höre wie die Flöte
Auch ohne Zunge spricht!

69.

Berauscht bin ich vom Glas der Liebe:
Darum, o Schenke, bringe Wein,
Und füll' das Glas, denn die Gesellschaft
Kann ohne Wein nicht glänzend sein!
Die Liebe für sein Mondesantlitz
Sei von des Vorhangs Hülle frei
Du Sänger, lass ein Lied ertönen,
Du Schenke, schaffe Wein herbei!
Zum Thorring ist mein Wuchs geworden,
Auf dass dein Wächter mich hiefür
Von diesem Thore fort nicht sende
An irgend eine and're Thür.
Erwart' ich dein Gesicht zu schauen,
Geb' ich nur leerer Hoffnung Raum,
Und will ich mich mit dir vereinen,
Täuscht mich ein Wahnbild nur, ein Traum.
Berauscht bin ich durch jene Augen
Doch frägst du jemals wohl nach mir?
Erkrankt bin ich durch jene Lippen;
Doch wird mir Antwort je von dir?
Hafis, wie magst dein Herz du setzen
An eines Schönen Wahngebild?
Hat je der Glanz des Wasserscheines
Den Durst des Durstigen gestillt?

70.

»Ford're Wein und streue Blumen!
Was begehr'st vom Schicksal du?«
Also sagte früh die Rose:
Sprosser, was sagst du dazu?
Trage deinen Pfühl in's Freie,
Labe dort im Rosenhain,
Wang' und Mund des Schenken küssend,
Dich an Rosen und an Wein!
Deiner Knospe holdes Lächeln,

Wen beseligt es noch einst?
Sprich, für wen, o Zweig der Rose,
Du im Blüthenschmuck erscheinst?
Setze nach dem Rosenhaine
In Bewegung deinen Buchs:
Herzen zu erobern lehre
Die Cypresse dort dein Wuchs.
Heute, wo zu deinem Markte
Hin sich drängt ein Käuferschwall,
Sammle für die Reisezehrung
Dir ein Tugendcapital.
Schönheit hat das Loos der Kerze,
Ist dem Winde ausgesetzt:
Zieh' vom Capital der Schönheit
Vortheil für die Tugend jetzt.
Zwar ist jede jener Locken
Hundert Hirsche China's werth,
Doch es wäre schön auch, wäre
Ihr der Güte Duft bescheert.
Jeder Vogel kömmt mit Tönen
Zu des Königs Rosenbeet:
Mit Gesängen kömmt der Sprosser,
Und *Hafis* kömmt mit Gebet.

71.

Frühling ist's; ein Herz, ein frohes,
Sei dein stetes Streben nun:
Viele *Rosen* werden blühen,
Und du wirst im *Rasen* ruh'n.
Gleichen Rath ertheilt die Harfe
Hinter'm Vorhang dir allein;
Nur wenn du empfänglich wärest,
Würd' ein Rath dir nützlich sein.
Wem du nahen sollst, was trinken,
Nichts erwähne ich davon:
Bist du klug nur und verständig,
Weisst du es ja selber schon.

Bücher von verschied'nem Inhalt
Sind die Blätter in der Au,
Und du wärest zu bedauern,
Kenntest keines du genau.
Zwar ein Weg voll von Gefahren
Führt von uns in Freundesland;
Doch gar leicht wird dir die Strasse,
Sind die Posten dir bekannt.
Deines Lebens Baarschaft raubet
Dir umsonst der Schmerz der Welt,
Wenn dich diese schwere Sorge
Nacht und Tag beschäftigt hält.
Lässt, *Hafis,* das Glück, das hohe,
Seine Gunst dir angedeih'n,
Wirst du eine frohe Beute
Jenes holden Schönen sein.

72.

Auf jenes dir bekannte Zeichen
Zieh', Ost des Glückes, mild und lau,
Zu jener dir bekannten Stunde,
Vorbei an dem bewussten Gau!
O Bote der geheimsten Dinge!
Mein Aug' ruht auf der Strasse Rand;
Ich kann nur bitten, nicht befehlen:
So brich denn auf, wie dir bekannt!
Sprich: »Meine kraftberaubte Seele,
Bei Gott, musst' meiner Hand entflieh'n:
So gib ihr denn das dir Bekannte
Durch den beseelenden Rubin!«
Das Wörtchen, das ich so geschrieben,
Dass Keinem es verständlich ward,
Das wolle gnädig du entziffern
Auf jene dir bekannte Art!
Sollt' ich an deinem gold'nen Gürtel
Nicht knüpfen meiner Hoffnung Band?
Gar Feines liegt in jener Lende,

Und ist, o Bild, dir wohl bekannt.
Nicht mehr als ich nach deinem Schwerte,
Sehnt nach der Fluth der Durst'ge sich;
Gefangen nahmst du mich; nun tödte
Auf dir bekannte Weise mich!
Hafis, Arabisch oder Türkisch
Ist eines und dasselbe hier;
In jeder dir bekannten Sprache
Erzähle denn von Liebe mir!

73.

Leere einen Becher Weines
Der ein volles Men enthält,
Und du reissest mit der Wurzel
Aus dem Herzen was dich quält.
Dieses Herz, erhalt' es offen,
Gleich dem Becher voll mit Wein!
Wird dein Haupt noch lang verschlossen,
Ähnlich einem Kruge, sein?
Trinkest du nur erst ein *Ritel*
Aus des Selbstvergessens Krug,
Prahl'st du sicherlich dann nimmer
Mit des Dünkels Selbstbetrug.
Lass dich treten, gleich den Steinen,
Doch Gewässern gleiche nie,
Denn sie tragen bunte Farben
Und am Saum durchnässt sind sie.
Binde deines Herzens Fäden
An den Wein, und jedenfalls
Brich, als Mann, der falschen Tugend
Und der Gleissnerei den Hals.
Auf denn, und, *Hafisen* ähnlich,
Strebe nur nach dem Genuss,
In Ergebung hinzusinken
An des Vielgeliebten Fuss!

74.

Mache dir die Zeit zu Nutze
Nach dem Masse deiner Kraft,
Seele! Uns gehört vom Leben
Nur was der Moment errafft.
Mit dem Leben lässt der Himmel
Sich bezahlen was er gab:
Ford're sorglich stets dem Glücke
Den Tribut der Freuden ab.
Horch dem Rathe der Verliebten:
Tritt zum Freudenthor herein;
Alles Glück der eitlen Erde
Mag der Sorge werth nicht sein.
Schweige von der Lust des Zechers
Vor den Frömmlern; denn man spricht
Mit nicht eingeweihten Ärzten
Von geheimen Leiden nicht.
Pflanz', o Gärtner – ich verbiet es –
Scheide ich dereinst von hier,
Keine andere Cypresse
Als den Freund an's Grabmal mir!
Nimmer weiss der Krugzerbrecher,
Dass der Ssofi eine Art
Von Granatrubinen heimlich
In dem Hause aufbewahrt.
Und du geh'st und deine Wimper
Taucht ins Blut der Menschen sich!
Allzu rasch geh'st du, o Seele,
Du ermüdest, fürchte ich.
Lass, o Zuckermund, die Frommen
Für dich beten bei der Nacht:
Salomons geweihtes Siegel
Schützt ja eines Namens Macht.
Vor dem Pfeile deiner Augen
Hütete mein Herz sich zwar,
Doch der Schütze deiner *Brauen*
Droht durch *Schlauheit* ihm Gefahr.

Fort ist mein Geliebter Joseph:
Euer Mitleid fleh' ich an,
Brüder! da ich tief bekümmert
Sah den Greis von Canaan.
Einem Frömmler, der bereuet,
Bringt die Weinlust sichern Tod:
Weiser, unterlass ein Handeln
Das dir mit der Reue droht!
Tritt herein zu meinem Thore,
Dass ich klatsche in die Hand,
Weil durch dich, mein Gast, in Wahrheit,
Sich ein Licht mit mir verband.
Sollst *Hafisen,* den Zerstreuten,
Sammeln durch ein holdes Wort:
Sind doch deine Lockenringe
Der Zerstreuten Sammelort.
Schönes Bild und Herz von Marmor,
Nimmst du meiner dich nicht an,
Sage ich Ässäf dem Zweiten,
Was du mir schon angethan.

75.

Ich liebe innig dich, o Seele,
Und weiss zugleich, dass du es weisst;
Denn Unsichtbares sieht dein Auge
Und Ungeschrieb'nes liest dein Geist.
Der Engel, der vor Adam kniete,
Dir meinte er zu huld'gen nur,
Denn deine Schönheit fand erhaben
Er über menschliche Natur.
Im Ringe deiner Locke *sammeln,*
Bei Gott! sich alle Herzen heut:
Mög'st immer du gesichert bleiben
Vor jenem Winde, der *zerstreut!*
Das Band des Gürtels Ihm zu lösen
Erlaubt mir hoffentlich das Glück:
Um Gotteswillen, los' die Knoten

Dir von der Stirn, du mein Geschick!
Zerstreu' dein Haar, und führ' den Ssofi
Zum Spiele und zum Tanz heran:
Aus jedem Lappen seiner Kutte
Streu'st du ihm tausend Götzen dann.
Der Lockenhauch der holden Schönen
Erhellt mein Aug' wie Fackelschein:
Geschützt vor Winden des *Zerstreuens*,
O Herr, sei dies *Gesammeltsein!*
Was kann der Tadler vom Geheimniss
Des Paares, das sich liebt, versteh'n?
Kann doch das Auge eines Blinden
Verborg'ne Dinge nimmer seh'n.
Sich grämen um die Weggefährten
Steht mit Vernunft im Widerstreit:
Ertrag' des Postenlaufs Beschwerden
Und denke an die leichte Zeit!
Weh, einem Morgenlüftchen ähnlich
Schwand das bei Nacht genoss'ne Glück!
Herz, du erkennst den Werth der Liebe
Erst in der Trennung Augenblick.
Das Wahnbild Seines *Lockenreifes*,
Hafis, umgarnet dich mit List:
Hör' auf am *Ringe* eines Glückes
Zu rütteln; das unmöglich ist.

76.

Ich gab mir tausendfache Mühe,
Dass endlich Freund du werdest mir,
Und eines Herzens Wunsch erfüllest
Dem Ruhe fremd ist, fern von dir;
Dass du ein Weilchen in der Hütte
Der traurenden Verliebten weil'st,
Und eine Nacht nur, als Gefährte,
Den Kummer meines Herzens theilst;
Dass du das Licht des Auges werdest,
Das jede Nacht in Qual durchwacht,

Und dem Gemüthe dich gesellest,
Wenn etwa ihm die Hoffnung lacht.
Werd ich die Wonne je geniessen,
Des Nachts, und wär's im Traume blos,
Statt jenes Stromes meiner Thränen,
Dich zu erblicken mir im Schoss?
Wenn jemals über jenen Onix,
Der mir das Herz durch Neckerei'n
In Blut getaucht, ich mich beklage,
Dann – sollst du mein Vertrauter sein!
Da Herrscher in der Anmuth Reichen
Gar stolz auf ihre Diener thun,
So sei denn du in ihrer Mitte
Mein Herr und mein Gebieter nun!
Es scheint das Reh der Himmelssonne
Nur eine schlechte Beute mir,
Erjag' ich, auch nur für Momente,
Ein holdes Hirschlein, ähnlich dir.
Du sagtest mit zwei schönen Lippen
Mir feierlich drei Küsse zu,
Und wenn du mir sie nicht bezahlest,
So bist nunmehr mein Schuldner du.
Auf jener Flur wo jeder Götze
Dem Liebenden die Hände reicht,
Sollst du nun mein Geliebter werden,
Wenn anders es dich *möglich däucht.*
Hafis zwar bin ich, der Berühmte,
Doch bin ich nicht ein Körnchen werth,
Du hättest denn aus eig'ner Gnade
Zu meinem Freunde dich erklärt.

77.

Du, dessen Mund voll holden Lächelns
Ein Kästchen ist voll Perlenzier,
Der Neumondflaum, der dich umringet,
Herr, wie so reizend steht er dir!
Es täuscht mich jetzt auf schöne Weise

Der Wahn mit dir vereint zu sein:
In was für sonderbare Spiele
Lässt doch dies Wahngebild sich ein!
Das Herz entfloh, das Auge blutet,
Der Leib ist wund, die Seele schwach:
Auf dem Gebiet der Liebe folget
Ein Wunder stets dem andern nach.
Mein Herzblut floss durch Seiner Hände
Und seines trunk'nen Auges Kraft;
Viel Unglück hab' ich schon erlitten:
Ist das der Lohn der Leidenschaft?
Wenn dein Gemüth sich nicht noch *ändert*,
So *wandert* sicherlich fortan
Kein Liebender nach dieser Gegend,
Nach diesem Land kein kluger Mann.
Du machst, o Reiter, dich vom Führer
Und auch von meinem Bunde frei;
Kömmt dir ein Mann aus Nedschd entgegen,
So sag' ihm, was mein Schicksal sei.
Mich, weil ich liebe, zu ermorden,
Stellt als erlaubt der Liebling dar;
Wie lautet das Fĕtwā der Liebe?
Erklär' es mir, du Richterschaar!
Ich sehne mich nach Nedschd's Bewohnern,
D'rum kennt mein Auge keinen Schlaf:
Der Kummer hat ein Herz geschmolzen
Das unheilbares Leiden traf.
In Gottes Schutze steht der Hügel,
Bewohnt von dem geliebten Freund:
Gar schnell eilt der Verstand von hinnen,
Wenn sein Gazellenaug' erscheint.
Entsage ja vier Dingen nimmer,
Willst klug du heissen und gescheit:
Der Sicherheit, geklärtem Weine,
Dem Liebling und der Einsamkeit.
Bring' Wein! zwar bin ich schwarz bezeichnet
Vor aller Welt im Buch der Schuld,
Doch darf man nimmermehr verzweifeln

An eines ew'gen Gottes Huld.
Bring', Schenke, mir ein Glas und führe
Mich aus der Einsamkeit heraus:
Als Bettelmann und frei von Sorgen
Geh' ich sodann von Haus zu Haus.
Weil jedenfalls an fester Dauer
Dem Zeitenbilde es gebricht,
Hafis, so lass jetzt Wein uns trinken,
Und äuss're deine Klage nicht!
Zur Zeit des herrschenden Ässāfes
Glänzt des Gemüthes Becher hell:
Auf! tränke uns mit Himmelsweine,
Der *klarer* sei als jeder Quell!
Das Reich ist stolz auf seine Liebe
Und seine edle Thätigkeit:
O Herr lass diese Macht und Grösse
Besteh'n in alle Ewigkeit!
Er ist der Glanz des Herrscherthrones,
Der Majestät und Würde Schacht,
Des Reiches und des Volkes Schimmer,
Des Sieges Vater und der Macht.

78.

An ihre beiden Locken
Band Selma mir das Herz,
Und meine Seele klaget
Mir täglich ihren Schmerz.
Gott, lass mir Herzberaubten
Erbarmen angedeih'n,
Und bald, trotz meiner Feinde,
Mit ihr vereint mich sein!
Du Läugner der du sagest,
Ich liebe Selma nicht,
Du blicktest einer Luli
Wohl nie in's Angesicht!
Und wäre dir geworden
Ein Herz, das meinem glich',

In's Meer der Liebe tauchtest
Du sicher so wie ich.
Zu Füssen lege sühnend
Ich meine Seele dir,
Wenn, was nicht schicklich wäre,
Du je bemerkt an mir.
Den Kummer meines Herzens
Zu theilen sei dir Pflicht,
Denn, was dir möchte frommen,
Erblickest du sonst nicht.
O Bild, im düst'ren Grame
Der Leidenschaft für dich
Wandt' an den Herrn der Diener
Ich voll Vertrauen mich.
In deiner *Lockenkrause*
Verlor *Hafis* die Spur:
Im *Schatten dunkler Nächte*
Ist Gott ein Führer nur.

79.

Der Spiegel der Entäuss'rung zeiget
Das Strahlenlicht der Gottheit dir:
Ist ew'ge Liebe dein Verlangen,
Wohlan, so tritt herein zu mir!
Schaff' Wein herbei! Wenn auch die Hölle
Berühmt durch meine Sünden ist,
Übt Mōhămmēd denn doch ein Wunder,
Das Wasser auf ihr Feuer giesst.
Du treibst nur immer Gaukelspiele;
Doch das geziemt sich nimmermehr,
Denn der Gesandte Gottes sagte:
»*Ich habe nie gespielt, o Herr!*«
Wenn du in dieser Pracht und Schönheit
Vorüber wandelst an der Flur,
So folgen Lilien und Cypressen
Und alle Blumen deiner Spur.
Hafis, der Vogel deines Herzens

Fing sich im Netze der Begier:
Der du beschämt am Ird'schen hangest,
Sprich nimmer von Entäuss'rung mir!

Bruchstücke von Ghaselen, denen der Endreim fehlt (Mukathaat)

1.

Auf die Welt und ihre Güter
Lege nicht zu grossen Werth,
Weil noch keinem Menschensohne
Ihre Treue sie bewährt;
Keiner ass in dieser Bude
Stachellosen Honigseim,
Keiner trug aus diesem Garten
Dornenlose Datteln heim;
Und wo immer eine Fackel
Im Begriff zu leuchten stand,
Ward vom Wind sie ausgeblasen,
Wenn sie vollends erst gebrannt.
Wer mit unbedachtem Sinne
Seine Neigung ihr gewährt,
Hat, wenn du's genau betrachtest,
Seinen eig'nen Feind ernährt.
Ein Monarch, der, welterobernd,
Sieg' auf Siege hat gehäuft,
Und von dessen Heldenschwerte
Häufig Menschenblut geträuft;
Der mit Eines Angriff's Sturme
Einen Reiterschwarm durchbrach,
Und mit Eines Wortes Spitze
Eines Heeres Herz durchstach;
Der die Oberhäupter alle
Grundlos in den Kerker stiess,
Und die Hälse ihrer Häupter

Schuldlos dann berauben liess;
Er, durch den erschreckt, die Löwin
Um die Frucht des Leibes kam,
Wenn sie in der weiten Wüste
Seinen Namen nur vernahm,
Machte ganz Schĭrās und Tauris
Und Ĭrāk sich unterthan:
Doch, nachdem er sie erobert,
Brach auch *seine* Stunde an:
Jener nämlich, der im Glanze
Ihm die Welt erscheinen liess,
War es, der mit einer Sonde
Ihm das helle Aug' durchstiess.

2.

Wein, dies Elixir des Lebens
Bringe mir, o Schenke, schnell,
Mach' aus meinem Erdenleibe
Einer ew'gen Dauer Quell!
Auf dem Glase ruht mein Auge,
Auf der Hand die Seele hier;
Doch du fängst sie nicht – beim Meister! –
Gabst du nicht erst jenes mir.
Schüttle nicht den Saum, gleich Rosen,
Die der Fluren Wind bestrich,
Denn an deinem Fuss die Seele
Abzuschütteln sehn' ich mich.
Sänger, preise auf zweisait'gem
Und dreisait'gem Instrument
Jenen Mond, dem gleich an Schönheit
Niemand einen Zweiten kennt.

3.

Ins Verstandesohr rief einem Diener
Eine Stimme, die zu warnen liebt,
Diese Worte des allein'gen Gottes,
Ausser welchem keinen Gott es gibt:
»Theurer! der, dem des Geschickes Wille
Eine nied're Stellung hat bestimmt,
Kömmt fürwahr zu Rang und Würden nimmer,
Wenn er auch die Kraft zu Hilfe nimmt;
Selbst Sĕmsēm's und selbst Kjĕwsēr's Gewässer,
Sie vermögen weiss zu waschen nie
Irgend eine Decke des Geschickes,
Ist gewebt aus schwarzen Fäden sie.«

4.

Weiser Mann, erwarte Grossmuth
Nicht von Sejd noch von Ămrū:
Keiner weiss von welcher Seite
Ihm das Glück erscheint im Nu.
Geh' und hab' auf Gott Vertrauen,
Was mein Pinsel hat gemalt
Zeigte sich – weisst du es nimmer? –
In ganz ander'n Farben bald;
Ungelobt lohnt Hormus' König
Mich, den Fremden, hundertfach;
Nichts gab mir, den ich besungen,
Der mich kennt, Jesd's hoher Schah.
Dies, *Hafis,* ist Königssitte:
Sollst darob gekränkt nicht sein;
Gott, der Nahrungsspender, möge
Ihnen Glück und Sieg verleih'n!

5.

Der heil'ge Geist, des Segens Engel,
Der auf smaragd'nem Dome steht,
Sprach einst zur Morgenzeit: »O Schöpfer!
In ew'ger Macht und Majestät,
Verbleibe auf dem Herrscherpfühle,
Der Held, der Sieger, Mōhămmēd!«

6.

Als Scheïch Ebū Īshāk, der König,
Das Scepter führte in dem Land,
Da waren es fünf Wundermänner,
Durch welche Fars in Blüthe stand:
Zuerst ein König wie er selber,
Der huldvoll Länder hat verschenkt,
Und der, die eig'ne Seele nährend,
Der Freude Rechte nie gekränkt;
Der weise Lehrer dann des Islam's,
Mŭdschīdĕddīn, der Scheïch genannt,
Den, als den Besten aller Richter
Der Himmel selbst hat anerkannt;
Der letzte dann der heil'gen Männer,
Der fromme Scheïch Ĕmīnĕddīn,
Der die verworr'nen Dinge löste
Durch seinen segenreichen Sinn;
Dann Asd, der Schĕhĭnschāh des Wissens,
Der, mit des Schreibens Kunst vertraut,
Auf seines König's hohen Namen
Der *Ruheplätze* Werk gebaut;
Der Edle endlich mit dem Herzen
Reich wie das Meer, Hādschī Kāwām,
Der aus der Welt den guten Namen
Des Gabenspenders mit sich nahm.
Sie zogen Alle fort, und liessen
Nicht Einen hier, der ihnen glich';

Der Gott der Ehre und des Ruhmes
Erbarme ihrer Aller sich!

7.

Besäss' der Bettler eine reine Perle
Vom Anbeginn,
Müsst' um das Pünctchen seines Schamgefühles
Ein Kreis sich zieh'n;
Und spottete die Sonne nicht der Sterne,
Warum geschah's,
Dass leer von süssem Weine musste bleiben
Ihr gold'nes Glas?
Und wollte nicht der hohe Bau der Welten
In Trümmer geh'n,
So musste er auf einem festern Grunde
Als diesem steh'n;
Und liebte nicht die Zeit in ihren Werken
Nur *falschen* Schein,
So musste sie Ässäf in Händen halten,
Der *Münzwardein;*
Und da das Schicksal keinen Hochgesinntern
Als ihn geseh'n,
So musst' es eine läng're Lebensdauer
Ihm zugesteh'n.

8.

Bringe vor das Ohr des Meisters,
Du, o zeitenkund'ger Freund,
In so einsam stillem Orte,
Dass der Ost dort fremd erscheint,
Einen holden Scherz zur Sprache,
Lächeln machend seinen Mund,
Doch mit Feinheit, dass im Herzen
Er dir Beifall gebe kund;
Und dann wolle nur die Frage
An ihn stellen, freundlich hold,

Ob es wohl geziemend wäre
Forderte ich einen Sold?

9.

Um dein Gutes und dein Böses
Frage stets nur dich allein:
Wesshalb sollte wohl als Richter
Dir ein And'rer nöthig sein?
Für den Mann, der Gott vertrauet,
Übernimmt die Sorge Er,
Und von wo er's nicht erwartet
Schafft Er ihm die Nahrung her.

10.

Aus dem Buche edler Sitten
Les' ich einen Vers dir vor,
Und die Treue und die Grossmuth
Sind der Stoff, den ich erkohr:
»Wer den Busen dir zerfleischet
Mit erbarmungsloser Wuth,
Den beschenke du mit Golde,
Wie der reiche Schacht es thut;
Lass den Baum, den schattenreichen,
Ed'ler als dich selbst nicht sein,
Und beschenke *den* mit Früchten
Der nach dir geschnellt den Stein;
Lerne endlich von der Muschel,
Was die wahre Milde sei,
Und beschenke *den* mit Perlen,
Der das Haupt dir schlägt entzwei.«

11.

Nützen wohl Paläste, Dome, Kuppeln,
Schulen und gelehrter Zwist,
Wenn im Herzen nicht das Wissen wohnet,
Und das Aug' erblindet ist?
Der Palast, vom Richter Jesd's bewohnet,
Ist ein Born der Weisheit zwar,
Doch es fehlt darin des Blickes Kunde,
Und das ist nur allzuwahr.

12.

Sprich zum Neider meines Meisters:
»Billige das Böse nicht,
Weil dir sonst der Lauf der Zeiten
Böses nur als Lohn verspricht.«
Sprich nicht streitend: »Ich besitze
Überschwenglichen Verstand,
Und doch gibt der Herrschaft Zügel
Nie das Loos mir in die Hand.«
Ward die Welt auch reich geschmücket
Für die Blicke Dschem's; allein
Das Juwel des Wunderbechers
Tauschte er um sie nicht ein.
Fielen Pfeile auch vom Himmel
– Gott bewahre uns davor! –
Die den Eingang mir verwehrten
In sein hochgeweihtes Thor,
Bei den Gnaden, die mir reichlich
Mein Hădschī Kăwām erwies!
Nie gestattete sein Hochsinn,
Selbst wenn es ihm nützte, dies.

13.

Es kam vom Paradies, o König,
Ein Freudenbote bei mir an,
Mit Locken gleich dem Sēlsĕbīle,
Wie Huris schön, stolz wie Rĭswān,
Von holder Rede, reinen Sinnes,
Im schönsten Ebenmaass gebaut,
Zart, reizend, jungfräulich an Sitte,
Und mit dem Scherze auch vertraut.
Ich sprach zu ihm: »Aus welchem Grunde
Hast du dich in dies Haus bemüht?«
Er sprach: »Dem Könige zu Liebe
Der Engeln gleichet an Gemüth.«
Nun ist er auf mich ungehalten,
Denn ich bin gar ein armer Mann:
Ruf' ihn denn *du* in deine Nähe,
Und frag' ihn, was er wollen kann?

14.

Soll ich noch lang dies finst're Haus' bewohnen,
Der Hoffnung auf den Freund beraubt,
Bald mit dem Zahne an den Fingern kauend,
Und bald auf's Knie gestützt das Haupt?
Seit auf des Löwen Platz der Wolf erschienen,
Hat die Geduld ihr End' erreicht;
Und seit der Rab' die Psittiche vertrieben,
Ward gar schon der Verstand verscheucht,
So komm denn du, o Vogel froher Kunde,
Mit freud'ger Botschaft vom Geschick:
Es bringt vielleicht die Zeit ein Volk uns wieder,
Wie es gewesen ist, zurück.

15.

Schenke, fülle mir den Becher,
Weil der Wirth des Hauses, zart
Deinen Wunsch erfüllend, treulich
Die Geheimnisse bewahrt!
Dieser Ort hier ist ein Himmel,
Lass die Lust sich stets erneu'n!
Schreibt doch Gott im Paradiese
Keinen Knecht in's Schuldbuch ein.
Harfenklang stimmt zum Genusse,
Und ein Tanzort ist der Saal,
Und ein Netz des Schenken Locke,
Und ein Korn des Liebling's Maal;
Freundlich sind die Freunde alle,
Und die Zecher artig fein;
Würd'ge weilen an der Spitze
Und nur Gute in den Reih'n.
Besser wird es nie, o Schenke,
Freude sei d'rum deine Wahl;
Schöner fügt sich's nie, d'rum ford're,
O *Hafis,* den Weinpocal!

16.

Der Himmelsgnade Heer, o Kaiser,
Geleitet dich auf deiner Bahn,
Auf! Mache, wenn du es beschlossen,
Die ganze Welt dir unterthan.
Du bist's, der, bei so hohem Range,
Der Armuth Lage überwacht,
Und der dabei den wachen Herzen
Zu dienen freundlich ist bedacht;
Und sucht auch diese blaue Kuppel
Zu täuschen dich durch Trug und List,
Bleibt doch dein Thun so eingerichtet
Wie's Gottes heil'ger Wille ist.
Wer mit *achthalb* nur *zehn* gewonnen

Hat nicht sehr vortheilhaft verkehrt;
Nein, *zehn* mit *achthalb* zu gewinnen
Sei dir Gelegenheit gewährt!

17.

Du, dessen hocherlauchter Adel
Die Habsucht und den Groll verbannt,
Und dessen hochbeglücktes Wesen
Betrug und Falschheit nie gekannt!
Wie ziemt es sich für deine Grösse,
Dass du der Gnaden edles Pfand
Zurück begehrest von dem Engel,
Es legend in des Diwes Hand?

18.

Keines Lobes ist bedürftig
Dieses herrliche Gedicht:
Sucht wohl Jemand einen Führer
Bei der Sonne hellem Licht?
Voller Beifall sei dem Pinsel
Eines Malers dargebracht,
Der die Jungfrau der Gedanken
Strahlen liess in solcher Pracht.
Nichts kann der Verstand ergründen,
Was da seiner Schönheit gleicht;
Nichts kann das Gemüth erschauen,
Was an seine Anmuth reicht.
Dies Gedicht, ist es ein Wunder,
Ist's erlaubte Zauberei?
Sang es eine Geisterstimme,
Bracht' es Gabriel herbei?
Keiner noch hat ausgesprochen
Ein so sinnig zartes Wort,
Eine Perle, dieser ähnlich,
Ward von Keinem noch durchbohrt.

19.

Du, o Monarch, du, o Gerechter,
Du Meer an Huld, du Leu an Muth,
Du, dessen Ruhme jede Ehre
Gebührt als wohlverdientes Gut!
Den ganzen Erdkreis hat bezwungen
Und üb'rall hin den Sieg gebracht
Der Ruf der dich *Beglückten* preiset,
Und deine königliche Macht.
Es haben über meine Lage.
Dich Geisterstimmen schon belehrt
Und dir gesagt, in Nacht und Dunkel
Sei meines Tages Licht verkehrt.
Was in drei Jahren ich erworben
Beim Könige und beim Vesir,
Das nahm in einem Augenblicke
Der Schlägelspieler »Himmel« mir.
Ich habe gestern Nachts im Schlafe
Als Traumgebilde mich geseh'n
Des Morgens an des Königs Stalle
Ganz in geheim Vorübergeh'n;
Und, angebunden, Gerste essend,
Befand im Stall ein Maulthier sich:
Es rüttelte am Futtersacke
Und sprach zu mir: »Erkennst du mich?«
Da ich mich nicht im Stande fühle
Zu deuten dieses Traumgesicht,
So thu' denn *du* es, denn an Scharfsinn
Vergleicht sich dir ein Zweiter nicht.

20.

Meine Dichtkraft ist des Morgens,
Von Betrübniss übermannt
Und mit Abscheu auf mich blickend,
Schmählich mir davon gerannt.
Chōwărēsm und Oxusufer

Waren Bilder ihres Wahn's,
Und sie floh mit tausend Klagen
Aus dem Reiche Sūleīmān's.
Fort ist sie, die, wie noch Niemand,
Hat des Wortes Geist erkannt,
Und ich sah's, indess dem Leibe
Schmerzlich sich mein Geist entwand;
Und als ich ihr nachgerufen:
»Meine alte Freundin du!«
Sprach sie hart, ward ungehalten,
Floh und weinte laut dazu.
Und ich sprach: »Wer führt nun wieder
Freundlich ein Gespräch mit mir,
Denn der süsse, der beredte
Zuckermund entfloh von hier?«
Wie so oft hab' ich gebeten:
»Fliehe nicht!« Es nützte nichts:
Sie erfreut sich ja vom Herrscher
Keines freundlichen Gesicht's.
Rufe sie zurück, o Kaiser,
Durch ein hulderfülltes Wort!
Was beginnt nun die Verbrannte?
Trieb sie doch der Mangel fort.

21.

Sie seh'n und hören nicht, wenn tückisch
Das Rad sich gegen sie verschwor,
Denn jedes Auge ist erblindet,
Und taub geworden jedes Ohr.
Gar Viele denen Mond und Sonne
Ein reiches Kissen mochte sein,
Ruh'n doch zuletzt auf einem Pfühle
Geformt aus Thon und Ziegelstein.
Was kann ein Panzerhemde frommen,
Schiesst seinen Pfeil das Schicksal ab?
Was kann ein Schild für Nutzen bieten,
Wenn das Geschick Befehle gab?

Und machtest du aus Stahl und Eisen
Dir eine Mauer um dein Schloss,
So stürmt doch schnell, erscheint die Stunde,
Der Tod auf deine Pforte los.
Die Pforte, die dir Gott eröffnet,
Eröffne nicht der Leidenschaft;
Die Strasse, die dir Gott gewiesen
Durchrenne nicht in wilder Kraft!
Sieh auf den vielen Staub des Rades,
Betrachte die Natur der Zeit,
Und, der Gelüste Teppich lüftend,
Zerreisse der Begierde Kleid!

22.

Eine Botschaft, also lautend,
Sandte gestern mir ein Freund:
»Du, aus dessen Rohr ein Tropfen
Mir das Schwarz des Auges scheint!
Da das Schicksal nach zwei Jahren
Wieder dich gebracht nach Haus,
Warum kömmst du aus dem Hause
Deines Meisters nicht heraus?«
Ich entgegnete und sagte:
»Halte für entschuldigt mich:
Nicht aus Eigensinn und Dünkel
Wandle diese Strasse ich:
Heimlich ist auf meinem Wege
Stets ein Scherge aufgestellt,
Der in Händen eine Klagschrift,
Einer Natter ähnlich, hält,
So dass, wenn des Meisters Schwelle
Überschreiten will mein Fuss,
Er mich packt und ich dann schmählich
In den Kerker wandern muss.
Doch mir ist des Meisters Wohnung
Eine Burg, ein Zufluchtsort:
Athmete nur irgend Jemand

Von des Richters Leuten dort,
Steht der kräft'ge Arm der Diener
Des Vesir's mir hülfreich bei,
Und mit Einem Schlage spalte
Ich den Schädel ihm entzwei.
Doch, wie kann ich also sprechen,
Da durch *Kief* mit *Nun* vereint,
Nur die Ehre ihm zu dienen
Als mein wahrer Grund erscheint?
Offen sei sein Thor dem Glücke,
Und der Himmel von Azur
Schmücke mit der Sonne Gürtel
Sich zu *seinem* Dienste nur!«

23.

Meiner Dichtung Rosenkandel,
Der vom Veilchen Zucker stahl,
Neidet der *vom Beil Zerhau'ne,*
Neidet der *Kjăbül-ghăsāl.*
Bitt'res schmecke, wer zu schmähen
Sich auf den *Nĕbāt* erlaubt;
Wer des *Wassers* Süsse läugnet,
Sammle *Erde* auf sein Haupt!
Jeder, dem das Licht der Augen
Von Geburt an schon gebricht,
Freit in seinem ganzen Leben
Um ein schönes Liebchen nicht.

24.

Wie die Wolke schnell, o Bruder,
Fliehet die Gelegenheit:
Nütze sie für's theure Leben:
Der versäumten folgt das Leid.

25.

Am Morgen eines Freitags war es,
Am sechsten des Rĕbjūl-ĕwwēl,
Dass meinem Herzen sich entzogen
Ein Antlitz, wie der Mond so hell;
Es war im Jahre siebenhundert
Und vier und sechzig seit der Flucht,
Dass sich auf mir wie Wasser löste
Des Missgeschickes schwere Wucht.
Was kann wohl jetzt die Klage frommen,
Der Kummer und die Traurigkeit,
Da zwecklos und mit eitlem Spiele
Vorflossen ist die Lebenszeit? 281

26.

Jene *Frucht des Paradieses,*
Die du, Seele, hielt'st in Händen,
Hast du nicht in's Herz gepflanzet,
Hast du lassen dir entwenden,
Wenn dich Jemand fragen sollte
Wann sich zugetragen dieses,
Magst du ihm das Räthsel lösen,
Sprechend: *Frucht des Paradieses.* 283

27.

Chălīl, der Bruder – mög' er ruh'n in Frieden!
Hat sich, nach neun und fünfzigjähr'gem Leben,
Hin nach der Gartenflur *Rĭswān*'s begeben;
Gott sei mit dem, was er gewirkt, zufrieden!
Chălīl Ă'dīl sollst immerdar du flehen,
Und d'raus die Jahrszahl seines Tod's ersehen. 285

28.

Der *unsterbliche Erbarmer*,
Als den Kaiser er gesehen
Solche edle Thaten üben,
Die da nimmermehr vergehen,
Hat erbarmend dessen Seele
Abberufen von der Erde,
Dass: *Unsterblicher Erbarmer*
Dieses Todes Jahrszahl werde.

29.

Es wandte der Ässāf des Zeitenkreises,
Er, Tūrănschāh, der Geist der Welt,
Der immerdar nur Körner edler Thaten
Gesä't auf dieses Erdenfeld
(Als vom Rĕdschēb man ein und zwanzig Tage
Und Eine Woche halb gezählt)
Von diesem raucherfüllten *Aschenherde*
Sich hin nach einem *Rosenfeld*.
Er, der nur stets für Wahrheit *Neigung* fühlte,
Und immerdar nur Wahrheit sprach,
Er weiset dir die Jahrszahl seines Todes
In »*Paradieses-Neigung*« nach.

30.

Als sich *Bĕhāŭl-hākkŭd-dīn*
(Gott lass in Frieden ruhen ihn,
Ihn, der *Imām* der gläub'gen Schaar
Und Vorstand der Gemeinde war!)
Von dieser Erde schwang empor,
Las diesen Doppelvers er vor
Den Männern, die die Tugend schmückt,
Und deren Wissen uns beglückt:
»Durch wahre *Andacht* schwinget man
Zu Gottes *Nähe* sich hinan:

So hebe denn den Fuss auch du,
Gebricht die Kraft dir nicht dazu.«
Auf diese Weise zeigt das Jahr,
In welchem er verschieden war,
Sich deutlich in den Lettern hier
Der Worte: *Näh' und Andacht, dir.*

31.

Ismăīl, der Ruhm des Glaubens,
Und der Fürst der Richterschaar,
Dessen Rohr ein Redekünstler
In der Rechtsgelehrtheit war,
Ging am mitter'n Tag der Woche,
Des Rĕdschēb's am achten Tag,
Fort aus diesem Haus wo, nimmer
Zucht und Ordnung herrschen mag.
Wiss' es, einen Wohnplatz nahm er
Bei'm *Erbarmer Gottes* sich;
Das *Erbarmen Gottes* frage
Um das Jahr wo er verblich.

32.

Des Reich's und *Glaubens* grösster *Pfeiler*,
Derjenige, vor dessen Zelt
Der Himmel, ihm den Staub zu küssen,
Anbetend hin zu Boden fällt,
Stieg, trotz des Glanzes und der Grösse,
Die hier im Leben ihn umgab,
In unterirdische Gemächer,
Im halben Sīlkĭdē, hinab.
Dass Niemand mehr in Zukunft möge
Auf *Grossmuth* seine *Hoffnung* bau'n,
Ist in dem Worte: »*Grossmuthhoffnung*«
Die Jahrszahl seines Tod's zu schau'n.

33.

Der Lenz ist da: es blüht Narcisse, Tulp' und Rose:
Warum verweilst nur du noch in der Erde Schoose?
Der Frühlingswolke gleich, will ich so lange weinen
Bis aus der Erde Schoos du wieder wirst erscheinen.

34.

Wer ist es, der der Majestät
Des Sultan's es verkünde,
Dass durch der Zeiten Grausamkeit
Sich Tugend paart mit Sünde?
Des Richters Ehrenteppich hat
Ein Säufer eingenommen,
Und zu der Herrschaft Würde ist
Ein Lotterbub' gekommen.
Der Säufer sprach: »Ich bin das Aug',
Ich bin der Menschheit Flamme.«
Der Lotterbub: »Ich, ein Juwel,
Bin aus Darius' Stamme.«
D'rum sprich um Gotteswillen doch,
O du Assäf der Zeiten,
Zum Fürsten (es verbreite sich
Sein Glück nach allen Seiten!):
»O König, dulde nimmermehr
In deiner Herrschaft Tagen,
Dass Jener thue, was er will,
Der Jeden hat getragen!«

35.

Sollst von jenem grünen Korne essen,
Denn gar leicht verdau'st du dann gewiss:
Wer davon nur einen Gran genossen,
Steckt wohl dreissig Vögel an den Spiess.
Ein Atom, ein Quentchen jenes Bissens,
Das den Ssofi führt in's Weisheitsreich,

Schafft dir hundertfach des Rausches Wonne,
Macht dich hundertfach Simurghen gleich.

36.

Jahr, Vorbedeutung, Reichsschatz und *Gesundheit,*
Stamm und *Geschlecht, Glück* und des *Thrones* Ehren,
Sie mögen in den Tagen deiner Herrschaft
Sich unverändert dir und treu bewähren!
Froh sei das *Jahr,* stets *gut* die *Vorbedeutung,*
Der *Reichsschatz voll, fest* die *Gesundheit* immer;
Stark sei der Stamm und das *Geschlecht* sei *ewig,*
Das *Glück gehorsam* und der *Thron voll Schimmer!*

37.

Der höchste Vorstand aller Rechtsgelehrten,
Der die Versammlung wie ein Licht erhellt,
Hădschī Kăwāměddīn Hăssān mit Namen,
Ein Freund des unbesiegten Herrn der Welt,
Hat, nach der Flucht des Bessten der Geschöpfe,
Im Jahre siebenhundert fünfzig vier
(In's Zwillingszeichen trat bereits die Sonne
Und bei der Jungfrau nahm der Mond Quartier)
Am sechsten Tag des letzten Frühlingsmonat's
(Des Tages Lauf war eben halb vollbracht)
An einem Freitag, auf Befehl des Schöpfers,
Der über uns mit seiner Gnade wacht,
Den Vogel seines Geistes, jenen Huma,
Dess' Vaterland der heil'ge Himmel ist,
In's Paradies geschwungen aus den Netzen,
Die dieses Haus der Leiden in sich schliesst.

38.

Wo ist wohl die Gelegenheit
Bei'm Wirth mich zu verdingen,
Und durch den Rath des greisen Mann's
Mein Glück mir zu verjüngen
In Schenken hab' ich manches Jahr
Mich schon umhergetrieben:
D'rum weih' ich ihnen was mir noch
Vom Leben ist geblieben.
Die Flasche, die der Vogt bei mir
Jüngst sah, hat er zerschlagen:
So will ich denn den Wein versteckt
Nun unter'm Kleide tragen.

39.

Es wandte meine weise Denkkraft gestern
Mit dieser Frage sich an den Verstand:
»O du, begünstigt wie hienieden Keiner
Von des barmherz'gen Schöpfers Gnadenhand!
Welch' eine Art von Perle ist die Dichtkunst,
Die gar so hoch geschätzt wird in der Welt,
Dass selbst die Perle dort aus Omman's Meere,
Mit ihr verglichen, keinen Werth behält?«
Und er entgegnete: »Mich sollst du hören;
Doch nimmer hören, wenn ein Andrer spricht:
›Dies Zweckgedicht hat ein N.N. gesungen,
Und ein N.N. sang jenes Klinggedicht.‹
Denn, weisst du wohl, wer unter den Gelehrten
Für alle Zeiten stehe obenan
Durch laut're Wahrheit nur und nur durch Treue
Und nicht durch Lügen und durch eitlen Wahn?
Der König ist's der Könige der Weisen,
Der Kaiser, herrschend in des Wortes Land,
Die hohe Zier des Volkes und des Glaubens,
Sĕlmān, der *Lehrer einer Welt* genannt.«

40.

Weh, wäre doch der Jugend Ehrenkleid
Verbrämet mit dem Saum der Ewigkeit!
O Weh', o Leid, o Schmerz, dass diesem Fluss
Das Lebenswasser so entrinnen muss!
Man reisst sich selbst von Nahverwandten los,
Weil es des Himmels Wille so beschloss;
Selbst Brüder scheiden. Traun, vereint zu sein,
Beschieden ist's den Fārkădān allein.

41.

Vermagst du es, o Morgenwind,
So trag' auf treuer Liebe Wegen
Dem Freund ein holdes Wort von mir,
Der heimlich sich verzehrt, entgegen,
Und der, in Sehnsucht sterbend, spricht
»Dein Fernsein überleb' ich nicht.«

42.

Nur durch das Wissen wird der Mensch zum Menschen:
Fehlt Wissen ihm, gleicht er dem Thiere nur;
Und Thorheit ist das Handeln ohne Wissen,
Und Thorheit findet nie der Wahrheit Spur.

Vierzeilige Gedichte (Rubaijat)

1.

Ich ernte nichts als steten Gram im Leben,
Kann in der Liebe nichts als Gram erstreben;
Mir ist kein Freund, der Gleiches mit mir fühlte,
Und kein Gespiele als der Gram gegeben.

2.

Frag' um die Tapferkeit den Helden von Chăibēr,
Frag' um den Edelmuth der Grabesstätte Herrn,
Und labtest du, *Hafis,* an Gottes Huld dich gern,
So frag' um ihren Quell den Schenken am Kjĕwsēr.

3.

Fallst du, wie ich, in dieses Netz hinein,
Wirst du bald wüst durch Becher und durch Wein;
Ich setz' im Rausch die ganze Welt in Brand;
D'rum meide mich, willst du verpönt nicht sein.

4.

Ich hielt mich flehend fest an Seinen Sünbül*haaren*
Und bat Ihn, Hilfe doch mir *Trauernden* zu geben.
Er sprach: »Nimm meinen Mund, lass meine *Locken* fahren,
Halt' an die Freude dich, und nicht an's *lange* Leben.«

5.

Da Rosenknospen nun den duft'gen Kelch entfalten
Und, in der Lust nach Wein, Narcissen Becher halten,
Lebt ruhig Jener nur, der, wenn's nach Wein ihn lüstet,
So wie das Bläschen thut, das eig'ne Haus verwüstet.

6.

Gib mir jenen Wein, den alten,
Der dem Landmann Kraft verleiht,
Denn ich will mit neuem Saume
Zieren mir des Lebens Kleid.
Mach' mich trunken und entfremde
Mich der Welt, auf dass ich dann
Dieser Welt verborg'ne Dinge
Dir berichte, edler Mann!

7.

O du, in dessen Staub, voll Ehrfurcht, Mond und Sonne
Bei Nacht so wie bei Tag die Stirn zu legen pflegt!
Lass mich beengt an Hand, an Zung' und Herz nicht schmachten
In der Erwartung Gluth, indess dich Nichts bewegt. 329

8.

Verweile bei dem Freunde und begehre
Des Weinpocals Genuss;
Von jener rosigen Zipresse Lippen
Begehre einen Kuss!
Begehrt der wunde Mann, dass heilend schwinde
Der Wunde letzte Spur,
Begehre er's von der bewährten Fliete,
Des Wundarztsohnes nur. 331

9.

So lang die himmlischen Geschicke walten,
Soll sich dein Thun dir stets nach Wunsch gestalten!
Der Becher, den dir Tūktămūn credenzet,
Soll eine Summe ew'ger Lust enthalten! 333

10.

Nicht werth der Unbill ist das Glück der Erde,
Des Lebens Lust nicht werth der vielen Plagen,
Und ein Genuss von sieben tausend Jahren
Des Leid's nicht werth von sieben Kummertagen. 335

11.

Ich schlafe heute Nacht in Blut, aus Gram um dich,
Fern von dem weichen Pfühl des Heiles schlafe ich;
Doch schicke – glaub'st du's nicht – dein Traumgebild zu mir,
Und wie ich ohne dich geschlafen, sag' es dir. 337

12.

Sieh', ich sterbe vor Verlangen nach Umarmung und nach Kuss,
Sieh', ich sterbe vor Begierde nach des saft'gen Mund's Genuss;
Doch was spreche ich noch länger? Kurz und bündig will ich sein:
Komm zurück, denn sieh', ich sterbe schon durch der Erwartung Pein!

13.

O Seele! da ich eine Nacht
Bis hin zum Tag mit dir verbracht,
Bin ich kein Mann, verbringe ich
Nunmehr ein Weilchen ohne dich.
Der Furcht des Todes bin ich los
Für alle Zeit, denn ich genoss
Des Lebens Wasser, das so hell
Entströmet deinem süssen Quell.

14.

Wirst du noch lange Zeit so hart und grausam sein,
Und Herzen, ohne Grund, so herben Qualen weih'n?
Ein blutgetränktes Schwert besitzt der Mann von Muth,
Und selber bist du Schuld, bespritzet dich dein Blut.

15.

Von des Glases Lippe ziehe deine Lippe nie zurück,
Dass dir durch des Glases Lippe werde jedes Erdenglück.
Bitt'res ist vermengt mit *Süssem* in dem Glase der Natur:
Jenes beut des Glases Lippe, *dies* des Freundes Lippe nur.

16.

Du sprachst: »Dein will ich werden,
Steh' d'rum in Sorgen nicht,
Und freue dich; nur mache
Dir die Geduld zur Pflicht.«
Geduld und Herz, was sind sie?
Das, was du nennst ein Herz,
Ist nur Ein Tropfen Blutes
Und tausendfacher Schmerz.

17.

Ob der Liebe zu dem Freunde
Tadle mich Betrübten nicht;
Geh' mit Männern kranken Herzens
Nicht so kleinlich in's Gericht.
Weil du Kunde hast, o Ssofi,
Von der Wand'rer Handlungsart,
So beschuldige die Zecher
Nicht so grausam und so hart.

18.

Wie erzähl' ich die Geschichte
Jener Kerze von Tsehĭgīl?
Wie erzähl' ich, welcher Kummer
Mein verbranntes Herz befiel?
Wenn der Gram mein Herz beenget,
Ist's, weil keinen Freund ich fand,
Dem von meines Herzens Grame
Ich zu sprechen war im Stand.

19.

Die Schönen dieser Welt kann man mit Gold erhaschen
Und kann gar schön mit Gold von ihren Früchten naschen:
Sieh' die Narcisse an, die eine Krone schmücket,
Wie sie ihr stolzes Haupt des Goldes wegen bücket.

20.

Ein voller Mond, der an Gestalt
Gerade der Zipresse glich,
Hielt einen Spiegel in der Hand
Und schmückte hold das Antlitz sich.
Ich brachte zum Geschenke ihm
Ein kleines Tuch: da sagt' er mir:
»Es lebt, wenn du nach mir verlangst,
Fürwahr ein schöner Wahn in dir!«

21.

Der Paradies und Hölle theilet,
Der Knotenlöser, Gott,
Lässt meine Füsse nimmer straucheln
Und wehret meiner Noth.
Soll dieses Treiben frecher Wölfe
Noch länger fortbesteh'n?
Lass, Löwe Gottes, mich die Klauen,
Die sieggewohnten, sehn!

22.

Es tritt in's Auge mir nur stets *dein* Conterfei,
Ich komme immer nur an *deinem* Gau vorbei;
Der Schlaf schmeckt Allen süss zu deiner Zeit; allein
Nur in *mein* Auge kömmt er wahrlich nie hinein.

23.

Dein Auge, das Ränke nur regnet und List,
Es regnet auch Schwerter. Gewarnt lasst Euch sein!
Die treuen Genossen missfielen dir schnell:
O über ein Herz, das so hart ist wie Stein!

24.

Feind wurde jeder Freund der erst die Treue pries,
Befleckt hat seinen Saum wer erst ein Reiner hiess;
Die Nacht ist schwanger – heisst's –; doch, o der Wunderthat!
Wer schwängerte sie denn, da ihr kein Mann genaht?

25.

Mach', o Wind, was mir begegnet, heimlich Ihm bekannt,
Künde Ihm mit hundert Zungen meines Herzens Brand;
Aber sprich auf eine Weise, dass nicht zürne Er;
Sprich ein Wörtchen, aber sprich es wie von ungefähr.

26.

Ich sprach: »Was ist die Lippe?« Er sprach: »Ein Lebensborn.«
»Dein Mund, was ist er?« sprach ich. Er sprach: »Ein Zuckerkorn.«
Ich sprach: »Das was du sagtest sagt eben auch *Hafis*.«
Er sprach: »Die schönen Geister begegnen sich gewiss.«

27.

Mein Mond, vor dessen Wange das Sonnenlicht sich trübt,
Und dessen Staub des Flaumes rings den Kjĕwsēr umgibt,
Warf in des Kinnes Brunnen die Herzen insgesammt
Und hat das Haupt des Brunnens mit Ambra dann verrammt.

28.

Zieht jener Holde mit dem Moschusmaale
Das Kleid vom Leibe sich,
Er, jener Mond, mit dem noch nie an Reizen
Man Andere verglich,
Kann man das Herz in seiner Brust erblicken
– So zart ist er gebaut –
Wie man im Grunde eines klaren Wassers
Die Kieselsteine schaut.

29.

Schon naht der Lebenswüste ein Strom, der mächtig schwillt,
Bald ist des Lebens Becher bis an den Rand gefüllt:
Sei auf der Hut, o Meister, denn aus des Lebens Haus
Schafft des Geschickes Träger schon das Gepäck hinaus.

30.

Stets hoffen sollst du auf das Schicksal zwar,
Doch, Weiden gleich, vor seinem Wechsel beben.
Du sprachst: »Nach Schwarz kann's keine Farbe geben;«
Doch wesshalb wurde weiss mein schwarzes Haar?

31.

Dein Aug', das in die Schule ging bei Babel's zauberischem Treiben,
Es mög', o Herr, stets eingedenk der trügerischen Künste bleiben!
Und jenes Ohr, das einen Ring der Schönheit in das Ohr gehangen,
Soll mit dem reichen Perlenschmuck hafisischer Gedichte prangen!

32.

Es frommt am Rande eines Baches zu weilen stets bei'm Wein,
Es frommt am fernsten Rand zu weilen der Trauer und der Pein;
Zehn kurze Tage, wie die Rose, währt uns're Lebenszeit:
D'rum frommt's der Lippe stets zu lächeln, dem Antlitz frisch zu sein.

33.

Du, vor dem die keusche Knospe sich erröthend neigt,
Und die trunkene Narcisse Scham und Staunen zeigt!
Kann mit dir doch selbst die Rose sich vergleichen nicht,
Denn sie borget von dem Monde, er von dir das Licht.

34.

Erst reicht' Er mir den Wein der Liebe mit Treue dar, wie ich geglaubt;
Da ward ich trunken, und Er schnellte das Glas der Unbill mir an's Haupt.
Mit *Wasser* in den beiden Augen, und einer Brust, wie *Feuer* heiss,
Ward ich zu Seines Weges *Erde;* doch gab er dann der *Luft* mich Preis.

35.

An guten Menschen sollst du niemals böse handeln,
Sollst nicht als Diw und Thier stets durch die Wüste wandeln,
Sollst allzu gierig nicht nach deiner Nahrung streben,
Und sollst bei eignem Werth dich nicht zu stolz erheben.

36.

Du, in dessen Sünbül-Schatten Nahrung findet der Jasmin!
Nahrung gibt den Perlen Eden's deine Lippe von Rubin.
Wie der Lippe, sei der Seele Nahrung stets von dir beschert,
Durch des Weines Geist, dem Nahrung in der Tonne wird gewährt.

37.

Täglich sinkt mir eine Bürde and'rer Art auf's Herz,
Schafft ein and'rer Dorn der Trennung meinem Auge Schmerz;
Ich bemühe mich beständig, doch das Schicksal spricht:
»And'res gibt es noch, zu welchem dir die Kraft gebricht.«

38.

Was frommt es dir aus Gram zu gähren, gleich dem Wein?
Des Grames Kriegesheer wird nie bezwungen sein.
Es *grünt die Lippe* dir, halt' ihr das Glas nicht fern;
Man trinkt am *Wiesenrand* den Saft der Rebe gern.

39.

Noch währt die Zeit der Jugend, das Beste ist nun Wein;
Das Beste für Betrübte ist: wüst und trunken sein.
Die Welt ist wüst vom Scheitel bis an der Füsse Rand:
Das Wüstsein ist das Beste in einem wüsten Land.

40.

Komm' zurück, denn meine Seele hofft auf deiner Schönheit Strahl;
Komm' zurück, denn immer stöhnet dieses Herz in Trennungsqual;
Komm' zurück, weil, o mein Theurer, fern von deinem Angesicht
Mir Verwirrten aus dem Auge eine Fluth von Wasser bricht.

41.

Greife nach dem Glas, das Freuden ist geweiht, und komm;
Unerblickt vom Wächter, meide jeden Streit, und komm!
Horch dem Feind nicht, der dich heisset bleiben und nicht geh'n;
Horch nur mir, der: Auf! dir sage, sei bereit und komm!

42.

Als ich Armer in der Seele fühlte deiner Trennung Schmerz,
War's als ob man Salz mir streute auf das wundgeschlag'ne Herz;
Ich besorgte, eines Tages würden wir geschieden sein,
Und du sahst's, am selben Tage stellte sich das Unglück ein. 399

43.

Nie hält ein süsser Mund was er versprochen hat,
Verliebter Seelen thun auf Liebe nie Verzicht.
Fügt die Geliebte sich ganz deinem Wunsch und Rath,
Nennt unter Liebenden man deinen Namen nicht. 401

44.

Wesswegen ist dein Haar voll Locken und voll Glanz?
Wesswegen senkt in Schlaf dein trunk'nes Auge sich?
Es warf ja doch kein Mensch ein Rosenblatt auf dich:
Wesswegen riech'st du denn nach Rosenwasser ganz? 403

45.

Mit Dornen Grames ist der Weg zu dir besä't:
Wo lebt ein Wandersmann, der diese Wege geht?
Weisst du, wen man berühmt durch wahre Liebe nennt?
Den, dem der Hauche Licht im Seelenantlitz brennt. 405

46.

Entziehe deine Neigung, o Sohn, der Mutter »Welt«
Und sieh', was ihrem Gatten zuletzt sie angethan!
Doch ohne Herz begreif'st du keinen solchen Mann,
Wenn dir, so wie *Hafisen,* ihr Angesicht gefällt. 407

47.

Als deinen Gürtel meine Hand umfangen,
Wähnt' ich, er müsse sich um Etwas schlingen;
Doch, da dem Gürtel nichts genützt die Lende,
Wie kann denn mir der Gürtel Vortheil bringen?

48.

Den edlen Herzen werth, dem Volke wohl bekannt,
Beredt, gemess'ner Art, dem Vollmondglanz verwandt,
Ist, der im Land Schīrās in hohem Rufe steht,
Und holde Lieder singt, *Hădschī Hăfis Ăhmēd.*

49.

Hör' ich des Wonnevogels Flügelschläge?
Schickt Düfte mir der Wünsche Rosenflur?
Wie, oder spricht der Wind von Seiner Lippe?
Kurz, ich vernehme Wunderbares nur.

50.

Ein Liebchen heissen Blut's, ein Sänger, eine Flöte,
Ein Fläschchen Wein, ein Ort, der still und ruhig sei! –
Und, glüht mir dann der Wein durch Adern und durch Nerven,
Begehre ich kein Korn von einem Hatem Tai.

51.

Stärker wein' ich als die Kerze, bin ich nicht mit dir vereint,
Weine rosenfarbe Thränen, wie sie nur die Flasche weint;
Einem Glase Weines gleich' ich, denn mein Herz, das enge, thut
– Höre ich die Harfe klagen – wie das Glas: es weinet Blut.

52.

Gar schmählich handelt, wer sich selbst erhebt,
Und nach dem Vorrang vor den Andern strebt;
Nimm bei dem Augensterne Unterricht:
Auf Alle blickt er, auf sich selber nicht.   419

53.

Dem Rechtlichen will ich die Seele weih'n;
Gern wirst das Haupt du ihm zu Füssen legen:
Doch weisst du, was da mag die Hölle sein?
Die Hölle ist: Mit Schurken Umgang pflegen.   421

54.

Die ganze Welt im Mörser klein zerreiben,
Mit Herzensblut auf die neun Himmel schreiben,
Und hundert Jahr' im Kerker sein, ist leichter
Als Einen Augenblick bei Thoren bleiben.   423

55.

Wenn einst mein wundes Herz erreicht, wonach es strebet,
Und in des Körpers Reich kein König »Geist« mehr lebet,
Will ich mit Zuversicht an Gottes Throne hoffen,
Es stehe jedes Thor der Seligkeit mir offen.   425

56.

Behandle, Freund, nicht grausam deinen Feind;
Trink' lauter'n Wein und sei vergnügt dabei;
Den Rechtlichen gib deinen Kragen Preis,
Doch von den Schurken mach' den Saum dir frei.   427

57.

O dass des Schicksals Gunst sich freundlich zu mir neigte
Und mir der Zeiten Lauf von Neuem Freundschaft zeigte!
Da meiner *Jugend Hand* entrissen er die *Zügel,*
Mach' er das *Alter* mir *fuss*hältig gleich dem *Bügel!*

58.

In eitlen Wünschen nur vergeude ich das Leben,
Was hat des Himmels Lauf mir Nützliches gegeben?
Und wen ich immer noch um Freundschaft hab' beschworen,
Der wurde mir zum Feind. O wär ich nie geboren!

59.

Wenn Ihr, o Freunde, zärtlich Euch umschlinget,
O, so vergesst des Himmelsrades Schwung;
Und kömmt die Reih' an mich, und ich muss scheiden,
So trinkt den Rest, mir zur Erinnerung!

60.

Wo lebt in dieser Zeit, die jede Treue bricht,
Ein Freund, der uns zuletzt zum Feinde würde nicht?
Ich lebe immerdar geschieden von der Welt,
Sonst sähe mich der Freund wie es dem Feind gefällt.

61.

Wie mich nur die *Feinde* wünschen, wurde ich, o Freund, durch dich,
Wurde, ach, durch dich zum Herbste, der ich einem Frühling glich;
Weilte stets in deinem Köcher, schnurgerade wie ein Pfeil:
Wesshalb machtest du, o Theurer, nun zu einem Bogen mich?

62.

Ich bin ein schwacher Mann, bin sanft und unterthänig,
Indess nur Grösse, Stolz und Dünkel aus dir spricht;
Setz'st du auf's Feuer mich, werd ich d'rin sitzen bleiben,
Doch setz' ich dich auf's Pferd, bleibst du d'rauf sitzen nicht.

63.

Vor der Wirkung eines Seufzers sei, o Freund, auf deiner Huth,
Denn von eines Seufzers Gluthen fällt auf dich auch eine Gluth;
Lass in deinem eig'nen Gaue es nicht sorglos ausser Acht,
Wenn bei Nacht die Thräne fliesset und der Seufzer früh erwacht.

64.

Wirst du den Gram der Zeit noch lang im Herzen nähren? –
Verzichte auf die Welt und was du hast in ihr;
Ein Freund, ein Rosenbaum und Wein sei dein Begehren,
Jetzt wo des Weines Rest in Händen blinket dir.

65.

Ich will in meinem Herzen treu den Gram um dich bewahren,
Will deinen Schmerz in Arzenei für's wunde Herz verkehren:
Je mehr du mir das Herz betrübst durch grausames Verfahren,
Um desto heisser wird mein Wunsch die Treue zu vermehren.

66.

Ich sprach: »Was für ein Maal, ein süsses, erblicke ich an dir?«
»Einfältig, schwach und blöde bist du«, entgegnete Er mir.
»Im Spiegel meiner holden Reize erblickt man Maale nicht:
Den Stern nur deines Auges siehst du in meinem Angesicht.«

67.

Rosenfarb ward meine Thräne, wie des Lieblings Wangengluth,
Blutig meines Auges Höhle durch des wunden Herzens Blut;
Sich gar zärtlich stellend, sagte mein Geliebter da zu mir:
»Du, o Freund mir werth und theuer, was geschah am Auge dir?«

68.

Wer auch nur monatlang als Fremdling irrt umher,
Der wird zum *Halme* bald, und wenn ein *Berg* er wär':
Und fand der Fremdling auch ein freundlich schirmend' Dach,
Denkt er an's Vaterland, entschlüpft ihm doch ein Ach!

69.

Der du, o Herr, ein Helfer in den Nöthen
So wie ein Richter aller Streite bist!
Was könnte ich Geheimes dir vertrauen,
Da nichts Geheimes dir verborgen ist?

Zweizeilig gereimte Gedichte (Mesnewiat)

1.

O du, mein scheues Reh, wo weilest du nunmehr?
Bekannt bin ich mit dir ja schon seit lange her.
Zwei einsam wandernde Verlassene sind wir,
Und Netze drohen dort und wilde Thiere hier.
Komm, dass wir wechselweis uns klagen, was uns quält,
Und – sind wir es im Stand – uns geben, was uns fehlt;
Denn fruchtlos spähe ich in dieser Wüstenei
Nach einem Weideplatz, der schön und fröhlich sei.
Gefährten, sagt, wer schliesst sich dem Verlass'nen an,
Und wer wird freundlich thun mit einem armen Mann?
Dies könnte Chiser nur, der Segen mit sich bringt,
Und dessen hohem Muth ein jedes Werk gelingt.

Jetzt scheint die Zeit der Huld erschienen mir zu sein,
Den Gott erhört den Spruch: »*O lass mich nicht allein!*«
An einem Rasenrain sprach einen Wandersmann
Ein Strassenbettler einst gar freundlich also an:
»Was birgst du, Wanderer, in deinem Sacke hier?
Komm, stelle Netze auf, hast Körner du bei dir.«
»Ich habe Körner zwar – entgegnet' er – allein
Die Beute, die mir ziemt, kann ein Sīmūrgh nur sein.«
Er sprach: »Auf welche Art erhascht ihn deine Hand?
Ist doch sein hohes Nest mir gänzlich unbekannt.«
D'rum halte dich an's Glas und Rosen, aber sei
Von Furcht vor dem Geschick, dem trunk'nen, niemals frei.
Wenn dein Cypressenbaum sich auf die Reise macht,
Sei vom Cypressenzweig von dir er überwacht!
Fort ist er, und betrübt macht' Er mich frohen Mann;
Ob zwischen Brüdern man so grausam handeln kann?
Er hat so mitleidlos der Trennung Schwert gezückt,
Als hätt' uns Beide nie die Freundschaft noch beglückt.
Hat da mein Opfergeld wohl irgend einen Werth,
Wo schon die Sonne selbst den Beutel hat geleert?
Nun frommt der Rand des Quell's, das Bächlein auf der Flur,
Nun frommt der Thränenthau und Selbstgespräch mir nur.
Wird die Erinnerung an ferne Freunde wach,
So ahme weinend stets die Frühlingswolke nach;
Und wenn ein Wasser rasch an dir vorüber läuft,
So schwell' mit Wasser es, das deinem Aug' entträuft.
Da jener alte Freund mir Unrecht angethan,
Ruf' ich, o Mōslīmīn, o Mōslīmīn, Euch an!
Schon reicht mir über's Haupt der Trennung Wasserschwall;
Nichts nützt die Güte mehr in einem solchen Fall.
Nur Chiser's Segen ist's, dem es vielleicht gelingt,
Dass den Verlass'nen er zu dem Verlass'nen bringt.
Was streit' ich immer denn mit meinem eig'nen Glück,
Und wesshalb flieh' ich denn mein eigenes Geschick?
Die Reise tret' ich jetzt in's Dorf des Freundes an,
Und wenn ich sterben soll, sterb' ich auf jener Bahn.
Die Fremden, werden sie mit meinem Loos bekannt,
Verweilen länger wohl an meines Grabes Rand;

Der Fremden eingedenk sind Fremde sicherlich:
Sind sie doch wechselweis ein Angedenken sich.
O Gott, der Hilfe du dem Hilfentblössten leih'st!
Was mir und andern hilft, steht klar vor deinem Geist;
Gleichwie aus finst'rer Nacht du schaff'st den lichten Tag,
Schaff'st du aus dieser Qual das, was mich freuen mag.
Dass Er von hinnen zog, erpresst viel Klagen mir:
Dies zu erzählen fehlt es mir am Raume hier.
Auf Perlen blicke nur, auf Glaskorallen nicht,
Und unterlasse stets was keinen Ruhm verspricht.
Wenn ich des *Rohres Fisch* auf das Papier gebracht,
So frage *Fisch* und *Rohr* und klar wird's dir gemacht.
Gefährten! Euer Werth ist Euch bekannt nunmehr;
Klar ist der Commentar, so sagt ihn nun auch her!
Es sagt als Warnung dir der wohlberath'ne Mann:
»Im Hinterhalte weilt das Scheiden als Tyrann.«
Durchknetet habe ich die Seele mit Verstand,
Und hab' geerntet nur das, was daraus entstand;
Und diese Mischung bot mir wonnigen Gewinn:
Es ist ja Liedermark und Seelenmark darin.
Komm, und mit diesem Duft der Hoffnungsseligkeit
Durchwürz' die Seele dir in alle Ewigkeit!
Der Huris Kleidung ist's, die diesen Duft verstreut,
Und nimmermehr das Reh, das sich vor Menschen scheut.
In diesem Thale – horch! – ruft laut des Stromes Fluth:
»Feil um ein einz'ges Korn ist viel unschuld'ges Blut.«
Den Fittig Gabriel's setzt hier in Flammen man,
Und Kinder zünden sich daran ein Feuer an.
Wer hätte wohl noch Muth zu sprechen hier ein Wort?
Wie überflüssig wär's, o Gott, an diesem Ort!
Zieh' hin, *Hafis,* und sprich davon nichts weiter mehr;
Brich ab; der Weiseste ist ja nur Gott der Herr.

Das Buch des Schenken (Sakiname)

2.

Komm, gib mir jenen Wein, o Schenke, der die Begeist'rung nährt,
Und der, den Edelmuth vermehrend, Vollkommenheit gewährt:
Denn durch die Liebe ward gewaltsam des Herzens ich beraubt,
Und mir an diesen beiden Dingen kein Antheil mehr erlaubt.
Komm, gib mir jenen Goldstaub, Schenke, ihn, der, stets
    sieggewohnt,
Und mit Cărūn's so reichen Schätzen und Noe's Alter lohnt;
Weil dann vor deinem Angesichte sich unverweilt erschliesst
Die Pforte der ersehnten Wünsche und langer Lebensfrist.
Komm, gib mir jenes Feuer, Schenke, das herrlich strahlt und glüht,
Und das im Erdenschoss zu suchen Sĕrdüscht sich einst gemüht:
Weil nach der Meinung trunk'ner Zecher nicht mehr noch minder
    gilt
Wer diese Welt und wer das Feuer für eine Gottheit hielt.
Komm, gib mir jenen Wein, o Schenke, durch dessen lichten Strahl
In's Land des Nichts hineinzublicken sich rühmte Dschem's Pocal,
Auf dass, durch des Pocales Kräfte, gleich hoch mit Dschem gestellt,
Ich stets erfahre was das Weltall Geheimes in sich hält.
Komm, Schenke, gib mir jenen Becher der Dschem einst eigen war,
Und zögre nicht, und reiche hurtig mir den gefüllten dar!
Dschĕmschīd, der Kron' und Schatz besessen, sprach's ja gar trefflich
    aus:
»Nicht eines Körnchens Werth besitzet dies dauerlose Haus.«
Komm, Schenke, gib mir jenen Becher, klar wie der Sĕlsĕbīl,
Auf dass dem Herzen er ein Führer sei zu des Himmels Ziel:
Denn herrlich tönte, was die Flöte und was die Zither sprach:
»An Werth steht einem Schlückchen Weines Kej's Königskrone
    nach.«
Komm, Schenke, gib mir die verhüllte, die trunk'ne Jungfrau dort,
Die sich gewählt zum Aufenthalte der Schenke wüsten Ort!
Bin ich doch Willens meinen Namen der Schande nur zu weih'n,
Und wüst durch den Genuss des Weines und durch das Glas zu
    sein.

Komm, Schenke, gib mir jenes Wasser, das Sorgenbrand man nennt,
Durch das der Löwe, wenn er's trinket, die Wälder niederbrennt:
Auf dass ich löwenkühn erstürme des Himmels hohes Zelt,
Und alle Fallen niederreisse vom alten Wolf gestellt.
Komm, gib mir jenen Wein, o Schenke, der von der Hurischaar
Mit reinem Ambrastoff der Engel durchwürzt wird immerdar:
Auf dass ich, ihn auf's Feuer legend, durchräuchere die Luft,
Und des Verstandes Hirn durchdüfte mit seinem ew'gen Duft.
Komm, gib mir jenen Wein, o Schenke, durch dessen Gegenstrahl
Dem Dschem und Kējchŏsrew ward Kunde gesendet vom Pocal:
Auf dass ich sage, wenn die Flöte ertönen lässt ihr Lied:
»Wo ist Kjăwūs wohl hingekommen, und wo verweilt
    Dschĕmschīd?«
Lass dieses alten Klosters Schicksal Stoff deiner Rede sein,
Und lade die verblich'nen Herrscher durch einen Aufruf ein!
Komm, gib mir jenen Wein, o Schenke, der Königsmacht gewährt,
Und dessen Reinheit durch das Zeugniss des Herzens sich bewährt!
Als Herrscher hatte ich gethronet einst auf des Herzens Thron,
Doch jetzt, wo ich befleckt geworden, steh' ich gar fern davon.
Gib mir denn Wein, und von der Schande wasch' ich vielleicht
    mich rein,
Und kann vor schrecklichen Gedanken vielleicht gesichert sein.
Sieh wie von Glück mein Antlitz strahlet, hast du mir Wein
    gebracht;
Sieh wie ich Weisheits*schätze* finde, hast du mich *wüst* gemacht!
Gab man den Garten hehrer Geister zum Aufenthalte mir,
Warum denn ist, so wie an Pflöcke, mein Leib gebunden hier?
Bin Jener, der, wenn er den Becher in seine Hände schliesst,
In jenem Spiegel Alles schauet was in dem Weltall ist;
Und an der Priestertugend Pforte klopf' ich berauscht dann an,
Und prahlte laut mit Herrschergrösse, wenn gleich ein Bettelmann:
Denn, lässt *Hafis* im trunk'nen Stande ertönen seinen Sang,
Grüsst ihn herab vom Himmelsrade Sōhrē mit Saitenklang.
Komm, Schenke, lerne weislich fürchten des Lebens Unbestand,
Und bettle um des Lebens Freuden bei'm vollen Becherrand!
Ist's ja der Wein doch der das Leben dir mehret für und für,
Und jeden Augenblick dir öffnet geheimer Zukunft Thür.
Komm, Schenke, ordne was sich ziemet zum Weingelage an:

Verletzt die Welt ja doch die Treue stets gegen Jedermann.
Dich mahnt gar sinnig jedes Bläschen das sich im Weine bläht,
Dass einst dem Kējkŏbād die Krone der Wind hinweggeweht.
Komm, Schenke, dir den Wunsch des Herzens vom Weine zu erfleh'n,
Denn nie noch hab' ich Herzensruhe, wo Wein gefehlt, geseh'n;
Nur wenn der Leib sich ohne Seele des Lebens könnt' erfreu'n,
Nur dann wär' auch das Herz im Stande zu schlagen ohne Wein.
Komm, Schenke, voll mit Wein zu füllen mir diesen Becher hier,
Denn von Monarchen und von Kaisern will ich erzählen dir.
Komm, Schenke! Wie, du wähnest dich sicher vor des Geschickes Wuth?
Will's doch, von Rache angetrieben, vergiessen stets dein Blut.
Komm, Schenke, sei bei mir nicht immer so störriger Natur;
Denn endlich stammst du nicht vom Feuer, stammst von der Erde nur,
Und fülle mir das Glas mit Weine: denn köstlich ist der Wein,
Zuvörderst wenn er ohne Zusatz, geläutert ist und rein.
Komm, gib mir jenen Wein, o Schenke, der nach Basiljen riecht,
Denn unser Gold und unser Silber verbleibet uns ja nicht.
Komm, Schenke, gib von jenem Weine der rein ist wie Rubin!
Soll länger List und Trug noch herrschen und eitler Prahlersinn?
Mich ekeln Rosenkranz und Kutte in vollstem Masse an;
Verpfände Beide sie dem Weine, und Gott befohlen dann!
Komm, Schenke, aus des Klosters Winkel entferne nimmer dich,
Denn einen reichen Schatz an Seelen fasst dieser Ort in sich.
Sagt Jemand dir: »Geh' nicht in's Kloster, nimm dich davor in Acht!«
Was wirst du ihm zur Antwort geben? Antworte: »Gute Nacht!«
Komm, Schenke, gib mir jenen Becher wie Erg'wanblüthen roth,
Der stets dem Herzen hohe Wonne und Lust der Seele bot:
Auf dass er mich von Allem trenne was Gram mir schaffen mag,
Und mir die Spur der Strasse zeige zum köstlichen Gelag!
Komm, gib mir jenen Wein, o Schenke, der uns're Seelen nährt,
Und der, für die erkrankten Herzen, als Seele sich bewährt:
Auf dass ich mir ein Zelt errichte weit ausser dieser Welt,
Und mir ein Schattendach erbaue hoch über'm Sternenzelt.
Komm, Schenke, gib mir jenen Becher, der Mond und Sonne gleicht:

Auf dass ich einen Thron mir baue, der an den Himmel reicht!
Komm, Schenke, fülle meinen Becher mit einem alten Wein,
Und lass mich immerdar geniessen der Lust berauscht zu sein!
Berausch'st du mich mit deinem Weine, der lauter ist und klar,
So bring' ich dir in meinem Rausche ein schönes Liedchen dar.
Komm, Schenke, und, in dieser Stunde wo deiner Wange Pracht
Das ambraduftende Gelage zum Paradiese macht,
Nimm den Pocal und fürchte nimmer dies möge sündhaft sein,
Denn in den himmlischen Gefilden gestattet man den Wein.
Komm, Schenke, denn für unvermeidlich hab' ich den Wein
    erkannt,
Und mit dem Weinrest eines Glases sei hilfreich mir zur Hand!
Es hat mich ja, bis in die Seele, des Himmels Lauf gekränkt,
D'rum hab' ich eilends meine Schritte zum Tempel hingelenkt.
Komm, Schenke, gib von jenem Weine der stete Wonne beut:

475 Auf dass ich auf des Rachsches Rücken mich schwinge hocherfreut,
Und auf den Kampfplatz mich begebe, wie Tūhĕmtēn gethan,
Und, nach dem Wunsche meines Herzens, mich tummle auf der
    Bahn.
Komm, Schenke, gib mir jenen Becher der roth wie Onyx ist,
Und der die Pforte froher Zeiten dem Herzen stets erschliesst:
Auf dass ich, wie mit Einem Zuge, durchstreiche den Verstand,
Und flattern lasse auf der Erde des Rausches Fahnenband;
Auf dass wir, nur vom Glase kosend, im flüchtigen Moment
Uns mit des Weines Wasser löschen den Gram der uns verbrennt:
Denn heute lasst uns Wein geniessen, wo froh wir uns vereint:
Wenn jetzt Gelegenheit nicht wäre, wer weiss wann sie erscheint?
Denn Jene, die einst angeordnet ein Festgelag der Lust,
Und durch das Lustgelag verscheuchten die Sorgen ihrer Brust,
Sie machten sich von dieser Falle, der Diwenhöhle, los,
Und trugen ihre bange Sehnsucht tief in der Erde Schoss.
Wer hat von diesem *Türkis*throne der Wünsche Sieg erfleht?
Wer lebt *beglückt* in diesem Köschke, das nur zehn *Tage* steht?
Weh, dass dem Winde gleich an Schnelle die Jugendzeit verging!
Beglückt, wer weise stets gehandelt und stets am Rechte hing!
Gib, Schenke, mir von jenem Weine, auf dass mir sei erlaubt,

477 Im schnellsten Nu den Fuss zu setzen auf beider Welten Haupt!
Sei flink und *leicht*, und gib mir freundlich ein Ritel voll und *schwer*,

Und kannst du es nicht offen geben, so gib es heimlich her!
Wer auf dem Elephantenrücken einst stolz die Pauke schlug,
Dem schlägt man unerwünscht die Pauke zum fernen Reisezug.
Mein Ohr vernimmt am frühsten Morgen, aus Sphären hell und
    licht,
Wie unablässig eine Huri zu mir die Worte spricht:
»O Vogel, dem Natur so schöne, so süsse Töne gab,
Lass dein Gefieder sich bewegen, und brich des Käfich's Stab,
Und setze hin dich in den grünen sechsbogigen Palast,
Und setze hin dich, wo die Seele der Ruhe pflegt und Rast.«
Du hörtest ja, beglückter Schöner, dem Menutscheher gleich,
Dass, zu der Zeit als Büsürdschmiher verwaltete das Reich,
Dem Nūschīrwān man eingegraben auf seines Bechers Rand:
»Bevor dir noch das letzte Zeichen von uns'rem Dasein schwand,
Vernimm den Rath der dir ertheilet im Handeln Unterricht:
Ein Wort ist's das vom Zeitenwechsel gar zart und sinnig spricht:
›Als Schmerzensort und Leidenstätte erweist sich diese Welt,
Die rings von Fallen ist umgeben, und nichts von Lust enthält.‹«
Wir müssen dann schon glücklich heissen, wenn uns der Gram
    und Harm
Nicht mehr im Stande ist zu härmen, weil schwach wir sind und
    arm.
Wie Dschem's Pocal sei zu erkennen, wohin Dschem selber ging,
Wo Salomon wohl hingekommen, und wo sein Siegelring?
Kein Weiser irgend eines Stammes hat uns noch mitgetheilt
Den Ort wo sich Dschĕmschīd befindet und wo Kjāwūs verweilt.
Als nach des Nichtseins öden Landen sie ihren Schritt gewandt,
Da liessen sie nichts als den Namen zurück in diesem Land.
Und an dies schwache Weltgebäude knüpfst du des Herzens Glück?
Bist du an ihm vorbeigeschritten, kehrst nimmer du zurück.
Nur seine Thorheit hat bewiesen wer sich der Welt verband,
Und nur *befremdlich* hat gehandelt wer mit ihr that *bekannt*.
In diesem Hause mit sechs Thoren trifft dein Verlangen kaum
Ein Plätzchen für's Gefühl der Freude und für die Wünsche Raum.
Komm, jenes feuergleiche Wasser bring', Schenke, mir herbei,
Auf dass ich mich durch jenes Wasser vom Feuer mache frei:
Denn dies mein Herz, so voll von Schimmer, weilt in des Feuers
    Gluth:

Ich lösche dann vielleicht dies Feuer durch jenes Wassers Fluth.
Gib, Schenke, mir von jenem Wasser das einem Onyx gleicht
Und das dem Onyx und Rubine das Roth der Wange bleicht;
Gib *hurtig* mir von jenem Wasser, entströmt dem *Seelen*quell!
481　Kein *fliessend'* Wasser, eine Sonne ist's, die da *wandert* schnell.
Auf dieses Dach, auf dem neun Stufen und Bogen fünf zu schau'n,
Lässt sich mit Einem Glase Weines ein hoher Söller bau'n:
Denn auf dies Dach mit neun der Kuppeln, dies säulenlose Haus,
Kann man gar leicht empor sich schwingen, tritt man aus sich
　　　heraus.
Erheb' dich, bist du klug, und werde dem Unverstand zum Raub;
Verschütte nicht dein eig'nes Wasser, und werde Schenkenstaub;
Lass dich nicht fesseln dieses Kloster, das nur aus Raub besteht;
Es übergibt dich flugs dem Winde, der dich wie Staub verweht.
O Schenke, gib mir jenen Becher der, eines Kaisers werth,
Im Herzen so wie in der Seele die Wonne stets vermehrt!
Was unter'm Glase ich verstehe, ist ew'ger Liebe Wein,
Und was mit diesem Wein ich meine, ist das Entselbstetsein.
Es ging, gleich einem Blitz aus Jemen, die Jugendzeit vorbei,
Und, ähnlich einem Morgenlüftchen, entschwand des Lebens Mai.
Geh' hin, und meide dieser Erde sechsthoriges Gebäud',
Komm her, und fliehe diese Schlange die mit neun Köpfen dräut.
Bring' *hurtig* Haupt und Gold zum Opfer auf dieser Liebesbahn,
Ja, opf're selbst die eig'ne *Seele,* bist du ein Wandersmann;
Und wandle schnell und wandle eilig hin nach der Dauer Haus,
483　Erkennend, Alles sei vergänglich, nimmst du den Schöpfer aus!
O Schenke, gib mir jene Gemme die Geist und Leben schenkt,
Und die Arz'nei ist für die Herzen die wund sind und gekränkt:
Denn, als den Händen Dschem's das Schicksal entrissen einst das
　　　Glas,
Was hatte es ihm da genützet, dass er die Welt besass?
O Schenke, gib mir jenes Wasser das ganz zu Eis gerann,
Und fache in dem todten Herzen, durch Wein, das Leben an:
Denn jeder Ziegel, der auf Dächern gefunden seinen Platz,
War eines Alexander's Schädel, und eines Kejkŏbād's.
Was man in diesem Becken schauet, Monarchenblut ist's nur,
Und nur der Staub verwes'ner Schönen deckt diese öde Flur.
Ich hörte, dass ein Weinverehrer, von Staunen übermannt,

Im Weinhaus also ausgerufen, den Becher in der Hand:
»Der Himmel, der sich rastlos drehet, und nur die Nieder'n nährt,
Freut über Jenen sich am Meisten der dümmer sich bewährt.«
O Schenke, gib mir jenes *Bitt're* das *süss* verdaulich ist:
Denn süss ist Wein, den aus den Händen des Freundes man
    geniesst.
Darius selbst, der ein *Beherrscher* der ganzen Erde hiess;
Und auf der Welt in Herrschergrösse als einzig sich erwies,
Ihn schleppte, durch die Hand des Todes, der Himmel mit sich
    fort,
So dass du wähn'st er habe niemals gelebt in diesem Ort.   485
Komm, Schenke, eile hin zum König, und sage ihm von mir:
»O König, den die Krone schmücket die Dschem getragen hier!
Mach' dir das Herz der nahrungslosen Bedürftigen geneigt,
Und dann erst fordere den Becher, der dir das Weltall zeigt!«
Den Kummer, den uns ohne Nutzen bereitet diese Welt,
Beseitigt man mit leichter Mühe, wenn man an Wein sich hält,
Jetzt, wo der Herr des Diademes und Thrones uns beglückt,
Die schönste, beste Frucht die jemals den Fürstenbaum geschmückt;
Er ist Gebieter dieser Erde, ist Kaiser dieser Zeit,
Ein Mond im Sternenhaus des Glückes, ein König, wunscherfreut;
Er ist es der dem Königsthrone hat Kraft und Macht verlieh'n,
Und Fisch und Vogel selbst geniessen des Wohlseins nur durch
    ihn;
Der Glanz der Herzen und der Augen der Glücklichen ist er,
Ist Allen, die ein Herz besitzen, ein gnadenreicher Herr,
Die Welt beherrscht er, nährt den Glauben und übt Gerechtigkeit,
Er, der dem Thron der Keïjăniden den höchsten Schmuck verleiht.
Wie sprech' ich's aus, sein edles Walten, wie mach' ich es bekannt?
Staunt über seine hohen Thaten schon selber der Verstand.
Da seine Macht des Wortes Grenzen bei Weitem übersteigt,
So halte ich, aus Scham und Schwäche, das Haupt gar tief geneigt,   487
Und zum herzinnigen Gebete erhebe ich die Hand,
Nachdem ich zu des Schöpfers Throne das Angesicht gewandt,
Und spreche: »Herr, bei allen Gnaden, die du mir je gewährt,
Und beim Geheimniss deiner Namen, die man als heilig ehrt,
Und bei dem Rechte deines Wortes, das alt ist wie die Zeit,
Und bei dem Rechte des Propheten und seiner Herrlichkeit!

Gib, dass der König dieser Erde durch Siege sei beglückt,
Und dass sein Thron und seine Krone mit Glück sei ausgeschmückt,
Und dass, so lang als Recht und Unrecht auf dieser Welt besteht,
Und auf des Himmels Wiese weiden der Stier und Widder geht,
Die Welt als Machtgebieter schaue den hohen Schah Mănssūr,
Und fern ihm vom Gemüthe bleibe des Kummers kleinste Spur!«
Heil dir, o Fürst, du der Dschem's Siegel in mächt'gen Händen hält!
Ein Held ja bist du auf dem Felde des Glaubens und der Welt;
Man nennt dich auf der ganzen Erde den *Sieger,* und fürwahr,
Du hast die Schaaren deiner Feinde besieget immerdar;
Ein Fērĭdūn bist du an Würde bei Festen im Palast,
Ein Tūhĕmtēn des Krieges bist du dort wo die Kampfwuth ras't;
Gleich dir, trifft in des Himmels Muschel nicht Eine Perle sich;
Nach Dschem und Fērĭdūn kam Keiner den man mit dir verglich;
Dir zahlt die Steuer der Besiegten nicht nur das Frankenland,
Auch von der Neger Maharadscha wird dir Tribut gesandt;
Der Türken, Inder, Griechen Lande und China's weites Reich
Beherrschest du mit deinem Ringe, Dschem, deinem Vorbild, gleich;
Saturn hält, als dein letzter Diener, in deinem Thronsaal Wacht,
Und, als dein Sclave, prangt der Himmel in reicher Gürtelpracht;
Es ist dem Huma zu vergleichen dein kaiserliches Zelt,
Denn unter seinem breiten Flügel beschirmt's die ganze Welt;
Du herrsch'st von Rum bis fern nach China, dem Alexander gleich,
Und, wenn der *Spiegel* sein gewesen, ist dein der *Sitte* Reich.
Verbleib' auf Alexander's Throne durch vieler Jahre Lauf,
Und kläre, durch des Herzens Weisheit, der Dinge Lage auf!
Zeigt nun am Meere deines Lobes sich keines Ufers Spur,
So will ich durch Gebet dich preisen, wenn auch in Kürze nur;
Aus Nīsămī's gebund'ner Rede – es hat die greise Welt
Nicht Einen Dichter aufzuweisen der ihm die Wage hält –
Bring' zum Entgelte ich drei Verse von kräftig edler Art,
Die der Verstand mit gröss'rer Sorgfalt als Perlen aufbewahrt:
»Sei künftig, in noch reich'rem Maase als du es selbst gedacht,
Ein Landerob'rer, unterwerfend das Weltall deiner Macht;
Es leite dich der hohe Himmel bis in die fernste Zeit,
Durch immer neuerrung'ne Siege zu Glück und Herrlichkeit,

Und von dem Wein, durch den die Seele den Sinn gesunden macht,
Sei mir ein Trunk, und auf den König ein Lebehoch gebracht!«

Das Buch des Sängers (Mughanniname)

3.

Wo verweil'st du, Sänger? Rufe in's Gedächtniss wieder,
Durch des Saitenspieles Klänge, königliche Lieder!
Sende den berauschten Männern Kunde von Gesängen,
Grüsse heimgegang'ne Freunde mit der Wünsche Klängen!
Stimm' ein Liedchen an, o Sänger, das uns Lust gewähre,
Mit *Ghăsel* und *Kul* beginnend deine holde Mähre:
Denn die Last des Grames bannte fest mich an die Schwelle:
Hebe, durch des Tactes Schläge, mich von meiner Stelle!
Sänger, aus der Liebe Tonart lass ein Lied ertönen;
Sieh dann was der Pförtner sage, der bewacht die Schönen.
Mache, dass der Laut des Sanges so empor sich schwinge,
Dass Nāhīd, das Harfenmädchen, er zum Tanze bringe.
Sänger, stimme deine Pauke und der Harfe Saiten,
Lass der theuren Freunde Lieder deinen Sang begleiten;
Spiele Weisen, die den Ssofi auf zu Gott erheben,
Und die Wonne des Vereines dem Berauschten geben.
Sänger, unter deinen Händen lass die Orgel tönen,
Und die nieder'n Weltgedanken wird mein Herz verpönen;
Mein Gemüth wird *dann* wo möglich, seine Ruhe finden,
Wenn auf ihm des Grames Flecken nach und nach verschwinden.
Sänger, komm, wir wollen nimmer mit einander streiten:
Greife, hast du keine Pauke, in der Harfe Saiten!
Wenn der Wein – so hört' ich sagen – Schaden droht zu bringen,
Ist es nützlich, wenn man Pauken lärmend lässt erklingen.
Wo verweil'st du jetzt, o Sänger, jetzt zur Zeit der Rosen,
Wo, den Hain mit Tönen füllend, alle Sprosser kosen?
Besser ist es, wenn in Wallung du das Blut mir bringest,
Und die Harfe für ein Weilchen laut zu rauschen zwingest.
Sänger, komm und stimme freundlich deine Laute wieder,
Und in neuer Weise singe nun auch neue Lieder;

Schaffe, durch ein einz'ges Liedchen, Tröstung mir im Leide,
Reiss' mein Herz in hundert Stücke, ähnlich meinem Kleide!
Was, o Sänger, wär's, wenn freundlich du dich mir erwiesest,
Und in's Herz mir, durch die Flöte, Feuergluthen bliesest;
Wenn aus meinen Grübeleien du hinaus mich trügest,
Und den Hausrath meines Grames mir in Trümmer schlügest?
Wo verweil'st du denn, o Sänger? Lass ein *Lied* erklingen
Und zu uns, den *Mittel*losen, deinen Aufruf dringen:
Wenn wir einst von dieser Erde werden scheiden müssen,
Ist's viel besser, wenn wir Bettler als Monarchen hiessen.
Sing' die Weise *Kul,* o Sänger, lass den Ton sich heben,
Denn nur du kannst Hilfelosen wahre Hilfe geben.
Willst du mit dem Saitenschwinger nach Irāk mich leiten,
Lass ich einen Sīndĕrūd mir aus dem Auge gleiten.
Komm, o Sänger, höre freundlich, dir zu eig'nem Frommen,
Dies mein Wort, das alle Weisen willig angenommen:
»Naht der Gram mit seinem Heere, lass in dichten Reihen
Aufmarschiren Harfen, Lauten, Pauken und Schallmeien!«
Sänger, dem ich mein Geheimniss liebevoll vertraute,
Menge ein paar Freunschaftshauche in der Flöte Laute:
Treib' durch Wein dir aus dem Herzen Kummer und Beschwerde,
Und dann hauche in die Flöte: Hauch ja ist die Erde.
Wo verweil'st du, Sänger? Greife in der Zither Saiten;
Sänger, komm, mit Wein zu füllen den Pocal, den weiten:
Dass wir bei einander sitzen, nur der Lust ergeben
Und, ein Weilchen froh verbringend, ohne Sorgen leben!
Sänger, nur Ein Lied, entnommen meinen Lustgesängen,
Wolle du zur That gestalten bei der Harfe Klängen:
Dass es mir als Strasse diene zum Begeist'rungsziele,
Dass ich mich zum Tanz erhebe und mein Kleid verspiele.
Leicht lässt die Geheimnissperle sich im Rausch durchbohren:
Kein Geheimniss kann man wahren, hat man, *sich* verloren.
Sänger, traurig bin ich; schlage die *zwei*sait'ge Leier,
Schlag' die *drei*fach überspannte zu des *Ein'gen* Feier!
Sänger, singe uns die Weise dieses Lied's, des neuen:
Durch des Instrumentes Stimme sprich mit den Getreuen,
Und erfreu' der grossen Männer abgeschied'ne Seelen;
Von Pĕrwīs auch wolle freundlich und Bārbūd erzählen!

Lust zu Schelmenstreichen zeigt sich wieder bei'm Geschicke;
Frommt doch Rausch und Schelmerei mir nur aus Freundes Blicke.
Sollst in diesem blutgetränkten Auferstehungsthale
Nur der Flaschen Blut vergiessen und der Weinpocale.
Staunen fasst mich, seh' ich rastlos sich den Himmel drehen,
Und ich weiss nicht wer nun wieder wird zu Grabe gehen?
Klar ist's, dass die Welt uns immer Täuschung nur gewähre,
Und die Nacht ist immer schwanger: – was sie wohl gebäre?
Komm; dein Herz entsage fürder weltlichen Genüssen:
Steht man doch am Rand der Brücke nie auf festen Füssen.
Diese Welt, die trümmervolle, ist dieselbe Baute,
Die die thürmenden Paläste Ēfräsjāb's einst schaute,
Und bestehet aus denselben wüsten, fernen Landen,
Wo einst jene Kriegerschaaren Selm's und Tur's verschwanden.
Doch wo weilt Pĭrān, der Feldherr mit dem scharfen Blicke?
Und wo weilt Schĭdē, der Türke, dass den Dolch er zücke?
Nicht nur ihre Vesten wurden schneller Winde Beute,
Ihrer Gräber selbst erinnert Niemand mehr sich heute.
Wenn aus Einem die *Geschicke* einen Schreiber machten,
Gaben sie das Schwert dem Ander'n an dem *Tag der Schlachten*.

4.

Ein Hund ist höher als ein Mensch zu schätzen,
Der seiner Freunde Herzen kann verletzen.
Dies Wort verdient, dass man ihm Glauben schenke,
Auf dass sein Sinn sich in die Herzen senke.
Wenn du und And're sich gemüthlich nähren,
Muss an der Schwelle nur der Hund entbehren.
Treu ist, o Jammer! nur der Hund zu nennen,
Indess die Menschen nichts als Feindschaft kennen.

5.

Mein Herz ist voll von Trauer, o holde Morgenluft!
Durch dich ist mein Geruchsinn durchwürzt mit süssem Duft.
Sag', eil'st du früh vorüber an einer Rosenflur,
Der Rose und Cypresse von mir dies Wörtchen nur:

»Schweig' von der Schönheit, Rose, vor *Seinem* Angesicht:
Nicht kann auf Goldstoff sticken, wer grobe Matten flicht;
Und du, Cypresse, prahle nicht mit dem hohen Bau:
Du träfst bei *Seinem* Wuchse die Grenze nicht genau.«
Komm, Schenke, denn erschienen ist nun die Frühlingszeit,
Zum Trotze dem, der immer nur übt Enthaltsamkeit,
Geniess' mit zarten Schönen den erg'wanfarben Wein,
So lang dir die Geschicke die Kraft dazu verleih'n;
Versperre Sittenrichtern zu deinem Ohr die Bahn;
Was ficht dich ein Ermahner, ein Kanzelredner an?
Sagt doch im Hain der Sprosser dir ohne Unterlass:
»Lass, wenn die Rosen blühen, nicht aus der Hand das Glas!«
Erkenne was die Rose dir bietet an Genuss,
Und Wein zu trinken bleibe dein festester Entschluss!
Sei auf der Hut! Es schwindet schnell die Gelegenheit,
Und nach und nach entfliehet die kurze Wonnezeit:
D'rum folge dem, was rathend dir nun *Hafis* gebot,
Und leere Weinpocale! Allwissend ist nur Gott.

6.

Wer in die Welt, die wirre, hat seinen Fuss gesetzt,
Hinab in eine Grube muss steigen er zuletzt.
Die Welt ist eine Brücke: in's Jenseits läuft sie aus,
Ein Ort des Unbestandes, ein ödes, wüstes Haus.
Misstraue dieser Brücke voll Schrecken und voll Grau'n;
Bereite dich zur Reise, hier ist kein Haus zu bau'n.
Dies Köschk von kurzer Dauer ist – wie der Weise spricht –
Ganz einer Wüste ähnlich, nur Schätze birgt es nicht.
Der Wahrheit Perle bohrten die Männer von Verstand,
Die dieses Wohngebäude ein Gasthaus nur genannt.
Zieh' weiter, denn man siedelt sich nicht im Gasthaus an;
Zieh' weiter, denn man weilet nicht auf der Erdenbahn.
Verlange nicht nach Gelde und Würden dieser Welt:
Die *Würde* ist ein *Brunnen* und *Schlangen* gleicht das *Geld*.
Ich nehme an, du ständest so hoch wie Behrām*gjūr*,
So fällst du doch am Ende in's Netz der *Grube* nur.
Bist du kein Blinder – sagt' ich – sieh auf die Grube hin,

Und handle immer – sagt' ich – mit vorsichtsvollem Sinn!
Entgehen konnte Keiner noch diesem Aufenthalt,
War Bettler oder König, war jung er oder alt.
Der du vorbei einst wandelst an mir mit stolzem Sinn,
Hafis wünscht ein Gebetlein: so bete denn für ihn!   513

Zweckgedichte (Kassaid)

1.

Jung, wie die Fluren Irem's ward wieder die Fläche der Erde
Durch die Strahlen des Glück's jenes erobernden Schah's.
Herrscher in Osten und Westen, erscheint er in Osten und Westen
Herrlich als Held, Chūsrĕwschāh und als alleiniger Herr.
Eine ernährende Sonne, ein Sultan, Gerechtigkeit übend,
Fördert er stets nur das Recht, herrschend als Keïjscher Fürst.
Könige setzet er ein im weiten Gebiete der Herrschaft,
Sitzt auf dem Throne des Saal's: »*Werde und siehe es ward!*«
Er, der der Glanz ist und *Ruhm* der ganzen Welt und des *Glaubens*,
Der den Zelter der Zeit fest unter'm Schenkel behält;
Er, des Jahrhundertes Herr, Schĕdschā', die Sonne des Reiches,
Er, ein beglückter Chăkān, er, ein so junger Monarch;
Er, ein Mond dessen Antlitz die ganze Erde beleuchtet,
Er, ein König, durch den hoch sich gehoben die Zeit.   515
Des Gedankens Sīmŭrgh schwingt nimmer empor sich zum Neste,
Das der Falke gebaut seines hochstrebenden Sinn's.
Gleich dem Winde durchzieht sein Machtgebot Länder und Meere,
Während Liebe zu ihm Menschen und Diwe beseelt.
Du, o Schönheit des Reich's und Reich der Schönheit an Formen,
Du, o Seele der Welt, Welt du der Seele, durch Geist!
Dir beneiden den Thron Dschĕmschīd's und Kejkŏbād's Throne,
Erdĕwān, Darius selbst neiden den Herrscherreif dir.
Spiegelt der Glanz deines Schwert's sich ab im Gedanken des
    Himmels,
Machen die Zwillinge sich einer vom anderen los.
Eine Sonne des Reich's erscheinst du; – wohin du dich wendest
Folgt in Eile das Glück, ähnlich dem Schatten, dir nach.

Keines Jahrhundertes Schacht barg eine Gemme dir ähnlich,
Hundert Jahrhunderte sah'n nie einen Stern der dir glich.
Deine Reize allein verbinden die Seele dem Körper,
Deine Gnade allein fesselt das Mark an's Gebein.
Über die Dinge die nicht im Herzen der Bücher sich finden,
Gibst, durch die Zunge des Rohr's, immer du treffend Bescheid.
Deine spendende Hand, wer kann ihr die Wolke vergleichen?
Diese gibt tropfenweis nur das was du säckelweis gibst.
Dein so erhabener Ruhm tritt selbst die Himmel mit Füssen,
Mährchen erzählt man vom Meer Deiner stets spendenden Hand.
Bist die Sonne des Wissens, die Kron' auf dem Haupt des
     Verstandes,
Bist des Weisheitsaug's Licht, Seele im Körper des Reich's:
Wissenschaft und Vernunft machst du nur schätzen und glänzen,
Der das Gesetz du beschirmst, der du den Glauben bewahrst:
Hoher, erhab'ner Monarch, gebietender mächtiger König,
Unvergleichlicher Herr, herrlich an Würde und gross,
Hehre Sonne des Reich's! Mit deiner Gnade verglichen
Wäre der Schatz Schājĕgjān nur ein geringer Atom.
Mit dem Meer deiner Grossmuth verglichen, sind kleiner als
     Tropfen
Hunderte von *Schājĕgjān*, welche *umsonst* du verschenk'st.
Hinter dem Vorhang verweilt bei dir die verschleierte Keuschheit,
Und der Dauer Gepäck legt dir das Glück vor's Gezelt.
Für dein Zelt, dessen Knauf als Sonne erglänzt, schafft der Himmel
Berge und Wolken herbei *dir* nur zum Sitze und Dach.
Dieser neunfache Atlas, so bunt und mit Gold übersäet,
Ist nur ein höheres Zelt über das Deine gespannt.
Nach den Keijiden besass noch Niemand in Salomon's Reiche
Diesen Prunk, diesen Schatz, dieses gewaltige Heer.
Deiner Tapferen Schaar ruft, während auf Rosen du wandelst,
Wimmern in Indien hervor, Heulen an Sanguebar's Strand;
Und dein Zelt stand in Rum, als schon der Schall deiner Pauke
Weit bis nach Indien drang und in die Wüste Sīstān's.
Seit den gelben Palast du erbautest, ist Schrecken gefahren
In des Kaisers Palast und die Gemächer des Chan's.
Lebt von Egypten bis Rum ein Herrscher mit dir zu vergleichen,
Oder von China's Gestad bis nach Cyrene's Gebiet?

Nächstes Jahr bringt man dir die Krone vom Haupte des Kaisers,
Und von China's Chan bringt man dir Steuern zum Thron.
Dankbar bist du dem Schöpfer und dir sind dankbar die Völker;
Dich erfreuet das Glück, und du erfreuest das Volk.
Durch die blumige Flur zieh'st du einher mit Gefolge,
Und dein Schenkel bezwingt kräftig den Zelter der Zeit.
Gotterleuchteter Fürst! Dir strömt von den Schaaren der Engel,
Von Moment zu Moment Segen in's reine Gemüth.
Deinem Herzen enthüllt sich das Geheimste der Dinge,
Die der Schöpfer der Welt hinter dem Vorhang verbirgt.
Deinen Händen vertraute der Himmel die Zügel des Willens,
Sprechend: »Wer bin ich vor dir? leite mich, wie's dir gefällt. 521
Bist du in Kriege verwickelt, ich gebe dazu dir die Pfeile;
Sind dir Geschenke genehm, geb' ich aus Schachten dir Gold.
Wo verweilet dein Feind? Zermalme ihn unter den Füssen;
Doch den zärtlichen Freund setze auf's Haupt mir und Aug'.«
Wird doch immer mein Wunsch durch deinen Dienst nur geregelt,
Und verewigt mein Ruhm nur wenn ich würdig dich pries. 523

2.

Nicht so leicht, wie es scheint, ist's mit der Demuth zu prahlen,
Tausend Dinge erheischt, merke dir's wohl, dieses Thun:
Denn die Schönheit verlangt weit mehr als Lippen von Zucker:
Herschte doch Salomon nicht nur durch das Siegel allein.
Tausendfältige Macht der Demuth bewirket doch immer,
Dass du durch Kunst in ein Herz siegreich dir Eingang verschaffst.
Welche Wolken von Staub' erregtest du mir schon im Leben!
Nimmer ermüde dein Gaul, treib'st ja gar eilig ihn an!
Senke in Demuth das Haupt wenn bei den Zechern du weilest:
Solche Bescheidenheit birgt köstliche Schätze in sich.
Bringe den farbigen Wein! von Hundert ganz eigenen Dingen
Sprech' ich und richte doch nimmer den Islam zu Grund.
Bei dem Fussstaub der Männer die Morgenwein trinken! – Seitdem
   ich
In des Weinhauses Gau trunken die Wache versah,
Kam nicht Einmal ich noch an einem Gleissner vorüber,
Der nicht unter'm Gewand hätte den Gürtel versteckt. 525

Bei dem reizenden *Haar* beschwör' ich dich: übe das Gute;
Denn vor *Verwirrung* bewahrt sicher der Schöpfer dich dann,
Wende das Auge der Huld nicht ab von der Lage *Hafisens*.
Denn dem zweiten Ässäf mach' ich die Lage sonst kund;
Ihm, dem König-Vesir der Zeiten und Räume beherrschet,
Und der das Menschengeschlecht so wie die Dschinne beglückt;
Mōhămēd Sohn Alī's, der *Stütze* des Reichs und des *Glaubens*,
Ihm, dem ein göttlicher Glanz hell aus dem Angesicht strahlt.
Edler gepriesener Mann! bei deinem hohen Verstande
Hast du gegründetes Recht auf die Beherrschung der Welt.
Dir verbrämet, wie billig, das *ewige* Glück die Gewänder:
Hat doch *vergänglichen* Ruhm immer dein Streben verschmäht.
Böte der Schatz deiner Huld nicht freudig die Hände zur Rettung,
Würde das Weltall gar bald wieder in Wüsten verkehrt.
Frei von gröberem Stoffe ist deines Körpers Gebilde,
Denn, von Engeln erzeugt, trägst du der Menschen Gewand.
Welche schwindelnde Stufe des Ruhmes müsste man bauen,
Dass dein Gedanke nicht höher noch trüge als sie?
In dem einsamen Haus der Cherubime des Himmels
Ist deines Schreibrohrs Geräusch geistige Reigenmusik.
Dir gebühret mit Recht der Meisterschaft Lob, denn in Grossmuth
Schüttelst die Ärmel du aus über die Edlen der Welt.
Wie beschreibe ich wohl was lang schon an Gnaden du übest?
Segne dich Gott, denn du bist so allerbarmend wie er!
Wie verkünde ich wohl den zündenden Blitz deines Zornes?
Schütz' uns der gütige Gott vor so verheerender Fluth;
Jetzt wo in's Brautzelt der Flur die schöne Rose getreten,
Und noch der Ostwind allein ihr sich zum Freunde geweih't;
Wo Anemonen, zum Schutze der lieblichen Königin Rose,
Mit des Ostwindes Hand röthliche Zelte gebaut,
Ist es so weit schon gedieh'n, durch das emsige Lüftchen des Lenzes,
Dass mit der Gabe es prahlt Leben und Geist zu verleih'n.
O wie entzückte es mich als Morgens der zärtliche Sprosser,
Zu der Rose gewandt, also zu sprechen begann:
»Was beengt dir das Herz? O tritt heraus aus dem Schleier:
Perlet im Krug doch ein Wein, roth wie jemen'scher Rubin.«
Trink'st einen Monat du nicht auf's Wohl der Schönheit der Rose,
Nun, so bereust du's gewiss, nahet der folgende Mond.

Dankbar dafür, dass man jetzt nicht fürchtet verketzert zu werden,
Nimm dir von Rosen und Wein was dir an Wonne gebührt!
Keine Grausamkeit übt ein Glaubensernährer. Bewahre!
Gnade und Huld nur allein fordert des Schöpfers Gesetz.
Das Geheimniss des Wort's »*Ich bin die Wahrheit*« erkennet
Nimmer der Thor, den die Kraft Gottes nicht zu ihm erhob.
Sieh die Knospe verhüllt im Schleier der Rose; – sie schmiedet
Für das Aug' deines Feind's blutige Lanzen darin.
Dies ist das Haus des Vesir's; der Lust ist's gewidmet, o Schenke;
Hier beschwere den Geist nichts als ein Becher voll Wein!
Du, o Morgen der Hoffnung, du warst es der, rein nur aus Liebe,
Freundlich erschien; da verschwand plötzlich das Dunkel der Nacht.
Zwar ich hörte, dass du zu Zeiten dich meiner erinnerst;
Doch berufest du mich nie in den engeren Kreis,
Fragst auch kein Wörtchen mir ab; dies ist wohl grausam zu nennen:
Denn wie zeigt' ich mich sonst als ein Beredter vor dir?
Von den *Hafisen* der Welt trug Keiner mir ähnlich zusammen
Was an Freiheit und Geist Weisheit und Koran umfasst.
Es verleihet mein Lob dir hundertjähriges Leben:
Eines so köstlichen Gut's ist, wer dir gleichet, wohl werth. –
Lang spann die Rede ich aus; allein ich hoffe, du deckest
Mit dem Saume der Huld das was ich sprechend verbrach;
Und so lange im Frühling der Ost auf den Blättern des Gartens
Tausend Gebilde entwirft, zart wie Basiliconschrift,
Soll dir im Garten des Reiches am Zweige der Hoffnung beständig,
Ohne dass du dich mühst, blühen die Rose des Glück's!

Fünfzeilige Strophen (Muchammes)

Ich liebe dich so sehr, o Götze,
Dass ich mein Sein in Zweifel setze;
Zwar bin ich elend nur und schwach;
Doch würd' ich, hätt' ich tausend Leben,
Sie alle dir zum Opfer geben.

Wird mir wohl je das Glück beschieden,
Dir meines Herzens Trost und Frieden,

Das was ich fühle zu vertrau'n?
O nie! ein Falke deinesgleichen
Sucht meinem Neste auszuweichen.

Wenn du auch sonst dich hart benommen,
Thu's jetzt doch nicht! es kann nicht frommen,
Und, ist von Eisen nicht dein Herz,
So tritt mir, Freund, auf's Haupt, und glaube
Du wandeltest auf Schwellenstaube.

Ich sprach: »Du tödtest ja mich Armen;
Nun wirst du endlich dich erbarmen,
Und Treue zeichnen dir in's Herz?«
Nein, nie hast du nach mir begehret:
Ich weiss was mir mein Loos bescheret.

Du, der du streb'st im Uebermuthe
Nach Türken- und nach Perserblute!
Scheint schlecht und finster dir mein Haus,
Mach' ich bei deinem treusten Knechte
Dir einen Platz im Aug' zurechte.

Nach deiner Treue nur verlang' ich,
Nur nach dem Röschen »Treue« bang' ich,
Und wandle nur des Dienstes Bahn;
Will Keinem was ich fühle sagen,
Und Keinem dich zu schildern wagen.

Gesetzt, die Treu' hätt ich versehret,
Und Lieb' durch Liebe nicht vermehret,
Geschah doch nichts was ich gewünscht.
Sprich, waren wir nicht Freunde immer?
Du brachst den Bund; ich wankte nimmer.

Und raubt dein Schwert mir auch das Leben,
Ich bleib' in Treue dir ergeben;
Und schlägt man auch in Stücke mich,

Stets wahr' ich die Koralle, »Liebe«
Bis dass einst mein Gebein zerstiebe.

Wer Sehnsucht fühlt nach Liebeszeichen,
Soll nicht von meinem Grabe weichen;
Und riecht er dort zu meinem Staub
Und wird er dich zu nennen wagen,
Ertönen meiner Seele Klagen.

Käm' ich zu einem Liebchenheere,
Worin ein Stern ein Jedes wäre,
Neigt' ich doch stets mich nur zu dir:
Toll wär' ich, tauscht' ich Leila's Bande
Für Persiens und Arabiens Lande.

Verwirrt wie deines Haares Netze,
Bin ich aus Lust nach dir, o Götze;
Zwar komm' ich nimmer in dein Dorf,
Doch, fern von dir, send' ich mein Flehen
Allnächtlich zu des Himmels Höhen.

Du aller Freuden Quell durch Liebe,
Dass nichts die ew'ge Lust dir trübe!
Soll mehr noch dulden dein *Hafis?*
Doch leicht ist, *was* du auch beschlossest,
Wenn du mich nur nicht von dir stossest.

Erzählungen der Frühromantik

1799 schreibt Novalis seinen Heinrich von Ofterdingen und schafft mit der blauen Blume, nach der der Jüngling sich sehnt, das Symbol einer der wirkungsmächtigsten Epochen unseres Kulturkreises. Ricarda Huch wird dazu viel später bemerken: »Die blaue Blume ist aber das, was jeder sucht, ohne es selbst zu wissen, nenne man es nun Gott, Ewigkeit oder Liebe.«

Tieck Peter Lebrecht **Günderrode** Geschichte eines Braminen **Novalis** Heinrich von Ofterdingen **Schlegel** Lucinde **Jean Paul** Des Luftschiffers Giannozzo Seebuch **Novalis** Die Lehrlinge zu Sais
ISBN 978-3-8430-1878-4, 416 Seiten, 29,80 €

Erzählungen der Hochromantik

Zwischen 1804 und 1815 ist Heidelberg das intellektuelle Zentrum einer Bewegung, die sich von dort aus in der Welt verbreitet. Individuelles Erleben von Idylle und Harmonie, die Innerlichkeit der Seele sind die zentralen Themen der Hochromantik als Gegenbewegung zur von der Antike inspirierten Klassik und der vernunftgetriebenen Aufklärung.

Chamisso Adelberts Fabel **Jean Paul** Des Feldpredigers Schmelzle Reise nach Flätz **Brentano** Aus der Chronika eines fahrenden Schülers **Motte Fouqué** Undine **Arnim** Isabella von Ägypten **Chamisso** Peter Schlemihls wundersame Geschichte **Hoffmann** Der Sandmann **Hoffmann** Der goldne Topf
ISBN 978-3-8430-1879-1, 408 Seiten, 29,80 €

Erzählungen der Spätromantik

Im nach dem Wiener Kongress neugeordneten Europa entsteht seit 1815 große Literatur der Sehnsucht und der Melancholie. Die Schattenseiten der menschlichen Seele, Leidenschaft und die Hinwendung zum Religiösen sind die Themen der Spätromantik.

Brentano Die drei Nüsse **Brentano** Geschichte vom braven Kasperl und dem schönen Annerl **Hoffmann** Das steinerne Herz **Eichendorff** Das Marmorbild **Arnim** Die Majoratsherren **Hoffmann** Das Fräulein von Scuderi **Tieck** Die Gemälde **Hauff** Phantasien im Bremer Ratskeller **Hauff** Jud Süss **Eichendorff** Viel Lärmen um Nichts **Eichendorff** Die Glücksritter
ISBN 978-3-8430-1880-7, 440 Seiten, 29,80 €

Dekadente Erzählungen

Im kulturellen Verfall des Fin de siècle wendet sich die Dekadenz ab von der Natur und dem realen Leben, hin zu raffinierten ästhetischen Empfindungen zwischen ausschweifender Lebenslust und fatalem Überdruss. Gegen Moral und Bürgertum frönt sie mit überfeinen Sinnen einem subtilen Schönheitskult, der die Kunst nichts anderem als ihr selbst verpflichtet sieht.

Rainer Maria Rilke Die Aufzeichnungen des Malte Laurids Brigge **Joris-Karl Huysmans** Gegen den Strich **Hermann Bahr** Die gute Schule **Hugo von Hofmannsthal** Das Märchen der 672. Nacht **Rainer Maria Rilke** Die Weise von Liebe und Tod des Cornets Christoph Rilke

ISBN 978-3-8430-1881-4, 412 Seiten, 29,80 €

Erzählungen aus dem Sturm und Drang

Zwischen 1765 und 1785 geht ein Ruck durch die deutsche Literatur. Sehr junge Autoren lehnen sich auf gegen den belehrenden Charakter der - die damalige Geisteskultur beherrschenden - Aufklärung. Mit Fantasie und Gemütskraft stürmen und drängen sie gegen die Moralvorstellungen des Feudalsystems, setzen Gefühl vor Verstand und fordern die Selbstständigkeit des Originalgenies.

Jakob Michael Reinhold Lenz Zerbin oder Die neuere Philosophie **Johann Karl Wezel** Silvans Bibliothek oder die gelehrten Abenteuer **Karl Philipp Moritz** Andreas Hartknopf. Eine Allegorie **Friedrich Schiller** Der Geisterseher **Johann Wolfgang Goethe** Die Leiden des jungen Werther **Friedrich Maximilian Klinger** Fausts Leben, Taten und Höllenfahrt

ISBN 978-3-8430-1882-1, 476 Seiten, 29,80 €

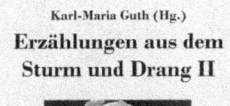

Erzählungen aus dem Sturm und Drang II

Johann Karl Wezel Kakerlak oder die Geschichte eines Rosenkreuzers **Gottfried August Bürger** Münchhausen **Friedrich Schiller** Der Verbrecher aus verlorener Ehre **Karl Philipp Moritz** Andreas Hartknopfs Predigerjahre **Jakob Michael Reinhold Lenz** Der Waldbruder **Friedrich Maximilian Klinger** Geschichte eines Teutschen der neusten Zeit

ISBN 978-3-8430-1883-8, 436 Seiten, 29,80 €

CPSIA information can be obtained
at www.ICGtesting.com
Printed in the USA
BVHW010918090421
604326BV00016B/91